AF275257

COLEX

Disfrute gratuitamente **DURANTE UN AÑO** de los eBook y audiolibros de las obras de Editorial Colex*

- ⊛ Acceda a la página web de la editorial **www.colex.es**

- ⊛ Identifíquese con su usuario y contraseña. En caso de no disponer de una cuenta regístrese.

- ⊛ Acceda en el menú de usuario a la pestaña «Mis códigos» e introduzca el que aparece a continuación:

RASCAR PARA VISUALIZAR EL CÓDIGO

- ⊛ Una vez se valide el código, aparecerá una ventana de confirmación y su eBook y/o audiolibro estará disponible **durante 1 año desde su activación** en la pestaña «Mis libros» en el menú de usuario.

> * Los audiolibros están disponibles en las ediciones más recientes de nuestras obras. Se excluyen expresamente las colecciones «Códigos comentados», «Biblioteca digital» y los productos de www.vademecumlegal.es.

No se admitirá la devolución si el código promocional ha sido manipulado y/o utilizado.

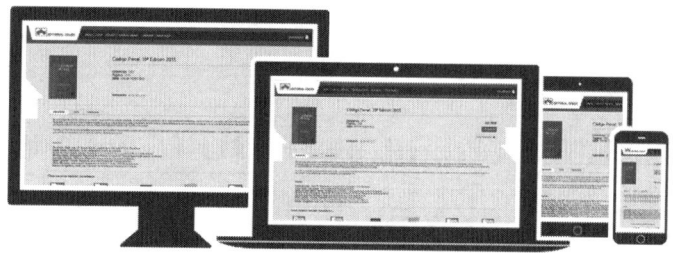

¡Gracias por confiar en nosotros!

La obra que acaba de adquirir incluye de forma gratuita la versión electrónica. Acceda a nuestra página web para aprovechar todas las funcionalidades de las que dispone en nuestro lector.

Funcionalidades eBook

Acceso desde cualquier dispositivo con conexión a internet

Idéntica visualización a la edición de papel

Navegación intuitiva

Tamaño del texto adaptable

Síguenos en:

ESTATUTO DE LOS TRABAJADORES
Y
LEY DE LA JURISDICCIÓN SOCIAL

ESTATUTO DE LOS TRABAJADORES
Y
LEY DE LA JURISDICCIÓN SOCIAL

25.ª EDICIÓN 2026

(Edición actualizada a 15 de enero de 2026)

COLEX 2026

© Editorial Colex, S.L.
Calle Costa Rica, número 5, 3º B (local comercial)
A Coruña, 15004, A Coruña (Galicia)
info@colex.es
www.colex.es

I.S.B.N.: 979-13-7011-554-8
Depósito Legal: C 55-2026

LEYENDA ICONOS

TEXTO MODIFICADO   TEXTO NUEVO

ABREVIATURAS

CC	Código Civil
CE	Constitución Española, de 27 de diciembre de 1978
CP	Código Penal (LO 10/1995, de 23 de noviembre)
DA / D.A.	Disposición adicional
DDT / D.DT.	Disposición derogatoria
DF / D.F.	Disposición final
DT / D.T.	Disposición transitoria
ET	Estatuto de los trabajadores (RDLeg. 2/2015, de 23 de octubre)
LAJG	Ley de Asistencia Jurídica Gratuita (Ley 1/1996, de 10 de enero)
LC	Ley Concursal (RDLeg. 1/2020, de 5 de mayo, por el que se aprueba el texto refundido de la Ley Concursal)
LECIV	Ley de Enjuiciamiento Civil (Ley 1/2000, de 7 de enero)
LGSS / TRLGSS	Texto refundido de la Ley General de la Seguridad Social (RDLeg. 8/2015, de 30 de octubre)
LISOS	Texto refundido de la Ley sobre Infracciones y Sanciones en el Orden Social (RDLeg. 5/2000, de 4 de agosto)
LJS	Ley de Jurisdicción Social (Ley 36/2011, de 10 de octubre)
LOE	Ley Orgánica de Educación (LO 2/2006, de 3 de mayo)
LOI	Ley Orgánica para la igualdad efectiva de mujeres y hombres (LO 3/2007, de 22 de marzo)
LOLS	Ley Orgánica de Libertad Sindical (LO 11/1985, de 2 de agosto)
LOPJ	LO 6/1985, de 1 de julio, del Poder Judicial
LPRL	Ley de Prevención de Riesgos Laborales (Ley 31/1995, de 8 de noviembre)
RDL	Real Decreto Ley
RDLEG	Real Decreto Legislativo
STC	Sentencia del Tribunal Constitucional

SUMARIO

REAL DECRETO LEGISLATIVO 2/2015, DE 23 DE OCTUBRE, POR EL QUE SE APRUEBA EL TEXTO REFUNDIDO DE LA LEY DEL ESTATUTO DE LOS TRABAJADORES

I
ESTATUTO DE LOS TRABAJADORES

LEY 36/2011, DE 10 DE OCTUBRE, REGULADORA DE LA JURISDICCIÓN SOCIAL

II
LEY 36/2011, DE 10 DE OCTUBRE, REGULADORA DE LA JURISDICCIÓN SOCIAL

PREÁMBULO

REAL DECRETO LEGISLATIVO 2/2015, DE 23 DE OCTUBRE, POR EL QUE SE APRUEBA EL TEXTO REFUNDIDO DE LA LEY DEL ESTATUTO DE LOS TRABAJADORES

I. ESTATUTO DE LOS TRABAJADORES (REAL DECRETO LEGISLATIVO 2/2015, DE 23 DE OCTUBRE, POR EL QUE SE APRUEBA EL TEXTO REFUNDIDO DE LA LEY DEL ESTATUTO DE LOS TRABAJADORES)

—BOE núm. 255, de 24 de octubre de 2015—

PREÁMBULO

El artículo Uno.d) de la Ley 20/2014, de 29 de octubre, por la que se delega en el Gobierno la potestad de dictar diversos textos refundidos, en virtud de lo establecido en el artículo 82 y siguientes de la Constitución Española, autorizó al Gobierno para aprobar un texto refundido en el que se integrasen, debidamente regularizadas, aclaradas y armonizadas, el texto refundido de la Ley del Estatuto de los Trabajadores, aprobado mediante Real Decreto Legislativo 1/1995, de 24 de marzo, y todas las disposiciones legales relacionadas que se enumeran en ese apartado, así como las normas con rango de ley que las hubieren modificado. El plazo para la realización de dicho texto era de doce meses a partir de la entrada en vigor de la citada Ley 20/2014, que tuvo lugar el 31 de octubre de 2014.

Este real decreto legislativo ha sido sometido a consulta de las organizaciones sindicales y empresariales más representativas. Además, ha sido informado por el Consejo Económico y Social.

En su virtud, a propuesta de la Ministra de Empleo y Seguridad Social, de acuerdo con el Consejo de Estado y previa deliberación del Consejo de Ministros en su reunión del día 23 de octubre de 2015,

DISPONGO:

ART. ÚNICO. Aprobación del texto refundido de la Ley del Estatuto de los Trabajadores.

Se aprueba el texto refundido de la Ley del Estatuto de los Trabajadores que se inserta a continuación.

DISPOSICIONES DEROGATORIAS

D.DT. UNICA. Derogación normativa.

Quedan derogadas cuantas disposiciones de igual o inferior rango se opongan a lo dispuesto en este real decreto legislativo y en el texto refundido que aprueba y, en particular, las siguientes:

1. El Real Decreto Legislativo 1/1995, de 24 de marzo, por el que se aprueba el texto refundido de la Ley del Estatuto de los Trabajadores.

2. La disposición adicional cuarta y la disposición transitoria segunda de la Ley 12/2001, de 9 de julio, de medidas urgentes de reforma del mercado de trabajo para el incremento del empleo y la mejora de su calidad.

3. La disposición adicional séptima y la disposición transitoria segunda de la Ley 43/2006, de 29 de diciembre, para la mejora del crecimiento y del empleo.

4. Las disposiciones adicionales primera y tercera y las disposiciones transitorias primera, segunda y duodécima de la Ley 35/2010, de 17 de septiembre, de medidas urgentes para la reforma del mercado de trabajo.

5. El artículo 5, la disposición adicional quinta y las disposiciones transitorias primera y segunda del Real Decreto-ley 10/2011, de 26 de agosto, de medidas urgentes para la

promoción del empleo de los jóvenes, el fomento de la estabilidad en el empleo y el mantenimiento del programa de recualificación profesional de las personas que agoten su protección por desempleo.

6. El artículo 17, las disposiciones adicionales sexta y novena, las disposiciones transitorias quinta y sexta, el apartado 1 de la disposición transitoria novena y las disposiciones transitorias décima y decimoquinta de la Ley 3/2012, de 6 de julio, de medidas urgentes para la reforma del mercado laboral.

7. La disposición transitoria séptima del Real Decreto-ley 20/2012, de 13 de julio, de medidas para garantizar la estabilidad presupuestaria y de fomento de la competitividad.

8. La disposición adicional sexta del Real Decreto-ley 5/2013, de 15 de marzo, de medidas para favorecer la continuidad de la vida laboral de los trabajadores de mayor edad y promover el envejecimiento activo.

9. La disposición transitoria única del Real Decreto-ley 16/2013, de 20 de diciembre, de medidas para favorecer la contratación estable y mejorar la empleabilidad de los trabajadores.

10. La disposición transitoria segunda de la Ley 1/2014, de 28 de febrero, para la protección de los trabajadores a tiempo parcial y otras medidas urgentes en el orden económico y social.

Dado en Oviedo, el 23 de octubre de 2015.
FELIPE R.

La Ministra de Empleo y Seguridad Social,
FÁTIMA BÁÑEZ GARCÍA

TEXTO REFUNDIDO DE LA LEY DEL ESTATUTO DE LOS TRABAJADORES

TÍTULO I
De la relación individual de trabajo

CAPÍTULO I
Disposiciones generales

Sección 1.ª Ámbito y fuentes

ART. 1. Ámbito de aplicación.

1. Esta ley será de aplicación a los trabajadores que voluntariamente presten sus servicios retribuidos por cuenta ajena y dentro del ámbito de organización y dirección de otra persona, física o jurídica, denominada empleador o empresario.

2. A los efectos de esta ley, serán empresarios todas las personas, físicas o jurídicas, o comunidades de bienes que reciban la prestación de servicios de las personas referidas en el apartado anterior, así como de las personas contratadas para ser cedidas a empresas usuarias por empresas de trabajo temporal legalmente constituidas.

3. Se excluyen del ámbito regulado por esta ley:

a) La relación de servicio de los funcionarios públicos, que se regirá por las correspondientes normas legales y reglamentarias, así como la del personal al servicio de las Administraciones Públicas y demás entes, organismos y entidades del sector público, cuando, al amparo de una ley, dicha relación se regule por normas administrativas o estatutarias.

b) Las prestaciones personales obligatorias.

c) La actividad que se limite, pura y simplemente, al mero desempeño del cargo de consejero o miembro de los órganos de administración en las empresas que revistan la forma jurídica de sociedad y siempre que su actividad en la empresa solo comporte la realización de cometidos inherentes a tal cargo.

d) Los trabajos realizados a título de amistad, benevolencia o buena vecindad.

e) Los trabajos familiares, salvo que se demuestre la condición de asalariados de quienes los llevan a cabo. Se considerarán familiares, a estos efectos, siempre que convivan con el empresario, el cónyuge, los descendientes, ascendientes y demás parientes por consanguinidad o afinidad, hasta el segundo grado inclusive y, en su caso, por adopción.

f) La actividad de las personas que intervengan en operaciones mercantiles por cuenta de uno o más empresarios, siempre que queden personalmente obligados a responder del buen fin de la operación asumiendo el riesgo y ventura de la misma.

g) En general, todo trabajo que se efectúe en desarrollo de relación distinta de la que define el apartado 1.

A tales efectos se entenderá excluida del ámbito laboral la actividad de las personas prestadoras del servicio de transporte al amparo de autorizaciones administrativas de las que sean titulares, realizada, mediante el correspondiente precio, con vehículos comerciales de servicio público cuya propiedad o poder directo de disposición ostenten, aun cuando dichos servicios se realicen de forma continuada para un mismo cargador o comercializador.

4. La legislación laboral española será de aplicación al trabajo que presten los trabajadores españoles contratados en España al servicio de empresas españolas en el extranjero, sin perjuicio de las normas de orden público aplicables en el lugar de trabajo. Dichos trabajadores tendrán, al menos, los derechos económicos que les corresponderían de trabajar en territorio español.

5. A efectos de esta ley se considera centro de trabajo la unidad productiva con organización específica, que sea dada de alta, como tal, ante la autoridad laboral.

En la actividad de trabajo en el mar se considerará como centro de trabajo el buque, entendiéndose situado en la provincia donde radique su puerto de base.

Apdo. 2: ver Ley 14/1994, de 1 de junio, por la que se regulan las empresas de trabajo temporal.

Apdo. 3.a): ver Ley 7/1985, de 2 de abril, reguladora de las Bases del Régimen Local; STC 99/1987 de 11-06-1987 (Diferenciación de personal laboral y funcionarios públicos de las AAPP).

Apdo. 3.c): ver art. 2.1.a) ET.

Apdo. 3, último párrafo: ver STC 227/1998 de 26-11-1998 (Naturaleza de la relación jurídica que une a quienes prestan sus servicios como trabajadores autónomos a empresas de transporte con vehículos de su propiedad).

ART. 2. Relaciones laborales de carácter especial.

1. Se considerarán relaciones laborales de carácter especial:

a) La del personal de alta dirección no incluido en el artículo 1.3.c).

b) La del servicio del hogar familiar.

c) La de los penados en las instituciones penitenciarias.

d) La de los deportistas profesionales.

e) La de las personas artistas que desarrollan su actividad en las artes escénicas, audiovisuales y musicales, así como las personas que realizan actividades técnicas o auxiliares necesarias para el desarrollo de dicha actividad.

f) La de las personas que intervengan en operaciones mercantiles por cuenta de uno o más empresarios sin asumir el riesgo y ventura de aquellas.

g) La de los trabajadores con discapacidad que presten sus servicios en los centros especiales de empleo.

h) (Derogada)

i) La de los menores sometidos a la ejecución de medidas de internamiento para el cumplimiento de su responsabilidad penal.

j) La de residencia para la formación de especialistas en Ciencias de la Salud.

k) La de los abogados que prestan servicios en despachos de abogados, individuales o colectivos.

l) Cualquier otro trabajo que sea expresamente declarado como relación laboral de carácter especial por una ley.

2. En todos los supuestos señalados en el apartado anterior, la regulación de dichas relaciones laborales respetará los derechos básicos reconocidos por la Constitución.

Letra e) modificada por Real Decreto-ley 5/2022, de 22 de marzo, por el que se adapta el régimen de la relación laboral de carácter especial de las personas dedicadas a las actividades artísticas, así como a las actividades técnicas y auxiliares necesarias para su desarrollo, y se mejoran las condiciones laborales del sector (BOE de 23-03-2022). En vigor desde el 31/03/2022.

Letra h) derogada por Real Decreto-ley 8/2017, de 12 de mayo, por el que se modifica el régimen de los trabajadores para la prestación del servicio portuario de manipulación de mercancías dando cumplimiento a la Sentencia del Tribunal de Justicia de la Unión Europea de 11 de diciembre de 2014, recaída en el Asunto C-576/13 (procedimiento de infracción 2009/4052). (BOE de 13-05-2017). Entrada en vigor: 14-05-2017.

Apdo. 1.a): ver RD 1382/1985, de 1 de agosto, por el que se regula la relación laboral de carácter especial del personal de alta dirección.

Apdo. 1.b): ver RD 1620/2011, de 14 de noviembre, por el que se regula la relación laboral de carácter especial del servicio del hogar familiar.

Apdo. 1.c): ver RD 782/2001, de 6 de julio, por el que se regula la relación laboral de carácter especial de los penados que realicen actividades laborales en talleres penitenciarios y la protección de Seguridad Social de los sometidos a penas de trabajo en beneficio de la comunidad y LO 1/1979, de 26 de septiembre, general penitenciaria.

Apdo. 1.d): ver RD 1006/1985, de 26 de junio, por el que se regula la relación laboral especial de los deportistas profesionales.

Apdo. 1.e): ver RD 1435/1985, de 1 de agosto, por el que se regula la relación laboral especial de los artistas en espectáculos públicos.

Apdo. 1.f): ver RD 1438/1985, de 1 de agosto, por el que se regula la relación laboral de carácter especial de las personas que intervengan en operaciones mercantiles por cuenta de uno o más empresarios, sin asumir el riesgo y ventura de aquéllas y Ley 12/1992, de 27 de mayo, sobre Contrato de Agencia.

Apdo. 1.g): ver RD 1368/1985, de 17 de julio, por el que se regula la relación laboral de carácter especial de los minusválidos que trabajen en los Centros Especiales de Empleo.

Apdo. 1.i): ver art. 39 de Ley 53/2002, de 30 de diciembre, de Medidas Fiscales, Administrativas y del Orden Social.

Apdo. 1.j): ver RD 1146/2006, de 6 de octubre, por el que se regula la relación laboral especial de residencia para la formación de especialistas en Ciencias de la Salud.

Apdo. 1.k): ver RD 1331/2006, de 17 de noviembre, por el que se regula la relación laboral de carácter especial de los abogados que prestan servicios en despachos de abogados, individuales o colectivos.

Apdo. 1.l): ver RD 696/2007, de 1 de junio, por el que se regula la relación laboral de los profesores de religión prevista en la disposición adicional tercera de la LO 2/2006, de 3 de mayo, de Educación, RD 2205/1980, de 13 de junio, por el que se regula el trabajo del personal civil no funcionario en los establecimientos militares; D.A. 3ª de LO 2/2006, de 3 de mayo, de Educación.

ART. 3. Fuentes de la relación laboral.

1. Los derechos y obligaciones concernientes a la relación laboral se regulan:
a) Por las disposiciones legales y reglamentarias del Estado.
b) Por los convenios colectivos.
c) Por la voluntad de las partes, manifestada en el contrato de trabajo, siendo su objeto lícito y sin que en ningún caso puedan establecerse en perjuicio del trabajador condiciones menos favorables o contrarias a las disposiciones legales y convenios colectivos antes expresados.
d) Por los usos y costumbres locales y profesionales.
2. Las disposiciones legales y reglamentarias se aplicarán con sujeción estricta al principio de jerarquía normativa. Las disposiciones reglamentarias desarrollarán los preceptos que establecen las normas de rango superior, pero no podrán establecer condiciones de trabajo distintas a las establecidas por las leyes a desarrollar.
3. Los conflictos originados entre los preceptos de dos o más normas laborales, tanto estatales como pactadas, que deberán respetar en todo caso los mínimos de derecho necesario, se resolverán mediante la aplicación de lo más favorable para el trabajador apreciado en su conjunto, y en cómputo anual, respecto de los conceptos cuantificables.
4. Los usos y costumbres solo se aplicarán en defecto de disposiciones legales, convencionales o contractuales, a no ser que cuenten con una recepción o remisión expresa.
5. Los trabajadores no podrán disponer válidamente, antes o después de su adquisición, de los derechos que tengan reconocidos por disposiciones legales de derecho necesario. Tampoco podrán disponer válidamente de los derechos reconocidos como indisponibles por convenio colectivo.

Apdo. 1: ver art. 9.1 ET.

Sección 2.ª Derechos y deberes laborales básicos

ART. 4. Derechos laborales.

1. Los trabajadores tienen como derechos básicos, con el contenido y alcance que para cada uno de los mismos disponga su específica normativa, los de:
a) Trabajo y libre elección de profesión u oficio.
b) Libre sindicación.
c) Negociación colectiva.
d) Adopción de medidas de conflicto colectivo.
e) Huelga.
f) Reunión.
g) Información, consulta y participación en la empresa.
2. En la relación de trabajo, los trabajadores tienen derecho:
a) A la ocupación efectiva.

b) A la promoción y formación profesional en el trabajo, incluida la dirigida a su adaptación a las modificaciones operadas en el puesto de trabajo, así como al desarrollo de planes y acciones formativas tendentes a favorecer su mayor empleabilidad.

c) A no ser discriminadas directa o indirectamente para el empleo o, una vez empleados, por razones de estado civil, edad dentro de los límites marcados por esta ley, origen racial o étnico, condición social, religión o convicciones, ideas políticas, orientación sexual, identidad sexual, expresión de género, características sexuales, afiliación o no a un sindicato, por razón de lengua dentro del Estado español, discapacidad, así como por razón de sexo, incluido el trato desfavorable dispensado a mujeres u hombres por el ejercicio de los derechos de conciliación o corresponsabilidad de la vida familiar y laboral.

d) A su integridad física y a una adecuada política de prevención de riesgos laborales.

e) Al respeto de su intimidad y a la consideración debida a su dignidad, comprendida la protección frente al acoso por razón de origen racial o étnico, religión o convicciones, discapacidad, edad u orientación sexual, y frente al acoso sexual y al acoso por razón de sexo.

f) A la percepción puntual de la remuneración pactada o legalmente establecida.

g) Al ejercicio individual de las acciones derivadas de su contrato de trabajo.

h) A cuantos otros se deriven específicamente del contrato de trabajo.

Apdo. 2.c) modificado por Real Decreto-ley 5/2023, de 28 de junio, por el que se adoptan y prorrogan determinadas medidas de respuesta a las consecuencias económicas y sociales de la Guerra de Ucrania, de apoyo a la reconstrucción de la isla de La Palma y a otras situaciones de vulnerabilidad; de transposición de Directivas de la Unión Europea en materia de modificaciones estructurales de sociedades mercantiles y conciliación de la vida familiar y la vida profesional de los progenitores y los cuidadores; y de ejecución y cumplimiento del Derecho de la Unión Europea. (BOE de 29-06-2023). En vigor desde el 30 de junio de 2023.

Apdo. 2.c) anteriormente modificado por Ley 4/2023, de 28 de febrero, para la igualdad real y efectiva de las personas trans y para la garantía de los derechos de las personas LGTBI. (BOE de 01-03-2023).

Apdo. 1.a): ver art. 35 de CE.

Apdo. 1.b): ver LO 11/1985, de 2 de agosto, de libertad sindical; STC 84/2002 de 22-04-2002 (Discriminación profesional por motivos sindicales).

Apdo. 1.c): ver RDL 17/1977, de 4 de marzo, sobre relaciones de trabajo; Tit. III del ET.

Apdo. 1.d): ver art. 37.2 de CE; RDL 17/1977, de 4 de marzo, sobre relaciones de trabajo.

Apdo. 1.e): ver art. 28.2 de CE.

Apdo. 1.f): ver arts. 77-80 del ET.

Apdo. 1.g): ver Ley 10/1997, de 24 de abril, sobre derechos de información y consulta de los trabajadores en las empresas y grupos de empresas de dimensión comunitaria; arts. 61 y ss. del ET.

Apdo. 2.a): ver art. 50.1.c) del ET.

Apdo. 2.b): ver art. 23-25 del ET.

Apdo. 2.c): ver LO 3/2007, de 22 de marzo, para la igualdad efectiva de mujeres y hombres; art. 17 del ET.

Apdo. 2.d): ver Ley 31/1995, de 8 de noviembre, de Prevención de Riesgos Laborales; art. 19 del ET.

Apdo. 2.e): ver LO 1/1982, de 5 de mayo, de protección civil del derecho al honor, a la intimidad personal y familiar y a la propia imagen, LO 3/2018, de 5 de diciembre, de Protección de Datos Personales y garantía de los derechos digitales; arts. 23-43 de Ley 62/2003, de 30 de diciembre, de medidas fiscales, administrativas y del orden social.

Apdo. 2.f): ver art. 51.1.b) del ET.

Apdo. 2.g): ver Ley 36/2011, de 10 de octubre, reguladora de la jurisdicción social; art. 24 de CE.

ART. 5. Deberes laborales.

Los trabajadores tienen como deberes básicos:

a) Cumplir con las obligaciones concretas de su puesto de trabajo, de conformidad con las reglas de la buena fe y diligencia.

b) Observar las medidas de prevención de riesgos laborales que se adopten.

c) Cumplir las órdenes e instrucciones del empresario en el ejercicio regular de sus facultades directivas.

d) No concurrir con la actividad de la empresa, en los términos fijados en esta ley.

e) Contribuir a la mejora de la productividad.

f) Cuantos se deriven, en su caso, de los respectivos contratos de trabajo.

Letra a): ver art. 20 del ET.

Letra b): ver art. 19 del ET.

Letra c): ver art. 20 del ET.

Sección 3.ª Elementos y eficacia del contrato de trabajo

ART. 6. Trabajo de los menores.

1. Se prohíbe la admisión al trabajo a los menores de dieciséis años.

2. Los trabajadores menores de dieciocho años no podrán realizar trabajos nocturnos ni aquellas actividades o puestos de trabajo respecto a los que se establezcan limitaciones a su contratación conforme a lo dispuesto en la Ley 31/1995, de 8 de noviembre, de Prevención de Riesgos Laborales, y en las normas reglamentarias aplicables.

3. Se prohíbe realizar horas extraordinarias a los menores de dieciocho años.

4. La intervención de los menores de dieciséis años en espectáculos públicos solo se autorizará en casos excepcionales por la autoridad laboral, siempre que no suponga peligro para su salud ni para su formación profesional y humana. El permiso deberá constar por escrito y para actos determinados.

Apdo. 2: ver Ley 31/1995, de 8 de noviembre, de Prevención de Riesgos Laborales.

Apdo. 3: ver art. 34 (apdos. 3 y 4) del ET.

Apdo. 4: ver art. 2 de RD 1435/1985, de 1 de agosto, por el que se regula la relación laboral especial de los artistas en espectáculos públicos.

ART. 7. Capacidad para contratar.

Podrán contratar la prestación de su trabajo:

a) Quienes tengan plena capacidad de obrar conforme a lo dispuesto en el Código Civil.

b) Los menores de dieciocho y mayores de dieciséis años, que vivan de forma independiente, con consentimiento de sus padres o tutores, o con autorización de la persona o institución que les tenga a su cargo.

Si el representante legal de una persona de capacidad limitada la autoriza expresa o tácitamente para realizar un trabajo, queda esta también autorizada para ejercitar los derechos y cumplir los deberes que se derivan de su contrato y para su cesación.

c) Los extranjeros, de acuerdo con lo dispuesto en la legislación específica sobre la materia.

Ver CC.

Letra c): ver LO 4/2000, de 11 de enero, sobre derechos y libertades de los extranjeros en España y su integración social; STC 107/1984 de 23-11-1984 (Igualdad entre españoles y extranjeros en la contratación laboral).

ART. 8. Forma del contrato.

1. El contrato de trabajo se podrá celebrar por escrito o de palabra. Se presumirá existente entre todo el que presta un servicio por cuenta y dentro del ámbito de organización y dirección de otro y el que lo recibe a cambio de una retribución a aquel.

2. Deberán constar por escrito los contratos de trabajo cuando así lo exija una disposición legal y, en todo caso, los de prácticas y para la formación y el aprendizaje, los contratos a tiempo parcial, fijos-discontinuos y de relevo y los contratos para la realización de una obra o servicio determinado; también constarán por escrito los contratos por tiempo determinado cuya duración sea superior a cuatro semanas.

Deberán constar igualmente por escrito los contratos de trabajo de los pescadores, de los trabajadores que trabajen a distancia y de los trabajadores contratados en España al servicio de empresas españolas en el extranjero.

De no observarse la exigencia de forma escrita, el contrato de trabajo se presumirá celebrado por tiempo indefinido y a jornada completa, salvo prueba en contrario que acredite su naturaleza temporal o el carácter a tiempo parcial de los servicios.

Cualquiera de las partes podrá exigir que el contrato se formalice por escrito, incluso durante el transcurso de la relación laboral.

3. El empresario está obligado a comunicar a la oficina pública de empleo, en el plazo de los diez días siguientes a su concertación y en los términos que reglamentariamente se determinen, el contenido de los contratos de trabajo que celebre o las prórrogas de los mismos, deban o no formalizarse por escrito.

4. El empresario entregará a la representación legal de los trabajadores una copia básica de todos los contratos que deban celebrarse por escrito, a excepción de los contratos de relación laboral especial de alta dirección sobre los que se establece el deber de notificación a la representación legal de los trabajadores.

Con el fin de comprobar la adecuación del contenido del contrato a la legalidad vigente, esta copia básica contendrá todos los datos del contrato a excepción del número del documento nacional de identidad o del número de identidad de extranjero, el domicilio, el estado civil, y cualquier otro que, de acuerdo con la Ley Orgánica 1/1982, de 5 de mayo, de protección civil del derecho al honor, a la intimidad personal y familiar y a la propia imagen, pudiera afectar a la intimidad personal. El tratamiento de la información facilitada estará sometido a los principios y garantías previstos en la normativa aplicable en materia de protección de datos.

La copia básica se entregará por el empresario, en plazo no superior a diez días desde la formalización del contrato, a los representantes legales de los trabajadores, quienes la firmarán a efectos de acreditar que se ha producido la entrega.

Posteriormente, dicha copia básica se enviará a la oficina de empleo. Cuando no exista representación legal de los trabajadores también deberá formalizarse copia básica y remitirse a la oficina de empleo.

Los representantes de la Administración, así como los de las organizaciones sindicales y de las asociaciones empresariales, que tengan acceso a la copia básica de los contratos en virtud de su pertenencia a los órganos de participación institucional que reglamentariamente tengan tales facultades, observarán sigilo profesional, no pudiendo utilizar dicha documentación para fines distintos de los que motivaron su conocimiento.

5. Cuando la relación laboral sea de duración superior a cuatro semanas, el empresario deberá informar por escrito al trabajador, en los términos y plazos que se establezcan reglamentariamente, sobre los elementos esenciales del contrato y las principales condiciones de ejecución de la prestación laboral, siempre que tales elementos y condiciones no figuren en el contrato de trabajo formalizado por escrito.

Apdo. 2 modificado por Real Decreto-ley 24/2020, de 26 de junio, de medidas sociales de reactivación del empleo y protección del trabajo autónomo y de competitividad del sector industrial. (BOE de 27-06-2020).

Ver RD 1659/1998, de 24 de julio, por el que se desarrolla el artículo 8, apartado 5, de la Ley del Estatuto de los Trabajadores en materia de información al trabajador sobre los elementos esenciales del contrato de trabajo.

Apdo. 2: ver arts. 12.4.a) (forma del contrato a tiempo parcial) y 16 (forma del contrato de trabajo fijo-discontinuo) del ET.

ART. 9. Validez del contrato.

1. Si resultase nula solo una parte del contrato de trabajo, este permanecerá válido en lo restante, y se entenderá completado con los preceptos jurídicos adecuados conforme a lo dispuesto en el artículo 3.1.

Si el trabajador tuviera asignadas condiciones o retribuciones especiales en virtud de contraprestaciones establecidas en la parte no válida del contrato, el órgano de la jurisdicción social que a instancia de parte declare la nulidad hará el debido pronunciamiento sobre la subsistencia o supresión en todo o en parte de dichas condiciones o retribuciones.

2. En caso de que el contrato resultase nulo, el trabajador podrá exigir, por el trabajo que ya hubiese prestado, la remuneración consiguiente a un contrato válido.

3. En caso de nulidad por discriminación salarial por razón de sexo, el trabajador tendrá derecho a la retribución correspondiente al trabajo igual o de igual valor.

Apdo. 3 añadido por Real Decreto-ley 6/2019, de 1 de marzo, de medidas urgentes para garantía de la igualdad de trato y de oportunidades entre mujeres y hombres en el empleo y la ocupación. (BOE de 07-03-2019). (En vigor desde el 08/03/2019)

Sección 4.ª Modalidades del contrato de trabajo

ART. 10. Trabajo en común y contrato de grupo.

1. Si el empresario diera un trabajo en común a un grupo de sus trabajadores, conservará respecto de cada uno, individualmente, sus derechos y deberes.

2. Si el empresario hubiese celebrado un contrato con un grupo de trabajadores considerado en su totalidad, no tendrá frente a cada uno de sus miembros los derechos y deberes que como tal le competen. El jefe del grupo ostentará la representación de los que lo integren, respondiendo de las obligaciones inherentes a dicha representación.

3. Si el trabajador, conforme a lo pactado por escrito, asociare a su trabajo un auxiliar o ayudante, el empresario de aquel lo será también de este.

ART. 11. Contrato formativo.

1. El contrato formativo tendrá por objeto la formación en alternancia con el trabajo retribuido por cuenta ajena en los términos establecidos en el apartado 2, o el desempeño de una actividad laboral destinada a adquirir una práctica profesional adecuada a los correspondientes niveles de estudios, en los términos establecidos en el apartado 3.

2. El contrato de formación en alternancia, que tendrá por objeto compatibilizar la actividad laboral retribuida con los correspondientes procesos formativos en el ámbito de la formación profesional, los estudios universitarios o del Catálogo de especialidades formativas del Sistema Nacional de Empleo, se realizará de acuerdo con las siguientes reglas:

a) Se podrá celebrar con personas que carezcan de la cualificación profesional reconocida por las titulaciones o certificados requeridos para concertar un contrato formativo para la obtención de práctica profesional regulada en el apartado 3.

Sin perjuicio de lo anterior, se podrán realizar contratos vinculados a estudios de formación profesional o universitaria con personas que posean otra titulación siempre que no haya tenido otro contrato formativo previo en una formación del mismo nivel formativo y del mismo sector productivo.

b) En el supuesto de que el contrato se suscriba en el marco de certificados de profesionalidad de nivel 1 y 2, y programas públicos o privados de formación en alternancia de empleo–formación, que formen parte del Catálogo de especialidades formativas del Sistema Nacional de Empleo, el contrato solo podrá ser concertado con personas de hasta treinta años.

c) La actividad desempeñada por la persona trabajadora en la empresa deberá estar directamente relacionada con las actividades formativas que justifican la contratación laboral, coordinándose e integrándose en un programa de formación común, elaborado en el marco de los acuerdos y convenios de cooperación suscritos por las autoridades laborales o educativas de formación profesional o Universidades con empresas y entidades colaboradoras.

d) La persona contratada contará con una persona tutora designada por el centro o entidad de formación y otra designada por la empresa. Esta última, que deberá contar con la formación o experiencia adecuadas para tales tareas, tendrá como función dar seguimiento al plan formativo individual en la empresa, según lo previsto en el acuerdo de cooperación concertado con el centro o entidad formativa. Dicho centro o entidad deberá, a su vez, garantizar la coordinación con la persona tutora en la empresa.

e) Los centros de formación profesional, las entidades formativas acreditadas o inscritas y los centros universitarios, en el marco de los acuerdos y convenios de cooperación, elaborarán, con la participación de la empresa, los planes formativos individuales donde se especifique el contenido de la formación, el calendario y las actividades y los requisitos de tutoría para el cumplimiento de sus objetivos.

f) Son parte sustancial de este contrato tanto la formación teórica dispensada por el centro o entidad de formación o la propia empresa, cuando así se establezca, como la correspondiente formación práctica dispensada por la empresa y el centro. Reglamentariamente se desarrollarán el sistema de impartición y las características de la formación, así como los aspectos relacionados con la financiación de la actividad formativa.

g) La duración del contrato será la prevista en el correspondiente plan o programa formativo, con un mínimo de tres meses y un máximo de dos años, y podrá desarrollarse al amparo de un solo contrato de forma no continuada, a lo largo de diversos periodos anuales coincidentes con los estudios, de estar previsto en el plan o programa formativo. En caso de que el contrato se hubiera concertado por una duración inferior a la máxima legal establecida y no se hubiera obtenido el título, certificado, acreditación o diploma asociado al contrato formativo, podrá prorrogarse mediante acuerdo de las partes, hasta la obtención de dicho título, certificado, acreditación o diploma sin superar nunca la duración máxima de dos años.

h) Solo podrá celebrarse un contrato de formación en alternancia por cada ciclo formativo de formación profesional y titulación universitaria, certificado de profesionalidad o itinerario de especialidades formativas del Catálogo de Especialidades Formativas del Sistema Nacional de Empleo.

No obstante, podrán formalizarse contratos de formación en alternancia con varias empresas en base al mismo ciclo, certificado de profesionalidad o itinerario de especialidades del Catálogo citado, siempre que dichos contratos respondan a distintas actividades vinculadas al ciclo, al plan o al programa formativo y sin que la duración máxima de todos los contratos pueda exceder el límite previsto en el apartado anterior.

i) El tiempo de trabajo efectivo, que habrá de ser compatible con el tiempo dedicado a las actividades formativas en el centro de formación, no podrá ser superior al 65 por ciento, durante el primer año, o al 85 por ciento, durante el segundo, de la jornada máxima prevista en el convenio colectivo de aplicación en la empresa, o, en su defecto, de la jornada máxima legal.

j) No se podrán celebrar contratos formativos en alternancia cuando la actividad o puesto de trabajo correspondiente al contrato haya sido desempeñado con anterioridad por la persona trabajadora en la misma empresa bajo cualquier modalidad por tiempo superior a seis meses.

k) Las personas contratadas con contrato de formación en alternancia no podrán realizar horas complementarias ni horas extraordinarias, salvo en el supuesto previsto en el artículo 35.3. Tampoco podrán realizar trabajos nocturnos ni trabajo a turnos.

Excepcionalmente, podrán realizarse actividades laborales en los citados periodos cuando las actividades formativas para la adquisición de los aprendizajes previstos en el plan formativo no puedan desarrollarse en otros periodos, debido a la naturaleza de la actividad.

l) No podrá establecerse periodo de prueba en estos contratos.

m) La retribución será la establecida para estos contratos en el convenio colectivo de aplicación. En defecto de previsión convencional, la retribución no podrá ser inferior al sesenta por ciento el primer año ni al setenta y cinco por ciento el segundo, respecto de la fijada en convenio para el grupo profesional y nivel retributivo correspondiente a las funciones desempeñadas, en proporción al tiempo de trabajo efectivo. En ningún caso la retribución podrá ser inferior al salario mínimo interprofesional en proporción al tiempo de trabajo efectivo.

3. El contrato formativo para la obtención de la práctica profesional adecuada al nivel de estudios se regirá por las siguientes reglas:

a) Podrá concertarse con quienes estuviesen en posesión de un título universitario o de un título de grado medio o superior, especialista, máster profesional o certificado del sistema de formación profesional, de acuerdo con lo previsto en la Ley Orgánica 5/2002, de 19 de junio, de las Cualificaciones y de la Formación Profesional, así como con quienes posean un título equivalente de enseñanzas artísticas o deportivas del sistema educativo, que habiliten o capaciten para el ejercicio de la actividad laboral.

b) El contrato de trabajo para la obtención de práctica profesional deberá concertarse dentro de los tres años, o de los cinco años si se concierta con una persona con discapacidad, siguientes a la terminación de los correspondientes estudios. No podrá suscribirse con quien ya haya obtenido experiencia profesional o realizado actividad formativa en la misma actividad dentro de la empresa por un tiempo superior a tres meses, sin que se computen a estos efectos los periodos de formación o prácticas que formen parte del currículo exigido para la obtención de la titulación o certificado que habilita esta contratación.

c) La duración de este contrato no podrá ser inferior a seis meses ni exceder de un año. Dentro de estos límites los convenios colectivos de ámbito sectorial estatal o autonómico, o en su defecto, los convenios colectivos sectoriales de ámbito inferior podrán determinar su duración, atendiendo a las características del sector y de las prácticas profesionales a realizar.

d) Ninguna persona podrá ser contratada en la misma o distinta empresa por tiempo superior a los máximos previstos en el apartado anterior en virtud de la misma titulación o certificado profesional. Tampoco se podrá estar contratado en formación en la misma empresa para el mismo puesto de trabajo por tiempo superior a los máximos previstos en el apartado anterior, aunque se trate de distinta titulación o distinto certificado.

A los efectos de este artículo, los títulos de grado, máster y doctorado correspondientes a los estudios universitarios no se considerarán la misma titulación, salvo que al ser contratado por primera vez mediante un contrato para la realización de práctica profesional la persona trabajadora estuviera ya en posesión del título superior de que se trate.

e) Se podrá establecer un periodo de prueba que en ningún caso podrá exceder de un mes, salvo lo dispuesto en convenio colectivo.

f) El puesto de trabajo deberá permitir la obtención de la práctica profesional adecuada al nivel de estudios o de formación objeto del contrato. La empresa elaborará el plan formativo individual en el que se especifique el contenido de la práctica profesional, y asignará tutor o tutora que cuente con la formación o experiencia adecuadas para el seguimiento del plan y el correcto cumplimiento del objeto del contrato.

g) A la finalización del contrato la persona trabajadora tendrá derecho a la certificación del contenido de la práctica realizada.

h) Las personas contratadas con contrato de formación para la obtención de práctica profesional no podrán realizar horas extraordinarias, salvo en el supuesto previsto en el artículo 35.3.

i) La retribución por el tiempo de trabajo efectivo será la fijada en el convenio colectivo aplicable en la empresa para estos contratos o en su defecto la del grupo profesional y nivel retributivo correspondiente a las funciones desempeñadas. En ningún caso la retribución podrá ser inferior a la retribución mínima establecida para el contrato para la formación en alternancia ni al salario mínimo interprofesional en proporción al tiempo de trabajo efectivo.

j) Reglamentariamente se desarrollará el alcance de la formación correspondiente al contrato de formación para la obtención de prácticas profesionales, particularmente, en el caso de acciones formativas específicas dirigidas a la digitalización, la innovación o la sostenibilidad, incluyendo la posibilidad de microacreditaciones de los sistemas de formación profesional o universitaria.

4. Son normas comunes del contrato formativo las siguientes:

a) La acción protectora de la Seguridad Social de las personas que suscriban un contrato formativo comprenderá todas las contingencias protegibles y prestaciones, incluido el desempleo y la cobertura del Fondo de Garantía Salarial.

b) Las situaciones de incapacidad temporal, nacimiento, adopción, guarda con fines de adopción, acogimiento, riesgo durante el embarazo, riesgo durante la lactancia, violencia de género, interrumpirán el cómputo de la duración del contrato.

c) El contrato, que deberá formalizarse por escrito de conformidad con lo establecido en el artículo 8, incluirá obligatoriamente el texto del plan formativo individual al que se refieren los apartados 2. b), c), d), e), g), h) y k) y 3.e) y f), en el que se especifiquen el contenido de las prácticas o la formación y las actividades de tutoría para el cumplimiento de sus objetivos. Igualmente, incorporará el texto de los acuerdos y convenios a los que se refiere el apartado 2.e).

d) Los límites de edad y en la duración máxima del contrato formativo no serán de aplicación cuando se concierte con personas con discapacidad o con los colectivos en situación de exclusión social previstos en el artículo 2 de la Ley 44/2007, de 13 de diciembre, para la regulación del régimen de las empresas de inserción, en los casos en que sean contratados por parte de empresas de inserción que estén cualificadas y activas en el registro administrativo correspondiente. Reglamentariamente se establecerán dichos límites para adecuarlos a los estudios, al plan o programa formativo y al grado de discapacidad y características de estas personas.

e) Mediante convenio colectivo de ámbito sectorial estatal, autonómico o, en su defecto, en los convenios colectivos sectoriales de ámbito inferior, se podrán determinar los puestos de trabajo, actividades, niveles o grupos profesionales que podrán desempeñarse por medio de contrato formativo.

f) Las empresas que estén aplicando algunas de las medidas de flexibilidad interna reguladas en los artículos 47 y 47 bis podrán concertar contratos formativos siempre que las personas contratadas bajo esta modalidad no sustituyan funciones o tareas realizadas habitualmente por las personas afectadas por las medidas de suspensión o reducción de jornada.

g) Si al término del contrato la persona continuase en la empresa, no podrá concertarse un nuevo periodo de prueba, computándose la duración del contrato formativo a efectos de antigüedad en la empresa.

h) Los contratos formativos celebrados en fraude de ley o aquellos respecto de los cuales la empresa incumpla sus obligaciones formativas se entenderán concertados como contratos indefinidos de carácter ordinario.

i) Reglamentariamente se establecerán, previa consulta con las administraciones competentes en la formación objeto de realización mediante contratos formativos, los requisitos que deben cumplirse para la celebración de los mismos, tales como el número de contratos por tamaño de centro de trabajo, las personas en formación por tutor o tutora, o las exigencias en relación con la estabilidad de la plantilla.

5. La empresa pondrá en conocimiento de la representación legal de las personas trabajadoras los acuerdos de cooperación educativa o formativa que contemplen la contratación formativa, incluyendo la información relativa a los planes o programas formativos individuales, así como a los requisitos y las condiciones en las que se desarrollará la actividad de tutorización.

Asimismo, en el supuesto de diversos contratos vinculados a un único ciclo, certificado o itinerario en los términos referidos en el apartado 2.h), la empresa deberá trasladar a la representación legal de las personas trabajadoras toda la información de la que disponga al respecto de dichas contrataciones.

6. En la negociación colectiva se fijarán criterios y procedimientos tendentes a conseguir una presencia equilibrada de hombres y mujeres vinculados a la empresa mediante contratos formativos. Asimismo, podrán establecerse compromisos de conversión de los contratos formativos en contratos por tiempo indefinido.

7. Las empresas que pretendan suscribir contratos formativos, podrán solicitar por escrito al servicio público de empleo competente, información relativa a si las personas a las que pretenden contratar han estado previamente contratadas bajo dicha modalidad y la duración de estas contrataciones. Dicha información deberá ser trasladada a la representación legal de las personas trabajadoras y tendrá valor liberatorio a efectos de no exceder la duración máxima de este contrato.

Téngase en cuenta el real Decreto 1065/2025, de 26 de noviembre, por el que se desarrolla el régimen del contrato formativo, previsto en el artículo 11 del texto refundido de la Ley del Estatuto de los Trabajadores, aprobado por el Real Decreto Legislativo 2/2015, de 23 de octubre.

Apdo. 4.b) modificado por Ley 4/2023, de 28 de febrero, para la igualdad real y efectiva de las personas trans y para la garantía de los derechos de las personas LGTBI. (BOE de 01-03-2023).

Anteriormente modificado por Real Decreto-ley 32/2021, de 28 de diciembre, de medidas urgentes para la reforma laboral, la garantía de la estabilidad en el empleo y la transformación del mercado de trabajo. (BOE de 30-12-2021). Esta modificación entra en vigor el 30/03/2022. Ver la D.T. 1.ª del Real Decreto-ley 32/2021, de 28 de diciembre, en cuanto al régimen transitorio de los contratos formativos vigentes.

Ver RD 488/1998, de 27 de marzo por el que se desarrolla el artículo 11 del Estatuto de los Trabajadores en materia de contratos formativos.

ART. 12. Contrato a tiempo parcial y contrato de relevo.

1. El contrato de trabajo se entenderá celebrado a tiempo parcial cuando se haya acordado la prestación de servicios durante un número de horas al día, a la semana, al mes o al año, inferior a la jornada de trabajo de un trabajador a tiempo completo comparable.

A efectos de lo dispuesto en el párrafo anterior, se entenderá por «trabajador a tiempo completo comparable» a un trabajador a tiempo completo de la misma empresa y centro de trabajo, con el mismo tipo de contrato de trabajo y que realice un trabajo idéntico o similar. Si en la empresa no hubiera ningún trabajador comparable a tiempo completo, se considerará la jornada a tiempo completo prevista en el convenio colectivo de aplicación o, en su defecto, la jornada máxima legal.

2. El contrato a tiempo parcial podrá concertarse por tiempo indefinido o por duración determinada en los supuestos en los que legalmente se permita la utilización de esta modalidad de contratación.

3. *(Derogado).*

4. El contrato a tiempo parcial se regirá por las siguientes reglas:

a) El contrato, conforme a lo dispuesto en el artículo 8.2, se deberá formalizar necesariamente por escrito. En el contrato deberá figurar el número de horas ordinarias de trabajo al día, a la semana, al mes o al año contratadas, así como el modo de su distribución según lo previsto en convenio colectivo.

De no observarse estas exigencias, el contrato se presumirá celebrado a jornada completa, salvo prueba en contrario que acredite el carácter parcial de los servicios.

b) Cuando el contrato a tiempo parcial conlleve la ejecución de una jornada diaria inferior a la de los trabajadores a tiempo completo y esta se realice de forma partida, solo será posible efectuar una única interrupción en dicha jornada diaria, salvo que se disponga otra cosa mediante convenio colectivo.

c) Los trabajadores a tiempo parcial no podrán realizar horas extraordinarias, salvo en los supuestos a los que se refiere el artículo 35.3.

La realización de horas complementarias se regirá por lo dispuesto en el apartado 5.

En todo caso, la suma de las horas ordinarias y complementarias, incluidas las previamente pactadas y las voluntarias, no podrá exceder del límite legal del trabajo a tiempo parcial definido en el apartado 1.

A estos efectos, la jornada de los trabajadores a tiempo parcial se registrará día a día y se totalizará mensualmente, entregando copia al trabajador, junto con el recibo de salarios, del resumen de todas las horas realizadas en cada mes, tanto las ordinarias como las complementarias a que se refiere el apartado 5.

El empresario deberá conservar los resúmenes mensuales de los registros de jornada durante un periodo mínimo de cuatro años.

En caso de incumplimiento de las referidas obligaciones de registro, el contrato se presumirá celebrado a jornada completa, salvo prueba en contrario que acredite el carácter parcial de los servicios.

d) Las personas trabajadoras a tiempo parcial tendrán los mismos derechos que los trabajadores a tiempo completo. Cuando corresponda en atención a su naturaleza, tales derechos serán reconocidos en las disposiciones legales y reglamentarias y en los convenios colectivos de manera proporcional, en función del tiempo trabajado, debiendo garantizarse en todo caso la ausencia de discriminación, tanto directa como indirecta, entre mujeres y hombres.

e) La conversión de un trabajo a tiempo completo en un trabajo parcial y viceversa tendrá siempre carácter voluntario para el trabajador y no se podrá imponer de forma unilateral o como consecuencia de una modificación sustancial de condiciones de trabajo al amparo de lo dispuesto en el artículo 41.1.a). El trabajador no podrá ser despedido ni sufrir ningún otro tipo de sanción o efecto perjudicial por el hecho de rechazar esta conversión, sin perjuicio de las medidas que, de conformidad con lo dispuesto en los artículos 51 y 52.c), puedan adoptarse por causas económicas, técnicas, organizativas o de producción.

A fin de posibilitar la movilidad voluntaria en el trabajo a tiempo parcial, el empresario deberá informar a los trabajadores de la empresa sobre la existencia de puestos de trabajo vacantes, de manera que aquellos puedan formular solicitudes de conversión voluntaria de un trabajo a tiempo completo en un trabajo a tiempo parcial y viceversa, o para el incremento del tiempo de trabajo de los trabajadores a tiempo parcial, todo ello de conformidad con los procedimientos que se establezcan en convenio colectivo.

Con carácter general, las solicitudes a que se refiere el párrafo anterior deberán ser tomadas en consideración, en la medida de lo posible, por el empresario. La denegación de la solicitud deberá ser notificada por el empresario al trabajador por escrito y de manera motivada.

f) Los convenios colectivos establecerán medidas para facilitar el acceso efectivo de los trabajadores a tiempo parcial a la formación profesional continua, a fin de favorecer su progresión y movilidad profesionales.

5. Se consideran horas complementarias las realizadas como adición a las horas ordinarias pactadas en el contrato a tiempo parcial, conforme a las siguientes reglas:

a) El empresario solo podrá exigir la realización de horas complementarias cuando así lo hubiera pactado expresamente con el trabajador. El pacto sobre horas complementarias podrá acordarse en el momento de la celebración del contrato a tiempo parcial o con posterioridad al mismo, pero constituirá, en todo caso, un pacto específico respecto al contrato. El pacto se formalizará necesariamente por escrito.

b) Solo se podrá formalizar un pacto de horas complementarias en el caso de contratos a tiempo parcial con una jornada de trabajo no inferior a diez horas semanales en cómputo anual.

c) El pacto de horas complementarias deberá recoger el número de horas complementarias cuya realización podrá ser requerida por el empresario.

El número de horas complementarias pactadas no podrá exceder del treinta por ciento de las horas ordinarias de trabajo objeto del contrato. Los convenios colectivos podrán establecer otro porcentaje máximo, que, en ningún caso, podrá ser inferior al citado treinta por ciento ni exceder del sesenta por ciento de las horas ordinarias contratadas.

d) El trabajador deberá conocer el día y la hora de realización de las horas complementarias pactadas con un preaviso mínimo de tres días, salvo que el convenio establezca un plazo de preaviso inferior.

e) El pacto de horas complementarias podrá quedar sin efecto por renuncia del trabajador, mediante un preaviso de quince días, una vez cumplido un año desde su celebración, cuando concurra alguna de las siguientes circunstancias:

1.ª La atención de las responsabilidades familiares enunciadas en el artículo 37.6.

2.ª Necesidades formativas, siempre que se acredite la incompatibilidad horaria.

3.ª Incompatibilidad con otro contrato a tiempo parcial.

f) El pacto de horas complementarias y las condiciones de realización de las mismas estarán sujetos a las reglas previstas en las letras anteriores. En caso de incumplimiento de tales reglas, la negativa del trabajador a la realización de las horas complementarias, pese a haber sido pactadas, no constituirá conducta laboral sancionable.

g) Sin perjuicio del pacto de horas complementarias, en los contratos a tiempo parcial de duración indefinida con una jornada de trabajo no inferior a diez horas semanales en cómputo anual, el empresario podrá, en cualquier momento, ofrecer al trabajador la realización de horas complementarias de aceptación voluntaria, cuyo número no podrá superar el quince por ciento, ampliables al treinta por ciento por convenio colectivo, de las horas ordinarias objeto del contrato. La negativa del trabajador a la realización de estas horas no constituirá conducta laboral sancionable.

Estas horas complementarias no se computarán a efectos de los porcentajes de horas complementarias pactadas que se establecen en la letra c).

h) La realización de horas complementarias habrá de respetar, en todo caso, los límites en materia de jornada y descansos establecidos en los artículos 34.3 y 4; 36.1 y 37.1.

i) Las horas complementarias efectivamente realizadas se retribuirán como ordinarias, computándose a efectos de bases de cotización a la Seguridad Social y periodos de carencia y bases reguladoras de las prestaciones. A tal efecto, el número y retribución de las horas complementarias realizadas se deberá recoger en el recibo individual de salarios y en los documentos de cotización a la Seguridad Social.

6. Para que el trabajador pueda acceder a la jubilación parcial antes de alcanzar la edad ordinaria de jubilación, en los términos establecidos en el texto refundido de la Ley General de la Seguridad Social y demás disposiciones concordantes, la empresa deberá concertar simultáneamente un contrato de relevo indefinido y a tiempo completo.

El contrato de relevo deberá mantenerse vigente desde la fecha de efectos de la jubilación parcial hasta, al menos, los dos años posteriores a la extinción de la jubilación parcial. En el supuesto de que el contrato se extinga antes de dicho plazo, el empresario estará obligado a celebrar un nuevo contrato de relevo en los mismos términos del extinguido. En caso de incumplimiento por parte del empresario de la presente obligación será responsable del reintegro de la pensión que haya percibido el pensionista a tiempo parcial.

El contrato de relevo se celebrará con un trabajador en situación de desempleo o que tuviese concertado con la empresa un contrato de duración determinada. También podrá celebrarse un contrato fijo-discontinuo en los términos que se establezca reglamentariamente.

El puesto de trabajo del trabajador relevista podrá ser el mismo o diferente al del trabajador sustituido. En todo caso, deberá existir una correspondencia entre las bases de cotización de ambos, en los términos previstos en el texto refundido de la Ley General de la Seguridad Social.

La compatibilidad efectiva entre trabajo y pensión permitirá la acumulación del tiempo de trabajo en periodos de días en la semana, semanas en el mes, meses en el año u otros periodos de tiempo, de conformidad con lo dispuesto en pacto individual o, en su caso, en la negociación colectiva, en todas sus expresiones, incluido el acuerdo de centro de trabajo, sin que en ningún ámbito se pueda limitar o impedir su uso.

7. Cuando el trabajador acceda a la jubilación parcial una vez alcanzada la edad ordinaria de jubilación, en los términos establecidos en el texto refundido de la Ley General de la Seguridad Social y demás disposiciones concordantes, se podrá celebrar un contrato de relevo, cuya jornada como mínimo será la dejada vacante por el jubilado parcial.

Dicho contrato de relevo podrá ser por tiempo indefinido o de duración determinada. En este último supuesto su duración será coincidente con el tiempo en que se mantenga la jubilación parcial y, en todo caso, con un mínimo de un año.

El contrato de relevo se celebrará con un trabajador en situación de desempleo o que tuviese concertado con la empresa un contrato de duración determinada.

El puesto de trabajo del trabajador relevista podrá ser el mismo o diferente del trabajador sustituido.

La compatibilidad efectiva entre trabajo y pensión permitirá la acumulación del tiempo de trabajo en periodos de días en la semana, semanas en el mes, meses en el año u otros periodos de tiempo, de conformidad con lo dispuesto en pacto individual o, en su caso, en la negociación colectiva, en todas sus expresiones, incluido el acuerdo de centro de trabajo, sin que en ningún ámbito pueda limitar o impedir su uso.

8. La ejecución del contrato a tiempo parcial y retribución del jubilado parcial serán compatibles con la pensión que la Seguridad Social reconozca al trabajador en concepto de jubilación parcial.

El horario de trabajo del trabajador relevista podrá completar el del trabajador sustituido o simultanearse con él.

En la negociación colectiva se podrán establecer medidas para impulsar la celebración de contratos de relevo.

Apdos. 6 y 7 modificados y apdo. 8 añadido por Real Decreto-ley 11/2024, de 23 de diciembre, para la mejora de la compatibilidad de la pensión de jubilación con el trabajo. (BOE 24-12-2024). En vigor desde el 01-04-2025.

Apdo. 2 anteriormente modificado (efectos 31/12/2021) y apdo. 3 derogado (efectos 30/03/2022) por Real Decreto-ley 32/2021, de 28 de diciembre, de medidas urgentes para la reforma laboral, la garantía de la estabilidad en el empleo y la transformación del mercado de trabajo. (BOE de 30-12-2021). Apdo. 4.d) se modifica por Real Decreto-ley 6/2019, de 1 de marzo, de medidas urgentes para garantía de la igualdad de trato y de oportunidades entre mujeres y hombres en el empleo y la ocupación. (BOE de 07-03-2019). (En vigor desde el 08/03/2019)

Ver Directiva 97/81/CE del Consejo de 15 de diciembre de 1997 relativa al Acuerdo marco sobre el trabajo a tiempo parcial concluido por la UNICE, el CEEP y la CES.

Apdos. 1 a 5: ver STC 22/1994 de 27-01-1994 (Discriminación en la retribución de trabajadores a tiempo parcial) y la STC 72/2013 de 08-04-2013 (Determinación de los períodos de cotización de las prestaciones de Seguridad Social computando exclusivamente las horas trabajadas, en perjuicio de las trabajadoras a tiempo parcial).

Apdo. 4.c): ver D.T. 6ª del ET, sobre régimen transitorio de horas complementarias.

Apdo. 5: ver D.T. 6ª del ET, sobre régimen transitorio de horas complementarias.

ART. 13. Trabajo a distancia.

Las personas trabajadoras podrán prestar trabajo a distancia en los términos previstos en la Ley 10/2021 de trabajo a distancia.

Modificado por Ley 10/2021, de 9 de julio, de trabajo a distancia (BOE de 10-07-2021).

Anteriormente modificado por Real Decreto-ley 28/2020, de 22 de septiembre, de trabajo a distancia. (BOE de 23-09-2020).

CAPÍTULO II
Contenido del contrato de trabajo

Sección 1.ª Duración del contrato

ART. 14. Periodo de prueba.

1. Podrá concertarse por escrito un periodo de prueba, con sujeción a los límites de duración que, en su caso, se establezcan en los convenios colectivos. En defecto de pacto en convenio, la duración del periodo de prueba no podrá exceder de seis meses para los técnicos titulados, ni de dos meses para los demás trabajadores. En las empresas de menos de veinticinco trabajadores el periodo de prueba no podrá exceder de tres meses para los trabajadores que no sean técnicos titulados.

En el supuesto de los contratos temporales de duración determinada del artículo 15 concertados por tiempo no superior a seis meses, el periodo de prueba no podrá exceder de un mes, salvo que se disponga otra cosa en convenio colectivo.

El empresario y el trabajador están, respectivamente, obligados a realizar las experiencias que constituyan el objeto de la prueba.

Será nulo el pacto que establezca un periodo de prueba cuando el trabajador haya ya desempeñado las mismas funciones con anterioridad en la empresa, bajo cualquier modalidad de contratación.

2. Durante el periodo de prueba, la persona trabajadora tendrá los derechos y obligaciones correspondientes al puesto de trabajo que desempeñe como si fuera de plantilla, excepto los derivados de la resolución de la relación laboral, que podrá producirse a instancia de cualquiera de las partes durante su transcurso.

La resolución a instancia empresarial será nula en el caso de las trabajadoras por razón de embarazo, desde la fecha de inicio del embarazo hasta el comienzo del período de suspensión a que se refiere el artículo 48.4, o maternidad, salvo que concurran motivos no relacionados con el embarazo o maternidad.

3. Transcurrido el periodo de prueba sin que se haya producido el desistimiento, el contrato producirá plenos efectos, computándose el tiempo de los servicios prestados en la antigüedad de la persona trabajadora en la empresa.

Las situaciones de incapacidad temporal, nacimiento, adopción, guarda con fines de adopción, acogimiento, riesgo durante el embarazo, riesgo durante la lactancia, violencia de género, que afecten a la persona trabajadora durante el periodo de prueba, interrumpen el cómputo del mismo siempre que se produzca acuerdo entre ambas partes.

Apdo. 3 modificado por Ley 4/2023, de 28 de febrero, para la igualdad real y efectiva de las personas trans y para la garantía de los derechos de las personas LGTBI. (BOE de 01-03-2023).

Apdos. 2 y 3 anteriormente modificados por Real Decreto-ley 6/2019, de 1 de marzo, de medidas urgentes para garantía de la igualdad de trato y de oportunidades entre mujeres y hombres en el empleo y la ocupación. (BOE de 07-03-2019). (En vigor desde el 08/03/2019).

Apdo. 2: ver STC 94/1984 de 16-10-1984 (Resolución del contrato durante el período de prueba alegando motivos discriminatorios), STC 166/1988 de 29-09-1988 (Discriminación de mujer embarazada durante el período de prueba) y STC 198/1996 de 03-12-1996 (Cese de trabajadora en período de prueba por falta de adecuación al puesto de trabajo).

ART. 15. Duración del contrato de trabajo.

1. El contrato de trabajo se presume concertado por tiempo indefinido.

El contrato de trabajo de duración determinada solo podrá celebrarse por circunstancias de la producción o por sustitución de persona trabajadora.

Para que se entienda que concurre causa justificada de temporalidad será necesario que se especifiquen con precisión en el contrato la causa habilitante de la contratación temporal, las circunstancias concretas que la justifican y su conexión con la duración prevista.

2. A efectos de lo previsto en este artículo, se entenderá por circunstancias de la producción el incremento ocasional e imprevisible de la actividad y las oscilaciones, que, aun tratándose de la actividad normal de la empresa, generan un desajuste temporal entre el empleo estable disponible y el que se requiere, siempre que no respondan a los supuestos incluidos en el artículo 16.1.

Entre las oscilaciones a que se refiere el párrafo anterior se entenderán incluidas aquellas que derivan de las vacaciones anuales.

Cuando el contrato de duración determinada obedezca a estas circunstancias de la producción, su duración no podrá ser superior a seis meses. Por convenio colectivo de ámbito sectorial se podrá ampliar la duración máxima del contrato hasta un año.

En caso de que el contrato se hubiera concertado por una duración inferior a la máxima legal o convencionalmente establecida, podrá prorrogarse, mediante acuerdo de las partes, por una única vez, sin que la duración total del contrato pueda exceder de dicha duración máxima.

Igualmente, las empresas podrán formalizar contratos por circunstancias de la producción para atender **situaciones ocasionales, previsibles y que tengan una duración reducida y delimitada en los términos previstos en este párrafo, incluidas** las campañas agrarias y agroalimentarias. Las empresas solo podrán utilizar este contrato un máximo de noventa días en el año natural, **a excepción de las empresas del sector agrario y agroalimentario que podrán utilizar un total de 120 días en el año natural**, independientemente de las personas trabajadoras que sean necesarias para atender en cada uno de dichos días las concretas situaciones, que deberán estar debidamente identificadas en el contrato.

Estos noventa días, **o ciento veinte días en los supuestos de las explotaciones y empresas del sector agroalimentario**, no podrán ser utilizados de manera continuada. Las empresas, en el último trimestre de cada año, deberán trasladar a la representación legal de las personas trabajadoras una previsión anual de uso de estos contratos.

Constituye causa para la celebración de este contrato en el sector agrícola, ganadero y forestal y la industria asociada a estos sectores, la cobertura de una o varias campañas de corta duración, con el límite anual de 120 jornadas reales.

No podrá identificarse como causa de este contrato la realización de los trabajos en el marco de contratas, subcontratas o concesiones administrativas que constituyan la actividad habitual u ordinaria de la empresa, sin perjuicio de su celebración cuando concurran las circunstancias de la producción en los términos anteriores.

3. Podrán celebrarse contratos de duración determinada para la sustitución de una persona trabajadora con derecho a reserva de puesto de trabajo, siempre que se especifique en el contrato el nombre de la persona sustituida y la causa de la sustitución. En tal supuesto, la prestación de servicios podrá iniciarse antes de que se produzca la ausencia de la persona sustituida, coincidiendo en el desarrollo de las funciones el tiempo imprescindible para garantizar el desempeño adecuado del puesto y, como máximo, durante quince días.

Asimismo, el contrato de sustitución podrá concertarse para completar la jornada reducida por otra persona trabajadora, cuando dicha reducción se ampare en causas legalmente establecidas o reguladas en el convenio colectivo y se especifique en el contrato el nombre de la persona sustituida y la causa de la sustitución.

El contrato de sustitución podrá ser también celebrado para la cobertura temporal de un puesto de trabajo durante el proceso de selección o promoción para su cobertura definitiva mediante contrato fijo, sin que su duración pueda ser en este caso superior a tres meses, o el plazo inferior recogido en convenio colectivo, ni pueda celebrarse un nuevo contrato con el mismo objeto una vez superada dicha duración máxima.

4. Las personas contratadas incumpliendo lo establecido en este artículo adquirirán la condición de fijas.

También adquirirán la condición de fijas las personas trabajadoras temporales que no hubieran sido dadas de alta en la Seguridad Social una vez transcurrido un plazo igual al que legalmente se hubiera podido fijar para el periodo de prueba.

5. Sin perjuicio de lo anterior, las personas trabajadoras que en un periodo de veinticuatro meses hubieran estado contratadas durante un plazo superior a dieciocho meses, con o sin solución de continuidad, para el mismo o diferente puesto de trabajo con la misma empresa o grupo de empresas, mediante dos o más contratos por circunstancias de la producción, sea directamente o a través de su puesta a disposición por empresas de trabajo temporal, adquirirán la condición de personas trabajadoras fijas. Esta previsión también será de aplicación cuando se produzcan supuestos de sucesión o subrogación empresarial conforme a lo dispuesto legal o convencionalmente.

Asimismo, adquirirá la condición de fija la persona que ocupe un puesto de trabajo que haya estado ocupado con o sin solución de continuidad, durante más de dieciocho meses en un periodo de veinticuatro meses mediante contratos por circunstancias de la producción, incluidos los contratos de puesta a disposición realizados con empresas de trabajo temporal.

6. Las personas con contratos temporales y de duración determinada tendrán los mismos derechos que las personas con contratos de duración indefinida, sin perjuicio de las particularidades específicas de cada una de las modalidades contractuales en materia de extinción del contrato y de aquellas expresamente previstas en la ley en relación con los contratos formativos. Cuando corresponda en atención a su naturaleza, tales derechos serán reconocidos en las disposiciones legales y reglamentarias y en los convenios colectivos de manera proporcional, en función del tiempo trabajado.

Cuando un determinado derecho o condición de trabajo esté atribuido en las disposiciones legales o reglamentarias y en los convenios colectivos en función de una previa antigüedad de la persona trabajadora, esta deberá computarse según los mismos criterios para todas las personas trabajadoras, cualquiera que sea su modalidad de contratación.

7. La empresa deberá informar a las personas con contratos de duración determinada o temporales, incluidos los contratos formativos, sobre la existencia de puestos de trabajo vacantes, a fin de garantizarles las mismas oportunidades de acceder a puestos permanentes

que las demás personas trabajadoras. Esta información podrá facilitarse mediante un anuncio público en un lugar adecuado de la empresa o centro de trabajo, o mediante otros medios previstos en la negociación colectiva, que aseguren la transmisión de la información.

Dicha información será trasladada, además, a la representación legal de las personas trabajadoras.

Las empresas habrán de notificar, asimismo a la representación legal de las personas trabajadoras los contratos realizados de acuerdo con las modalidades de contratación por tiempo determinado previstas en este artículo, cuando no exista obligación legal de entregar copia básica de los mismos.

8. Los convenios colectivos podrán establecer planes de reducción de la temporalidad, así como fijar criterios generales relativos a la adecuada relación entre el volumen de la contratación de carácter temporal y la plantilla total de la empresa, criterios objetivos de conversión de los contratos de duración determinada o temporales en indefinidos, así como fijar porcentajes máximos de temporalidad y las consecuencias derivadas del incumplimiento de los mismos.

Asimismo, los convenios colectivos podrán establecer criterios de preferencia entre las personas con contratos de duración determinada o temporales, incluidas las personas puestas a disposición.

Los convenios colectivos establecerán medidas para facilitar el acceso efectivo de estas personas trabajadoras a las acciones incluidas en el sistema de formación profesional para el empleo, a fin de mejorar su cualificación y favorecer su progresión y movilidad profesionales.

9. En los supuestos previstos en los apartados 4 y 5, la empresa deberá facilitar por escrito a la persona trabajadora, en los diez días siguientes al cumplimiento de los plazos indicados, un documento justificativo sobre su nueva condición de persona trabajadora fija de la empresa, debiendo informar a la representación legal de los trabajadores sobre dicha circunstancia.

En todo caso, la persona trabajadora podrá solicitar, por escrito al servicio público de empleo correspondiente un certificado de los contratos de duración determinada o temporales celebrados, a los efectos de poder acreditar su condición de persona trabajadora fija en la empresa.

El Servicio Público de Empleo emitirá dicho documento y lo pondrá en conocimiento de la empresa en la que la persona trabajadora preste sus servicios y de la Inspección de Trabajo y Seguridad Social, si advirtiera que se han sobrepasado los límites máximos temporales establecidos.

Apdo. 2 modificado por Ley 1/2025, de 1 de abril, de prevención de las pérdidas y el desperdicio alimentario. (BOE de 02-04-2025). Efectos desde el 2 de enero de 2025.

Anteriormente modificado por Real Decreto-ley 32/2021, de 28 de diciembre, de medidas urgentes para la reforma laboral, la garantía de la estabilidad en el empleo y la transformación del mercado de trabajo. (BOE de 30-12-2021). Incluye corrección de errores publicada en BOE núm. 16, de 19-01-2022. Esta modificación entra en vigor el 30/03/2022. Ver las D.T. 3.ª, 4.ª y 5.ª del Real Decreto-ley 32/2021, de 28 de diciembre, en cuanto al régimen transitorio aplicable a los contratos de duración determinada.

Quedan derogadas las disposiciones referidas a los contratos temporales previstos en el artículo 15.1.a) de este Estatuto de los Trabajadores en la redacción anterior a esta modificación, contenidas en cualquier norma del ordenamiento jurídico y, en particular, en la Ley Orgánica 6/2001, de 21 de diciembre, de Universidades y en la Ley 14/2011, de 1 de junio, de la Ciencia, la Tecnología y la Innovación.

Ver art. 8.2 (forma de los contratos por tiempo determinado), 14 (período de prueba de contratos temporales de duración determinada no superiores a 6 meses), 49.1.c) (extinción de los contratos por tiempo determinado) del ET; RD 2720/1998, de 18 de diciembre, por el que se desarrolla el artículo 15 del Estatuto de los Trabajadores en materia de contratos de duración determinada y Directiva 1999/70/CE del Consejo de 28 de junio de 1999 relativa al Acuerdo marco de la CES, la UNICE y el CEEP sobre el trabajo de duración determinada.

ART. 16. Contrato fijo-discontinuo.

1. El contrato por tiempo indefinido fijo-discontinuo se concertará para la realización de trabajos de naturaleza estacional o vinculados a actividades productivas de temporada, o para el desarrollo de aquellos que no tengan dicha naturaleza pero que, siendo de prestación intermitente, tengan periodos de ejecución ciertos, determinados o indeterminados.

El contrato fijo-discontinuo podrá concertarse para el desarrollo de trabajos consistentes en la prestación de servicios en el marco de la ejecución de contratas mercantiles o administrativas que, siendo previsibles, formen parte de la actividad ordinaria de la empresa.

Asimismo, podrá celebrarse un contrato fijo-discontinuo entre una empresa de trabajo temporal y una persona contratada para ser cedida, en los términos previstos en el artículo 10.3 de la Ley 14/1994, de 1 de junio, por la que se regulan las empresas de trabajo temporal.

2. El contrato de trabajo fijo-discontinuo, conforme a lo dispuesto en el artículo 8.2, se deberá formalizar necesariamente por escrito y deberá reflejar los elementos esenciales de la actividad laboral, entre otros, la duración del periodo de actividad, la jornada y su distribución horaria, si bien estos últimos podrán figurar con carácter estimado, sin perjuicio de su concreción en el momento del llamamiento.

3. Mediante convenio colectivo o, en su defecto, acuerdo de empresa, se establecerán los criterios objetivos y formales por los que debe regirse el llamamiento de las personas fijas-discontinuas. En todo caso, el llamamiento deberá realizarse por escrito o por otro medio que permita dejar constancia de la debida notificación a la persona interesada con las indicaciones precisas de las condiciones de su incorporación y con una antelación adecuada.

Sin perjuicio de lo anterior, la empresa deberá trasladar a la representación legal de las personas trabajadoras, con la suficiente antelación, al inicio de cada año natural, un calendario con las previsiones de llamamiento anual, o, en su caso, semestral, así como los datos de las altas efectivas de las personas fijas discontinuas una vez se produzcan.

Las personas fijas-discontinuas podrán ejercer las acciones que procedan en caso de incumplimientos relacionados con el llamamiento, iniciándose el plazo para ello desde el momento de la falta de este o desde el momento en que la conociesen.

4. Cuando la contratación fija-discontinua se justifique por la celebración de contratas, subcontratas o con motivo de concesiones administrativas en los términos de este artículo, los periodos de inactividad solo podrán producirse como plazos de espera de recolocación entre subcontrataciones.

En estos supuestos, los convenios colectivos sectoriales podrán determinar un plazo máximo de inactividad entre subcontratas, que, en defecto de previsión convencional, será de tres meses. Una vez cumplido dicho plazo, la empresa adoptará las medidas coyunturales o definitivas que procedan, en los términos previstos en esta norma.

5. Los convenios colectivos de ámbito sectorial podrán establecer una bolsa sectorial de empleo en la que se podrán integrar las personas fijas-discontinuas durante los periodos de inactividad, con el objetivo de favorecer su contratación y su formación continua durante estos, todo ello sin perjuicio de las obligaciones en materia de contratación y llamamiento efectivo de cada una de las empresas en los términos previstos en este artículo.

Estos mismos convenios podrán acordar, cuando las peculiaridades de la actividad del sector así lo justifiquen, la celebración a tiempo parcial de los contratos fijos-discontinuos, y la obligación de las empresas de elaborar un censo anual del personal fijo-discontinuo.

Asimismo, podrán establecer un periodo mínimo de llamamiento anual y una cuantía por fin de llamamiento a satisfacer por las empresas a las personas trabajadoras, cuando este coincida con la terminación de la actividad y no se produzca, sin solución de continuidad, un nuevo llamamiento.

6. Las personas trabajadoras fijas-discontinuas no podrán sufrir perjuicios por el ejercicio de los derechos de conciliación, ausencias con derecho a reserva de puesto de trabajo y otras causas justificadas en base a derechos reconocidos en la ley o los convenios colectivos.

Las personas trabajadoras fijas-discontinuas tienen derecho a que su antigüedad se calcule teniendo en cuenta toda la duración de la relación laboral y no el tiempo de servicios efectivamente prestados, con la excepción de aquellas condiciones que exijan otro tratamiento en atención a su naturaleza y siempre que responda a criterios de objetividad, proporcionalidad y transparencia.

7. La empresa deberá informar a las personas fijas-discontinuas y a la representación legal de las personas trabajadoras sobre la existencia de puestos de trabajo vacantes de carácter fijo ordinario, de manera que aquellas puedan formular solicitudes de conversión voluntaria, de conformidad con los procedimientos que establezca el convenio colectivo sectorial o, en su defecto, el acuerdo de empresa.

8. Las personas trabajadoras fijas-discontinuas tendrán la consideración de colectivo prioritario para el acceso a las iniciativas de formación del sistema de formación profesional para el empleo en el ámbito laboral durante los periodos de inactividad.

Modificado por Real Decreto-ley 32/2021, de 28 de diciembre, de medidas urgentes para la reforma laboral, la garantía de la estabilidad en el empleo y la transformación del mercado de trabajo. (BOE de 30-12-2021). Incluye corrección de errores publicada en BOE núm. 16, de 19-01-2022. Esta modificación entra en vigor el 30/03/2022.

Ver art. 29.1 (último párrafo); art. 49.2, que determina (por remisión del artículo 29.1 ET) la forma en que se realizará la liquidación de salarios.

Sección 2.ª Derechos y deberes derivados del contrato

ART. 17. No discriminación en las relaciones laborales.

1. Se entenderán nulos y sin efecto los preceptos reglamentarios, las cláusulas de los convenios colectivos, los pactos individuales y las decisiones unilaterales del empresario que den lugar en el empleo, así como en materia de retribuciones, jornada y demás condiciones de trabajo, a situaciones de discriminación directa o indirecta desfavorables por razón de edad o discapacidad o a situaciones de discriminación directa o indirecta por razón de sexo, origen, incluido el racial o étnico, estado civil, condición social, religión o convicciones, ideas políticas, orientación e identidad sexual, expresión de género, características sexuales, adhesión o no a sindicatos y a sus acuerdos, vínculos de parentesco con personas pertenecientes a o relacionadas con la empresa y lengua dentro del Estado español.

Serán igualmente nulas las órdenes de discriminar y las decisiones del empresario que supongan un trato desfavorable de los trabajadores como reacción ante una reclamación efectuada en la empresa o ante una acción administrativa o judicial destinada a exigir el cumplimiento del principio de igualdad de trato y no discriminación.

El incumplimiento de la obligación de tomar medidas de protección frente a la discriminación y la violencia dirigida a las personas LGTBI a que se refiere el artículo 62.3 de la Ley para la igualdad real y efectiva de las personas trans y para la garantía de los derechos de las personas LGTBI dará lugar a la asunción de responsabilidad de las personas empleadoras en los términos del artículo 62.2 de la misma norma.

2. Podrán establecerse por ley las exclusiones, reservas y preferencias para ser contratado libremente.

3. No obstante lo dispuesto en el apartado anterior, el Gobierno podrá regular medidas de reserva, duración o preferencia en el empleo que tengan por objeto facilitar la colocación de trabajadores demandantes de empleo.

Asimismo, el Gobierno podrá otorgar subvenciones, desgravaciones y otras medidas para fomentar el empleo de grupos específicos de trabajadores que encuentren dificultades especiales para acceder al empleo. La regulación de las mismas se hará previa consulta a las organizaciones sindicales y asociaciones empresariales más representativas.

Las medidas a las que se refieren los párrafos anteriores se orientarán prioritariamente a fomentar el empleo estable de los trabajadores desempleados y la conversión de contratos temporales en contratos por tiempo indefinido.

4. Sin perjuicio de lo dispuesto en los apartados anteriores, la negociación colectiva podrá establecer medidas de acción positiva para favorecer el acceso de las mujeres a todas las profesiones. A tal efecto podrá establecer reservas y preferencias en las condiciones de contratación de modo que, en igualdad de condiciones de idoneidad, tengan preferencia para ser contratadas las personas del sexo menos representado en el grupo profesional de que se trate.

Asimismo, la negociación colectiva podrá establecer este tipo de medidas en las condiciones de clasificación profesional, promoción y formación, de modo que, en igualdad de condiciones de idoneidad, tengan preferencia las personas del sexo menos representado para favorecer su acceso al grupo profesional o puesto de trabajo de que se trate.

5. El establecimiento de planes de igualdad en las empresas se ajustará a lo dispuesto en esta ley y en la Ley Orgánica 3/2007, de 22 de marzo, para la igualdad efectiva de mujeres y hombres.

Apdo. 1 modificado por Ley 4/2023, de 28 de febrero, para la igualdad real y efectiva de las personas trans y para la garantía de los derechos de las personas LGTBI. (BOE de 01-03-2023).

Ver LO 3/2007, de 22 de marzo, para la igualdad efectiva de mujeres y hombres; RD 364/2005, de 8 de abril, por el que se regula el cumplimiento alternativo con carácter excepcional de la cuota de reserva en favor de los trabajadores con discapacidad; Directiva 2000/78/CE del Consejo de 27 de noviembre de 2000 relativa al establecimiento de un marco general para la igualdad de trato en el empleo y la ocupación, Directiva 2000/43/CE del Consejo, de 29 de junio de 2000, relativa a la aplicación del principio de igualdad de trato de las personas independientemente de su origen racial o étnico (que se traspone en nuestro país por la Ley 62/2003, de 30 de diciembre, de medidas fiscales, administrativas y del orden social); Cap. XI del Título II del Libro II de la LJS, sobre tutela de los derechos fundamentales y libertades públicas; art. 28 del ET, sobre igualdad de remuneración por razón de sexo; art. 14 CE; STC 38/1986 de 21-03-1986 (Discriminación laboral por razón de sexo); STC 41/2006 de 13-02-2006 (Discriminación por orientación sexual); STC 36/2011 de 28-03-2011 (Constitucionalidad de un doble sistema retributivo).

Apdo. 1: ver art. 8.12 de la LISOS, que considera como infracción muy grave las decisiones empresariales que impliquen discriminaciones directas o indirectas.

Apdo. 2: ver art. 42 de RDLeg 1/2013, de 29 de noviembre, por el que se aprueba el Texto Refundido de la Ley General de derechos de las personas con discapacidad y de su inclusión social. (Cuota de reserva de puestos de trabajo para personas con discapacidad).

Apdo. 5: ver art. 45 y ss de LOIEHM; Real Decreto 901/2020, de 13 de octubre, por el que se regulan los planes de igualdad y su registro y se modifica el Real Decreto 713/2010, de 28 de mayo, sobre registro y depósito de convenios y acuerdos colectivos de trabajo.

ART. 18. Inviolabilidad de la persona del trabajador.

Solo podrán realizarse registros sobre la persona del trabajador, en sus taquillas y efectos particulares, cuando sean necesarios para la protección del patrimonio empresarial y del de los demás trabajadores de la empresa, dentro del centro de trabajo y en horas de trabajo. En su realización se respetará al máximo la dignidad e intimidad del trabajador y se contará con la asistencia de un representante legal de los trabajadores o, en su ausencia del centro de trabajo, de otro trabajador de la empresa, siempre que ello fuera posible.

Ver art. 4.2.d) del ET (Derecho laboral a la integridad física y a la prevención de riesgos laborales); art. 18 CE.

ART. 19. Seguridad y salud en el trabajo.

1. El trabajador, en la prestación de sus servicios, tendrá derecho a una protección eficaz en materia de seguridad y salud en el trabajo.

2. El trabajador está obligado a observar en su trabajo las medidas legales y reglamentarias de seguridad y salud en el trabajo.

3. En la inspección y control de dichas medidas que sean de observancia obligada por el empresario, el trabajador tiene derecho a participar por medio de sus representantes legales en el centro de trabajo, si no se cuenta con órganos o centros especializados competentes en la materia a tenor de la legislación vigente.

4. El empresario está obligado a garantizar que cada trabajador reciba una formación teórica y práctica, suficiente y adecuada, en materia preventiva tanto en el momento de su contratación, cualquiera que sea la modalidad o duración de esta, como cuando se produzcan cambios en las funciones que desempeñe o se introduzcan nuevas tecnologías o cambios en los equipos de trabajo. El trabajador está obligado a seguir la formación y a realizar las prácticas. Todo ello en los términos señalados en la Ley 31/1995, de 8 de noviembre, de Prevención de Riesgos Laborales, y en sus normas de desarrollo, en cuanto les sean de aplicación.

5. Los delegados de prevención y, en su defecto, los representantes legales de los trabajadores en el centro de trabajo, que aprecien una probabilidad seria y grave de accidente por la inobservancia de la legislación aplicable en la materia, requerirán al empresario por escrito para que adopte las medidas oportunas que hagan desaparecer el estado de riesgo; si la petición no fuese atendida en un plazo de cuatro días, se dirigirán a la autoridad competente; esta, si apreciase las circunstancias alegadas, mediante resolución fundada, requerirá al empresario para que adopte las medidas de seguridad apropiadas o que suspenda sus actividades en la zona o local de trabajo o con el material en peligro. También podrá ordenar, con los informes técnicos precisos, la paralización inmediata del trabajo si se estima un riesgo grave de accidente.

Si el riesgo de accidente fuera inminente, la paralización de las actividades podrá ser acordada por los representantes de los trabajadores, por mayoría de sus miembros. Tal acuerdo podrá ser adoptado por decisión mayoritaria de los delegados de prevención cuando no resulte posible reunir con la urgencia requerida al órgano de representación del personal. El acuerdo será comunicado de inmediato a la empresa y a la autoridad laboral, la cual, en veinticuatro horas, anulará o ratificará la paralización acordada.

Ver Ley 31/1995, de 8 de noviembre, de Prevención de Riesgos Laborales; RD 39/1997, de 17 de enero, por el que se aprueba el Reglamento de los Servicios de Prevención; Orden TIN/2504/2010, de 20 de septiembre, por la que se desarrolla el RD 39/1997, de 17 de enero, por el que se aprueba el Reglamento de los Servicios de Prevención, en lo referido a la acreditación de entidades especializadas como servicios de prevención, memoria de actividades preventivas y autorización para realizar la actividad de auditoría del sistema de prevención de las empresas; RD 216/1999, de 5 de febrero, sobre disposiciones mínimas de seguridad y salud en el trabajo en el ámbito de las empresas de trabajo temporal; Directiva

2009/148/CE del Parlamento Europeo y del Consejo de 30 de noviembre de 2009 sobre la protección de los trabajadores contra los riesgos relacionados con la exposición al amianto durante el trabajo.

Ver art. 40.2 CE (Los poderes públicos deberán velar por la seguridad e higiene en el trabajo); art. 164 de LGSS, sobre recargo de prestaciones derivadas de accidente de trabajo o enfermedad profesional; arts. 11, 12 y 13 LISOS, que recogen las infracciones en materia de seguridad y salud en el trabajo; art. 316 CP, que recoge el delito contra la seguridad de los trabajadores; art. 5.b) ET. Entre los deberes de los trabajadores está el de observar las medidas de prevención de riesgos laborales que se adopten.

Apdo. 5: ver art. 21 de LPRL, en cuanto a la exposición a riesgo grave o inminente.

ART. 20. Dirección y control de la actividad laboral.

1. El trabajador estará obligado a realizar el trabajo convenido bajo la dirección del empresario o persona en quien este delegue.

2. En el cumplimiento de la obligación de trabajar asumida en el contrato, el trabajador debe al empresario la diligencia y la colaboración en el trabajo que marquen las disposiciones legales, los convenios colectivos y las órdenes o instrucciones adoptadas por aquel en el ejercicio regular de sus facultades de dirección y, en su defecto, por los usos y costumbres. En cualquier caso, el trabajador y el empresario se someterán en sus prestaciones recíprocas a las exigencias de la buena fe.

3. El empresario podrá adoptar las medidas que estime más oportunas de vigilancia y control para verificar el cumplimiento por el trabajador de sus obligaciones y deberes laborales, guardando en su adopción y aplicación la consideración debida a su dignidad y teniendo en cuenta, en su caso, la capacidad real de los trabajadores con discapacidad.

4. El empresario podrá verificar el estado de salud del trabajador que sea alegado por este para justificar sus faltas de asistencia al trabajo, mediante reconocimiento a cargo de personal médico. La negativa del trabajador a dichos reconocimientos podrá determinar la suspensión de los derechos económicos que pudieran existir a cargo del empresario por dichas situaciones.

Ver art. 5.a) y c) del ET. El trabajador está obligado a cumplir con las obligaciones concretas de su puesto de trabajo y a acatar las órdenes e instrucciones del empresario; STC 90/1997 de 06-05-1997 (Carga de la prueba para justificar la razonabilidad de la práctica empresarial cuestionada).

Apdo. 1: ver STC 170/1987 de 30-10-1987 (Cambio de imagen no tolerado por el empresario).

Apdo. 3: ver STC 29/2013 de 11-02-2013 (Información previa y expresa a los trabajadores de la instalación de cámaras de video-vigilancia en la empresa).

Apdo. 4: ver STC 202/1999 de 08-11-1999 (Almacenamiento de diagnósticos médicos de salud de los trabajadores).

ART. 20 BIS. Derechos de los trabajadores a la intimidad en relación con el entorno digital y a la desconexión.

Los trabajadores tienen derecho a la intimidad en el uso de los dispositivos digitales puestos a su disposición por el empleador, a la desconexión digital y a la intimidad frente al uso de dispositivos de videovigilancia y geolocalización en los términos establecidos en la legislación vigente en materia de protección de datos personales y garantía de los derechos digitales.

Añadido por Ley Orgánica 3/2018, de 5 de diciembre, de Protección de Datos Personales y garantía de los derechos digitales. (BOE de 06-12-2018).

ART. 21. Pacto de no concurrencia y de permanencia en la empresa.

1. No podrá efectuarse la prestación laboral de un trabajador para diversos empresarios cuando se estime concurrencia desleal o cuando se pacte la plena dedicación mediante compensación económica expresa, en los términos que al efecto se convengan.

2. El pacto de no competencia para después de extinguido el contrato de trabajo, que no podrá tener una duración superior a dos años para los técnicos y de seis meses para los demás trabajadores, solo será válido si concurren los requisitos siguientes:

a) Que el empresario tenga un efectivo interés industrial o comercial en ello.

b) Que se satisfaga al trabajador una compensación económica adecuada.

3. En el supuesto de compensación económica por la plena dedicación, el trabajador podrá rescindir el acuerdo y recuperar su libertad de trabajo en otro empleo, comunicándolo

por escrito al empresario con un preaviso de treinta días, perdiéndose en este caso la compensación económica u otros derechos vinculados a la plena dedicación.

4. Cuando el trabajador haya recibido una especialización profesional con cargo al empresario para poner en marcha proyectos determinados o realizar un trabajo específico, podrá pactarse entre ambos la permanencia en dicha empresa durante cierto tiempo. El acuerdo no será de duración superior a dos años y se formalizará siempre por escrito. Si el trabajador abandona el trabajo antes del plazo, el empresario tendrá derecho a una indemnización de daños y perjuicios.

Ver art. 54.2.d) del ET.

Sección 3.ª Clasificación profesional y promoción en el trabajo

ART. 22. Sistema de clasificación profesional.

1. Mediante la negociación colectiva o, en su defecto, acuerdo entre la empresa y los representantes de los trabajadores, se establecerá el sistema de clasificación profesional de los trabajadores por medio de grupos profesionales.

2. Se entenderá por grupo profesional el que agrupe unitariamente las aptitudes profesionales, titulaciones y contenido general de la prestación, y podrá incluir distintas tareas, funciones, especialidades profesionales o responsabilidades asignadas al trabajador.

3. La definición de los grupos profesionales se ajustará a criterios y sistemas que, basados en un análisis correlacional entre sesgos de género, puestos de trabajo, criterios de encuadramiento y retribuciones, tengan como objeto garantizar la ausencia de discriminación, tanto directa como indirecta, entre mujeres y hombres. Estos criterios y sistemas, en todo caso, cumplirán con lo previsto en el artículo 28.1.

4. Por acuerdo entre el trabajador y el empresario se asignará al trabajador un grupo profesional y se establecerá como contenido de la prestación laboral objeto del contrato de trabajo la realización de todas las funciones correspondientes al grupo profesional asignado o solamente de alguna de ellas. Cuando se acuerde la polivalencia funcional o la realización de funciones propias de más de un grupo, la equiparación se realizará en virtud de las funciones que se desempeñen durante mayor tiempo.

Apdo. 3 se modifica por Real Decreto-ley 6/2019, de 1 de marzo, de medidas urgentes para garantía de la igualdad de trato y de oportunidades entre mujeres y hombres en el empleo y la ocupación. (BOE de 07-03-2019). (En vigor desde el 08/03/2019)

Ver arts. 24 y 39 del ET.

Apdo. 1: ver art. 84 del ET.

ART. 23. Promoción y formación profesional en el trabajo.

1. El trabajador tendrá derecho:

a) Al disfrute de los permisos necesarios para concurrir a exámenes, así como a una preferencia a elegir turno de trabajo y a acceder al trabajo a distancia, si tal es el régimen instaurado en la empresa, y el puesto o funciones son compatibles con esta forma de realización del trabajo, cuando curse con regularidad estudios para la obtención de un título académico o profesional.

b) A la adaptación de la jornada ordinaria de trabajo para la asistencia a cursos de formación profesional.

c) A la concesión de los permisos oportunos de formación o perfeccionamiento profesional con reserva del puesto de trabajo.

d) A la formación necesaria para su adaptación a las modificaciones operadas en el puesto de trabajo. La misma correrá a cargo de la empresa, sin perjuicio de la posibilidad de obtener a tal efecto los créditos destinados a la formación. El tiempo destinado a la formación se considerará en todo caso tiempo de trabajo efectivo.

2. En la negociación colectiva se pactarán los términos del ejercicio de estos derechos, que se acomodarán a criterios y sistemas que garanticen la ausencia de discriminación, tanto directa como indirecta, entre trabajadores de uno y otro sexo.

3. Los trabajadores con al menos un año de antigüedad en la empresa tienen derecho a un permiso retribuido de veinte horas anuales de formación profesional para el empleo, vinculada a la actividad de la empresa, acumulables por un periodo de hasta cinco años. El derecho se entenderá cumplido en todo caso cuando el trabajador pueda realizar las accio-

nes formativas dirigidas a la obtención de la formación profesional para el empleo en el marco de un plan de formación desarrollado por iniciativa empresarial o comprometido por la negociación colectiva. Sin perjuicio de lo anterior, no podrá comprenderse en el derecho a que se refiere este apartado la formación que deba obligatoriamente impartir la empresa a su cargo conforme a lo previsto en otras leyes. En defecto de lo previsto en convenio colectivo, la concreción del modo de disfrute del permiso se fijará de mutuo acuerdo entre trabajador y empresario.

Apdo. 1.a) modificado por Ley 10/2021, de 9 de julio, de trabajo a distancia (BOE de 10-07-2021).

Apdo. 1.a) anteriormente modificado por Real Decreto-ley 28/2020, de 22 de septiembre, de trabajo a distancia. (BOE de 23-09-2020).

Ver Ley 30/2015, de 9 de septiembre, por la que se regula el Sistema de Formación Profesional para el empleo en el ámbito laboral; RD. 694/2017, de 3 de julio, por el que se desarrolla la Ley 30/2015, de 9 de septiembre, por la que se regula el Sistema de Formación Profesional para el Empleo en el ámbito laboral; Instrumento de ratificación del Convenio número 140 de la OIT relativo a la licencia pagada de estudios, del 24 de junio de 1974; art. 7.5 de LISOS (la transgresión del artículo 23 se considera como infracción grave).

Apdo. 1.b): ver art. 34 del ET.

ART. 24. Ascensos.

1. Los ascensos dentro del sistema de clasificación profesional se producirán conforme a lo que se establezca en convenio o, en su defecto, en acuerdo colectivo entre la empresa y los representantes de los trabajadores.

En todo caso los ascensos se producirán teniendo en cuenta la formación, méritos, antigüedad del trabajador, así como las facultades organizativas del empresario.

2. Los ascensos y la promoción profesional en la empresa se ajustarán a criterios y sistemas que tengan como objetivo garantizar la ausencia de discriminación, tanto directa como indirecta, entre mujeres y hombres, pudiendo establecerse medidas de acción positiva dirigidas a eliminar o compensar situaciones de discriminación.

Ver STC 182/2005 de 04-07-2005 (Postergación profesional de trabajadora por sus embarazos y maternidades).

Apdo. 1: ver arts. 22 y 39 del ET.

Apdo. 2: ver art. 17 del ET.

ART. 25. Promoción económica.

1. El trabajador, en función del trabajo desarrollado, podrá tener derecho a una promoción económica en los términos fijados en convenio colectivo o contrato individual.

2. Lo dispuesto en el apartado anterior se entiende sin perjuicio de los derechos adquiridos o en curso de adquisición en el tramo temporal correspondiente.

Ver art. 26.3 del ET.

Sección 4.ª Salarios y garantías salariales

ART. 26. Del salario.

1. Se considerará salario la totalidad de las percepciones económicas de los trabajadores, en dinero o en especie, por la prestación profesional de los servicios laborales por cuenta ajena, ya retribuyan el trabajo efectivo, cualquiera que sea la forma de remuneración, o los periodos de descanso computables como de trabajo.

En ningún caso, incluidas las relaciones laborales de carácter especial a que se refiere el artículo 2, el salario en especie podrá superar el treinta por ciento de las percepciones salariales del trabajador, ni dar lugar a la minoración de la cuantía íntegra en dinero del salario mínimo interprofesional.

2. No tendrán la consideración de salario las cantidades percibidas por el trabajador en concepto de indemnizaciones o suplidos por los gastos realizados como consecuencia de su actividad laboral, las prestaciones e indemnizaciones de la Seguridad Social y las indemnizaciones correspondientes a traslados, suspensiones o despidos.

3. Mediante la negociación colectiva o, en su defecto, el contrato individual, se determinará la estructura del salario, que deberá comprender el salario base, como retribución

fijada por unidad de tiempo o de obra y, en su caso, complementos salariales fijados en función de circunstancias relativas a las condiciones personales del trabajador, al trabajo realizado o a la situación y resultados de la empresa, que se calcularán conforme a los criterios que a tal efecto se pacten. Igualmente se pactará el carácter consolidable o no de dichos complementos salariales, no teniendo el carácter de consolidables, salvo acuerdo en contrario, los que estén vinculados al puesto de trabajo o a la situación y resultados de la empresa.

4. Todas las cargas fiscales y de Seguridad Social a cargo del trabajador serán satisfechas por el mismo, siendo nulo todo pacto en contrario.

5. Operará la compensación y absorción cuando los salarios realmente abonados, en su conjunto y cómputo anual, sean más favorables para los trabajadores que los fijados en el orden normativo o convencional de referencia.

Ver Real Decreto 902/2020, de 13 de octubre, de igualdad retributiva entre mujeres y hombres.

Apdo. 3: ver D.A. 4.ª del ET; STC 2/1998 de 12-01-1998 (Diferencias retributivas no discriminatorias); STC 119/2002 de 20-05-2002 (Diferentes niveles retributivos a los que se accede progresivamente por el mero transcurso del tiempo no se consideran discriminatorios); art. 17 ET; art. 147 de LGSS.

ART. 27. Salario mínimo interprofesional.

1. El Gobierno fijará, previa consulta con las organizaciones sindicales y asociaciones empresariales más representativas, anualmente, el salario mínimo interprofesional, teniendo en cuenta:

a) El índice de precios de consumo.
b) La productividad media nacional alcanzada.
c) El incremento de la participación del trabajo en la renta nacional.
d) La coyuntura económica general.

Igualmente se fijará una revisión semestral para el caso de que no se cumplan las previsiones sobre el índice de precios citado.

La revisión del salario mínimo interprofesional no afectará a la estructura ni a la cuantía de los salarios profesionales cuando estos, en su conjunto y cómputo anual, fueran superiores a aquel.

2. El salario mínimo interprofesional, en su cuantía, tanto anual como mensual, es inembargable. A efectos de determinar lo anterior se tendrán en cuenta tanto el periodo de devengo como la forma de cómputo, se incluya o no el prorrateo de las pagas extraordinarias, garantizándose la inembargabilidad de la cuantía que resulte en cada caso. En particular, si junto con el salario mensual se percibiese una gratificación o paga extraordinaria, el límite de inembargabilidad estará constituido por el doble del importe del salario mínimo interprofesional mensual y en el caso de que en el salario mensual percibido estuviera incluida la parte proporcional de las pagas o gratificaciones extraordinarias, el límite de inembargabilidad estará constituido por el importe del salario mínimo interprofesional en cómputo anual prorrateado entre doce meses.

Apdo. 2 modificado por Ley 3/2023, de 28 de febrero, de Empleo. (BOE de 01-03-2023).

Ver RD. 87/2025, de 11 de febrero, por el que se fija el salario mínimo interprofesional para 2025; RD-Ley 3/2004, de 25 de junio, para la racionalización de la regulación del salario mínimo interprofesional y para el incremento de su cuantía; Instrumento de Ratificación de 26 de octubre de 1967, del Convenio n.º 100 de la O.I.T., de 29 de junio de 1951, relativo a la igualdad de remuneración entre la mano de obra masculina y la mano de obra femenina por un trabajo de igual valor; art. 11.2.g), D.A. 5.ª del ET; art. 607.1 y 607.2 LECiv; art. 35 CE.

ART. 28. Igualdad de remuneración por razón de sexo.

1. El empresario está obligado a pagar por la prestación de un trabajo de igual valor la misma retribución, satisfecha directa o indirectamente, y cualquiera que sea la naturaleza de la misma, salarial o extrasalarial, sin que pueda producirse discriminación alguna por razón de sexo en ninguno de los elementos o condiciones de aquella.

Un trabajo tendrá igual valor que otro cuando la naturaleza de las funciones o tareas efectivamente encomendadas, las condiciones educativas, profesionales o de formación exigidas para su ejercicio, los factores estrictamente relacionados con su desempeño y las condiciones laborales en las que dichas actividades se llevan a cabo en realidad sean equivalentes.

2. El empresario está obligado a llevar un registro con los valores medios de los salarios, los complementos salariales y las percepciones extrasalariales de su plantilla, desagregados por sexo y distribuidos por grupos profesionales, categorías profesionales o puestos de trabajo iguales o de igual valor.

Las personas trabajadoras tienen derecho a acceder, a través de la representación legal de los trabajadores en la empresa, al registro salarial de su empresa.

3. Cuando en una empresa con al menos cincuenta trabajadores, el promedio de las retribuciones a los trabajadores de un sexo sea superior a los del otro en un veinticinco por ciento o más, tomando el conjunto de la masa salarial o la media de las percepciones satisfechas, el empresario deberá incluir en el Registro salarial una justificación de que dicha diferencia responde a motivos no relacionados con el sexo de las personas trabajadoras.

Modificado por Real Decreto-ley 6/2019, de 1 de marzo, de medidas urgentes para garantía de la igualdad de trato y de oportunidades entre mujeres y hombres en el empleo y la ocupación. (BOE de 07-03-2019). (En vigor desde el 08/03/2019)

Ver Real Decreto 902/2020, de 13 de octubre, de igualdad retributiva entre mujeres y hombres; Instrumento de Ratificación de 26 de octubre de 1967, del Convenio n.º 100 de la O.I.T., de 29 de junio de 1951, relativo a la igualdad de remuneración entre la mano de obra masculina y la mano de obra femenina por un trabajo de igual valor; Directiva 2006/54/CE del Parlamento Europeo y del Consejo de 5 de julio de 2006 relativa a la aplicación del principio de igualdad de oportunidades e igualdad de trato entre hombres y mujeres en asuntos de empleo y ocupación (refundición); arts. 4.2.c), 17 y 22.3 del ET; arts. 14 y 35.1 CE; STC 58/1994 de 28-02-1994 (Inconstitucionalidad de la retribución inferior de las mujeres frente a los hombres, pese a ostentar categorías profesionales superiores o equivalentes); STC 250/2000 de 30-10-2000 (Criterio del mayor esfuerzo físico de los hombres para avalar un sueldo superior).

ART. 29. Liquidación y pago.

1. La liquidación y el pago del salario se harán puntual y documentalmente en la fecha y lugar convenidos o conforme a los usos y costumbres. El periodo de tiempo a que se refiere el abono de las retribuciones periódicas y regulares no podrá exceder de un mes.

El trabajador y, con su autorización, sus representantes legales, tendrán derecho a percibir, sin que llegue el día señalado para el pago, anticipos a cuenta del trabajo ya realizado.

La documentación del salario se realizará mediante la entrega al trabajador de un recibo individual y justificativo del pago del mismo. El recibo de salarios se ajustará al modelo que apruebe el Ministerio de Empleo y Seguridad Social, salvo que por convenio colectivo o, en su defecto, por acuerdo entre la empresa y los representantes de los trabajadores, se establezca otro modelo que contenga con la debida claridad y separación las diferentes percepciones del trabajador, así como las deducciones que legalmente procedan.

La liquidación de los salarios que correspondan a quienes presten servicios en trabajos que tengan el carácter de fijos-discontinuos, en los supuestos de conclusión de cada periodo de actividad, se llevará a cabo con sujeción a los trámites y garantías establecidos en el artículo 49.2.

2. El derecho al salario a comisión nacerá en el momento de realizarse y pagarse el negocio, la colocación o venta en que hubiera intervenido el trabajador, liquidándose y pagándose, salvo que se hubiese pactado otra cosa, al finalizar el año.

El trabajador y sus representantes legales pueden pedir en cualquier momento comunicaciones de la parte de los libros referentes a tales devengos.

3. El interés por mora en el pago del salario será el diez por ciento de lo adeudado.

4. El salario, así como el pago delegado de las prestaciones de la Seguridad Social, podrá efectuarlo el empresario en moneda de curso legal o mediante cheque u otra modalidad de pago similar a través de entidades de crédito, previo informe al comité de empresa o delegados de personal.

Ver Orden de 27 de diciembre de 1994 por la que se aprueba el modelo de recibo individual de salarios; D.A. 5.ª del ET.

Apdo. 1: ver Decreto 3084/1974, de 11 de octubre, sobre anticipos de salarios en las ofertas de empleo; art. 6.2, 7.3 y 8.1 de LISOS.

Apdo. 2: ver art. 8 de RD 1438/1985, de 1 de agosto, por el que se regula la relación laboral de carácter especial de las personas que intervengan en operaciones mercantiles por cuenta de uno o más empresarios, sin asumir el riesgo y ventura de aquéllas.

ART. 30. Imposibilidad de la prestación.

Si el trabajador no pudiera prestar sus servicios una vez vigente el contrato porque el empresario se retrasare en darle trabajo por impedimentos imputables al mismo y no al trabajador, este conservará el derecho a su salario, sin que pueda hacérsele compensar el que perdió con otro trabajo realizado en otro tiempo.

Ver art. 47 del ET.

ART. 31. Gratificaciones extraordinarias.

El trabajador tiene derecho a dos gratificaciones extraordinarias al año, una de ellas con ocasión de las fiestas de Navidad y la otra en el mes que se fije por convenio colectivo o por acuerdo entre el empresario y los representantes legales de los trabajadores. Igualmente se fijará por convenio colectivo la cuantía de tales gratificaciones.

No obstante, podrá acordarse en convenio colectivo que las gratificaciones extraordinarias se prorrateen en las doce mensualidades.

Ver STC 177/1993 de 31-05-1993 (Discriminación del personal temporal en cuanto a la determinación de las gratificaciones extraordinarias).

ART. 32. Garantías del salario.

1. Los créditos salariales por los últimos treinta días de trabajo y en cuantía que no supere el doble del salario mínimo interprofesional gozarán de preferencia sobre cualquier otro crédito, aunque este se encuentre garantizado por prenda o hipoteca.

2. Los créditos salariales gozarán de preferencia sobre cualquier otro crédito respecto de los objetos elaborados por los trabajadores mientras sean propiedad o estén en posesión del empresario.

3. Los créditos por salarios no protegidos en los apartados anteriores tendrán la condición de singularmente privilegiados en la cuantía que resulte de multiplicar el triple del salario mínimo interprofesional por el número de días del salario pendientes de pago, gozando de preferencia sobre cualquier otro crédito, excepto los créditos con derecho real, en los supuestos en los que estos, con arreglo a la ley, sean preferentes. La misma consideración tendrán las indemnizaciones por despido en la cuantía correspondiente al mínimo legal calculada sobre una base que no supere el triple del salario mínimo.

4. El plazo para ejercitar los derechos de preferencia del crédito salarial es de un año, a contar desde el momento en que debió percibirse el salario, transcurrido el cual prescribirán tales derechos.

5. Las preferencias reconocidas en los apartados precedentes serán de aplicación en todos los supuestos en los que, no hallándose el empresario declarado en concurso, los correspondientes créditos concurran con otro u otros sobre bienes de aquel. En caso de concurso, serán de aplicación las disposiciones de la Ley 22/2003, de 9 de julio, Concursal, relativas a la clasificación de los créditos y a las ejecuciones y apremios.

Apdo. 3: ver art. 1924.2.d) de CC.

Apdo. 5: ver Real Decreto Legislativo 1/2020, de 5 de mayo, por el que se aprueba el texto refundido de la Ley Concursal.

ART. 33. El Fondo de Garantía Salarial.

1. El Fondo de Garantía Salarial, organismo autónomo adscrito al Ministerio de Empleo y Seguridad Social, con personalidad jurídica y capacidad de obrar para el cumplimiento de sus fines, abonará a los trabajadores el importe de los salarios pendientes de pago a causa de insolvencia o concurso del empresario.

A los anteriores efectos, se considerará salario la cantidad reconocida como tal en acto de conciliación o en resolución judicial por todos los conceptos a que se refiere el artículo 26.1, así como los salarios de tramitación en los supuestos en que legalmente procedan, sin que pueda el Fondo abonar, por uno u otro concepto, conjunta o separadamente, un importe superior a la cantidad resultante de multiplicar el doble del salario mínimo interprofesional diario, incluyendo la parte proporcional de las pagas extraordinarias, por el número de días de salario pendiente de pago, con un máximo de ciento veinte días.

2. El Fondo de Garantía Salarial, en los casos del apartado anterior, abonará indemnizaciones reconocidas como consecuencia de sentencia, auto, acto de conciliación judicial o

resolución administrativa a favor de los trabajadores a causa de despido o extinción de los contratos conforme a los artículos 50, 51, 52, 40.1 y 41.3, y de extinción de contratos conforme a los artículos 181 y 182 del texto refundido de la Ley Concursal, aprobado por el Real Decreto Legislativo 1/2020, de 5 de mayo, y al artículo 11.2 del Real Decreto 1620/2011, de 14 de noviembre, por el que se regula la relación laboral de carácter especial del servicio del hogar familiar, así como las indemnizaciones por extinción de contratos temporales o de duración determinada en los casos que legalmente procedan. En todos los casos, con el límite máximo de una anualidad, excepto en el supuesto del artículo 41.3 de esta norma, en que el límite máximo será de 9 mensualidades y en el del artículo 11.2 del Real Decreto 1620/2011, de 14 de noviembre, en que el límite será de 6 mensualidades, sin que el salario diario, base del cálculo, pueda exceder del doble del salario mínimo interprofesional, incluyendo la parte proporcional de las pagas extraordinarias.

El importe de la indemnización, a los solos efectos de abono por el Fondo de Garantía Salarial para los casos de despido o extinción de los contratos conforme a los artículos 50 y 56, se calculará sobre la base de treinta días por año de servicio, con el límite fijado en el párrafo anterior.

3. En caso de procedimientos concursales, desde el momento en que se tenga conocimiento de la existencia de créditos laborales o se presuma la posibilidad de su existencia, el juez, de oficio o a instancia de parte, citará al Fondo de Garantía Salarial, sin cuyo requisito no asumirá este las obligaciones señaladas en los apartados anteriores. El Fondo se personará en el expediente como responsable legal subsidiario del pago de los citados créditos, pudiendo instar lo que a su derecho convenga y sin perjuicio de que, una vez realizado, continúe como acreedor en el expediente. A los efectos del abono por el Fondo de las cantidades que resulten reconocidas a favor de los trabajadores, se tendrán en cuenta las reglas siguientes:

Primera. Sin perjuicio de los supuestos de responsabilidad directa del organismo en los casos legalmente establecidos, el reconocimiento del derecho a la prestación exigirá que los créditos de los trabajadores aparezcan incluidos en la lista de acreedores o, en su caso, reconocidos como deudas de la masa por el órgano del concurso competente para ello en cuantía igual o superior a la que se solicita del Fondo, sin perjuicio de la obligación de aquellos de reducir su solicitud o de reembolsar al Fondo la cantidad que corresponda cuando la cuantía reconocida en la lista definitiva fuese inferior a la solicitada o a la ya percibida.

Segunda. Las indemnizaciones a abonar a cargo del Fondo, con independencia de lo que se pueda pactar en el proceso concursal, se calcularán sobre la base de veinte días por año de servicio, con el límite máximo de una anualidad, sin que el salario diario, base del cálculo, pueda exceder del doble del salario mínimo interprofesional, incluyendo la parte proporcional de las pagas extraordinarias.

Tercera. En el supuesto de que los trabajadores perceptores de estas indemnizaciones solicitaran del Fondo el abono de la parte de indemnización no satisfecha por el empresario, el límite de la prestación indemnizatoria a cargo del Fondo se reducirá en la cantidad ya percibida por aquellos.

4. El Fondo asumirá las obligaciones especificadas en los apartados anteriores, previa instrucción de expediente para la comprobación de su procedencia.

Para el reembolso de las cantidades satisfechas, el Fondo de Garantía Salarial se subrogará obligatoriamente en los derechos y acciones de los trabajadores, conservando el carácter de créditos privilegiados que les confiere el artículo 32 de esta ley. Si dichos créditos concurriesen con los que puedan conservar los trabajadores por la parte no satisfecha por el Fondo, unos y otros se abonarán a prorrata de sus respectivos importes.

5. El Fondo de Garantía Salarial se financiará con las aportaciones efectuadas por todos los empresarios a que se refiere el artículo 1.2 de esta ley, tanto si son públicos como privados.

El tipo de cotización se fijará por el Gobierno sobre los salarios que sirvan de base para el cálculo de la cotización para atender las contingencias derivadas de accidentes de trabajo, enfermedad profesional y desempleo en el sistema de la Seguridad Social.

6. A los efectos de este artículo se entiende que existe insolvencia del empresario cuando, instada la ejecución en la forma establecida por la Ley 36/2011, de 10 de octubre, Reguladora de la Jurisdicción Social, no se consiga satisfacción de los créditos laborales. La resolución en que conste la declaración de insolvencia será dictada previa audiencia del Fondo de Garantía Salarial.

7. El derecho a solicitar del Fondo de Garantía Salarial el pago de las prestaciones que resultan de los apartados anteriores prescribirá al año de la fecha del acto de conciliación, sentencia, auto o resolución de la autoridad laboral en que se reconozca la deuda por salarios o se fijen las indemnizaciones.

Tal plazo se interrumpirá por el ejercicio de las acciones ejecutivas o de reconocimiento del crédito en procedimiento concursal y por las demás formas legales de interrupción de la prescripción.

8. El Fondo de Garantía Salarial tendrá la consideración de parte en la tramitación de los procedimientos arbitrales, a efectos de asumir las obligaciones previstas en este artículo.

9. El Fondo de Garantía Salarial dispensará la protección regulada en este artículo en relación con los créditos impagados de los trabajadores que ejerzan o hayan ejercido habitualmente su trabajo en España cuando pertenezcan a una empresa con actividad en el territorio de al menos dos Estados miembros de la Unión Europea, uno de los cuales sea España, cuando concurran, conjuntamente, las siguientes circunstancias:

a) Que se haya solicitado la apertura de un procedimiento colectivo basado en la insolvencia del empresario en un Estado miembro distinto de España, previsto por sus disposiciones legales y administrativas, que implique el desapoderamiento parcial o total del empresario y el nombramiento de un síndico o persona que ejerza una función similar.

b) Que se acredite que la autoridad competente, en virtud de dichas disposiciones, ha decidido la apertura del procedimiento; o bien que ha comprobado el cierre definitivo de la empresa o el centro de trabajo del empresario, así como la insuficiencia del activo disponible para justificar la apertura del procedimiento.

Cuando, de acuerdo con los términos establecidos en este apartado, la protección de los créditos impagados corresponda al Fondo de Garantía Salarial, este solicitará información de la institución de garantía del Estado miembro en el que se tramite el procedimiento colectivo de insolvencia sobre los créditos pendientes de pago de los trabajadores y sobre los satisfechos por dicha institución de garantía y pedirá su colaboración para garantizar que las cantidades abonadas a los trabajadores sean tenidas en cuenta en el procedimiento, así como para conseguir el reembolso de dichas cantidades.

10. En el supuesto de procedimiento concursal solicitado en España en relación con una empresa con actividad en el territorio de al menos otro Estado miembro de la Unión Europea, además de España, el Fondo de Garantía Salarial estará obligado a proporcionar información a la institución de garantía del Estado en cuyo territorio los trabajadores de la empresa en estado de insolvencia hayan ejercido o ejerzan habitualmente su trabajo, en particular, poniendo en su conocimiento los créditos pendientes de pago de los trabajadores, así como los satisfechos por el propio Fondo de Garantía Salarial.

Asimismo, el Fondo de Garantía Salarial prestará a la institución de garantía competente la colaboración que le sea requerida en relación con su intervención en el procedimiento y con el reembolso de las cantidades abonadas a los trabajadores.

11. El Fondo procederá a la instrucción de un expediente para la comprobación de la procedencia de los salarios e indemnizaciones reclamados, respetando en todo caso los límites previstos en los apartados anteriores.

Concluida la instrucción del expediente, el órgano competente dictará resolución en el plazo máximo de tres meses contados desde la presentación en forma de la solicitud. La notificación al interesado deberá ser cursada dentro del plazo de 10 días a partir de la fecha en que el acto haya sido dictado.

Transcurrido dicho plazo sin que haya recaído resolución expresa, el solicitante podrá entender estimada por silencio administrativo la solicitud de reconocimiento de las obligaciones con cargo al Fondo, sin que en ningún caso pueda obtenerse por silencio el reconocimiento de obligaciones en favor de personas que no puedan ser legalmente beneficiarias o por cuantía superior a la que resulte por aplicación de los límites previstos en los apartados anteriores. La resolución expresa posterior al vencimiento del plazo solo podrá dictarse de ser confirmatoria del reconocimiento de la obligación, en favor de personas que puedan ser legalmente beneficiarias y dentro de los límites previstos en los apartados anteriores. En todo caso, a efectos probatorios, se podrá solicitar un certificado acreditativo del silencio producido, en el que se incluirán las obligaciones con cargo al Fondo que, dentro de los límites previstos en los apartados anteriores, deben entenderse reconocidas.

Contra dicha resolución podrá interponerse demanda ante el órgano jurisdiccional del orden social competente en el plazo de dos meses contados desde el día siguiente al de la notificación si el acto fuera expreso; si no lo fuera, dicho plazo se contará a partir del día siguiente a aquel en que deba entenderse estimada la solicitud conforme a lo establecido en el apartado anterior por silencio.

> *Apdo. 2 modificado por Real Decreto-ley 16/2022, de 6 de septiembre, para la mejora de las condiciones de trabajo y de Seguridad Social de las personas trabajadoras al servicio del hogar. (BOE de 08-09-2022).*

> *Apdo. 2 anteriormente modificado por Ley 11/2020, de 30 de diciembre, de Presupuestos Generales del Estado para el año 2021. (BOE de 31-12-2020).*

> *Apdo. 11 se añade por Real Decreto-ley 19/2020, de 26 de mayo, por el que se adoptan medidas complementarias en materia agraria, científica, económica, de empleo y Seguridad Social y tributarias para paliar los efectos del COVID-19. (BOE de 27-05-2020).*

> *Ver RD 505/1985, de 6 de marzo, sobre organización y funcionamiento del Fondo de Garantía Salarial; Orden de 20 de agosto de 1985 por la que se desarrolla el artículo 32 del RD 505/1985, de 6 de marzo, sobre conclusión de acuerdos de devolución de las cantidades satisfechas por el Fondo de Garantía Salarial; Directiva 2008/94/CE del Parlamento Europeo y del Consejo de 22 de octubre de 2008 relativa a la protección de los trabajadores asalariados en caso de insolvencia del empresario (Versión codificada) (Texto pertinente a efectos del EEE); Real Decreto Legislativo 1/2020, de 5 de mayo, por el que se aprueba el texto refundido de la Ley Concursal*

> *Apdo. 2: art. 276 de LJS.*

> *Apdo. 4: ver art. 2.ñ), 23 y 24 de LJS.*

> *Apdo. 6: ver art. 277 de LJS.*

Sección 5.ª Tiempo de trabajo

ART. 34. Jornada.

1. La duración de la jornada de trabajo será la pactada en los convenios colectivos o contratos de trabajo.

La duración máxima de la jornada ordinaria de trabajo será de cuarenta horas semanales de trabajo efectivo de promedio en cómputo anual.

2. Mediante convenio colectivo o, en su defecto, por acuerdo entre la empresa y los representantes de los trabajadores, se podrá establecer la distribución irregular de la jornada a lo largo del año. En defecto de pacto, la empresa podrá distribuir de manera irregular a lo largo del año el diez por ciento de la jornada de trabajo.

Dicha distribución deberá respetar en todo caso los periodos mínimos de descanso diario y semanal previstos en la ley y el trabajador deberá conocer con un preaviso mínimo de cinco días el día y la hora de la prestación de trabajo resultante de aquella.

La compensación de las diferencias, por exceso o por defecto, entre la jornada realizada y la duración máxima de la jornada ordinaria de trabajo legal o pactada será exigible según lo acordado en convenio colectivo o, a falta de previsión al respecto, por acuerdo entre la empresa y los representantes de los trabajadores. En defecto de pacto, las diferencias derivadas de la distribución irregular de la jornada deberán quedar compensadas en el plazo de doce meses desde que se produzcan.

3. Entre el final de una jornada y el comienzo de la siguiente mediarán, como mínimo, doce horas.

El número de horas ordinarias de trabajo efectivo no podrá ser superior a nueve diarias, salvo que por convenio colectivo o, en su defecto, acuerdo entre la empresa y los representantes de los trabajadores, se establezca otra distribución del tiempo de trabajo diario, respetando en todo caso el descanso entre jornadas.

Los trabajadores menores de dieciocho años no podrán realizar más de ocho horas diarias de trabajo efectivo, incluyendo, en su caso, el tiempo dedicado a la formación y, si trabajasen para varios empleadores, las horas realizadas con cada uno de ellos.

4. Siempre que la duración de la jornada diaria continuada exceda de seis horas, deberá establecerse un periodo de descanso durante la misma de duración no inferior a quince minutos. Este periodo de descanso se considerará tiempo de trabajo efectivo cuando así esté establecido o se establezca por convenio colectivo o contrato de trabajo.

En el caso de los trabajadores menores de dieciocho años, el periodo de descanso tendrá una duración mínima de treinta minutos, y deberá establecerse siempre que la duración de la jornada diaria continuada exceda de cuatro horas y media.

5. El tiempo de trabajo se computará de modo que tanto al comienzo como al final de la jornada diaria el trabajador se encuentre en su puesto de trabajo.

6. Anualmente se elaborará por la empresa el calendario laboral, debiendo exponerse un ejemplar del mismo en un lugar visible de cada centro de trabajo.

7. El Gobierno, a propuesta de la persona titular del Ministerio de Trabajo, Migraciones y Seguridad Social y previa consulta a las organizaciones sindicales y empresariales más representativas, podrá establecer ampliaciones o limitaciones en la ordenación y duración de la jornada de trabajo y de los descansos, así como especialidades en las obligaciones de registro de jornada, para aquellos sectores, trabajos y categorías profesionales que por sus peculiaridades así lo requieran.

8. Las personas trabajadoras tienen derecho a solicitar las adaptaciones de la duración y distribución de la jornada de trabajo, en la ordenación del tiempo de trabajo y en la forma de prestación, incluida la prestación de su trabajo a distancia, para hacer efectivo su derecho a la conciliación de la vida familiar y laboral. Dichas adaptaciones deberán ser razonables y proporcionadas en relación con las necesidades de la persona trabajadora y con las necesidades organizativas o productivas de la empresa.

En el caso de que tengan hijos o hijas, las personas trabajadoras tienen derecho a efectuar dicha solicitud hasta que los hijos o hijas cumplan doce años.

Asimismo, tendrán ese derecho aquellas que tengan necesidades de cuidado respecto de los hijos e hijas mayores de doce años, el cónyuge o pareja de hecho, familiares por consanguinidad hasta el segundo grado de la persona trabajadora, así como de otras personas dependientes cuando, en este último caso, convivan en el mismo domicilio, y que por razones de edad, accidente o enfermedad no puedan valerse por sí mismos, debiendo justificar las circunstancias en las que fundamenta su petición.

En la negociación colectiva se podrán establecer, con respeto a lo dispuesto en este apartado, los términos de su ejercicio, que se acomodarán a criterios y sistemas que garanticen la ausencia de discriminación, tanto directa como indirecta, entre personas trabajadoras de uno y otro sexo. En su ausencia, la empresa, ante la solicitud de la persona trabajadora, abrirá un proceso de negociación con esta que tendrá que desarrollarse con la máxima celeridad y, en todo caso, durante un periodo máximo de quince días, presumiéndose su concesión si no concurre oposición motivada expresa en este plazo.

Finalizado el proceso de negociación, la empresa, por escrito, comunicará la aceptación de la petición. En caso contrario, planteará una propuesta alternativa que posibilite las necesidades de conciliación de la persona trabajadora o bien manifestará la negativa a su ejercicio. Cuando se plantee una propuesta alternativa o se deniegue la petición, se motivarán las razones objetivas en las que se sustenta la decisión.

La persona trabajadora tendrá derecho a regresar a la situación anterior a la adaptación una vez concluido el período acordado o previsto o cuando decaigan las causas que motivaron la solicitud.

En el resto de los supuestos, de concurrir un cambio de circunstancias que así lo justifique, la empresa sólo podrá denegar el regreso solicitado cuando existan razones objetivas motivadas para ello.

Lo dispuesto en los párrafos anteriores se entiende, en todo caso, sin perjuicio de los permisos a los que tenga derecho la persona trabajadora de acuerdo con lo establecido en el artículo 37 y 48 bis.

Las discrepancias surgidas entre la dirección de la empresa y la persona trabajadora serán resueltas por la jurisdicción social, a través del procedimiento establecido en el artículo 139 de la Ley 36/2011, de 10 de octubre, reguladora de la jurisdicción social.

9. La empresa garantizará el registro diario de jornada, que deberá incluir el horario concreto de inicio y finalización de la jornada de trabajo de cada persona trabajadora, sin perjuicio de la flexibilidad horaria que se establece en este artículo.

Mediante negociación colectiva o acuerdo de empresa o, en su defecto, decisión del empresario previa consulta con los representantes legales de los trabajadores en la empresa, se organizará y documentará este registro de jornada.

La empresa conservará los registros a que se refiere este precepto durante cuatro años y permanecerán a disposición de las personas trabajadoras, de sus representantes legales y de la Inspección de Trabajo y Seguridad Social.

Apdo. 8 modificado por Real Decreto-ley 5/2023, de 28 de junio, por el que se adoptan y prorrogan determinadas medidas de respuesta a las consecuencias económicas y sociales de la Guerra de Ucrania, de apoyo a la reconstrucción de la isla de La Palma y a otras situaciones de vulnerabilidad; de transposición de Directivas de la Unión Europea en materia de modificaciones estructurales de sociedades mercantiles y conciliación de la vida familiar y la vida profesional de los progenitores y los cuidadores; y de ejecución y cumplimiento del Derecho de la Unión Europea. (BOE de 29-06-2023). En vigor desde el 30 de junio de 2023.

Apdo. 8 anteriormente modificado por Real Decreto-ley 6/2019, de 1 de marzo, de medidas urgentes para garantía de la igualdad de trato y de oportunidades entre mujeres y hombres en el empleo y la ocupación. (BOE de 07-03-2019). (En vigor desde el 08/03/2019)

Apdo. 7 modificado y apdo. 9 añadido por Real Decreto-ley 8/2019, de 8 de marzo, de medidas urgentes de protección social y de lucha contra la precariedad laboral en la jornada de trabajo. (BOE de 12-03-2019). (En vigor el apdo. 7 desde el 13/03/2019 y el apdo. 9 desde el 12/05/2019).

Ver RD 1561/1995, de 21 de septiembre, sobre jornadas especiales de trabajo; Directiva 2003/88/CE del Parlamento Europeo y del Consejo de 4 de noviembre de 2003 relativa a determinados aspectos de la ordenación del tiempo de trabajo; Directiva 2002/15/CE del Parlamento Europeo y del Consejo de 11 de marzo de 2002 relativa a la ordenación del tiempo de trabajo de las personas que realizan actividades móviles de transporte por carretera; art. 45, 46 y 47 de RD 2001/1983, de 28 de julio, sobre regulación de la jornada de trabajo, jornadas especiales y descansos; art. 7.5 de LISOS.

Apdos. 3 y 4: ver art. 12.5.h) del ET (horas complementarias contrato tiempo parcial).

Apdo. 6: ver art. 6.1 de LISOS.

Apdo. 7: ver arts. 36.1 y 37.1 ET.

Apdo. 8: ver STC 26/2011 de 14-03-2011 (Discriminación por no posibilitar, a trabajador con hijos de corta edad, el derecho a escoger turno).

ART. 35. Horas extraordinarias.

1. Tendrán la consideración de horas extraordinarias aquellas horas de trabajo que se realicen sobre la duración máxima de la jornada ordinaria de trabajo, fijada de acuerdo con el artículo anterior. Mediante convenio colectivo o, en su defecto, contrato individual, se optará entre abonar las horas extraordinarias en la cuantía que se fije, que en ningún caso podrá ser inferior al valor de la hora ordinaria, o compensarlas por tiempos equivalentes de descanso retribuido. En ausencia de pacto al respecto, se entenderá que las horas extraordinarias realizadas deberán ser compensadas mediante descanso dentro de los cuatro meses siguientes a su realización.

2. El número de horas extraordinarias no podrá ser superior a ochenta al año, salvo lo previsto en el apartado 3. Para los trabajadores que por la modalidad o duración de su contrato realizasen una jornada en cómputo anual inferior a la jornada general en la empresa, el número máximo anual de horas extraordinarias se reducirá en la misma proporción que exista entre tales jornadas.

A los efectos de lo dispuesto en el párrafo anterior, no se computarán las horas extraordinarias que hayan sido compensadas mediante descanso dentro de los cuatro meses siguientes a su realización.

El Gobierno podrá suprimir o reducir el número máximo de horas extraordinarias por tiempo determinado, con carácter general o para ciertas ramas de actividad o ámbitos territoriales, para incrementar las oportunidades de colocación de los trabajadores en situación de desempleo.

3. No se tendrá en cuenta, a efectos de la duración máxima de la jornada ordinaria laboral, ni para el cómputo del número máximo de las horas extraordinarias autorizadas, el exceso de las trabajadas para prevenir o reparar siniestros y otros daños extraordinarios y urgentes, sin perjuicio de su compensación como horas extraordinarias.

4. La prestación de trabajo en horas extraordinarias será voluntaria, salvo que su realización se haya pactado en convenio colectivo o contrato individual de trabajo, dentro de los límites del apartado 2.

5. A efectos del cómputo de horas extraordinarias, la jornada de cada trabajador se registrará día a día y se totalizará en el periodo fijado para el abono de las retribuciones, entregando copia del resumen al trabajador en el recibo correspondiente.

Ver art. 6.3 del ET.

Apdo. 1: ver art. 12.4.c) y 12.5 del ET.

Apdo. 2: ver art. 28 de RD 1561/1995, de 21 de septiembre, sobre jornadas especiales de trabajo.

Apdo. 3: ver art. 11.2.k) (horas complementarias/extraordinarias en contrato de formación en alternancia), 11.3.h) (horas extraordinarias en contrato de formación para la obtención de práctica profesional), 12.4.c) (horas extraordinarias contrato a tiempo parcial) y 12.5 (horas complementarias contrato a tiempo parcial) del ET.

ART. 36. Trabajo nocturno, trabajo a turnos y ritmo de trabajo.

1. A los efectos de lo dispuesto en esta ley, se considera trabajo nocturno el realizado entre las diez de la noche y las seis de la mañana. El empresario que recurra regularmente a la realización de trabajo nocturno deberá informar de ello a la autoridad laboral.

La jornada de trabajo de los trabajadores nocturnos no podrá exceder de ocho horas diarias de promedio, en un periodo de referencia de quince días. Dichos trabajadores no podrán realizar horas extraordinarias.

Para la aplicación de lo dispuesto en el párrafo anterior, se considerará trabajador nocturno a aquel que realice normalmente en periodo nocturno una parte no inferior a tres horas de su jornada diaria de trabajo, así como a aquel que se prevea que puede realizar en tal periodo una parte no inferior a un tercio de su jornada de trabajo anual.

Resultará de aplicación a lo establecido en el párrafo segundo lo dispuesto en el artículo 34.7 Igualmente, el Gobierno podrá establecer limitaciones y garantías adicionales a las previstas en el presente artículo para la realización de trabajo nocturno en ciertas actividades o por determinada categoría de trabajadores, en función de los riesgos que comporten para su salud y seguridad.

2. El trabajo nocturno tendrá una retribución específica que se determinará en la negociación colectiva, salvo que el salario se haya establecido atendiendo a que el trabajo sea nocturno por su propia naturaleza o se haya acordado la compensación de este trabajo por descansos.

3. Se considera trabajo a turnos toda forma de organización del trabajo en equipo según la cual los trabajadores ocupan sucesivamente los mismos puestos de trabajo, según un cierto ritmo, continuo o discontinuo, implicando para el trabajador la necesidad de prestar sus servicios en horas diferentes en un periodo determinado de días o de semanas.

En las empresas con procesos productivos continuos durante las veinticuatro horas del día, en la organización del trabajo de los turnos se tendrá en cuenta la rotación de los mismos y que ningún trabajador esté en el de noche más de dos semanas consecutivas, salvo adscripción voluntaria.

Las empresas que por la naturaleza de su actividad realicen el trabajo en régimen de turnos, incluidos los domingos y días festivos, podrán efectuarlo bien por equipos de trabajadores que desarrollen su actividad por semanas completas, o contratando personal para completar los equipos necesarios durante uno o más días a la semana.

4. Los trabajadores nocturnos y quienes trabajen a turnos deberán gozar en todo momento de un nivel de protección en materia de salud y seguridad adaptado a la naturaleza de su trabajo, y equivalente al de los restantes trabajadores de la empresa.

El empresario deberá garantizar que los trabajadores nocturnos que ocupe dispongan de una evaluación gratuita de su estado de salud, antes de su afectación a un trabajo nocturno y, posteriormente, a intervalos regulares, en los términos establecidos en la Ley 31/1995, de 8 de noviembre, de Prevención de Riesgos Laborales, y en sus normas de desarrollo. Los trabajadores nocturnos a los que se reconozcan problemas de salud ligados al hecho de su trabajo nocturno tendrán derecho a ser destinados a un puesto de trabajo diurno que exista en la empresa y para el que sean profesionalmente aptos. El cambio de puesto de trabajo se llevará a cabo de conformidad con lo dispuesto en los artículos 39 y 41, en su caso, de la presente ley.

5. El empresario que organice el trabajo en la empresa según un cierto ritmo deberá tener en cuenta el principio general de adaptación del trabajo a la persona, especialmente de cara a atenuar el trabajo monótono y repetitivo en función del tipo de actividad y de las exigencias en materia de seguridad y salud de los trabajadores. Dichas exigencias deberán ser tenidas particularmente en cuenta a la hora de determinar los periodos de descanso durante la jornada de trabajo.

Ver art. 11.2.k) del ET (trabajo nocturno en contratos formativos); art. 6.2 del ET (trabajo nocturno en el caso de menores).

Apdo. 1: ver art. 32 de RD 1561/1995, de 21 de septiembre, sobre jornadas especiales de trabajo; arts. 12.5.h) (horas complementarias contrato tiempo parcial) y 34.7 del ET.

Apdo. 4: ver Ley 31/1995, de 8 de noviembre, de Prevención de Riesgos Laborales.

ART. 37. Descanso semanal, fiestas y permisos.

1. Los trabajadores tendrán derecho a un descanso mínimo semanal, acumulable por periodos de hasta catorce días, de día y medio ininterrumpido que, como regla general, comprenderá la tarde del sábado o, en su caso, la mañana del lunes y el día completo del domingo. La duración del descanso semanal de los menores de dieciocho años será, como mínimo, de dos días ininterrumpidos.

Resultará de aplicación al descanso semanal lo dispuesto en el artículo 34.7 en cuanto a ampliaciones y reducciones, así como para la fijación de regímenes de descanso alternativos para actividades concretas.

2. Las fiestas laborales, que tendrán carácter retribuido y no recuperable, no podrán exceder de catorce al año, de las cuales dos serán locales. En cualquier caso se respetarán como fiestas de ámbito nacional las de la Natividad del Señor, Año Nuevo, 1 de mayo, como Fiesta del Trabajo, y 12 de octubre, como Fiesta Nacional de España.

Respetando las expresadas en el párrafo anterior, el Gobierno podrá trasladar a los lunes todas las fiestas de ámbito nacional que tengan lugar entre semana, siendo, en todo caso, objeto de traslado al lunes inmediatamente posterior el descanso laboral correspondiente a las fiestas que coincidan con domingo.

Las comunidades autónomas, dentro del límite anual de catorce días festivos, podrán señalar aquellas fiestas que por tradición les sean propias, sustituyendo para ello las de ámbito nacional que se determinen reglamentariamente y, en todo caso, las que se trasladen a lunes. Asimismo, podrán hacer uso de la facultad de traslado a lunes prevista en el párrafo anterior.

Si alguna comunidad autónoma no pudiera establecer una de sus fiestas tradicionales por no coincidir con domingo un suficiente número de fiestas nacionales podrá, en el año que así ocurra, añadir una fiesta más, con carácter de recuperable, al máximo de catorce.

3. La persona trabajadora, previo aviso y justificación, podrá ausentarse del trabajo, con derecho a remuneración, por alguno de los motivos y por el tiempo siguiente:

a) Quince días naturales en caso de matrimonio o registro de pareja de hecho.

b) Cinco días por accidente o enfermedad graves, hospitalización o intervención quirúrgica sin hospitalización que precise reposo domiciliario del cónyuge, pareja de hecho o parientes hasta el segundo grado por consanguineidad o afinidad, incluido el familiar consanguíneo de la pareja de hecho, así como de cualquier otra persona distinta de las anteriores, que conviva con la persona trabajadora en el mismo domicilio y que requiera el cuidado efectivo de aquella.

b bis) Dos días por el fallecimiento del cónyuge, pareja de hecho o parientes hasta el segundo grado de consanguinidad o afinidad. Cuando con tal motivo la persona trabajadora necesite hacer un desplazamiento al efecto, el plazo se ampliará en dos días.

c) Un día por traslado del domicilio habitual.

d) Por el tiempo indispensable, para el cumplimiento de un deber inexcusable de carácter público y personal, comprendido el ejercicio del sufragio activo. Cuando conste en una norma legal o convencional un periodo determinado, se estará a lo que esta disponga en cuanto a duración de la ausencia y a su compensación económica.

Cuando el cumplimiento del deber antes referido suponga la imposibilidad de la prestación del trabajo debido en más del veinte por ciento de las horas laborables en un periodo de tres meses, podrá la empresa pasar al trabajador afectado a la situación de excedencia regulada en el artículo 46.1.

En el supuesto de que el trabajador, por cumplimiento del deber o desempeño del cargo, perciba una indemnización, se descontará el importe de la misma del salario a que tuviera derecho en la empresa.

e) Para realizar funciones sindicales o de representación del personal en los términos establecidos legal o convencionalmente.

f) Por el tiempo indispensable para la realización de exámenes prenatales y técnicas de preparación al parto y, en los casos de adopción, guarda con fines de adopción o acogimiento, para la asistencia a las preceptivas sesiones de información y preparación y para la realización de los preceptivos informes psicológicos y sociales previos a la declaración de idoneidad, siempre, en todos los casos, que deban tener lugar dentro de la jornada de trabajo.

g) Hasta cuatro días por imposibilidad de acceder al centro de trabajo o transitar por las vías de circulación necesarias para acudir al mismo, como consecuencia de las recomendaciones, limitaciones o prohibiciones al desplazamiento establecidas por las autoridades competentes, así como cuando concurra una situación de riesgo grave e inminente, incluidas las derivadas de una catástrofe o fenómeno meteorológico adverso. Transcurridos los cuatro días, el permiso se prolongará hasta que desaparezcan las circunstancias que lo justificaron, sin perjuicio de la posibilidad de la empresa de aplicar una suspensión del contrato de trabajo o una reducción de jornada derivada de fuerza mayor en los términos previstos en el artículo 47.6.

Cuando la naturaleza de la prestación laboral sea compatible con el trabajo a distancia y el estado de las redes de comunicación permita su desarrollo, la empresa podrá establecerlo, observando el resto de las obligaciones formales y materiales recogidas en la Ley 10/2021, de 9 de julio, de trabajo a distancia, y, en particular, el suministro de medios, equipos y herramientas adecuados.

g sic) Por el tiempo indispensable para la realización de los actos preparatorios de la donación de órganos o tejidos siempre que deban tener lugar dentro de la jornada de trabajo.

4. En los supuestos de nacimiento, adopción, guarda con fines de adopción o acogimiento, de acuerdo con el artículo 45.1.d), las personas trabajadoras tendrán derecho a una hora de ausencia del trabajo, que podrán dividir en dos fracciones, para el cuidado del lactante hasta que este cumpla nueve meses. La duración del permiso se incrementará proporcionalmente en los casos de nacimiento, adopción, guarda con fines de adopción o acogimiento múltiples.

Quien ejerza este derecho, por su voluntad, podrá sustituirlo por una reducción de su jornada en media hora con la misma finalidad o acumularlo en jornadas completas.

La reducción de jornada contemplada en este apartado constituye un derecho individual de las personas trabajadoras sin que pueda transferirse su ejercicio a la otra persona progenitora, adoptante, guardadora o acogedora. No obstante, si dos personas trabajadoras de la misma empresa ejercen este derecho por el mismo sujeto causante, podrá limitarse su ejercicio simultáneo por razones fundadas y objetivas de funcionamiento de la empresa, debidamente motivadas por escrito, debiendo en tal caso la empresa ofrecer un plan alternativo que asegure el disfrute de ambas personas trabajadoras y que posibilite el ejercicio de los derechos de conciliación.

Cuando ambas personas progenitoras, adoptantes, guardadoras o acogedoras ejerzan este derecho con la misma duración y régimen, el periodo de disfrute podrá extenderse hasta que el lactante cumpla doce meses, con reducción proporcional del salario a partir del cumplimiento de los nueve meses.

5. Las personas trabajadoras tendrán derecho a ausentarse del trabajo durante una hora en el caso de nacimiento prematuro de hijo o hija, o que, por cualquier causa, deban permanecer hospitalizados a continuación del parto. Asimismo, tendrán derecho a reducir su jornada de trabajo hasta un máximo de dos horas, con la disminución proporcional del salario. Para el disfrute de este permiso se estará a lo previsto en el apartado 7.

6. Quien por razones de guarda legal tenga a su cuidado directo algún menor de doce años o una persona con discapacidad que no desempeñe una actividad retribuida tendrá derecho a una reducción de la jornada de trabajo diaria, con la disminución proporcional del salario entre, al menos, un octavo y un máximo de la mitad de la duración de aquella.

Tendrá el mismo derecho quien precise encargarse del cuidado directo del cónyuge o pareja de hecho, o un familiar hasta el segundo grado de consanguinidad y afinidad, incluido el familiar consanguíneo de la pareja de hecho, que por razones de edad, accidente o enfermedad no pueda valerse por sí mismo, y que no desempeñe actividad retribuida.

El progenitor, guardador con fines de adopción o acogedor permanente tendrá derecho a una reducción de la jornada de trabajo, con la disminución proporcional del salario de, al menos, la mitad de la duración de aquella, para el cuidado, durante la hospitalización y tratamiento continuado, del menor a su cargo afectado por cáncer (tumores malignos, melanomas y carcinomas), o por cualquier otra enfermedad grave, que implique un ingreso hospitalario de larga duración y requiera la necesidad de su cuidado directo, continuo y permanente, acreditado por el informe del servicio público de salud u órgano administrativo sanitario de la comunidad autónoma correspondiente y, como máximo, hasta que el hijo o persona que hubiere sido objeto de acogimiento permanente o de guarda con fines de adopción cumpla los veintitrés años.

En consecuencia, el mero cumplimiento de los dieciocho años de edad por el hijo o el menor sujeto a acogimiento permanente o a guarda con fines de adopción no será causa de extinción de la reducción de la jornada, si se mantiene la necesidad de cuidado directo, continuo y permanente.

No obstante, cumplidos los 18 años, se podrá reconocer el derecho a la reducción de jornada hasta que el causante cumpla 23 años en los supuestos en que el padecimiento de cáncer o enfermedad grave haya sido diagnosticado antes de alcanzar la mayoría de edad, siempre que en el momento de la solicitud se acrediten los requisitos establecidos en los párrafos anteriores, salvo la edad.

Asimismo, se mantendrá el derecho a esta reducción hasta que la persona cumpla 26 años si antes de alcanzar 23 años acreditara, además, un grado de discapacidad igual o superior al 65 por ciento.

Por convenio colectivo, se podrán establecer las condiciones y supuestos en los que esta reducción de jornada se podrá acumular en jornadas completas.

En los supuestos de nulidad, separación, divorcio, extinción de la pareja de hecho o cuando se acredite ser víctima de violencia de género, el derecho a la reducción de jornada se reconocerá a favor del progenitor, guardador o acogedor con quien conviva la persona enferma, siempre que cumpla el resto de los requisitos exigidos.

Cuando la persona enferma que se encuentre en los supuestos previstos en los párrafos tercero y cuarto de este apartado contraiga matrimonio o constituya una pareja de hecho, tendrá derecho a la reducción de jornada quien sea su cónyuge o pareja de hecho, siempre que acredite las condiciones para acceder al derecho a la misma.

Las reducciones de jornada contempladas en este apartado constituyen un derecho individual de los trabajadores, hombres o mujeres. No obstante, si dos o más trabajadores de la misma empresa generasen este derecho por el mismo sujeto causante, el empresario podrá limitar su ejercicio simultáneo por razones fundadas y objetivas de funcionamiento de la empresa, debidamente motivadas por escrito, debiendo en tal caso la empresa ofrecer un plan alternativo que asegure el disfrute de ambas personas trabajadoras y que posibilite el ejercicio de los derechos de conciliación.

En el ejercicio de este derecho se tendrá en cuenta el fomento de la corresponsabilidad entre mujeres y hombres y, asimismo, evitar la perpetuación de roles y estereotipos de género.

7. La concreción horaria y la determinación de los permisos y reducciones de jornada, previstos en los apartados 4, 5 y 6, corresponderán a la persona trabajadora dentro de su jornada ordinaria. No obstante, los convenios colectivos podrán establecer criterios para la concreción horaria de la reducción de jornada a que se refiere el apartado 6, en atención a los derechos de conciliación de la vida personal, familiar y laboral de la persona trabajadora y las necesidades productivas y organizativas de las empresas. La persona trabajadora, salvo fuerza mayor, deberá preavisar al empresario con una antelación de quince días o la que se determine en el convenio colectivo aplicable, precisando la fecha en que iniciará y finalizará el permiso de cuidado del lactante o la reducción de jornada.

Las discrepancias surgidas entre empresario y trabajador sobre la concreción horaria y la determinación de los periodos de disfrute previstos en los apartados 4, 5 y 6 serán resueltas por la jurisdicción social a través del procedimiento establecido en el artículo 139 de la Ley 36/2011, de 10 de octubre, Reguladora de la Jurisdicción Social.

8. Las personas trabajadoras que tengan la consideración de víctimas de violencia de género, de violencia sexual o de víctimas del terrorismo tendrán derecho, para hacer efectiva su protección o su derecho a la asistencia social integral, a la reducción de la jornada de trabajo con disminución proporcional del salario o a la reordenación del tiempo de trabajo, a través de la adaptación del horario, de la aplicación del horario flexible o de otras formas de ordenación del tiempo de trabajo que se utilicen en la empresa. También tendrán derecho a realizar su trabajo total o parcialmente a distancia o a dejar de hacerlo si este fuera el sistema establecido, siempre en ambos casos que esta modalidad de prestación de servicios sea compatible con el puesto y funciones desarrolladas por la persona.

Estos derechos se podrán ejercitar en los términos que para estos supuestos concretos se establezcan en los convenios colectivos o en los acuerdos entre la empresa y los representantes legales de las personas trabajadoras, o conforme al acuerdo entre la empresa y las personas trabajadoras afectadas. En su defecto, la concreción de estos derechos corresponderá a estas, siendo de aplicación las reglas establecidas en el apartado anterior, incluidas las relativas a la resolución de discrepancias.

9. La persona trabajadora tendrá derecho a ausentarse del trabajo por causa de fuerza mayor cuando sea necesario por motivos familiares urgentes relacionados con familiares o personas convivientes, en caso de enfermedad o accidente que hagan indispensable su presencia inmediata.

Las personas trabajadoras tendrán derecho a que sean retribuidas las horas de ausencia por las causas previstas en el presente apartado equivalentes a cuatro días al año, conforme a lo establecido en convenio colectivo o, en su defecto, en acuerdo entre la empresa y la representación legal de las personas trabajadoras aportando las personas trabajadoras, en su caso, acreditación del motivo de ausencia.

Apdo. 3, letra g sic) se añade por Ley 6/2024, de 20 de diciembre, para la mejora de la protección de las personas donantes en vivo de órganos o tejidos para su posterior trasplante. (BOE 21-12-2024). En vigor el 03/03/2025.

Apdo. 3, letra g) se añade por Real Decreto-ley 8/2024, de 28 de noviembre, por el que se adoptan medidas urgentes complementarias en el marco del Plan de respuesta inmediata, reconstrucción y relanzamiento frente a los daños causados por la Depresión Aislada en Niveles Altos (DANA) en diferentes municipios entre el 28 de octubre y el 4 de noviembre de 2024. (BOE de 29-11-2024). En vigor desde el 30/11/2024.

Apdo. 8, primer párrafo, modificado por Ley Orgánica 2/2024, de 1 de agosto, de representación paritaria y presencia equilibrada de mujeres y hombres. (BOE de 02-08-2024).

Apdo. 4 modificado por Real Decreto-ley 2/2024, de 21 de mayo, por el que se adoptan medidas urgentes para la simplificación y mejora del nivel asistencial de la protección por desempleo, y para completar la transposición de la Directiva (UE) 2019/1158 del Parlamento Europeo y del Consejo, de 20 de junio de 2019, relativa a la conciliación de la vida familiar y la vida profesional de los progenitores y los cuidadores, y por la que se deroga la Directiva 2010/18/UE del Consejo. (BOE de 22-05-2024).

La modificación efectuada en el apartado 4 por Real Decreto-ley 7/2023, de 19 de diciembre no está integrada en el texto ya que no se convalidó la mencionada norma.

Apdos. 3 (párrafo introductorio y letras a) y b) se modificaron, letra b bis) se añadieron), 4 y 6 se modificaron y apdo. 9 se añadió por Real Decreto-ley 5/2023, de 28 de junio, por el que se adoptan y prorrogan determinadas medidas de respuesta a las consecuencias económicas y sociales de la Guerra de Ucrania, de apoyo a la reconstrucción de la isla de La Palma y a otras situaciones de vulnerabilidad; de transposición de Directivas de la Unión Europea en materia de modificaciones estructurales de sociedades mercantiles y conciliación de la vida familiar y la vida profesional de los progenitores y los cuidadores; y de ejecución y cumplimiento del Derecho de la Unión Europea. (BOE de 29-06-2023). En vigor desde el 30 de junio de 2023.

Ver Resolución de 17 de octubre de 2025, de la Dirección General de Trabajo, por la que se publica la relación de fiestas laborales para el año 2026 (Anualmente se establecen por el Gobierno y por las Comunidades autónomas la relación de fiestas laborales estatales y autonómicas respectivamente); art. 40.2 de CE; art. 139 de LJS (Procedimiento para el ejercicio de los derechos de conciliación); arts. 34.8 y D.A. 18ª del ET.

Apdo. 1: ver STC 19/1985 de 13-02-1985 (Constitucionalidad del domingo como día habitual de descanso) y STC 19/1985 de 13-02-1985 (Trabajadora que solicita el sábado como día de descanso por motivos religiosos); 12.5.h) del ET (horas complementarias contrato tiempo parcial).

Apdo. 3.d): ver art. 28 de LO 5/1985, de 19 de junio, del Régimen Electoral General; art. 7 de Ley Orgánica 5/1995, de 22 de mayo, del Tribunal del Jurado.

Apdo. 3.e): ver art. 9 y 10 de LOLS; art. 68.e) del ET (crédito de horas mensuales de los representantes de los trabajadores).

Apdos. 4, 5, 6 y 8: ver D.A. 19ª.1 (Cálculo de indemnizaciones en determinados supuestos de jornada reducida).

Apdo. 6: ver art. 12.5.e) del ET (horas complementarias contrato tiempo parcial).

Apdo. 8: ver art. 21 y ss. de LO 1/2004, de 28 de diciembre, de Medidas de Protección Integral contra la Violencia de Genero; D.A. 14.ª del ET.

ART. 38. Vacaciones anuales.

1. El periodo de vacaciones anuales retribuidas, no sustituible por compensación económica, será el pactado en convenio colectivo o contrato individual. En ningún caso la duración será inferior a treinta días naturales.

2. El periodo o periodos de su disfrute se fijará de común acuerdo entre el empresario y el trabajador, de conformidad con lo establecido en su caso en los convenios colectivos sobre planificación anual de las vacaciones.

En caso de desacuerdo entre las partes, la jurisdicción social fijará la fecha que para el disfrute corresponda y su decisión será irrecurrible. El procedimiento será sumario y preferente.

3. El calendario de vacaciones se fijará en cada empresa. El trabajador conocerá las fechas que le correspondan dos meses antes, al menos, del comienzo del disfrute.

Cuando el periodo de vacaciones fijado en el calendario de vacaciones de la empresa al que se refiere el párrafo anterior coincida en el tiempo con una incapacidad temporal derivada del embarazo, el parto o la lactancia natural o con el periodo de suspensión del contrato de trabajo previsto en los apartados 4, 5 y 7 del artículo 48, se tendrá derecho a disfrutar las vacaciones en fecha distinta a la de la incapacidad temporal o a la del disfrute del permiso que por aplicación de dicho precepto le correspondiera, al finalizar el periodo de suspensión, aunque haya terminado el año natural a que correspondan.

En el supuesto de que el periodo de vacaciones coincida con una incapacidad temporal por contingencias distintas a las señaladas en el párrafo anterior que imposibilite al trabajador disfrutarlas, total o parcialmente, durante el año natural a que corresponden, el trabajador podrá hacerlo una vez finalice su incapacidad y siempre que no hayan transcurrido más de dieciocho meses a partir del final del año en que se hayan originado.

Ver art. 40.2 de CE; art. 7.5 de LISOS (Es infracción grave la transgresión de las normas legales sobre vacaciones); STC 192/2003 de 27-10-2003 (Derecho a favor del trabajador de prestar servicios para otra empresa durante su periodo de vacaciones).

Apdo. 2: ver arts. 125 y 126 de LJS (Procedimiento de fijación de vacaciones y reclamación).

CAPÍTULO III
Modificación, suspensión y extinción del contrato de trabajo

Sección 1.ª Movilidad funcional y geográfica

ART. 39. Movilidad funcional.

1. La movilidad funcional en la empresa se efectuará de acuerdo a las titulaciones académicas o profesionales precisas para ejercer la prestación laboral y con respeto a la dignidad del trabajador.

2. La movilidad funcional para la realización de funciones, tanto superiores como inferiores, no correspondientes al grupo profesional solo será posible si existen, además, razones técnicas u organizativas que la justifiquen y por el tiempo imprescindible para su atención. El empresario deberá comunicar su decisión y las razones de esta a los representantes de los trabajadores.

En el caso de encomienda de funciones superiores a las del grupo profesional por un periodo superior a seis meses durante un año u ocho durante dos años, el trabajador podrá reclamar el ascenso, si a ello no obsta lo dispuesto en convenio colectivo o, en todo caso, la cobertura de la vacante correspondiente a las funciones por él realizadas conforme a las reglas en materia de ascensos aplicables en la empresa, sin perjuicio de reclamar la diferencia salarial correspondiente. Estas acciones serán acumulables. Contra la negativa de la empresa, y previo informe del comité o, en su caso, de los delegados de personal, el trabajador podrá reclamar ante la jurisdicción social. Mediante la negociación colectiva se podrán establecer periodos distintos de los expresados en este artículo a efectos de reclamar la cobertura de vacantes.

3. El trabajador tendrá derecho a la retribución correspondiente a las funciones que efectivamente realice, salvo en los casos de encomienda de funciones inferiores, en los que mantendrá la retribución de origen. No cabrá invocar como causa de despido objetivo la ineptitud sobrevenida o la falta de adaptación en los supuestos de realización de funciones distintas de las habituales como consecuencia de la movilidad funcional.

4. El cambio de funciones distintas de las pactadas no incluido en los supuestos previstos en este artículo requerirá el acuerdo de las partes o, en su defecto, el sometimiento a las reglas previstas para las modificaciones sustanciales de condiciones de trabajo o a las que a tal fin se hubieran establecido en convenio colectivo.

Ver art. 137 de LJS (Reclamación de categoría o grupo profesional); art. 36.4 ET.

Apdo. 1: ver art. 25.1 de LPRL; art. 41.1.f) del ET (Se considerará una modificación sustancial de las condiciones de trabajo si se exceden los límites establecidos)

Apdo. 2: ver art. 26 de LPRL y art. 64.1 del ET.

Apdo. 4: ver art. 41.1.f) del ET (Se considerará una modificación sustancial de las condiciones de trabajo si se exceden los límites establecidos) y art. 50.1.a) del ET (Extinción del contrato por voluntad del trabajador en el supuesto de modificaciones sustanciales en las condiciones de trabajo).

ART. 40. Movilidad geográfica.

1. El traslado de trabajadores que no hayan sido contratados específicamente para prestar sus servicios en empresas con centros de trabajo móviles o itinerantes a un centro de trabajo distinto de la misma empresa que exija cambios de residencia requerirá la existencia de razones económicas, técnicas, organizativas o de producción que lo justifiquen. Se considerarán tales las que estén relacionadas con la competitividad, productividad u organización técnica o del trabajo en la empresa, así como las contrataciones referidas a la actividad empresarial.

La decisión de traslado deberá ser notificada por el empresario al trabajador, así como a sus representantes legales, con una antelación mínima de treinta días a la fecha de su efectividad.

Notificada la decisión de traslado, el trabajador tendrá derecho a optar entre el traslado, percibiendo una compensación por gastos, o la extinción de su contrato, percibiendo una indemnización de veinte días de salario por año de servicio, prorrateándose por meses los periodos de tiempo inferiores a un año y con un máximo de doce mensualidades. La compensación a que se refiere el primer supuesto comprenderá tanto los gastos propios como los de los familiares a su cargo, en los términos que se convengan entre las partes, y nunca será inferior a los límites mínimos establecidos en los convenios colectivos.

Sin perjuicio de la ejecutividad del traslado en el plazo de incorporación citado, el trabajador que, no habiendo optado por la extinción de su contrato, se muestre disconforme con la decisión empresarial podrá impugnarla ante la jurisdicción social. La sentencia declarará el traslado justificado o injustificado y, en este último caso, reconocerá el derecho del trabajador a ser reincorporado al centro de trabajo de origen.

Cuando, con objeto de eludir las previsiones contenidas en el apartado siguiente, la empresa realice traslados en periodos sucesivos de noventa días en número inferior a los umbrales allí señalados, sin que concurran causas nuevas que justifiquen tal actuación, dichos nuevos traslados se considerarán efectuados en fraude de ley y serán declarados nulos y sin efecto.

2. El traslado a que se refiere el apartado anterior deberá ir precedido de un periodo de consultas con los representantes legales de los trabajadores de una duración no superior a quince días, cuando afecte a la totalidad del centro de trabajo, siempre que este ocupe a más de cinco trabajadores, o cuando, sin afectar a la totalidad del centro de trabajo, en un periodo de noventa días comprenda a un número de trabajadores de, al menos:

a) Diez trabajadores, en las empresas que ocupen menos de cien trabajadores.

b) El diez por ciento del número de trabajadores de la empresa en aquellas que ocupen entre cien y trescientos trabajadores.

c) Treinta trabajadores en las empresas que ocupen más de trescientos trabajadores.

Dicho periodo de consultas deberá versar sobre las causas motivadoras de la decisión empresarial y la posibilidad de evitar o reducir sus efectos, así como sobre las medidas necesarias para atenuar sus consecuencias para los trabajadores afectados. La consulta se llevará a cabo en una única comisión negociadora, si bien, de existir varios centros de trabajo, quedará circunscrita a los centros afectados por el procedimiento. La comisión negociadora estará integrada por un máximo de trece miembros en representación de cada una de las partes.

La intervención como interlocutores ante la dirección de la empresa en el procedimiento de consultas corresponderá a los sujetos indicados en el artículo 41.4, en el orden y condiciones señalados en el mismo.

La comisión representativa de los trabajadores deberá quedar constituida con carácter previo a la comunicación empresarial de inicio del procedimiento de consultas. A estos efectos, la dirección de la empresa deberá comunicar de manera fehaciente a los trabajadores o a sus representantes su intención de iniciar el procedimiento. El plazo máximo para la constitución de la comisión representativa será de siete días desde la fecha de la referida comunicación, salvo que alguno de los centros de trabajo que vaya a estar afectado por el procedimiento no cuente con representantes legales de los trabajadores, en cuyo caso el plazo será de quince días.

Transcurrido el plazo máximo para la constitución de la comisión representativa, la dirección de la empresa podrá comunicar el inicio del periodo de consultas a los representantes de los trabajadores. La falta de constitución de la comisión representativa no impedirá el inicio y transcurso del periodo de consultas, y su constitución con posterioridad al inicio del mismo no comportará, en ningún caso, la ampliación de su duración.

La apertura del periodo de consultas y las posiciones de las partes tras su conclusión deberán ser notificadas a la autoridad laboral para su conocimiento.

Durante el periodo de consultas, las partes deberán negociar de buena fe, con vistas a la consecución de un acuerdo. Dicho acuerdo requerirá la conformidad de la mayoría de los representantes legales de los trabajadores o, en su caso, de la mayoría de los miembros de la comisión representativa de los trabajadores siempre que, en ambos casos, representen a la mayoría de los trabajadores del centro o centros de trabajo afectados.

Tras la finalización del periodo de consultas el empresario notificará a los trabajadores su decisión sobre el traslado, que se regirá a todos los efectos por lo dispuesto en el apartado 1.

Contra las decisiones a que se refiere el presente apartado se podrá reclamar en conflicto colectivo, sin perjuicio de la acción individual prevista en el apartado 1. La interposición del conflicto paralizará la tramitación de las acciones individuales iniciadas, hasta su resolución.

El acuerdo con los representantes de los trabajadores en el periodo de consultas se entenderá sin perjuicio del derecho de los trabajadores afectados al ejercicio de la opción prevista en el párrafo tercero del apartado 1.

El empresario y la representación de los trabajadores podrán acordar en cualquier momento la sustitución del periodo de consultas a que se refiere este apartado por la aplicación del procedimiento de mediación o arbitraje que sea de aplicación en el ámbito de la empresa, que deberá desarrollarse dentro del plazo máximo señalado para dicho periodo.

3. Si por traslado uno de los cónyuges cambia de residencia, el otro, si fuera trabajador de la misma empresa, tendrá derecho al traslado a la misma localidad, si hubiera puesto de trabajo.

4. Las personas trabajadoras que tengan la consideración de víctimas de violencia de género, de víctimas de violencia sexual o de víctimas del terrorismo que se vean obligadas a abandonar el puesto de trabajo en la localidad donde venían prestando sus servicios, para hacer efectiva su protección o su derecho a la asistencia social integral, tendrán derecho preferente a ocupar otro puesto de trabajo, del mismo grupo profesional o categoría equivalente, que la empresa tenga vacante en cualquier otro de sus centros de trabajo.

En tales supuestos, la empresa estará obligada a comunicar a las personas trabajadoras las vacantes existentes en dicho momento o las que se pudieran producir en el futuro.

El traslado o el cambio de centro de trabajo tendrá una duración inicial de entre seis y doce meses, durante los cuales la empresa tendrá la obligación de reservar el puesto de trabajo que anteriormente ocupaban las personas trabajadoras.

Terminado este periodo, las personas trabajadoras podrán optar entre el regreso a su puesto de trabajo anterior o la continuidad en el nuevo, decayendo en este caso la obligación de reserva, o la extinción de su contrato, percibiendo una indemnización de veinte días de salario por año de servicio, prorrateándose por meses los periodos de tiempo inferiores a un año y con un máximo de doce mensualidades.

5. Para hacer efectivo su derecho de protección a la salud, los trabajadores con discapacidad que acrediten la necesidad de recibir fuera de su localidad un tratamiento de habilitación o rehabilitación médico-funcional o atención, tratamiento u orientación psicológica relacionado con su discapacidad, tendrán derecho preferente a ocupar otro puesto de trabajo, del mismo grupo profesional, que la empresa tuviera vacante en otro de sus centros de trabajo en una localidad en que sea más accesible dicho tratamiento, en los términos y condiciones establecidos en el apartado anterior para las trabajadoras víctimas de violencia de género o de violencia sexual y para las víctimas de terrorismo.

6. Por razones económicas, técnicas, organizativas o de producción, o bien por contrataciones referidas a la actividad empresarial, la empresa podrá efectuar desplazamientos temporales de sus trabajadores que exijan que estos residan en población distinta de la de su domicilio habitual, abonando, además de los salarios, los gastos de viaje y las dietas.

El trabajador deberá ser informado del desplazamiento con una antelación suficiente a la fecha de su efectividad, que no podrá ser inferior a cinco días laborables en el caso de desplazamientos de duración superior a tres meses; en este último supuesto, el trabajador tendrá derecho a un permiso de cuatro días laborables en su domicilio de origen por cada tres meses de desplazamiento, sin computar como tales los de viaje, cuyos gastos correrán a cargo del empresario.

Contra la orden de desplazamiento, sin perjuicio de su ejecutividad, podrá recurrir el trabajador en los mismos términos previstos en el apartado 1 para los traslados.

Los desplazamientos cuya duración en un periodo de tres años exceda de doce meses tendrán, a todos los efectos, el tratamiento previsto en esta ley para los traslados.

7. Los representantes legales de los trabajadores tendrán prioridad de permanencia en los puestos de trabajo a que se refiere este artículo. Mediante convenio colectivo o acuerdo alcanzado durante el periodo de consultas se podrán establecer prioridades de permanencia a favor de trabajadores de otros colectivos, tales como trabajadores con cargas familiares, mayores de determinada edad o personas con discapacidad.

Apdos. 4 y 5 modificados por Ley Orgánica 2/2024, de 1 de agosto, de representación paritaria y presencia equilibrada de mujeres y hombres. (BOE de 02-08-2024).

Apdos. 4 y 5 modificados por Ley 4/2023, de 28 de febrero, para la igualdad real y efectiva de las personas trans y para la garantía de los derechos de las personas LGTBI. (BOE de 01-03-2023).

Apdo. 4 anteriormente modificado por Ley Orgánica 10/2022, de 6 de septiembre, de garantía integral de la libertad sexual. (BOE de 07-09-2022).

Apdo. 1: ver art. 33.2 del ET; art. 138 de LJS (Impugnación de la movilidad geográfica).

Apdo. 4: ver art. 21 y ss. de LO 1/2004, de 28 de diciembre, de Medidas de Protección Integral contra la Violencia de Genero.; D.A. 14.ª del ET.

Apdo. 6: ver Ley 45/1999, de 29 de noviembre, sobre el desplazamiento de trabajadores en el marco de una prestación de servicios transnacional

Apdo. 7: ver art. 68.b) del ET (Prioridad de permanencia de los representantes legales).

ART. 41. Modificaciones sustanciales de condiciones de trabajo.

1. La dirección de la empresa podrá acordar modificaciones sustanciales de las condiciones de trabajo cuando existan probadas razones económicas, técnicas, organizativas o de producción. Se considerarán tales las que estén relacionadas con la competitividad, productividad u organización técnica o del trabajo en la empresa.

Tendrán la consideración de modificaciones sustanciales de las condiciones de trabajo, entre otras, las que afecten a las siguientes materias:

a) Jornada de trabajo.

b) Horario y distribución del tiempo de trabajo.

c) Régimen de trabajo a turnos.

d) Sistema de remuneración y cuantía salarial.

e) Sistema de trabajo y rendimiento.

f) Funciones, cuando excedan de los límites que para la movilidad funcional prevé el artículo 39.

2. Las modificaciones sustanciales de las condiciones de trabajo podrán afectar a las condiciones reconocidas a los trabajadores en el contrato de trabajo, en acuerdos o pactos colectivos o disfrutadas por estos en virtud de una decisión unilateral del empresario de efectos colectivos.

Se considera de carácter colectivo la modificación que, en un periodo de noventa días, afecte al menos a:

a) Diez trabajadores, en las empresas que ocupen menos de cien trabajadores.

b) El diez por ciento del número de trabajadores de la empresa en aquellas que ocupen entre cien y trescientos trabajadores.

c) Treinta trabajadores, en las empresas que ocupen más de trescientos trabajadores.

Se considera de carácter individual la modificación que, en el periodo de referencia establecido, no alcance los umbrales señalados para las modificaciones colectivas.

3. La decisión de modificación sustancial de condiciones de trabajo de carácter individual deberá ser notificada por el empresario al trabajador afectado y a sus representantes legales con una antelación mínima de quince días a la fecha de su efectividad.

En los supuestos previstos en las letras a), b), c), d) y f) del apartado 1, si el trabajador resultase perjudicado por la modificación sustancial tendrá derecho a rescindir su contrato y percibir una indemnización de veinte días de salario por año de servicio prorrateándose por meses los periodos inferiores a un año y con un máximo de nueve meses.

Sin perjuicio de la ejecutividad de la modificación en el plazo de efectividad anteriormente citado, el trabajador que, no habiendo optado por la rescisión de su contrato, se muestre disconforme con la decisión empresarial podrá impugnarla ante la jurisdicción social. La sentencia declarará la modificación justificada o injustificada y, en este último caso, reconocerá el derecho del trabajador a ser repuesto en sus anteriores condiciones.

Cuando con objeto de eludir las previsiones contenidas en el apartado siguiente, la empresa realice modificaciones sustanciales de las condiciones de trabajo en periodos sucesivos de noventa días en número inferior a los umbrales que establece el apartado 2 para las modificaciones colectivas, sin que concurran causas nuevas que justifiquen tal actuación, dichas nuevas modificaciones se considerarán efectuadas en fraude de ley y serán declaradas nulas y sin efecto.

4. Sin perjuicio de los procedimientos específicos que puedan establecerse en la negociación colectiva, la decisión de modificación sustancial de condiciones de trabajo de carácter colectivo deberá ir precedida de un periodo de consultas con los representantes legales de los trabajadores, de duración no superior a quince días, que versará sobre las causas motivadoras de la decisión empresarial y la posibilidad de evitar o reducir sus efectos, así como sobre las medidas necesarias para atenuar sus consecuencias para los trabajadores afectados. La consulta se llevará a cabo en una única comisión negociadora, si bien, de existir varios centros de trabajo, quedará circunscrita a los centros afectados por el procedimiento. La comisión negociadora estará integrada por un máximo de trece miembros en representación de cada una de las partes.

La intervención como interlocutores ante la dirección de la empresa en el procedimiento de consultas corresponderá a las secciones sindicales cuando estas así lo acuerden, siempre que tengan la representación mayoritaria en los comités de empresa o entre los delegados de personal de los centros de trabajo afectados, en cuyo caso representarán a todos los trabajadores de los centros afectados.

En defecto de lo previsto en el párrafo anterior, la intervención como interlocutores se regirá por las siguientes reglas:

a) Si el procedimiento afecta a un único centro de trabajo, corresponderá al comité de empresa o a los delegados de personal. En el supuesto de que en el centro de trabajo no exista representación legal de los trabajadores, estos podrán optar por atribuir su representación para la negociación del acuerdo, a su elección, a una comisión de un máximo de tres miembros integrada por trabajadores de la propia empresa y elegida por estos democráticamente o a una comisión de igual número de componentes designados, según su representatividad, por los sindicatos más representativos y representativos del sector al que pertenezca la empresa y que estuvieran legitimados para formar parte de la comisión negociadora del convenio colectivo de aplicación a la misma.

En el supuesto de que la negociación se realice con la comisión cuyos miembros sean designados por los sindicatos, el empresario podrá atribuir su representación a las organizaciones empresariales en las que estuviera integrado, pudiendo ser las mismas más representativas a nivel autonómico, y con independencia de que la organización en la que esté integrado tenga carácter intersectorial o sectorial.

b) Si el procedimiento afecta a más de un centro de trabajo, la intervención como interlocutores corresponderá:

En primer lugar, al comité intercentros, siempre que tenga atribuida esa función en el convenio colectivo en que se hubiera acordado su creación.

En otro caso, a una comisión representativa que se constituirá de acuerdo con las siguientes reglas:

1.ª Si todos los centros de trabajo afectados por el procedimiento cuentan con representantes legales de los trabajadores, la comisión estará integrada por estos.

2.ª Si alguno de los centros de trabajo afectados cuenta con representantes legales de los trabajadores y otros no, la comisión estará integrada únicamente por representantes legales de los trabajadores de los centros que cuenten con dichos representantes. Y ello salvo que los trabajadores de los centros que no cuenten con representantes legales opten por designar la comisión a que se refiere la letra a), en cuyo caso la comisión representativa estará integrada conjuntamente por representantes legales de los trabajadores y por miembros de las comisiones previstas en dicho párrafo, en proporción al número de trabajadores que representen.

En el supuesto de que uno o varios centros de trabajo afectados por el procedimiento que no cuenten con representantes legales de los trabajadores opten por no designar la comisión de la letra a), se asignará su representación a los representantes legales de los trabajadores de los centros de trabajo afectados que cuenten con ellos, en proporción al número de trabajadores que representen.

3.ª Si ninguno de los centros de trabajo afectados por el procedimiento cuenta con representantes legales de los trabajadores, la comisión representativa estará integrada por quienes sean elegidos por y entre los miembros de las comisiones designadas en los centros de trabajo afectados conforme a lo dispuesto en la letra a), en proporción al número de trabajadores que representen.

En todos los supuestos contemplados en este apartado, si como resultado de la aplicación de las reglas indicadas anteriormente el número inicial de representantes fuese superior a trece, estos elegirán por y entre ellos a un máximo de trece, en proporción al número de trabajadores que representen.

La comisión representativa de los trabajadores deberá quedar constituida con carácter previo a la comunicación empresarial de inicio del procedimiento de consultas. A estos efectos, la dirección de la empresa deberá comunicar de manera fehaciente a los trabajadores o a sus representantes su intención de iniciar el procedimiento de modificación sustancial de condiciones de trabajo. El plazo máximo para la constitución de la comisión representativa será de siete días desde la fecha de la referida comunicación, salvo que alguno de los centros de trabajo que vaya a estar afectado por el procedimiento no cuente con representantes legales de los trabajadores, en cuyo caso el plazo será de quince días.

Transcurrido el plazo máximo para la constitución de la comisión representativa, la dirección de la empresa podrá comunicar el inicio del periodo de consultas a los representantes de los trabajadores. La falta de constitución de la comisión representativa no impedirá el inicio y transcurso del periodo de consultas, y su constitución con posterioridad al inicio del mismo no comportará, en ningún caso, la ampliación de su duración.

Durante el periodo de consultas, las partes deberán negociar de buena fe, con vistas a la consecución de un acuerdo. Dicho acuerdo requerirá la conformidad de la mayoría de los representantes legales de los trabajadores o, en su caso, de la mayoría de los miembros de la comisión representativa de los trabajadores siempre que, en ambos casos, representen a la mayoría de los trabajadores del centro o centros de trabajo afectados.

El empresario y la representación de los trabajadores podrán acordar en cualquier momento la sustitución del periodo de consultas por el procedimiento de mediación o arbitraje que sea de aplicación en el ámbito de la empresa, que deberá desarrollarse dentro del plazo máximo señalado para dicho periodo.

Cuando el periodo de consultas finalice con acuerdo se presumirá que concurren las causas justificativas a que alude el apartado 1 y solo podrá ser impugnado ante la jurisdicción social por la existencia de fraude, dolo, coacción o abuso de derecho en su conclusión. Ello sin perjuicio del derecho de los trabajadores afectados a ejercitar la opción prevista en el párrafo segundo del apartado 3.

5. La decisión sobre la modificación colectiva de las condiciones de trabajo será notificada por el empresario a los trabajadores una vez finalizado el periodo de consultas sin acuerdo y surtirá efectos en el plazo de los siete días siguientes a su notificación.

Contra las decisiones a que se refiere el presente apartado se podrá reclamar en conflicto colectivo, sin perjuicio de la acción individual prevista en el apartado 3. La interposición del conflicto paralizará la tramitación de las acciones individuales iniciadas hasta su resolución.

6. La modificación de las condiciones de trabajo establecidas en los convenios colectivos regulados en el título III deberá realizarse conforme a lo establecido en el artículo 82.3.

7. En materia de traslados se estará a lo dispuesto en las normas específicas establecidas en el artículo 40.

Ver art. 7.6 de LISOS (Se considerará infracción grave la modificación de las condiciones sustanciales de trabajo sin ajustarse a los procedimientos establecidos); art. 36.4 ET.

Apdo. 1: ver art. 12.4.e) del ET (conversión de un trabajo a tiempo completo en un trabajo parcial y viceversa).

Apdo. 2: ver STC 8/2015 de 22-01-2015 (Recurso de inconstitucionalidad que cuestiona la legalidad de la inaplicación de las condiciones pactadas en convenio colectivo decidida unilateralmente por el empresario).

Apdo. 3: ver art. 33.2 del ET; art. 138 de LJS (Impugnación judicial de las modificaciones sustanciales de condiciones de trabajo).

Apdo. 7: ver art. 40 del ET.

Sección 2.ª Garantías por cambio de empresario

ART. 42. Subcontratación de obras y servicios.

1. Las empresas que contraten o subcontraten con otras la realización de obras o servicios correspondientes a la propia actividad de aquellas deberán comprobar que dichas contratistas están al corriente en el pago de las cuotas de la Seguridad Social. Al efecto, recabarán por escrito, con identificación de la empresa afectada, certificación negativa por descubiertos en la Tesorería General de la Seguridad Social, que deberá librar inexcusablemente dicha certificación en el término de treinta días improrrogables y en los términos que reglamentariamente se establezcan. Transcurrido este plazo, quedará exonerada de responsabilidad la empresa solicitante.

2. La empresa principal, salvo el transcurso del plazo antes señalado respecto a la Seguridad Social, y durante los tres años siguientes a la terminación de su encargo, responderá solidariamente de las obligaciones referidas a la Seguridad Social contraídas por los contratistas y subcontratistas durante el periodo de vigencia de la contrata.

De las obligaciones de naturaleza salarial contraídas por las contratistas y subcontratistas con las personas trabajadoras a su servicio responderá solidariamente durante el año siguiente a la finalización del encargo.

No habrá responsabilidad por los actos de la contratista cuando la actividad contratada se refiera exclusivamente a la construcción o reparación que pueda contratar una persona respecto de su vivienda, así como cuando el propietario o propietaria de la obra o industria no contrate su realización por razón de una actividad empresarial.

3. Las personas trabajadoras de la contratista o subcontratista deberán ser informadas por escrito por su empresa de la identidad de la empresa principal para la cual estén prestando servicios en cada momento. Dicha información deberá facilitarse antes del inicio de la respectiva prestación de servicios e incluirá el nombre o razón social de la empresa principal, su domicilio social y su número de identificación fiscal. Asimismo, la contratista o subcontratista deberán informar de la identidad de la empresa principal a la Tesorería General de la Seguridad Social en los términos que reglamentariamente se determinen.

4. Sin perjuicio de la información sobre previsiones en materia de subcontratación a la que se refiere el artículo 64, cuando la empresa concierte un contrato de prestación de obras o servicios con una empresa contratista o subcontratista, deberá informar a la representación legal de las personas trabajadoras sobre los siguientes extremos:

a) Nombre o razón social, domicilio y número de identificación fiscal de la empresa contratista o subcontratista.

b) Objeto y duración de la contrata.

c) Lugar de ejecución de la contrata.

d) En su caso, número de personas trabajadoras que serán ocupadas por la contrata o subcontrata en el centro de trabajo de la empresa principal.

e) Medidas previstas para la coordinación de actividades desde el punto de vista de la prevención de riesgos laborales.

Cuando las empresas principal, contratista o subcontratista compartan de forma continuada un mismo centro de trabajo, la primera deberá disponer de un libro registro en el que se refleje la información anterior respecto de todas las empresas citadas. Dicho libro estará a disposición de la representación legal de las personas trabajadoras.

5. La empresa contratista o subcontratista deberá informar igualmente a la representación legal de las personas trabajadoras, antes del inicio de la ejecución de la contrata, sobre los mismos extremos a que se refieren el apartado 3 y las letras b) a e) del apartado 4.

6. El convenio colectivo de aplicación para las empresas contratistas y subcontratistas será el del sector de la actividad desarrollada en la contrata o subcontrata, con independencia de su objeto social o forma jurídica, salvo que exista otro convenio sectorial aplicable conforme a lo dispuesto en el título III.

No obstante, cuando la empresa contratista o subcontratista cuente con un convenio propio, se aplicará este, en los términos que resulten del artículo 84.

7. Las personas trabajadoras de las empresas contratistas y subcontratistas, cuando no tengan representación legal, tendrán derecho a formular a la representación legal de personas trabajadoras de la empresa principal cuestiones relativas a las condiciones de ejecución de la actividad laboral, mientras compartan centro de trabajo y carezcan de representación.

Lo dispuesto en el párrafo anterior no será de aplicación a las reclamaciones de la persona trabajadora respecto de la empresa de la que depende.

8. La representación legal de las personas trabajadoras de la empresa principal y de las empresas contratistas y subcontratistas, cuando compartan de forma continuada centro de trabajo, podrán reunirse a efectos de coordinación entre ellos y en relación con las condiciones de ejecución de la actividad laboral en los términos previstos en el artículo 81.

La capacidad de representación y ámbito de actuación de la representación de las personas trabajadoras, así como su crédito horario, vendrán determinados por la legislación vigente y, en su caso, por los convenios colectivos de aplicación.

Modificado por Real Decreto-ley 32/2021, de 28 de diciembre, de medidas urgentes para la reforma laboral, la garantía de la estabilidad en el empleo y la transformación del mercado de trabajo. (BOE de 30-12-2021).

Ver Ley 32/2006, de 18 de octubre, reguladora de la subcontratación en el Sector de la Construcción; RD 1109/2007, de 24 de agosto, por el que se desarrolla la Ley 32/2006, de 18 de octubre, reguladora de la subcontratación en el Sector de la Construcción.

Apdo. 1: ver art. 16.5 y 168.1 de LGSS

Apdo. 2: ver art. 24 de LPRL; art. 42.3 de LISOS

Apdo. 3: ver art. 7.11 de LISOS (Será infracción grave el incumplimiento del deber de información a los trabajadores en los supuestos de contratas).

Apdo. 4: ver art. 7.12 de LISOS (No disponer del libro registro constituirá infracción grave).

ART. 43. Cesión de trabajadores.

1. La contratación de trabajadores para cederlos temporalmente a otra empresa solo podrá efectuarse a través de empresas de trabajo temporal debidamente autorizadas en los términos que legalmente se establezcan.

2. En todo caso, se entiende que se incurre en la cesión ilegal de trabajadores contemplada en este artículo cuando se produzca alguna de las siguientes circunstancias: que el objeto de los contratos de servicios entre las empresas se limite a una mera puesta a disposición de los trabajadores de la empresa cedente a la empresa cesionaria, o que la empresa cedente carezca de una actividad o de una organización propia y estable, o no cuente con los medios necesarios para el desarrollo de su actividad, o no ejerza las funciones inherentes a su condición de empresario.

3. Los empresarios, cedente y cesionario, que infrinjan lo señalado en los apartados anteriores responderán solidariamente de las obligaciones contraídas con los trabajadores y con la Seguridad Social, sin perjuicio de las demás responsabilidades, incluso penales, que procedan por dichos actos.

4. Los trabajadores sometidos al tráfico prohibido tendrán derecho a adquirir la condición de fijos, a su elección, en la empresa cedente o cesionaria. Los derechos y obligaciones del trabajador en la empresa cesionaria serán los que correspondan en condiciones ordinarias a un trabajador que preste servicios en el mismo o equivalente puesto de trabajo, si bien la antigüedad se computará desde el inicio de la cesión ilegal.

Ver Ley 14/1994, de 1 de junio, por la que se regulan las empresas de trabajo temporal; RD 417/2015, de 29 de mayo, por el que se aprueba el Reglamento de las empresas de trabajo temporal.

Apdo. 3: ver art. 312.1 de CP y art. 8.2 de LISOS (se establece como infracción muy grave la cesión de trabajadores ilegal).

ART. 44. La sucesión de empresa.

1. El cambio de titularidad de una empresa, de un centro de trabajo o de una unidad productiva autónoma no extinguirá por sí mismo la relación laboral, quedando el nuevo empresario subrogado en los derechos y obligaciones laborales y de Seguridad Social del anterior, incluyendo los compromisos de pensiones, en los términos previstos en su norma-

tiva específica, y, en general, cuantas obligaciones en materia de protección social complementaria hubiere adquirido el cedente.

2. A los efectos de lo previsto en este artículo, se considerará que existe sucesión de empresa cuando la transmisión afecte a una entidad económica que mantenga su identidad, entendida como un conjunto de medios organizados a fin de llevar a cabo una actividad económica, esencial o accesoria.

3. Sin perjuicio de lo establecido en la legislación de Seguridad Social, el cedente y el cesionario, en las transmisiones que tengan lugar por actos inter vivos, responderán solidariamente durante tres años de las obligaciones laborales nacidas con anterioridad a la transmisión y que no hubieran sido satisfechas.

El cedente y el cesionario también responderán solidariamente de las obligaciones nacidas con posterioridad a la transmisión, cuando la cesión fuese declarada delito.

4. Salvo pacto en contrario, establecido mediante acuerdo de empresa entre el cesionario y los representantes de los trabajadores una vez consumada la sucesión, las relaciones laborales de los trabajadores afectados por la sucesión seguirán rigiéndose por el convenio colectivo que en el momento de la transmisión fuere de aplicación en la empresa, centro de trabajo o unidad productiva autónoma transferida.

Esta aplicación se mantendrá hasta la fecha de expiración del convenio colectivo de origen o hasta la entrada en vigor de otro convenio colectivo nuevo que resulte aplicable a la entidad económica transmitida.

5. Cuando la empresa, el centro de trabajo o la unidad productiva objeto de la transmisión conserve su autonomía, el cambio de titularidad del empresario no extinguirá por sí mismo el mandato de los representantes legales de los trabajadores, que seguirán ejerciendo sus funciones en los mismos términos y bajo las mismas condiciones que regían con anterioridad.

6. El cedente y el cesionario deberán informar a los representantes legales de sus trabajadores respectivos afectados por el cambio de titularidad, de los siguientes extremos:

a) Fecha prevista de la transmisión.
b) Motivos de la transmisión.
c) Consecuencias jurídicas, económicas y sociales, para los trabajadores, de la transmisión.
d) Medidas previstas respecto de los trabajadores.

7. De no haber representantes legales de los trabajadores, el cedente y el cesionario deberán facilitar la información mencionada en el apartado anterior a los trabajadores que pudieren resultar afectados por la transmisión.

8. El cedente vendrá obligado a facilitar la información mencionada en los apartados anteriores con la suficiente antelación, antes de la realización de la transmisión. El cesionario estará obligado a comunicar estas informaciones con la suficiente antelación y, en todo caso, antes de que sus trabajadores se vean afectados en sus condiciones de empleo y de trabajo por la transmisión.

En los supuestos de fusión y escisión de sociedades, el cedente y el cesionario habrán de proporcionar la indicada información, en todo caso, al tiempo de publicarse la convocatoria de las juntas generales que han de adoptar los respectivos acuerdos.

9. El cedente o el cesionario que previere adoptar, con motivo de la transmisión, medidas laborales en relación con sus trabajadores vendrá obligado a iniciar un periodo de consultas con los representantes legales de los trabajadores sobre las medidas previstas y sus consecuencias para los trabajadores. Dicho periodo de consultas habrá de celebrarse con la suficiente antelación, antes de que las medidas se lleven a efecto. Durante el periodo de consultas, las partes deberán negociar de buena fe, con vistas a la consecución de un acuerdo. Cuando las medidas previstas consistieren en traslados colectivos o en modificaciones sustanciales de las condiciones de trabajo de carácter colectivo, el procedimiento del periodo de consultas al que se refiere el párrafo anterior se ajustará a lo establecido en los artículos 40.2 y 41.4.

10. Las obligaciones de información y consulta establecidas en este artículo se aplicarán con independencia de que la decisión relativa a la transmisión haya sido adoptada por los empresarios cedente y cesionario o por las empresas que ejerzan el control sobre ellos. Cualquier justificación de aquellos basada en el hecho de que la empresa que tomó la decisión no les ha facilitado la información necesaria no podrá ser tomada en consideración a tal efecto.

Ver Directiva 2001/23/CE del Consejo de 12 de marzo de 2001 sobre la aproximación de las legislaciones de los Estados miembros relativas al mantenimiento de los derechos de los trabajadores en caso de traspasos de empresas, de centros de actividad o de partes de empresas o de centros de actividad; art. 168.2 de LGSS

Apdo. 3: ver art. 311.3 de CP

Apdo. 5: ver art. 67.3 del ET.

Apdo. 7: ver art. 7.11 de LISOS (El incumplimiento del deber de información a los trabajadores se considera infracción grave).

Sección 3.ª Suspensión del contrato

ART. 45. Causas y efectos de la suspensión.

1. El contrato de trabajo podrá suspenderse por las siguientes causas:
a) Mutuo acuerdo de las partes.
b) Las consignadas válidamente en el contrato.
c) Incapacidad temporal de los trabajadores.
d) Nacimiento, adopción, guarda con fines de adopción o acogimiento, de conformidad con el Código Civil o las leyes civiles de las comunidades autónomas que lo regulen, de menores de seis años o de menores de edad mayores de seis años con discapacidad o que por sus circunstancias y experiencias personales o por provenir del extranjero, tengan especiales dificultades de inserción social y familiar debidamente acreditadas por los servicios sociales competentes.
e) Riesgo durante el embarazo y riesgo durante la lactancia natural de un menor de nueve meses.
f) Ejercicio de cargo público representativo.
g) Privación de libertad del trabajador, mientras no exista sentencia condenatoria.
h) Suspensión de empleo y sueldo, por razones disciplinarias.
i) Fuerza mayor temporal.
j) Causas económicas, técnicas, organizativas o de producción.
k) Excedencia forzosa.
l) Ejercicio del derecho de huelga.
m) Cierre legal de la empresa.
n) Decisión de la trabajadora que se vea obligada a abandonar su puesto de trabajo como consecuencia de ser víctima de violencia de género o de violencia sexual.
o) Disfrute del permiso parental.
2. La suspensión exonera de las obligaciones recíprocas de trabajar y remunerar el trabajo.

Apdo. 1.n) modificado por Ley Orgánica 2/2024, de 1 de agosto, de representación paritaria y presencia equilibrada de mujeres y hombres. (BOE de 02-08-2024).

Apdo. 1.o) añadido por Real Decreto-ley 5/2023, de 28 de junio, por el que se adoptan y prorrogan determinadas medidas de respuesta a las consecuencias económicas y sociales de la Guerra de Ucrania, de apoyo a la reconstrucción de la isla de La Palma y a otras situaciones de vulnerabilidad; de transposición de Directivas de la Unión Europea en materia de modificaciones estructurales de sociedades mercantiles y conciliación de la vida familiar y la vida profesional de los progenitores y los cuidadores; y de ejecución y cumplimiento del Derecho de la Unión Europea. (BOE de 29-06-2023). En vigor desde el 30 de junio de 2023.

Apdo. 1.n) modificado por Ley 4/2023, de 28 de febrero, para la igualdad real y efectiva de las personas trans y para la garantía de los derechos de las personas LGTBI. (BOE de 01-03-2023).

Apdo. 1.d) modificado por Ley Orgánica 1/2023, de 28 de febrero, por la que se modifica la Ley Orgánica 2/2010, de 3 de marzo, de salud sexual y reproductiva y de la interrupción voluntaria del embarazo. (BOE de 01-03-2023). En vigor desde el 1 de junio de 2023.

Apdo. 1.n) anteriormente modificado por Ley Orgánica 10/2022, de 6 de septiembre, de garantía integral de la libertad sexual. (BOE de 07-09-2022).

Apdo. 1.d) anteriormente modificado por Real Decreto-ley 6/2019, de 1 de marzo, de medidas urgentes para garantía de la igualdad de trato y de oportunidades entre mujeres y hombres en el empleo y la ocupación. (BOE de 07-03-2019). (En vigor desde el 08/03/2019)

Apdo. 1.c): ver art. 48.2 del ET.

Apdo. 1.d): ver arts. 37.4, 48.4 a 48.6 del ET.

Apdo. 1.e): ver art. 48.8 del ET.

Apdo. 1.f): ver art. 37.3.d) y 48.3 del ET.

Apdo. 1.g): ver art. 25.2 de CE.

Apdo. 1.h): ver art. 58 del ET.

Apdo. 1.i): ver art. 47.3 del ET.

Apdo. 1.j): ver art. 47 del ET.

Apdo. 1.k): ver art. 46.1 del ET.

Apdo. 1.l): ver RDL 17/1977, de 4 de marzo, sobre relaciones de trabajo. Ver art. 28.2 de CE.

Apdo. 1.m): ver RDL 17/1977, de 4 de marzo, sobre relaciones de trabajo.

Apdo. 1.n): ver art. 23, Art. 21, Art. 22 de LO 1/2004, de 28 de diciembre, de Medidas de Protección Integral contra la Violencia de Genero.

ART. 46. Excedencias.

1. La excedencia podrá ser voluntaria o forzosa. La forzosa, que dará derecho a la conservación del puesto y al cómputo de la antigüedad de su vigencia, se concederá por la designación o elección para un cargo público que imposibilite la asistencia al trabajo. El reingreso deberá ser solicitado dentro del mes siguiente al cese en el cargo público.

2. El trabajador con al menos una antigüedad en la empresa de un año tiene derecho a que se le reconozca la posibilidad de situarse en excedencia voluntaria por un plazo no menor a cuatro meses y no mayor a cinco años. Este derecho solo podrá ser ejercitado otra vez por el mismo trabajador si han transcurrido cuatro años desde el final de la anterior excedencia voluntaria.

3. Los trabajadores tendrán derecho a un periodo de excedencia de duración no superior a tres años para atender al cuidado de cada hijo, tanto cuando lo sea por naturaleza, como por adopción, o en los supuestos de guarda con fines de adopción o acogimiento permanente, a contar desde la fecha de nacimiento o, en su caso, de la resolución judicial o administrativa.

También tendrán derecho a un periodo de excedencia, de duración no superior a dos años, salvo que se establezca una duración mayor por negociación colectiva, los trabajadores para atender al cuidado del cónyuge o pareja de hecho, o de un familiar hasta el segundo grado de consanguinidad y por afinidad, incluido el familiar consanguíneo de la pareja de hecho, que por razones de edad, accidente, enfermedad o discapacidad no pueda valerse por sí mismo, y no desempeñe actividad retribuida.

La excedencia contemplada en el presente apartado, cuyo periodo de duración podrá disfrutarse de forma fraccionada, constituye un derecho individual de los trabajadores y trabajadoras. No obstante, si dos o más personas trabajadoras de la misma empresa generasen este derecho por el mismo sujeto causante, la empresa podrá limitar su ejercicio simultáneo por razones fundadas y objetivas de funcionamiento debidamente motivadas por escrito debiendo en tal caso la empresa ofrecer un plan alternativo que asegure el disfrute de ambas personas trabajadoras y que posibilite el ejercicio de los derechos de conciliación. Cuando un nuevo sujeto causante diera derecho a un nuevo periodo de excedencia, el inicio de la misma dará fin al que, en su caso, se viniera disfrutando.

El periodo en que la persona trabajadora permanezca en situación de excedencia conforme a lo establecido en este artículo será computable a efectos de antigüedad y el trabajador tendrá derecho a la asistencia a cursos de formación profesional, a cuya participación deberá ser convocado por la empresa, especialmente con ocasión de su reincorporación. Durante el primer año tendrá derecho a la reserva de su puesto de trabajo. Transcurrido dicho plazo, la reserva quedará referida a un puesto de trabajo del mismo grupo profesional o categoría equivalente.

No obstante, cuando la persona trabajadora forme parte de una familia que tenga reconocida la condición de familia numerosa, la reserva de su puesto de trabajo se extenderá hasta un máximo de quince meses cuando se trate de una familia numerosa de categoría general, y hasta un máximo de dieciocho meses si se trata de categoría especial. Cuando la persona ejerza este derecho con la misma duración y régimen que el otro progenitor, la reserva de puesto de trabajo se extenderá hasta un máximo de dieciocho meses.

En el ejercicio de este derecho se tendrá en cuenta el fomento de la corresponsabilidad entre mujeres y hombres y, asimismo, evitar la perpetuación de roles y estereotipos de género.

4. Asimismo podrán solicitar su paso a la situación de excedencia en la empresa los trabajadores que ejerzan funciones sindicales de ámbito provincial o superior mientras dure el ejercicio de su cargo representativo.

5. El trabajador en excedencia voluntaria conserva solo un derecho preferente al reingreso en las vacantes de igual o similar categoría a la suya que hubiera o se produjeran en la empresa.

6. La situación de excedencia podrá extenderse a otros supuestos colectivamente acordados, con el régimen y los efectos que allí se prevean.

Apdo. 3 se modifica por Real Decreto-ley 5/2023, de 28 de junio, por el que se adoptan y prorrogan determinadas medidas de respuesta a las consecuencias económicas y sociales de la Guerra de Ucrania, de apoyo a la reconstrucción de la isla de La Palma y a otras situaciones de vulnerabilidad; de transposición de Directivas de la Unión Europea en materia de modificaciones estructurales de sociedades mercantiles y conciliación de la vida familiar y la vida profesional de los progenitores y los cuidadores; y de ejecución y cumplimiento del Derecho de la Unión Europea. (BOE de 29-06-2023). En vigor desde el 30 de junio de 2023.

Apdo. 3 anteriormente modificado por Real Decreto-ley 6/2019, de 1 de marzo, de medidas urgentes para garantía de la igualdad de trato y de oportunidades entre mujeres y hombres en el empleo y la ocupación. (BOE de 07-03-2019).

Apdo. 1: ver arts. 37.3.d) y 48.3 del ET.

Apdo. 3: ver STC 233/2007 de 05-11-2007 (Alegación de discriminación por razón de sexo a la reincorporación tras excedencia para el cuidado de hijos).

Apdo. 4: ver art. 9.1.b) de LOLS.

Apdo. 6: ver D.A. 5.ª de Ley 39/1999, de 5 de noviembre, para promover la conciliación de la vida familiar y laboral de las personas trabajadoras.

ART. 47. Reducción de jornada o suspensión del contrato por causas económicas, técnicas, organizativas o de producción o derivadas de fuerza mayor.

1. La empresa podrá reducir temporalmente la jornada de trabajo de las personas trabajadoras o suspender temporalmente los contratos de trabajo, por causas económicas, técnicas, organizativas o de producción de carácter temporal, con arreglo a lo previsto en este artículo y al procedimiento que se determine reglamentariamente.

2. A efectos de lo previsto en este artículo, se entiende que concurren causas económicas cuando de los resultados de la empresa se desprenda una situación económica negativa, en casos tales como la existencia de pérdidas actuales o previstas, o la disminución persistente de su nivel de ingresos ordinarios o ventas. En todo caso, se entenderá que la disminución es persistente si durante dos trimestres consecutivos el nivel de ingresos ordinarios o ventas de cada trimestre es inferior al registrado en el mismo trimestre del año anterior.

Se entiende que concurren causas técnicas cuando se produzcan cambios, entre otros, en el ámbito de los medios o instrumentos de producción; causas organizativas cuando se produzcan cambios, entre otros, en el ámbito de los sistemas y métodos de trabajo del personal o en el modo de organizar la producción; y causas productivas cuando se produzcan cambios, entre otros, en la demanda de los productos o servicios que la empresa pretende colocar en el mercado.

3. El procedimiento, que será aplicable cualquiera que sea el número de personas trabajadoras de la empresa y el número de personas afectadas por la reducción o por la suspensión, se iniciará mediante comunicación a la autoridad laboral competente y la apertura simultánea de un periodo de consultas con la representación legal de las personas trabajadoras de duración no superior a quince días.

En el supuesto de empresas de menos de cincuenta personas de plantilla, la duración del periodo de consultas no será superior a siete días.

La consulta se llevará a cabo en una única comisión negociadora, si bien, de existir varios centros de trabajo, quedará circunscrita a los centros afectados por el procedimiento. La comisión negociadora estará integrada por un máximo de trece miembros en representación de cada una de las partes.

La intervención como interlocutores ante la dirección de la empresa en el procedimiento de consultas corresponderá a los sujetos indicados en el artículo 41.4, en el orden y condiciones señalados en el mismo.

La comisión representativa de las personas trabajadoras deberá quedar constituida con carácter previo a la comunicación empresarial de apertura del periodo de consultas. A estos efectos, la dirección de la empresa deberá comunicar de manera fehaciente a las personas trabajadoras o a sus representantes su intención de iniciar el procedimiento. El plazo máximo para la constitución de la comisión representativa será de cinco días desde la fecha de la referida comunicación, salvo que alguno de los centros de trabajo que vaya a estar afectado por el procedimiento no cuente con representantes legales de los trabajadores, en cuyo caso el plazo será de diez días.

Transcurrido el plazo máximo para la constitución de la comisión representativa, la dirección de la empresa podrá comunicar formalmente a la representación de las personas trabajadoras y a la autoridad laboral el inicio del periodo de consultas. La falta de constitución de la comisión representativa no impedirá el inicio y transcurso del periodo de consultas, y su constitución con posterioridad al inicio del mismo no comportará, en ningún caso, la ampliación de su duración.

La autoridad laboral recabará informe preceptivo de la Inspección de Trabajo y Seguridad Social sobre los extremos de dicha comunicación y sobre el desarrollo del periodo de consultas. El informe deberá ser evacuado en el improrrogable plazo de quince días desde la notificación a la autoridad laboral de la finalización del periodo de consultas y quedará incorporado al procedimiento.

Cuando el periodo de consultas finalice con acuerdo se presumirá que concurren las causas justificativas a que alude el apartado 1 y solo podrá ser impugnado ante la jurisdicción social por la existencia de fraude, dolo, coacción o abuso de derecho en su conclusión.

Durante el periodo de consultas, las partes deberán negociar de buena fe, con vistas a la consecución de un acuerdo. Dicho acuerdo requerirá la conformidad de la mayoría de los representantes legales de los trabajadores o, en su caso, de la mayoría de miembros de la comisión representativa de las personas trabajadoras siempre que, en ambos casos, representen a la mayoría de las personas trabajadoras del centro o centros de trabajo afectados.

La empresa y la representación de las personas trabajadoras podrán acordar en cualquier momento la sustitución del periodo de consultas por el procedimiento de mediación o arbitraje que sea de aplicación en el ámbito de la empresa, que deberá desarrollarse dentro del plazo máximo señalado para dicho periodo.

Tras la finalización del periodo de consultas, la empresa notificará a las personas trabajadoras y a la autoridad laboral su decisión sobre la reducción de jornada o la suspensión de contratos, que deberá incluir el periodo dentro del cual se va a llevar a cabo la aplicación de estas medidas.

La decisión empresarial surtirá efectos a partir de la fecha de su comunicación a la autoridad laboral, salvo que en ella se contemple una posterior.

Si en el plazo de quince días desde la fecha de la última reunión celebrada en el periodo de consultas, la empresa no hubiera comunicado a los representantes de los trabajadores y a la autoridad laboral su decisión sobre la suspensión de contratos o reducción temporal de jornada, se producirá la caducidad del procedimiento en los términos que reglamentariamente se establezcan.

La decisión empresarial podrá ser impugnada por la autoridad laboral a petición de la entidad gestora de la prestación por desempleo cuando aquella pudiera tener por objeto la obtención indebida de las prestaciones por parte de las personas trabajadoras, por inexistencia de la causa motivadora de la situación legal de desempleo.

Contra las decisiones a que se refiere el presente apartado podrá reclamar la persona trabajadora ante la jurisdicción social que declarará la medida justificada o injustificada. En este último caso, la sentencia declarará la inmediata reanudación del contrato de trabajo y condenará a la empresa al pago de los salarios dejados de percibir por la persona trabajadora hasta la fecha de la reanudación del contrato o, en su caso, al abono de las diferencias que procedan respecto del importe recibido en concepto de prestaciones por desempleo durante el periodo de suspensión, sin perjuicio del reintegro que proceda realizar por el empresario del importe de dichas prestaciones a la entidad gestora del pago de las mismas, así como del ingreso de las diferencias de cotización a la Seguridad Social. Cuando la decisión empresarial afecte a un número de personas igual o superior a los umbrales previstos en el artículo 51.1 se podrá reclamar en conflicto colectivo, sin perjuicio de la acción individual. La interposición del conflicto colectivo paralizará la tramitación de las acciones individuales iniciadas, hasta su resolución.

4. En cualquier momento durante la vigencia de la medida de reducción de jornada o suspensión de contratos basada en causas económicas, organizativas, técnicas o de producción, la empresa podrá comunicar a la representación de las personas trabajadoras con la que hubiera desarrollado el periodo de consultas una propuesta de prórroga de la medida. La necesidad de esta prórroga deberá ser tratada en un periodo de consultas de duración máxima de cinco días, y la decisión empresarial será comunicada a la autoridad laboral en un plazo de siete días, surtiendo efectos desde el día siguiente a la finalización del periodo inicial de reducción de jornada o suspensión de la relación laboral.

Salvo en los plazos señalados, resultarán de aplicación a este periodo de consultas las previsiones recogidas en el apartado 3.

5. Las empresas podrán aplicar la reducción de la jornada de trabajo o la suspensión de los contratos de trabajo por causa derivada de fuerza mayor temporal, previo procedimiento tramitado conforme a lo dispuesto en este apartado, en el artículo 51.7 y en sus disposiciones reglamentarias de aplicación.

El procedimiento se iniciará mediante solicitud de la empresa dirigida a la autoridad laboral competente, acompañada de los medios de prueba que estime necesarios, y simultánea comunicación a la representación legal de las personas trabajadoras.

La existencia de fuerza mayor temporal como causa motivadora de la suspensión o reducción de jornada de los contratos de trabajo, deberá ser constatada por la autoridad laboral, cualquiera que sea el número de personas trabajadoras afectadas.

La autoridad laboral solicitará informe preceptivo de la Inspección de Trabajo y Seguridad Social antes de dictar resolución. Este informe deberá pronunciarse sobre la concurrencia de la fuerza mayor.

La resolución de la autoridad laboral se dictará, previas las actuaciones e informes indispensables, en el plazo de cinco días desde la solicitud, y deberá limitarse, en su caso, a constatar la existencia de la fuerza mayor alegada por la empresa, correspondiendo a esta la decisión sobre la reducción de las jornadas de trabajo o suspensión de los contratos de trabajo. La resolución surtirá efectos desde la fecha del hecho causante de la fuerza mayor, y hasta la fecha determinada en la misma resolución.

Si no se emite resolución expresa en el plazo indicado, se entenderá autorizado el expediente de regulación temporal de empleo.

En el supuesto de que se mantenga la fuerza mayor a la finalización del período determinado en la resolución del expediente, se deberá solicitar una nueva autorización.

6. La fuerza mayor temporal podrá estar determinada por impedimentos o limitaciones en la actividad normalizada de la empresa que sean consecuencia de decisiones adoptadas por la autoridad pública competente, incluidas aquellas orientadas a la protección de la salud pública.

También estará determinada por el mantenimiento, transcurridos los cuatro días previstos en el artículo 37.3.g), de la imposibilidad de acceder al centro de trabajo o a las vías de circulación necesarias para acudir al mismo, salvo que sea posible el trabajo a distancia en los términos recogidos en dicho precepto.

Por el contrario, las circunstancias del párrafo anterior no serán constitutivas de fuerza mayor durante la duración del permiso del artículo 37.3.g). Durante la misma, solo podrá justificarse la fuerza mayor en base a otras circunstancias, en cuyo caso los efectos se retrotraerán al momento del hecho causante correspondiente.

Será de aplicación el procedimiento previsto para los expedientes por causa de fuerza mayor temporal a que se refiere el apartado anterior, con las siguientes particularidades:

a) La solicitud de informe por parte de la autoridad laboral a la Inspección de Trabajo y Seguridad Social no será preceptiva.

b) La empresa deberá justificar, en la documentación remitida junto con la solicitud, la existencia de las concretas limitaciones o del impedimento a su actividad como consecuencia de la decisión de la autoridad competente.

c) La autoridad laboral autorizará el expediente si se entienden justificadas las limitaciones o impedimento referidos.

7. Serán normas comunes aplicables a los expedientes de regulación temporal de empleo por causas económicas, técnicas, organizativas y de producción, y a los que estén basados en una causa de fuerza mayor temporal, las siguientes:

a) La reducción de jornada podrá ser de entre un diez y un setenta por ciento y computarse sobre la base de la jornada diaria, semanal, mensual o anual.

En la medida en que ello sea viable, se priorizará la adopción de medidas de reducción de jornada frente a las de suspensión de contratos.

b) La empresa junto con la notificación, comunicación o solicitud, según proceda, a la autoridad laboral sobre su decisión de reducir la jornada de trabajo o suspender los contratos de trabajo, a que se refieren los apartados 3, 4, 5 y 6, comunicará, a través de los procedimientos automatizados que se establezcan:

1.º El período dentro del cual se va a llevar a cabo la aplicación de la suspensión del contrato o la reducción de jornada.

2.º La identificación de las personas trabajadoras incluidas en el expediente de regulación temporal de empleo.

3.º El tipo de medida a aplicar respecto de cada una de las personas trabajadoras y el porcentaje máximo de reducción de jornada o el número máximo de días de suspensión de contrato a aplicar.

c) Durante el periodo de aplicación del expediente, la empresa podrá desafectar y afectar a las personas trabajadoras en función de las alteraciones de las circunstancias señaladas como causa justificativa de las medidas, informando previamente de ello a la representación legal de las personas trabajadoras y previa comunicación a la entidad gestora de las prestaciones sociales y, conforme a los plazos establecidos reglamentariamente, a la Tesorería General de la Seguridad Social, a través de los procedimientos automatizados que establezcan dichas entidades.

d) Dentro del periodo de aplicación del expediente no podrán realizarse horas extraordinarias, establecerse nuevas externalizaciones de actividad ni concertarse nuevas contrataciones laborales. Esta prohibición no resultará de aplicación en el supuesto en que las personas en suspensión contractual o reducción de jornada que presten servicios en el centro de trabajo afectado por nuevas contrataciones o externalizaciones no puedan, por formación, capacitación u otras razones objetivas y justificadas, desarrollar las funciones encomendadas a aquellas, previa información al respecto por parte de la empresa a la representación legal de las personas trabajadoras.

Las empresas que desarrollen las acciones formativas a las que se refiere la disposición adicional vigesimoquinta, a favor de las personas afectadas por el expediente de regulación temporal de empleo, tendrán derecho a un incremento de crédito para la financiación de acciones en el ámbito de la formación programada, en los términos previstos en el artículo 9.7 de la Ley 30/2015, de 9 de septiembre, por la que se regula el Sistema de Formación Profesional para el empleo en el ámbito laboral.

e) Los beneficios en materia de cotización vinculados a los expedientes de regulación temporal de empleo, de carácter voluntario para la empresa, estarán condicionados, asimismo, al mantenimiento en el empleo de las personas trabajadoras afectadas con el contenido y requisitos previstos en el apartado 10 de la disposición adicional cuadragésima cuarta del texto refundido de la Ley General de la Seguridad Social, aprobado por el Real Decreto Legislativo 8/2015, de 30 de octubre.

f) La prestación a percibir por las personas trabajadoras se regirá por lo establecido en el artículo 267 del texto refundido de la Ley General de la Seguridad Social y sus normas de desarrollo.

Apdo. 6 se modifica por Real Decreto-ley 8/2024, de 28 de noviembre, por el que se adoptan medidas urgentes complementarias en el marco del Plan de respuesta inmediata, reconstrucción y relanzamiento frente a los daños causados por la Depresión Aislada en Niveles Altos (DANA) en diferentes municipios entre el 28 de octubre y el 4 de noviembre de 2024. (BOE de 29-11-2024). En vigor desde el 30/11/2024.

Artículo anteriormente modificado por Real Decreto-ley 32/2021, de 28 de diciembre, de medidas urgentes para la reforma laboral, la garantía de la estabilidad en el empleo y la transformación del mercado de trabajo. (BOE de 30-12-2021). Incluye corrección de errores publicada en BOE núm. 16, de 19-01-2022.

Ver RD 1483/2012, de 29 de octubre, por el que se aprueba el Reglamento de los procedimientos de despido colectivo y de suspensión de contratos y reducción de jornada; arts. 15, 16 y D.A. 3.ª de Ley 3/2012, de 6 de julio, de medidas urgentes para la reforma del mercado laboral; art. 12.4.f), D.A. 17.ª del ET; art. 262 y ss. de LGSS (Protección por desempleo).

Apdo. 3: ver art. 51.7 del ET.

ART. 47 bis. Mecanismo RED de Flexibilidad y Estabilización del Empleo.

1. El Mecanismo RED de Flexibilidad y Estabilización del Empleo es un instrumento de flexibilidad y estabilización del empleo que, una vez activado por el Consejo de Ministros, permitirá a las empresas la solicitud de medidas de reducción de jornada y suspensión de contratos de trabajo.

Este Mecanismo RED tendrá dos modalidades:

a) Cíclica, cuando se aprecie una coyuntura macroeconómica general que aconseje la adopción de instrumentos adicionales de estabilización, con una duración máxima de un año.

b) Sectorial, cuando en un determinado sector o sectores de actividad se aprecien cambios permanentes que generen necesidades de recualificación y de procesos de transición profesional de las personas trabajadoras, con una duración máxima inicial de un año y la posibilidad de dos prórrogas de seis meses cada una.

2. La activación del Mecanismo se realizará a propuesta conjunta de las personas titulares de los Ministerios de Trabajo y Economía Social, de Asuntos Económicos y Transformación Digital, y de Inclusión, Seguridad Social y Migraciones, previo informe de la Comisión Delegada del Gobierno para Asuntos Económicos.

En el ámbito de la modalidad sectorial, las organizaciones sindicales y empresariales más representativas a nivel estatal podrán solicitar a los Ministerios referidos la convocatoria de la Comisión tripartita del Mecanismo RED. Esta Comisión deberá reunirse en el plazo de quince días desde dicha solicitud y analizará la existencia de los cambios referidos en el apartado 1.b), así como la necesidad, en su caso, de elevar una solicitud de activación del Mecanismo RED sectorial al Consejo de Ministros.

En todo caso, con carácter previo a su elevación al Consejo de Ministros, resultará imprescindible informar a las organizaciones sindicales y empresariales más representativas a nivel estatal.

La decisión y las consideraciones que se incorporen al Acuerdo del Consejo de Ministros no serán por sí mismas causas para la adopción en el ámbito empresarial de las medidas previstas en esta norma en relación con el empleo o las condiciones de trabajo.

3. Una vez activado el Mecanismo, las empresas podrán solicitar voluntariamente a la autoridad laboral la reducción de la jornada o la suspensión de los contratos de trabajo, mientras esté activado el Mecanismo, en cualquiera de sus centros de trabajo y en los términos previstos en este artículo.

El procedimiento se iniciará mediante solicitud por parte de la empresa dirigida a la autoridad laboral competente y comunicación simultánea a la representación de las personas trabajadoras, y se tramitará de acuerdo con lo previsto en el artículo 47.5, previo desarrollo de un periodo de consultas en los términos regulados en el 47.3, con las particularidades recogidas en este artículo.

En el caso de la modalidad sectorial, además, la solicitud deberá ir acompañada de un plan de recualificación de las personas afectadas.

4. La autoridad laboral deberá remitir el contenido de la solicitud empresarial a la Inspección de Trabajo y Seguridad Social y recabar informe preceptivo de esta sobre la concurrencia de los requisitos correspondientes. Este informe será evacuado en el improrrogable plazo de siete días desde la notificación de inicio por parte de la empresa a la autoridad laboral.

La autoridad laboral procederá a dictar resolución en el plazo de siete días naturales a partir de la comunicación de la conclusión del periodo de consultas. Si transcurrido dicho plazo no hubiera recaído pronunciamiento expreso, se entenderá autorizada la medida, siempre dentro de los límites legal y reglamentariamente establecidos.

Cuando el período de consultas concluya con acuerdo, la autoridad laboral autorizará la aplicación del mecanismo, pudiendo la empresa proceder a las reducciones de jornada o suspensiones de contrato en las condiciones acordadas.

Cuando el período de consultas concluya sin acuerdo, la autoridad laboral dictará resolución estimando o desestimando la solicitud empresarial. La autoridad laboral estimará la solicitud en caso de entender que de la documentación aportada se deduce que la situación cíclica o sectorial temporal concurre en la empresa en los términos previstos en este artículo.

5. Serán normas comunes aplicables a las dos modalidades del Mecanismo RED, las siguientes:

a) Las previsiones recogidas en el artículo 47.4 y 7.

b) Las personas trabajadoras cubiertas por un Mecanismo RED se beneficiarán de las medidas en materia de protección social previstas en la disposición adicional cuadragésima primera del texto refundido de la Ley General de la Seguridad Social, y tendrán la consideración de colectivo prioritario para el acceso a las iniciativas de formación del sistema de formación profesional para el empleo en el ámbito laboral.

c) La Inspección de Trabajo y Seguridad Social y el Servicio Público de Empleo Estatal colaborarán para el desarrollo de actuaciones efectivas de control de la aplicación del Mecanismo, mediante la programación de actuaciones periódicas y de ejecución continuada.

Asimismo, la Inspección de Trabajo y Seguridad Social tendrá acceso a los datos incorporados mediante procedimientos automatizados y aplicaciones que le permitan conocer los extremos relativos a la aplicación de los Mecanismos, las condiciones especiales en materia de cotización a la Seguridad Social para las empresas y prestaciones correspondientes, con el objetivo de desarrollar las debidas actuaciones de control.

6. Se constituirá como fondo sin personalidad jurídica, adscrito al Ministerio de Trabajo y Economía Social, un Fondo RED de Flexibilidad y Estabilización del Empleo, que tendrá como finalidad atender a las necesidades futuras de financiación derivadas de la modalidad cíclica y sectorial del Mecanismo RED en materia de prestaciones y exenciones a las empre-

sas del pago de las cotizaciones a la Seguridad Social, incluidos los costes asociados a la formación, en la forma y condiciones previstas en su normativa de desarrollo.

Serán recursos de este Fondo los excedentes de ingresos que financian las prestaciones por desempleo en su nivel contributivo y asistencial, las aportaciones que se consignen en los Presupuestos Generales del Estado, las aportaciones procedentes de los instrumentos de financiación de la Unión Europea orientados al cumplimiento del objeto y fines del Fondo, así como los rendimientos de cualquier naturaleza que genere el Fondo.

Añadido por Real Decreto-ley 32/2021, de 28 de diciembre, de medidas urgentes para la reforma laboral, la garantía de la estabilidad en el empleo y la transformación del mercado de trabajo. (BOE de 30-12-2021).

Ver art. 12.4.f) del ET.

ART. 48. Suspensión con reserva de puesto de trabajo.

1. Al cesar las causas legales de suspensión, el trabajador tendrá derecho a la reincorporación al puesto de trabajo reservado, en todos los supuestos a que se refiere el artículo 45.1 excepto en los señalados en las letras a) y b), en que se estará a lo pactado.

2. En el supuesto de incapacidad temporal, producida la extinción de esta situación con declaración de incapacidad permanente en los grados de incapacidad permanente total para la profesión habitual, absoluta para todo trabajo o gran incapacidad, cuando, a juicio del órgano de calificación, la situación de incapacidad del trabajador vaya a ser previsiblemente objeto de revisión por mejoría que permita su reincorporación al puesto de trabajo, subsistirá la suspensión de la relación laboral, con reserva de puesto de trabajo, durante un periodo de dos años a contar desde la fecha de la resolución por la que se declare la incapacidad permanente.

En los supuestos previstos en la letra n) del artículo 49.1 se considerará también que subsiste la suspensión de la relación laboral, con reserva del puesto de trabajo, durante el tiempo en que se resuelven los ajustes razonables o el cambio a un puesto vacante y disponible.

3. En los supuestos de suspensión por ejercicio de cargo público representativo o funciones sindicales de ámbito provincial o superior, el trabajador deberá reincorporarse en el plazo máximo de treinta días naturales a partir de la cesación en el cargo o función.

4. El nacimiento, que comprende el parto y el cuidado de menor, suspenderá el contrato de trabajo de la madre biológica y el del progenitor distinto de la madre biológica durante diecinueve semanas.

En el supuesto de monoparentalidad, por existir una única persona progenitora, el periodo de suspensión será de treinta y dos semanas.

En los casos de parto prematuro y en aquellos en que, por cualquier otra causa, el neonato deba permanecer hospitalizado a continuación del parto, el periodo de suspensión podrá computarse, a instancia de la madre biológica o del otro progenitor, a partir de la fecha del alta hospitalaria. Se excluyen de dicho cómputo las seis semanas posteriores al parto, de suspensión obligatoria del contrato de la madre biológica.

En los casos de parto prematuro con falta de peso y en aquellos otros en que el neonato precise, por alguna condición clínica, hospitalización a continuación del parto, por un periodo superior a siete días, el periodo de suspensión se ampliará en tantos días como el nacido se encuentre hospitalizado, con un máximo de trece semanas adicionales, y en los términos en que reglamentariamente se desarrolle.

En el supuesto de fallecimiento del hijo o hija, el periodo de suspensión no se verá reducido, salvo que, una vez finalizadas las seis semanas de descanso obligatorio, se solicite la reincorporación al puesto de trabajo.

En caso de fallecimiento de uno de los progenitores, el otro progenitor podrá hacer uso de la totalidad o, en su caso, de la parte que reste de permiso.

La suspensión del contrato de cada uno de los progenitores por el cuidado de menor se distribuye de la siguiente manera:

a) Seis semanas ininterrumpidas inmediatamente posteriores al parto serán obligatorias y habrán de disfrutarse a jornada completa.

b) Once semanas, veintidós en el caso de monoparentalidad, que podrán distribuirse a voluntad de la persona trabajadora, en períodos semanales a disfrutar de forma acumulada o interrumpida y ejercitarse desde la finalización de la suspensión obligatoria posterior al parto hasta que el hijo o la hija cumpla doce meses. No obstante, la madre biológica podrá anticipar su ejercicio hasta cuatro semanas antes de la fecha previsible del parto.

c) Dos semanas, cuatro en el caso de monoparentalidad, para el cuidado del menor que podrán distribuirse a voluntad de la persona trabajadora, en períodos semanales de forma acumulada o interrumpida hasta que el hijo o la hija cumpla los ocho años.

Este derecho es individual de la persona trabajadora sin que pueda transferirse su ejercicio al otro progenitor.

Las suspensiones previstas en las letras b) y c) podrán disfrutarse en régimen de jornada completa o de jornada parcial, previo acuerdo entre la empresa y la persona trabajadora, y conforme se determine reglamentariamente. La persona trabajadora deberá comunicar a la empresa, con una antelación mínima de quince días, el ejercicio de este derecho en los términos establecidos, en su caso, en los convenios colectivos. Cuando los dos progenitores que ejerzan este derecho trabajen para la misma empresa, la dirección empresarial podrá limitar su ejercicio simultáneo por razones fundadas y objetivas, debidamente motivadas por escrito.

A efectos de lo dispuesto en este apartado, el término de madre biológica incluye también a las personas trans gestantes.

5. En los supuestos de adopción, de guarda con fines de adopción y de acogimiento, de acuerdo con el artículo 45.1.d), la suspensión tendrá una duración de diecinueve semanas para cada adoptante, guardador o acogedor.

En el supuesto de monoparentalidad, por existir una única persona adoptante, guardadora con fines de adopción o acogedora, el periodo de suspensión será de treinta y dos semanas.

En el supuesto de fallecimiento del menor, el periodo de suspensión no se verá reducido, salvo que, una vez finalizadas las seis semanas de descanso obligatorio, se solicite la reincorporación al puesto de trabajo.

En caso de fallecimiento de una de las personas adoptantes, guardadoras con fines de adopción o acogedoras, la otra persona podrá hacer uso de la totalidad o, en su caso, de la parte que reste de permiso.

La suspensión del contrato de cada persona adoptante, guardador o acogedora por el cuidado de menor se distribuye de la siguiente manera:

a) Seis semanas deberán disfrutarse a jornada completa de forma obligatoria e ininterrumpida, inmediatamente después de la resolución judicial por la que se constituye la adopción o bien de la decisión administrativa de guarda con fines de adopción o de acogimiento.

b) Once semanas, veintidós en el caso de monoparentalidad, que podrán distribuirse, a voluntad de la persona trabajadora, en períodos semanales a disfrutar de forma acumulada o interrumpida y ejercitarse dentro de los doce meses siguientes a la resolución judicial por la que se constituya la adopción o bien a la decisión administrativa de guarda con fines de adopción o de acogimiento.

c) Dos semanas, cuatro en el caso de monoparentalidad, para el cuidado del menor que podrán distribuirse, a voluntad de la persona trabajadora, en períodos semanales de forma acumulada o interrumpida hasta que el menor cumpla los ocho años.

En ningún caso un mismo menor dará derecho a varios periodos de suspensión en la misma persona trabajadora.

En los supuestos de adopción internacional, cuando sea necesario el desplazamiento previo de los progenitores al país de origen del adoptado, el periodo de suspensión previsto para cada caso en este apartado podrá iniciarse hasta cuatro semanas antes de la resolución por la que se constituye la adopción.

Este derecho es individual de la persona trabajadora sin que pueda transferirse su ejercicio al otro adoptante, guardador con fines de adopción o acogedor.

Las suspensiones previstas en las letras b) y c) podrán disfrutarse en régimen de jornada completa o de jornada parcial, previo acuerdo entre la empresa y la persona trabajadora, y conforme se determine reglamentariamente. La persona trabajadora deberá comunicar a la empresa, con una antelación mínima de quince días, el ejercicio de este derecho en los términos establecidos, en su caso, en los convenios colectivos. Cuando los dos adoptantes, guardadores o acogedores que ejerzan este derecho trabajen para la misma empresa, la dirección empresarial podrá limitar su ejercicio simultáneo por razones fundadas y objetivas, debidamente motivadas por escrito.

6. En el supuesto de discapacidad del hijo o hija en el nacimiento, adopción, en situación de guarda con fines de adopción o de acogimiento, la suspensión del contrato a que se refieren los apartados 4 y 5 tendrá una duración adicional de dos semanas, una para cada una de las personas progenitoras. Igual ampliación procederá en el supuesto de nacimiento, adopción, guarda con fines de adopción o acogimiento múltiple por cada hijo o hija distinta del primero.

En caso de haber una única persona progenitora, esta podrá disfrutar de las ampliaciones completas previstas en este apartado para el caso de familias con dos personas progenitoras.

7. En el supuesto de riesgo durante el embarazo o de riesgo durante la lactancia natural, en los términos previstos en el artículo 26 de la Ley 31/1995, de 8 de noviembre, de Prevención de Riesgos Laborales, la suspensión del contrato finalizará el día en que se inicie la suspensión del contrato por parto o el lactante cumpla nueve meses, respectivamente, o, en ambos casos, cuando desaparezca la imposibilidad de la trabajadora de reincorporarse a su puesto anterior o a otro compatible con su estado.

8. En el supuesto previsto en el artículo 45.1.n), el periodo de suspensión tendrá una duración inicial que no podrá exceder de seis meses, salvo que de las actuaciones de tutela judicial resultase que la efectividad del derecho de protección de la víctima requiriese la continuidad de la suspensión. En este caso, el juez podrá prorrogar la suspensión por periodos de tres meses, con un máximo de dieciocho meses.

9. Los trabajadores se beneficiarán de cualquier mejora en las condiciones de trabajo a la que hubieran podido tener derecho durante la suspensión del contrato en los supuestos a que se refieren los apartados 4 a 8.

Apdos. 4 y 5 modificados por Real Decreto-ley 9/2025, de 29 de julio, por el que se amplía el permiso de nacimiento y cuidado, mediante la modificación del texto refundido de la Ley del Estatuto de los Trabajadores, aprobado por el Real Decreto Legislativo 2/2015, de 23 de octubre, el texto refundido de la Ley del Estatuto Básico del Empleado Público, aprobado por el Real Decreto Legislativo 5/2015, de 30 de octubre, y el texto refundido de la Ley General de la Seguridad Social, aprobado por el Real Decreto Legislativo 8/2015, de 30 de octubre, para completar la transposición de la Directiva (UE) 2019/1158 del Parlamento Europeo y del Consejo, de 20 de junio de 2019, relativa a la conciliación de la vida familiar y la vida profesional de los progenitores y los cuidadores, y por la que se deroga la Directiva 2010/18/UE del Consejo (BOE de 30-07-25). Debe tenerse en cuenta lo establecido en la D.T. Única del precitado Real Decreto-ley 9/2025, de 29 de julio, según la cual, la adición de las dos semanas, cuatro en el caso de monoparentalidad, de suspensión del contrato de trabajo o del permiso por nacimiento y cuidado de menor que se pueden disfrutar hasta que el menor cumpla los ocho años de edad, será de aplicación a los hechos causantes producidos a partir del 2 de agosto de 2024. El disfrute de dichas semanas de suspensión de contrato de trabajo o del permiso por nacimiento y cuidado de menor, así como la prestación económica correspondiente, podrá solicitarse a partir del 1 de enero de 2026 y no requerirá un nuevo reconocimiento del derecho, siendo de aplicación la normativa reguladora del disfrute del periodo de descanso voluntario por nacimiento y cuidado de menor.

Apdo. 2 modificado por Ley 2/2025, de 29 de abril, por la que se modifican el texto refundido de la Ley del Estatuto de los Trabajadores, aprobado por el Real Decreto Legislativo 2/2015, de 23 de octubre, en materia de extinción del contrato de trabajo por incapacidad permanente de las personas trabajadoras, y el texto refundido de la Ley General de la Seguridad Social, aprobado por el Real Decreto Legislativo 8/2015, de 30 de octubre, en materia de incapacidad permanente. (BOE de 30-04-2025). En vigor desde el 1 de mayo de 2025.

Apdo. 6 se modifica por Real Decreto-ley 5/2023, de 28 de junio, por el que se adoptan y prorrogan determinadas medidas de respuesta a las consecuencias económicas y sociales de la Guerra de Ucrania, de apoyo a la reconstrucción de la isla de La Palma y a otras situaciones de vulnerabilidad; de transposición de Directivas de la Unión Europea en materia de modificaciones estructurales de sociedades mercantiles y conciliación de la vida familiar y la vida profesional de los progenitores y los cuidadores; y de ejecución y cumplimiento del Derecho de la Unión Europea. (BOE de 29-06-2023). En vigor desde el 30 de junio de 2023.

Apdo. 4, último párrafo, añadido por Ley 4/2023, de 28 de febrero, para la igualdad real y efectiva de las personas trans y para la garantía de los derechos de las personas LGTBI. (BOE de 01-03-2023).

Apdos. 4, 5, 6, 7, 8 y 9 anteriormente modificados por Real Decreto-ley 6/2019, de 1 de marzo, de medidas urgentes para garantía de la igualdad de trato y de oportunidades entre mujeres y hombres en el empleo y la ocupación. (BOE de 07-03-2019). (En vigor desde el 01/04/2019)

Ver art. 45.1.d) del ET en relación a los apdos. 4 a 7 de este artículo.

Apdo. 2: ver art. 45.1.c) del ET.

Apdo. 3: ver art. 45.1.f) del ET.

Apdo. 4: ver D.T. 13ª ET (Aplicación paulatina del artículo 48 en la redacción por el Real Decreto-ley 6/2019, de 1 de marzo, de medidas urgentes para garantía de la igualdad de trato y de oportunidades entre mujeres y hombres en el empleo y la ocupación); también arts. 14, 38.3 y D.A. 19ª ET; STC 75/2011 de 19-05-2011 (No es viable la cesión del permiso de maternidad al padre cuando la madre no sea trabajadora por cuenta ajena).

Apdo. 5: ver art. 38.3, D.A. 19ª y D.T. 13ª (Aplicación paulatina del artículo 48 en la redacción por el Real Decreto-ley 6/2019, de 1 de marzo, de medidas urgentes para garantía de la igualdad de trato y de oportunidades entre mujeres y hombres en el empleo y la ocupación) ET.

Apdo. 6: ver D.T. 13ª ET (Aplicación paulatina del artículo 48 en la redacción por el Real Decreto-ley 6/2019, de 1 de marzo, de medidas urgentes para garantía de la igualdad de trato y de oportunidades entre mujeres y hombres en el empleo y la ocupación).

Apdo. 8: ver art. 45.1.e) del ET.

ART. 48 bis.

1. Las personas trabajadoras tendrán derecho a un permiso parental, para el cuidado de hijo, hija o menor acogido por tiempo superior a un año, hasta el momento en que el menor cumpla ocho años.

Este permiso, que tendrá una duración no superior a ocho semanas, continuas o discontinuas, podrá disfrutarse a tiempo completo, o en régimen de jornada a tiempo parcial conforme a lo establecido reglamentariamente.

2. Este permiso constituye un derecho individual de las personas trabajadoras, hombres o mujeres, sin que pueda transferirse su ejercicio.

Corresponderá a la persona trabajadora especificar la fecha de inicio y fin del disfrute o, en su caso, de los períodos de disfrute, debiendo comunicarlo a la empresa con una antelación de diez días o la concretada por los convenios colectivos, salvo fuerza mayor, teniendo en cuenta la situación de aquella y las necesidades organizativas de la empresa.

En caso de que dos o más personas trabajadoras generasen este derecho por el mismo sujeto causante o en otros supuestos definidos por los convenios colectivos en los que el disfrute del permiso parental en el período solicitado altere seriamente el correcto funcionamiento de la empresa, ésta podrá aplazar la concesión del permiso por un período razonable, justificándolo por escrito y después de haber ofrecido una alternativa de disfrute igual de flexible.

Añadido por Real Decreto-ley 5/2023, de 28 de junio, por el que se adoptan y prorrogan determinadas medidas de respuesta a las consecuencias económicas y sociales de la Guerra de Ucrania, de apoyo a la reconstrucción de la isla de La Palma y a otras situaciones de vulnerabilidad; de transposición de Directivas de la Unión Europea en materia de modificaciones estructurales de sociedades mercantiles y conciliación de la vida familiar y la vida profesional de los progenitores y los cuidadores; y de ejecución y cumplimiento del Derecho de la Unión Europea. (BOE de 29-06-2023). En vigor desde el 30 de junio de 2023.

Sección 4.ª Extinción del contrato

ART. 49. Extinción del contrato.

1. El contrato de trabajo se extinguirá:

a) Por mutuo acuerdo de las partes.

b) Por las causas consignadas válidamente en el contrato salvo que las mismas constituyan abuso de derecho manifiesto por parte del empresario.

c) Por expiración del tiempo convenido. A la finalización del contrato, excepto en los contratos formativos y el contrato de duración determinada por causa de sustitución, la persona trabajadora tendrá derecho a recibir una indemnización de cuantía equivalente a la parte proporcional de la cantidad que resultaría de abonar doce días de salario por cada año de servicio, o la establecida, en su caso, en la normativa específica que sea de aplicación.

Los contratos de duración determinada que tengan establecido plazo máximo de duración, incluidos los contratos formativos, concertados por una duración inferior a la máxima legalmente establecida, se entenderán prorrogados automáticamente hasta dicho plazo cuando no medie denuncia o prórroga expresa y el trabajador continúe prestando servicios.

Expirada dicha duración máxima, si no hubiera denuncia y se continuara en la prestación laboral, el contrato se considerará prorrogado tácitamente por tiempo indefinido, salvo prueba en contrario que acredite la naturaleza temporal de la prestación.

Si el contrato de trabajo de duración determinada es superior a un año, la parte del contrato que formule la denuncia está obligada a notificar a la otra la terminación del mismo con una antelación mínima de quince días.

d) Por dimisión del trabajador, debiendo mediar el preaviso que señalen los convenios colectivos o la costumbre del lugar.

e) Por muerte de la persona trabajadora.

f) Por jubilación del trabajador.

g) Por muerte, jubilación en los casos previstos en el régimen correspondiente de la Seguridad Social, o incapacidad del empresario, sin perjuicio de lo dispuesto en el artículo 44, o por extinción de la personalidad jurídica del contratante.

En los casos de muerte, jubilación o incapacidad del empresario, el trabajador tendrá derecho al abono de una cantidad equivalente a un mes de salario.

En los casos de extinción de la personalidad jurídica del contratante deberán seguirse los trámites del artículo 51.

h) Por fuerza mayor que imposibilite definitivamente la prestación de trabajo, siempre que su existencia haya sido debidamente constatada conforme a lo dispuesto en el artículo 51.7.

i) Por despido colectivo fundado en causas económicas, técnicas, organizativas o de producción.

j) Por voluntad del trabajador, fundamentada en un incumplimiento contractual del empresario.

k) Por despido del trabajador.

l) Por causas objetivas legalmente procedentes.

m) Por decisión de la trabajadora que se vea obligada a abandonar definitivamente su puesto de trabajo como consecuencia de ser víctima de violencia de género o de violencia sexual.

n) Por declaración de gran incapacidad, incapacidad permanente absoluta o total de la persona trabajadora, sin perjuicio de lo dispuesto en el artículo 48.2, cuando no sea posible realizar los ajustes razonables por constituir una carga excesiva para la empresa, cuando no exista un puesto de trabajo vacante y disponible, acorde con el perfil profesional y compatible con la nueva situación de la persona trabajadora o cuando existiendo dicha posibilidad la persona trabajadora rechace el cambio de puesto de trabajo adecuadamente propuesto.

Para determinar si la carga es excesiva se tendrá particularmente en cuenta el coste de las medidas de adaptación en relación con el tamaño, los recursos económicos, la situación económica y el volumen de negocios total de la empresa. La carga no se considerará excesiva cuando sea paliada en grado suficiente mediante medidas, ayudas o subvenciones públicas.

Sin perjuicio de lo anterior, en las empresas que empleen a menos de 25 personas trabajadoras se considerará excesiva la carga cuando el coste de adaptación del puesto de trabajo, sin tener en cuenta la parte que pueda ser sufragada con ayudas o subvenciones públicas, supere la cuantía mayor de entre las siguientes:

1.ª La indemnización que correspondiera a la persona trabajadora en virtud de lo establecido en el artículo 56.1.

2.ª Seis meses de salario de la persona trabajadora que solicita la adaptación.

La persona trabajadora dispondrá de un plazo de diez días naturales desde la fecha en que se le notifique la resolución en la que se califique la incapacidad permanente en alguno de los grados citados en el párrafo primero de esta letra n) para manifestar por escrito a la empresa su voluntad de mantener la relación laboral.

La empresa dispondrá de un plazo máximo de tres meses, contados desde la fecha en que se le notifique la resolución en la que se califique la incapacidad permanente, para realizar los ajustes razonables o el cambio de puesto de trabajo. Cuando el ajuste suponga una carga excesiva o no exista puesto de trabajo vacante, la empresa dispondrá del mismo plazo para proceder a la extinción del contrato. La decisión será motivada y deberá comunicarse por escrito a la persona trabajadora.

Los servicios de prevención determinarán, de conformidad con lo establecido en la normativa aplicable y previa consulta con la representación de las personas trabajadoras en materia de prevención de riesgos laborales, el alcance y las características de las medidas de ajuste, incluidas las relativas a la formación, información y vigilancia de la salud de la persona trabajadora, e identificarán los puestos de trabajo compatibles con la nueva situación de la persona trabajadora.

2. El empresario, con ocasión de la extinción del contrato, al comunicar a los trabajadores la denuncia, o, en su caso, el preaviso de la extinción del mismo, deberá acompañar una propuesta del documento de liquidación de las cantidades adeudadas.

El trabajador podrá solicitar la presencia de un representante legal de los trabajadores en el momento de proceder a la firma del recibo del finiquito, haciéndose constar en el mismo el hecho de su firma en presencia de un representante legal de los trabajadores, o bien que el trabajador no ha hecho uso de esta posibilidad. Si el empresario impidiese la presencia del representante en el momento de la firma, el trabajador podrá hacerlo constar en el propio recibo, a los efectos oportunos.

Apdo. 1.e) se modifica y 1.n) se añade por Ley 2/2025, de 29 de abril, por la que se modifican el texto refundido de la Ley del Estatuto de los Trabajadores, aprobado por el Real Decreto Legislativo 2/2015, de 23 de octubre, en materia de extinción del contrato de trabajo por incapacidad permanente de las personas trabajadoras, y el texto refundido de la Ley General de la Seguridad Social, aprobado por el Real Decreto Legislativo 8/2015, de 30 de octubre, en materia de incapacidad permanente. (BOE de 30-04-2025). En vigor desde el 1 de mayo de 2025.

Apdo. 1.m) modificado por Ley Orgánica 2/2024, de 1 de agosto, de representación paritaria y presencia equilibrada de mujeres y hombres. (BOE de 02-08-2024).

Apdo. 1.m) modificado por Ley 4/2023, de 28 de febrero, para la igualdad real y efectiva de las personas trans y para la garantía de los derechos de las personas LGTBI. (BOE de 01-03-2023).

Apdo. 1.m) anteriormente modificado por Ley Orgánica 10/2022, de 6 de septiembre, de garantía integral de la libertad sexual. (BOE de 07-09-2022).

Apdo. 1.c) modificado por Real Decreto-ley 32/2021, de 28 de diciembre, de medidas urgentes para la reforma laboral, la garantía de la estabilidad en el empleo y la transformación del mercado de trabajo. (BOE de 30-12-2021).

Apdo. 1.c): ver D.A. 19ª (Cálculo de indemnizaciones en supuestos de reducción de jornada) y D.T. 8ª del ET (Indemnización por fin de contrato temporal).

Apdo. 1.g): ver Decreto 2530/1970, de 20 de agosto, por el que se regula el régimen especial de la Seguridad Social de los trabajadores por cuenta propia o autónomos.

Apdo. 1.i): ver art. 51 del ET.

Apdo. 1.j): ver art. 50 del ET.

Apdo. 1.k): ver art. 54, 55, 56 y 57 del ET.

Apdo. 1.l): ver art. 52 y 53 del ET.

Apdo. 1.m): ver art. 21, 22 y 23 de LO 1/2004, de 28 de diciembre, de Medidas de Protección Integral contra la Violencia de Género.

Apdo. 2: ver art. 29.1 del ET.

ART. 50. Extinción por voluntad del trabajador.

1. Serán causas justas para que el trabajador pueda solicitar la extinción del contrato:

a) Las modificaciones sustanciales en las condiciones de trabajo llevadas a cabo sin respetar lo previsto en el artículo 41 y que redunden en menoscabo de la dignidad del trabajador.

b) La falta de pago o retrasos continuados en el abono del salario pactado. **Sin perjuicio de otros supuestos que por el juez, la jueza o el tribunal puedan considerarse causa justa a estos efectos, se entenderá que hay retraso cuando se supere en quince días la fecha fijada para el abono del salario, concurriendo la causa cuando se adeuden al trabajador o la trabajadora, en el período de un año, tres mensualidades completas de salario, aún no consecutivas, o cuando concurra retraso en el pago del salario durante seis meses, aún no consecutivos**.

c) Cualquier otro incumplimiento grave de sus obligaciones por parte del empresario, salvo los supuestos de fuerza mayor, así como la negativa del mismo a reintegrar al trabajador o la trabajadora en sus anteriores condiciones de trabajo en los supuestos previstos en los artículos 40 y 41, cuando una sentencia judicial haya declarado los mismos injustificados.

2. En tales casos, el trabajador tendrá derecho a las indemnizaciones señaladas para el despido improcedente.

Modificado por Ley Orgánica 1/2025, de 2 de enero, de medidas en materia de eficiencia del Servicio Público de Justicia. (BOE 03-01-2025). Modificación en vigor desde el 03/04/2025.

Apdo. 1.a): ver LO 2/1997, de 19 de junio, reguladora de la cláusula de conciencia de los profesionales de la información; art. 40 y 41 del ET; STC 225/2002 de 09-12-2002 (Resolución de contrato de periodista por cambio de línea ideológica de medio de comunicación).

Apdo. 1.b): ver art. 29 del ET.

Apdo. 1.c): ver art. 138 de LJS.

ART. 51. Despido colectivo.

1. A efectos de lo dispuesto en esta ley se entenderá por despido colectivo la extinción de contratos de trabajo fundada en causas económicas, técnicas, organizativas o de producción cuando, en un periodo de noventa días, la extinción afecte al menos a:

a) Diez trabajadores, en las empresas que ocupen menos de cien trabajadores.

b) El diez por ciento del número de trabajadores de la empresa en aquellas que ocupen entre cien y trescientos trabajadores.

c) Treinta trabajadores en las empresas que ocupen más de trescientos trabajadores.

Se entiende que concurren causas económicas cuando de los resultados de la empresa se desprenda una situación económica negativa, en casos tales como la existencia de pérdidas actuales o previstas, o la disminución persistente de su nivel de ingresos ordinarios o ventas. En todo caso, se entenderá que la disminución es persistente si durante tres trimestres consecutivos el nivel de ingresos ordinarios o ventas de cada trimestre es inferior al registrado en el mismo trimestre del año anterior.

Se entiende que concurren causas técnicas cuando se produzcan cambios, entre otros, en el ámbito de los medios o instrumentos de producción; causas organizativas cuando se produzcan cambios, entre otros, en el ámbito de los sistemas y métodos de trabajo del personal o en el modo de organizar la producción y causas productivas cuando se produzcan cambios, entre otros, en la demanda de los productos o servicios que la empresa pretende colocar en el mercado.

Se entenderá igualmente como despido colectivo la extinción de los contratos de trabajo que afecten a la totalidad de la plantilla de la empresa, siempre que el número de trabajadores afectados sea superior a cinco, cuando aquel se produzca como consecuencia de la cesación total de su actividad empresarial fundada en las mismas causas anteriormente señaladas.

Para el cómputo del número de extinciones de contratos a que se refiere el párrafo primero de este apartado, se tendrán en cuenta asimismo cualesquiera otras producidas en el periodo de referencia por iniciativa del empresario en virtud de otros motivos no inherentes a la persona del trabajador distintos de los previstos en el artículo 49.1.c), siempre que su número sea, al menos, de cinco.

Cuando en periodos sucesivos de noventa días y con el objeto de eludir las previsiones contenidas en este artículo, la empresa realice extinciones de contratos al amparo de lo dispuesto en el artículo 52.c) en un número inferior a los umbrales señalados, y sin que concurran causas nuevas que justifiquen tal actuación, dichas nuevas extinciones se considerarán efectuadas en fraude de ley, y serán declaradas nulas y sin efecto.

2. El despido colectivo deberá ir precedido de un periodo de consultas con los representantes legales de los trabajadores de una duración no superior a treinta días naturales, o de quince en el caso de empresas de menos de cincuenta trabajadores. La consulta con los representantes legales de los trabajadores deberá versar, como mínimo, sobre las posibilidades de evitar o reducir los despidos colectivos y de atenuar sus consecuencias mediante el recurso a medidas sociales de acompañamiento, tales como medidas de recolocación o acciones de formación o reciclaje profesional para la mejora de la empleabilidad. La consulta se llevará a cabo en una única comisión negociadora, si bien, de existir varios centros de trabajo, quedará circunscrita a los centros afectados por el procedimiento. La comisión negociadora estará integrada por un máximo de trece miembros en representación de cada una de las partes.

La intervención como interlocutores ante la dirección de la empresa en el procedimiento de consultas corresponderá a los sujetos indicados en el artículo 41.4, en el orden y condiciones señalados en el mismo.

La comisión representativa de los trabajadores deberá quedar constituida con carácter previo a la comunicación empresarial de apertura del periodo de consultas. A estos efectos, la dirección de la empresa deberá comunicar de manera fehaciente a los trabajadores o a sus representantes su intención de iniciar el procedimiento de despido colectivo. El plazo máximo para la constitución de la comisión representativa será de siete días desde la fecha de la referida comunicación, salvo que alguno de los centros de trabajo que vaya a estar afectado por el procedimiento no cuente con representantes legales de los trabajadores, en cuyo caso el plazo será de quince días.

Transcurrido el plazo máximo para la constitución de la comisión representativa, la dirección de la empresa podrá comunicar formalmente a los representantes de los trabajadores y a la autoridad laboral el inicio del periodo de consultas. La falta de constitución de la comisión representativa no impedirá el inicio y transcurso del periodo de consultas, y su constitución con posterioridad al inicio del mismo no comportará, en ningún caso, la ampliación de su duración.

La comunicación de la apertura del periodo de consultas se realizará mediante escrito dirigido por el empresario a los representantes legales de los trabajadores, una copia del cual se hará llegar a la autoridad laboral. En dicho escrito se consignarán los siguientes extremos:

a) La especificación de las causas del despido colectivo conforme a lo establecido en el apartado 1.

b) Número y clasificación profesional de los trabajadores afectados por el despido.

c) Número y clasificación profesional de los trabajadores empleados habitualmente en el último año.

d) Periodo previsto para la realización de los despidos.

e) Criterios tenidos en cuenta para la designación de los trabajadores afectados por los despidos.

f) Copia de la comunicación dirigida a los trabajadores o a sus representantes por la dirección de la empresa de su intención de iniciar el procedimiento de despido colectivo.

g) Representantes de los trabajadores que integrarán la comisión negociadora o, en su caso, indicación de la falta de constitución de esta en los plazos legales.

La comunicación a los representantes legales de los trabajadores y a la autoridad laboral deberá ir acompañada de una memoria explicativa de las causas del despido colectivo y de los restantes aspectos señalados en el párrafo anterior, así como de la documentación contable y fiscal y los informes técnicos, todo ello en los términos que reglamentariamente se establezcan.

Recibida la comunicación, la autoridad laboral dará traslado de la misma a la entidad gestora de las prestaciones por desempleo y recabará, con carácter preceptivo, informe de la Inspección de Trabajo y Seguridad Social que deberá ser evacuado en el improrrogable plazo de quince días desde la notificación a la autoridad laboral de la finalización del periodo de consultas y quedará incorporado al procedimiento.

El informe de la inspección, además de comprobar los extremos de la comunicación y el desarrollo del periodo de consultas, se pronunciará sobre la concurrencia de las causas especificadas por la empresa en la comunicación inicial, y constatará que la documentación presentada por esta se ajusta a la exigida en función de la causa concreta alegada para despedir.

Durante el periodo de consultas, las partes deberán negociar de buena fe, con vistas a la consecución de un acuerdo.

Dicho acuerdo requerirá la conformidad de la mayoría de los representantes legales de los trabajadores o, en su caso, de la mayoría de los miembros de la comisión representativa de los trabajadores siempre que, en ambos casos, representen a la mayoría de los trabajadores del centro o centros de trabajo afectados.

El empresario y la representación de los trabajadores podrán acordar en cualquier momento la sustitución del periodo de consultas por el procedimiento de mediación o arbitraje que sea de aplicación en el ámbito de la empresa, que deberá desarrollarse dentro del plazo máximo señalado para dicho periodo.

La autoridad laboral velará por la efectividad del periodo de consultas pudiendo remitir, en su caso, advertencias y recomendaciones a las partes que no supondrán, en ningún caso, la paralización ni la suspensión del procedimiento. Igualmente y sin perjuicio de lo establecido en el párrafo anterior, la autoridad laboral podrá realizar durante el periodo de consultas, a petición conjunta de las partes, las actuaciones de mediación que resulten convenientes con el fin de buscar soluciones a los problemas planteados por el despido colectivo. Con la misma finalidad también podrá realizar funciones de asistencia a petición de cualquiera de las partes o por propia iniciativa.

Transcurrido el periodo de consultas el empresario comunicará a la autoridad laboral el resultado del mismo. Si se hubiera alcanzado acuerdo, trasladará copia íntegra del mismo. En caso contrario, remitirá a los representantes de los trabajadores y a la autoridad laboral la decisión final de despido colectivo que haya adoptado y las condiciones del mismo.

Si en el plazo de quince días desde la fecha de la última reunión celebrada en el periodo de consultas, el empresario no hubiera comunicado a los representantes de los trabajadores y a la autoridad laboral su decisión sobre el despido colectivo, se producirá la caducidad del procedimiento de despido colectivo en los términos que reglamentariamente se establezcan.

3. Cuando la extinción afectase a más del cincuenta por ciento de los trabajadores, se dará cuenta por el empresario de la venta de los bienes de la empresa, excepto de aquellos que constituyen el tráfico normal de la misma, a los representantes legales de los trabajadores y, asimismo, a la autoridad competente.

4. Alcanzado el acuerdo o comunicada la decisión a los representantes de los trabajadores, el empresario podrá notificar los despidos individualmente a los trabajadores afectados, lo que deberá realizar conforme a lo establecido en el artículo 53.1. En todo caso, deberán haber transcurrido como mínimo treinta días entre la fecha de la comunicación de la apertura del periodo de consultas a la autoridad laboral y la fecha de efectos del despido.

5. Los representantes legales de los trabajadores tendrán prioridad de permanencia en la empresa en los supuestos a que se refiere este artículo. Mediante convenio colectivo o acuerdo alcanzado durante el periodo de consultas se podrán establecer prioridades de permanencia a favor de otros colectivos, tales como trabajadores con cargas familiares, mayores de determinada edad o personas con discapacidad.

6. La decisión empresarial podrá impugnarse a través de las acciones previstas para este despido. La interposición de la demanda por los representantes de los trabajadores paralizará la tramitación de las acciones individuales iniciadas, hasta la resolución de aquella.

La autoridad laboral podrá impugnar los acuerdos adoptados en el periodo de consultas cuando estime que estos se han alcanzado mediante fraude, dolo, coacción o abuso de derecho a efectos de su posible declaración de nulidad, así como cuando la entidad gestora de las prestaciones por desempleo hubiese informado de que la decisión extintiva empresarial pudiera tener por objeto la obtención indebida de las prestaciones por parte de los trabajadores afectados por inexistencia de la causa motivadora de la situación legal de desempleo.

7. La existencia de fuerza mayor, como causa motivadora de la extinción de los contratos de trabajo, deberá ser constatada por la autoridad laboral, cualquiera que sea el número de los trabajadores afectados, previo procedimiento tramitado conforme a lo dispuesto en este apartado y en sus disposiciones de desarrollo reglamentario.

El procedimiento se iniciará mediante solicitud de la empresa, acompañada de los medios de prueba que estime necesarios y simultánea comunicación a los representantes legales de los trabajadores, quienes ostentarán la condición de parte interesada en la totalidad de la tramitación del procedimiento.

La resolución de la autoridad laboral se dictará, previas las actuaciones e informes indispensables, en el plazo de cinco días desde la solicitud y deberá limitarse, en su caso, a constatar la existencia de la fuerza mayor alegada por la empresa, correspondiendo a esta la decisión sobre la extinción de los contratos, que surtirá efectos desde la fecha del hecho causante de la fuerza mayor. La empresa deberá dar traslado de dicha decisión a los representantes de los trabajadores y a la autoridad laboral.

La autoridad laboral que constate la fuerza mayor podrá acordar que la totalidad o una parte de la indemnización que corresponda a los trabajadores afectados por la extinción de sus contratos sea satisfecha por el Fondo de Garantía Salarial, sin perjuicio del derecho de este a resarcirse del empresario.

8. Las obligaciones de información y documentación previstas en este artículo se aplicarán con independencia de que la decisión relativa a los despidos colectivos haya sido tomada por el empresario o por la empresa que ejerza el control sobre él. Cualquier justificación del empresario basada en el hecho de que la empresa que tomó la decisión no le ha facilitado la información necesaria no podrá ser tomada en consideración a tal efecto.

9. Cuando se trate de procedimientos de despidos colectivos de empresas no incursas en procedimiento concursal, que incluyan trabajadores con cincuenta y cinco o más años de edad que no tuvieren la condición de mutualistas el 1 de enero de 1967, existirá la obligación de abonar las cuotas destinadas a la financiación de un convenio especial respecto de los trabajadores anteriormente señalados en los términos previstos en el texto refundido de la Ley General de la Seguridad Social.

10. La empresa que lleve a cabo un despido colectivo que afecte a más de cincuenta trabajadores deberá ofrecer a los trabajadores afectados un plan de recolocación externa a través de empresas de recolocación autorizadas. Dicho plan, diseñado para un periodo mínimo de seis meses, deberá incluir medidas de formación y orientación profesional, atención personalizada al trabajador afectado y búsqueda activa de empleo. En todo caso, lo anterior no será de aplicación en las empresas que se hubieran sometido a un procedimiento concursal. El coste de la elaboración e implantación de dicho plan no recaerá en ningún caso sobre los trabajadores.

La autoridad laboral, a través del servicio público de empleo competente, verificará la acreditación del cumplimiento de esta obligación y, en su caso, requerirá a la empresa para que proceda a su cumplimiento.

Sin perjuicio de lo establecido en el párrafo anterior y de las responsabilidades administrativas correspondientes, el incumplimiento de la obligación establecida en este apartado o de las medidas sociales de acompañamiento asumidas por el empresario, podrá dar lugar a la reclamación de su cumplimiento por parte de los trabajadores.

11. Las empresas que realicen despidos colectivos de acuerdo con lo establecido en este artículo, y que incluyan a trabajadores de cincuenta o más años de edad, deberán efectuar una aportación económica al Tesoro Público de acuerdo con lo establecido legalmente.

Apdo. 2 modificado por Ley 3/2023, de 28 de febrero, de Empleo. (BOE de 01-03-2023).

Ver RD 1483/2012, de 29 de octubre, por el que se aprueba el Reglamento de los procedimientos de despido colectivo y de suspensión de contratos y reducción de jornada; art. 12.4.e) del ET.

Apdo. 6: ver art. 124 de LJS.

Apdo. 10: ver art. 8.14 de LISOS (La transgresión del art. 51.10 o el incumplimiento de las medidas sociales de acompañamiento asumidas por el empresario están recogidas como infracciones muy graves).

Apdo. 11: ver RD 1484/2012, de 29 de octubre, sobre las aportaciones económicas a realizar por las empresas con beneficios que realicen despidos colectivos que afecten a trabajadores de cincuenta o más años.

ART. 52. Extinción del contrato por causas objetivas.

El contrato podrá extinguirse:

a) Por ineptitud del trabajador conocida o sobrevenida con posterioridad a su coloca-ción efectiva en la empresa. La ineptitud existente con anterioridad al cumplimiento de un periodo de prueba no podrá alegarse con posterioridad a dicho cumplimiento.

b) Por falta de adaptación del trabajador a las modificaciones técnicas operadas en su puesto de trabajo, cuando dichos cambios sean razonables. Previamente el empresario deberá ofrecer al trabajador un curso dirigido a facilitar la adaptación a las modificaciones operadas. El tiempo destinado a la formación se considerará en todo caso tiempo de trabajo efectivo y el empresario abonará al trabajador el salario medio que viniera percibiendo. La extinción no podrá ser acor-dada por el empresario hasta que hayan transcurrido, como mínimo, dos meses desde que se introdujo la modificación o desde que finalizó la formación dirigida a la adaptación.

c) Cuando concurra alguna de las causas previstas en el artículo 51.1 y la extinción afecte a un número inferior al establecido en el mismo.

Los representantes de los trabajadores tendrán prioridad de permanencia en la empresa en el supuesto al que se refiere este apartado.

d) *(Derogada).*

e) En el caso de contratos por tiempo indefinido concertados directamente por entida-des sin ánimo de lucro para la ejecución de planes y programas públicos determinados, sin dotación económica estable y financiados por las Administraciones Públicas mediante consignaciones presupuestarias o extrapresupuestarias anuales consecuencia de ingresos externos de carácter finalista, por la insuficiencia de la correspondiente consignación para el mantenimiento del contrato de trabajo de que se trate.

Cuando la extinción afecte a un número de trabajadores igual o superior al establecido en el artículo 51.1 se deberá seguir el procedimiento previsto en dicho artículo.

Letra d) se deroga por Ley 1/2020, de 15 de julio, por la que se deroga el despido objetivo por faltas de asistencia al trabajo establecido en el artículo 52.d) del texto refundido de la Ley del Estatuto de los Trabajadores, aprobado por el Real Decreto Legislativo 2/2015, de 23 de octubre. (BOE de 16-07-2020). Téngase en cuenta que la letra d) había sido previamente derogada por el RD-Ley 4/2020, derogado a su vez por esta Ley 1/2020, de 15 de julio.

Letra c): ver art. 68.b).

ART. 53. Forma y efectos de la extinción por causas objetivas.

1. La adopción del acuerdo de extinción al amparo de lo prevenido en el artículo anterior exige la observancia de los requisitos siguientes:

a) Comunicación escrita al trabajador expresando la causa.

b) Poner a disposición del trabajador, simultáneamente a la entrega de la comunicación escrita, la indemnización de veinte días por año de servicio, prorrateándose por meses los periodos de tiempo inferiores a un año y con un máximo de doce mensualidades.

Cuando la decisión extintiva se fundase en el artículo 52.c), con alegación de causa eco-nómica, y como consecuencia de tal situación económica no se pudiera poner a disposición del trabajador la indemnización a que se refiere el párrafo anterior, el empresario, hacién-dolo constar en la comunicación escrita, podrá dejar de hacerlo, sin perjuicio del derecho del trabajador de exigir de aquel su abono cuando tenga efectividad la decisión extintiva.

c) Concesión de un plazo de preaviso de quince días, computado desde la entrega de la comunicación personal al trabajador hasta la extinción del contrato de trabajo. En el supuesto contemplado en el artículo 52.c), del escrito de preaviso se dará copia a la repre-sentación legal de los trabajadores para su conocimiento.

2. Durante el periodo de preaviso el trabajador, o su representante legal si se trata de una persona con discapacidad que lo tuviera, tendrá derecho, sin pérdida de su retribución, a una licencia de seis horas semanales con el fin de buscar nuevo empleo.

3. Contra la decisión extintiva podrá recurrir como si se tratase de despido disciplinario.

4. Cuando la decisión extintiva del empresario tuviera como móvil algunas de las causas de discriminación prohibidas en la Constitución o en la ley o bien se hubiera producido con violación de derechos fundamentales y libertades públicas del trabajador, la decisión extin-tiva será nula, debiendo la autoridad judicial hacer tal declaración de oficio.

Será también nula la decisión extintiva en los siguientes supuestos:

a) El de las personas trabajadoras durante los periodos de suspensión del contrato de tra-bajo por nacimiento, adopción, guarda con fines de adopción, acogimiento, riesgo durante el embarazo, riesgo durante la lactancia natural, a que se refiere el artículo 45.1.d) y e), disfrute del permiso parental a que se refiere el artículo 48 bis, o por enfermedades causadas por embarazo, parto o lactancia natural, o cuando se notifique la decisión en una fecha tal que el plazo de preaviso concedido finalice dentro de dichos periodos.

b) El de las trabajadoras embarazadas, desde la fecha de inicio del embarazo hasta el comienzo del periodo de suspensión a que se refiere la letra a); el de las personas trabajadoras que hayan solicitado uno de los permisos a los que se refieren los apartados **3.b),** 4, 5 y 6 del artículo 37, o estén disfrutando de ellos, o hayan solicitado o estén disfrutando de **las adaptaciones de jornada previstas en el artículo 34.8** o la excedencia prevista en el artículo 46.3; y el de las personas trabajadoras víctimas de violencia de género o de violencia sexual, por el ejercicio de su derecho a la tutela judicial efectiva o de los derechos reconocidos en esta ley para hacer efectiva su protección o su derecho a la asistencia social integral.

c) El de las personas trabajadoras después de haberse reintegrado al trabajo al finalizar los periodos de suspensión del contrato por nacimiento, adopción, guarda con fines de adopción o acogimiento, a que se refiere el artículo 45.1.d), siempre que no hubieran transcurrido más de doce meses desde la fecha del nacimiento, la adopción, la guarda con fines de adopción o el acogimiento.

Lo establecido en las letras anteriores será de aplicación, salvo que, en esos casos, se declare la procedencia de la decisión extintiva por motivos no relacionados con el embarazo o con el ejercicio del derecho a los permisos y excedencia señalados. Para considerarse procedente deberá acreditarse suficientemente que la causa objetiva que sustenta el despido requiere concretamente la extinción del contrato de la persona referida.

En el resto de los supuestos, la decisión extintiva se considerará procedente cuando se acredite la concurrencia de la causa en que se fundamentó la decisión extintiva y se hubiesen cumplido los requisitos establecidos en el apartado 1. En otro caso se considerará improcedente.

No obstante, la no concesión del preaviso o el error excusable en el cálculo de la indemnización no determinará la improcedencia del despido, sin perjuicio de la obligación del empresario de abonar los salarios correspondientes a dicho periodo o al pago de la indemnización en la cuantía correcta, con independencia de los demás efectos que procedan.

5. La calificación por la autoridad judicial de la nulidad, procedencia o improcedencia de la decisión extintiva producirá iguales efectos que los indicados para el despido disciplinario, con las siguientes modificaciones:

a) En caso de procedencia, el trabajador tendrá derecho a la indemnización prevista en el apartado 1, consolidándola de haberla recibido, y se entenderá en situación de desempleo por causa a él no imputable.

b) Si la extinción se declara improcedente y el empresario procede a la readmisión, el trabajador habrá de reintegrarle la indemnización percibida. En caso de sustitución de la readmisión por compensación económica, se deducirá de esta el importe de dicha indemnización.

Letra b) del apdo. 4 modificada por Ley Orgánica 1/2025, de 2 de enero, de medidas en materia de eficiencia del Servicio Público de Justicia. (BOE 03-01-2025). Modificación en vigor desde el 03/04/2025.

Apdo. 4.b) anteriormente modificado por Ley Orgánica 2/2024, de 1 de agosto, de representación paritaria y presencia equilibrada de mujeres y hombres. (BOE de 02-08-2024).

Apdo. 4 anteriormente modificado por Real Decreto-ley 5/2023, de 28 de junio, por el que se adoptan y prorrogan determinadas medidas de respuesta a las consecuencias económicas y sociales de la Guerra de Ucrania, de apoyo a la reconstrucción de la isla de La Palma y a otras situaciones de vulnerabilidad; de transposición de Directivas de la Unión Europea en materia de modificaciones estructurales de sociedades mercantiles y conciliación de la vida familiar y la vida profesional de los progenitores y los cuidadores; y de ejecución y cumplimiento del Derecho de la Unión Europea. (BOE de 29-06-2023). En vigor desde el 30 de junio de 2023.

Apdo. 4.b) anteriormente modificado por Ley 4/2023, de 28 de febrero, para la igualdad real y efectiva de las personas trans y para la garantía de los derechos de las personas LGTBI. (BOE de 01-03-2023).

Apdo. 4.b) anteriormente modificado por Ley Orgánica 10/2022, de 6 de septiembre, de garantía integral de la libertad sexual (BOE de 07-09-2022) y por Real Decreto-ley 6/2019, de 1 de marzo, de medidas urgentes para garantía de la igualdad de trato y de oportunidades entre mujeres y hombres en el empleo y la ocupación (BOE de 07-03-2019).

Apdo. 1-b): ver STC 183/2000 de 10-07-2000 (Discriminación por razón de sexo en el cálculo de indemnizaciones por despido).

Apdo. 3: ver arts. 120 y ss. de LJS.

ART. 54. Despido disciplinario.

1. El contrato de trabajo podrá extinguirse por decisión del empresario, mediante despido basado en un incumplimiento grave y culpable del trabajador.

2. Se considerarán incumplimientos contractuales:

a) Las faltas repetidas e injustificadas de asistencia o puntualidad al trabajo.

b) La indisciplina o desobediencia en el trabajo.

c) Las ofensas verbales o físicas al empresario o a las personas que trabajan en la empresa o a los familiares que convivan con ellos.

d) La transgresión de la buena fe contractual, así como el abuso de confianza en el desempeño del trabajo.

e) La disminución continuada y voluntaria en el rendimiento de trabajo normal o pactado.

f) La embriaguez habitual o toxicomanía si repercuten negativamente en el trabajo.

g) El acoso por razón de origen racial o étnico, religión o convicciones, discapacidad, edad u orientación sexual y el acoso sexual o por razón de sexo al empresario o a las personas que trabajan en la empresa.

Ver RDL 17/1977, de 4 de marzo, sobre relaciones de trabajo.

Apdo. 2.c): ver STC 203/2015 de 05-10-2015 (Ofensas a otro compañero expuestas en el tablón de anuncios de la empresa).

Apdo. 2.g): ver art. 28 de Ley 62/2003, de 30 de diciembre, de medidas fiscales, administrativas y del orden social. (Definición de acoso); art. 4.2.e) del ET.

ART. 55. Forma y efectos del despido disciplinario.

1. El despido deberá ser notificado por escrito al trabajador, haciendo figurar los hechos que lo motivan y la fecha en que tendrá efectos.

Por convenio colectivo podrán establecerse otras exigencias formales para el despido.

Cuando el trabajador fuera representante legal de los trabajadores o delegado sindical procederá la apertura de expediente contradictorio, en el que serán oídos, además del interesado, los restantes miembros de la representación a que perteneciere, si los hubiese.

Si el trabajador estuviera afiliado a un sindicato y al empresario le constase, deberá dar audiencia previa a los delegados sindicales de la sección sindical correspondiente a dicho sindicato.

2. Si el despido se realizara inobservando lo establecido en el apartado anterior, el empresario podrá realizar un nuevo despido en el que cumpla los requisitos omitidos en el precedente. Dicho nuevo despido, que solo surtirá efectos desde su fecha, solo cabrá efectuarlo en el plazo de veinte días, a contar desde el siguiente al del primer despido. Al realizarlo, el empresario pondrá a disposición del trabajador los salarios devengados en los días intermedios, manteniéndole durante los mismos en alta en la Seguridad Social.

3. El despido será calificado como procedente, improcedente o nulo.

4. El despido se considerará procedente cuando quede acreditado el incumplimiento alegado por el empresario en su escrito de comunicación. Será improcedente en caso contrario o cuando en su forma no se ajustara a lo establecido en el apartado 1.

5. Será nulo el despido que tenga por móvil alguna de las causas de discriminación prohibidas en la Constitución Española o en la ley, o bien se produzca con violación de derechos fundamentales y libertades públicas de la persona trabajadora.

Será también nulo el despido, en los siguientes supuestos:

a) El de las personas trabajadoras durante los periodos de suspensión del contrato de trabajo por nacimiento, adopción, guarda con fines de adopción, acogimiento, riesgo durante el embarazo, riesgo durante la lactancia natural a que se refiere el artículo 45.1.d) y e), disfrute del permiso parental a que se refiere el artículo 48 bis, o por enfermedades causadas por embarazo, parto o lactancia natural, o cuando se notifique la decisión en una fecha tal que el plazo de preaviso concedido finalice dentro de dichos periodos.

b) El de las trabajadoras embarazadas, desde la fecha de inicio del embarazo hasta el comienzo del periodo de suspensión a que se refiere la letra a); el de las personas trabajadoras que hayan solicitado uno de los permisos a los que se refieren los apartados **3.b),** 4, 5 y 6 del artículo 37, o estén disfrutando de ellos, o hayan solicitado o estén disfrutando **de las adaptaciones de jornada previstas en el artículo 34.8** o la excedencia prevista en el artículo 46.3; y el de las personas trabajadoras víctimas de violencia de género o de violencia sexual, por el ejercicio de su derecho a la tutela judicial efectiva o de los derechos reconocidos en esta ley para hacer efectiva su protección o su derecho a la asistencia social integral.

c) El de las personas trabajadoras después de haberse reintegrado al trabajo al finalizar los periodos de suspensión del contrato por nacimiento, adopción, guarda con fines de adopción o acogimiento, a que se refiere el artículo 45.1.d), siempre que no hubieran transcurrido más de doce meses desde la fecha del nacimiento, la adopción, la guarda con fines de adopción o el acogimiento.

Lo establecido en las letras anteriores será de aplicación, salvo que, en esos casos, se declare la procedencia del despido por motivos no relacionados con el embarazo o con el ejercicio del derecho a los permisos y excedencia señalados.

6. El despido nulo tendrá el efecto de la readmisión inmediata del trabajador, con abono de los salarios dejados de percibir.

7. El despido procedente convalidará la extinción del contrato de trabajo que con aquel se produjo, sin derecho a indemnización ni a salarios de tramitación.

Letra b) del apdo. 5 modificada por Ley Orgánica 1/2025, de 2 de enero, de medidas en materia de eficiencia del Servicio Público de Justicia. (BOE 03-01-2025). Modificación en vigor desde el 03/04/2025.

Apdo. 5.b) anteriormente modificado por Ley Orgánica 2/2024, de 1 de agosto, de representación paritaria y presencia equilibrada de mujeres y hombres. (BOE de 02-08-2024).

Apdo. 5 anteriormente modificado por Real Decreto-ley 5/2023, de 28 de junio, por el que se adoptan y prorrogan determinadas medidas de respuesta a las consecuencias económicas y sociales de la Guerra de Ucrania, de apoyo a la reconstrucción de la isla de La Palma y a otras situaciones de vulnerabilidad; de transposición de Directivas de la Unión Europea en materia de modificaciones estructurales de sociedades mercantiles y conciliación de la vida familiar y la vida profesional de los progenitores y los cuidadores; y de ejecución y cumplimiento del Derecho de la Unión Europea. (BOE de 29-06-2023). En vigor desde el 30 de junio de 2023.

Apdo. 5 anteriormente modificado por Ley 4/2023, de 28 de febrero (BOE de 01-03-2023), por Ley Orgánica 10/2022, de 6 de septiembre, de garantía integral de la libertad sexual (BOE de 07-09-2022), y por Real Decreto-ley 6/2019, de 1 de marzo, de medidas urgentes para garantía de la igualdad de trato y de oportunidades entre mujeres y hombres en el empleo y la ocupación (BOE de 07-03-2019).

Ver art. 103 a 113, 278 a 288 de LJS.

Apdo. 1: ver art. 10.3.3 de LOLS; art. 68.a) del ET.

Apdo. 5.b): ver art. 21, 22 y 23 de LO 1/2004, de 28 de diciembre, de Medidas de Protección Integral contra la Violencia de Genero; STC 92/2008 de 21-07-2008 (Despido nulo de trabajadora embarazada, pese a no existir comunicación expresa de su estado a la empresa).

Apdo. 7: ver art. 103 a 113, 278 a 286, 297 a 302 de LJS.

ART. 56. Despido improcedente.

1. Cuando el despido sea declarado improcedente, el empresario, en el plazo de cinco días desde la notificación de la sentencia, podrá optar entre la readmisión del trabajador o el abono de una indemnización equivalente a treinta y tres días de salario por año de servicio, prorrateándose por meses los periodos de tiempo inferiores a un año, hasta un máximo de veinticuatro mensualidades. La opción por la indemnización determinará la extinción del contrato de trabajo, que se entenderá producida en la fecha del cese efectivo en el trabajo.

2. En caso de que se opte por la readmisión, el trabajador tendrá derecho a los salarios de tramitación. Estos equivaldrán a una cantidad igual a la suma de los salarios dejados de percibir desde la fecha de despido hasta la notificación de la sentencia que declarase la improcedencia o hasta que hubiera encontrado otro empleo, si tal colocación fuera anterior a dicha sentencia y se probase por el empresario lo percibido, para su descuento de los salarios de tramitación.

3. En el supuesto de no optar el empresario por la readmisión o la indemnización, se entiende que procede la primera.

4. Si el despedido fuera un representante legal de los trabajadores o un delegado sindical, la opción corresponderá siempre a este. De no efectuar la opción, se entenderá que lo hace por la readmisión. Cuando la opción, expresa o presunta, sea en favor de la readmisión, esta será obligada. Tanto si opta por la indemnización como si lo hace por la readmisión, tendrá derecho a los salarios de tramitación a los que se refiere el apartado 2.

5. Cuando la sentencia que declare la improcedencia del despido se dicte transcurridos más de noventa días hábiles desde la fecha en que se presentó la demanda, el empresario podrá reclamar del Estado el abono de la percepción económica a la que se refiere el apartado 2, correspondiente al tiempo que exceda de dichos noventa días hábiles.

En los casos de despido en que, con arreglo a este apartado, sean por cuenta del Estado los salarios de tramitación, serán con cargo al mismo las cuotas de la Seguridad Social correspondientes a dichos salarios.

Apdo. 1: ver D.T. 11.ª del ET (Indemnización en caso de contratos celebrados antes del 12/02/2012).

Apdo. 5: ver RD 418/2014, de 6 de junio, por el que se modifica el procedimiento de tramitación de las reclamaciones al Estado por salarios de tramitación en juicios por despido (Desarrolla el apdo. 5 de este artículo, antiguo artículo 57); art. 116 a 119 de LJS; D.T. 12ª del ET.

Sección 5.ª Procedimiento concursal

ART. 57. Procedimiento concursal.

En caso de concurso, a los supuestos de modificación, suspensión y extinción colectivas de los contratos de trabajo y de sucesión de empresa, se aplicarán las especialidades previstas en la Ley 22/2003, de 9 de julio, Concursal.

Ver RDLeg. 1/2020, de 5 de mayo, por el que se aprueba el texto refundido de la Ley Concursal.

CAPÍTULO IV
Faltas y sanciones de los trabajadores

ART. 58. Faltas y sanciones de los trabajadores.

1. Los trabajadores podrán ser sancionados por la dirección de las empresas en virtud de incumplimientos laborales, de acuerdo con la graduación de faltas y sanciones que se establezcan en las disposiciones legales o en el convenio colectivo que sea aplicable.

2. La valoración de las faltas y las correspondientes sanciones impuestas por la dirección de la empresa serán siempre revisables ante la jurisdicción social. La sanción de las faltas graves y muy graves requerirá comunicación escrita al trabajador, haciendo constar la fecha y los hechos que la motivan.

3. No se podrán imponer sanciones que consistan en la reducción de la duración de las vacaciones u otra minoración de los derechos al descanso del trabajador o multa de haber.

Ver art. 10.3 de LOLS; art. 114, 115 de LJS; arts. 64.4.c) y 68.a) del ET.

CAPÍTULO V
Plazos de prescripción

Sección 1.ª Prescripción de acciones derivadas del contrato

ART. 59. Prescripción y caducidad.

1. Las acciones derivadas del contrato de trabajo que no tengan señalado plazo especial prescribirán al año de su terminación.

A estos efectos, se considerará terminado el contrato:

a) El día en que expire el tiempo de duración convenido o fijado por disposición legal o convenio colectivo.

b) El día en que termine la prestación de servicios continuados, cuando se haya dado esta continuidad por virtud de prórroga expresa o tácita.

2. Si la acción se ejercita para exigir percepciones económicas o para el cumplimiento de obligaciones de tracto único, que no puedan tener lugar después de extinguido el contrato, el plazo de un año se computará desde el día en que la acción pudiera ejercitarse.

3. El ejercicio de la acción contra el despido o resolución de contratos temporales caducará a los veinte días siguientes de aquel en que se hubiera producido. Los días serán hábiles y el plazo de caducidad a todos los efectos.

El plazo de caducidad quedará interrumpido por la presentación de la solicitud de conciliación ante el órgano público de mediación, arbitraje y conciliación competente.

4. Lo previsto en el apartado anterior será de aplicación a las acciones contra las decisiones empresariales en materia de movilidad geográfica y modificación sustancial de condi-

ciones de trabajo. El plazo se computará desde el día siguiente a la fecha de notificación de la decisión empresarial, tras la finalización, en su caso, del periodo de consultas.

Apdo. 1: ver art. 179.2 de LJS.

Apdo. 3: ver art. 63 a 68 y. 103 de LJS.

Apdo. 4: ver art. 138 de LJS.

Sección 2.ª Prescripción de las infracciones y faltas

ART. 60. Prescripción.

1. Las infracciones cometidas por el empresario prescribirán conforme a lo establecido en el texto refundido de la Ley sobre Infracciones y Sanciones en el Orden Social, aprobado por el Real Decreto Legislativo 5/2000, de 4 de agosto.

2. Respecto a los trabajadores, las faltas leves prescribirán a los diez días; las graves, a los veinte días, y las muy graves, a los sesenta días a partir de la fecha en que la empresa tuvo conocimiento de su comisión y, en todo caso, a los seis meses de haberse cometido.

Apdo. 1: ver art. 4 de LISOS.

Apdo. 2: ver art. 97 de RDLeg 5/2015, de 30 de octubre, por el que se aprueba el texto refundido de la Ley del Estatuto Básico del Empleado Público. (para funcionarios públicos y personal laboral de las Administraciones Públicas).

TÍTULO II
De los derechos de representación colectiva y de reunión de los trabajadores en la empresa

CAPÍTULO I
Del derecho de representación colectiva

Ver Real Decreto 1844/1994, de 9 de septiembre, por el que se aprueba el Reglamento de elecciones a órganos de representación de los trabajadores en la empresa (Desarrolla reglamentariamente este capítulo).

ART. 61. Participación.

De conformidad con lo dispuesto en el artículo 4 y sin perjuicio de otras formas de participación, los trabajadores tienen derecho a participar en la empresa a través de los órganos de representación regulados en este título.

Ver RD 1844/1994, de 9 de septiembre, por el que se aprueba el Reglamento de elecciones a órganos de representación de los trabajadores en la empresa; LO 11/1985, de 2 de agosto, de libertad sindical.

Ver art. 129.2 de CE; art. 4.1 del ET.

Sección 1.ª Órganos de representación

ART. 62. Delegados de personal.

1. La representación de los trabajadores en la empresa o centro de trabajo que tengan menos de cincuenta y más de diez trabajadores corresponde a los delegados de personal. Igualmente podrá haber un delegado de personal en aquellas empresas o centros que cuenten entre seis y diez trabajadores, si así lo decidieran estos por mayoría.

Los trabajadores elegirán, mediante sufragio libre, personal, secreto y directo a los delegados de personal en el número siguiente: hasta treinta trabajadores, uno; de treinta y uno a cuarenta y nueve, tres.

2. Los delegados de personal ejercerán mancomunadamente ante el empresario la representación para la que fueron elegidos y tendrán las mismas competencias establecidas para los comités de empresa.

Los delegados de personal observarán las normas que sobre sigilo profesional están establecidas para los miembros de comités de empresa en el artículo 65.

Apdo. 1: ver STC 36/2004 de 08-03-2004 (Promoción de elecciones por los sindicatos más representativos en empresas pequeñas).

ART. 63. Comités de empresa.

1. El comité de empresa es el órgano representativo y colegiado del conjunto de los trabajadores en la empresa o centro de trabajo para la defensa de sus intereses, constituyéndose en cada centro de trabajo cuyo censo sea de cincuenta o más trabajadores.

2. En la empresa que tenga en la misma provincia, o en municipios limítrofes, dos o más centros de trabajo cuyos censos no alcancen los cincuenta trabajadores, pero que en su conjunto lo sumen, se constituirá un comité de empresa conjunto. Cuando unos centros tengan cincuenta trabajadores y otros de la misma provincia no, en los primeros se constituirán comités de empresa propios y con todos los segundos se constituirá otro.

3. Solo por convenio colectivo podrá pactarse la constitución y funcionamiento de un comité intercentros con un máximo de trece miembros, que serán designados de entre los componentes de los distintos comités de centro.

En la constitución del comité intercentros se guardará la proporcionalidad de los sindicatos según los resultados electorales considerados globalmente.

Tales comités intercentros no podrán arrogarse otras funciones que las que expresamente se les conceda en el convenio colectivo en que se acuerde su creación.

Ver Ley 10/2011, de 19 de mayo, por la que se modifica la Ley 10/1997, de 24 de abril, sobre derechos de información y consulta de los trabajadores en las empresas y grupos de empresas de dimensión comunitaria.

Apdo. 1: ver art. 1.5 del ET.

ART. 64. Derechos de información y consulta y competencias.

1. El comité de empresa tendrá derecho a ser informado y consultado por el empresario sobre aquellas cuestiones que puedan afectar a los trabajadores, así como sobre la situación de la empresa y la evolución del empleo en la misma, en los términos previstos en este artículo.

Se entiende por información la transmisión de datos por el empresario al comité de empresa, a fin de que este tenga conocimiento de una cuestión determinada y pueda proceder a su examen. Por consulta se entiende el intercambio de opiniones y la apertura de un diálogo entre el empresario y el comité de empresa sobre una cuestión determinada, incluyendo, en su caso, la emisión de informe previo por parte del mismo.

En la definición o aplicación de los procedimientos de información y consulta, el empresario y el comité de empresa actuarán con espíritu de cooperación, en cumplimiento de sus derechos y obligaciones recíprocas, teniendo en cuenta tanto los intereses de la empresa como los de los trabajadores.

2. El comité de empresa tendrá derecho a ser informado trimestralmente:

a) Sobre la evolución general del sector económico a que pertenece la empresa.

b) Sobre la situación económica de la empresa y la evolución reciente y probable de sus actividades, incluidas las actuaciones medioambientales que tengan repercusión directa en el empleo, así como sobre la producción y ventas, incluido el programa de producción.

c) Sobre las previsiones del empresario de celebración de nuevos contratos, con indicación del número de estos y de las modalidades y tipos que serán utilizados, incluidos los contratos a tiempo parcial, la realización de horas complementarias por los trabajadores contratados a tiempo parcial y de los supuestos de subcontratación.

d) De las estadísticas sobre el índice de absentismo y las causas, los accidentes de trabajo y enfermedades profesionales y sus consecuencias, los índices de siniestralidad, los estudios periódicos o especiales del medio ambiente laboral y los mecanismos de prevención que se utilicen.

3. También tendrá derecho a recibir información, al menos anualmente, relativa a la aplicación en la empresa del derecho de igualdad de trato y de oportunidades entre mujeres y hombres, en la que deberá incluirse el registro previsto en el artículo 28.2 y los datos sobre la proporción de mujeres y hombres en los diferentes niveles profesionales, así como, en su caso, sobre las medidas que se hubieran adoptado para fomentar la igualdad entre mujeres y hombres en la empresa y, de haberse establecido un plan de igualdad, sobre la aplicación del mismo.

4. El comité de empresa, con la periodicidad que proceda en cada caso, tendrá derecho a:

a) Conocer el balance, la cuenta de resultados, la memoria y, en el caso de que la empresa revista la forma de sociedad por acciones o participaciones, los demás documentos que se den a conocer a los socios, y en las mismas condiciones que a estos.

b) Conocer los modelos de contrato de trabajo escrito que se utilicen en la empresa así como los documentos relativos a la terminación de la relación laboral.

c) Ser informado de todas las sanciones impuestas por faltas muy graves.

d) Ser informado por la empresa de los parámetros, reglas e instrucciones en los que se basan los algoritmos o sistemas de inteligencia artificial que afectan a la toma de decisiones que pueden incidir en las condiciones de trabajo, el acceso y mantenimiento del empleo, incluida la elaboración de perfiles.

e) Ser informado por la empresa de las medidas de actuación previstas con motivo de la activación de alertas por catástrofes y otros fenómenos meteorológicos adversos, sin perjuicio de los derechos de información, consulta y participación previstos en la Ley de Prevención de Riesgos Laborales. Todo ello a los efectos de la adopción de las respectivas medidas y decisiones, incluidas, entre otras, las previstas en el artículo 21 de la Ley 31/1995, de 8 de noviembre.

Asimismo, el comité de empresa tendrá derecho a recibir la copia básica de los contratos así como la notificación de las prórrogas y de las denuncias correspondientes a los mismos en el plazo de diez días siguientes a que tuvieran lugar.

5. El comité de empresa tendrá derecho a ser informado y consultado sobre la situación y estructura del empleo en la empresa o en el centro de trabajo, así como a ser informado trimestralmente sobre la evolución probable del mismo, incluyendo la consulta cuando se prevean cambios al respecto.

Asimismo, tendrá derecho a ser informado y consultado sobre todas las decisiones de la empresa que pudieran provocar cambios relevantes en cuanto a la organización del trabajo y a los contratos de trabajo en la empresa. Igualmente tendrá derecho a ser informado y consultado sobre la adopción de eventuales medidas preventivas, especialmente en caso de riesgo para el empleo.

El comité de empresa tendrá derecho a emitir informe, con carácter previo a la ejecución por parte del empresario de las decisiones adoptadas por este, sobre las siguientes cuestiones:

a) Las reestructuraciones de plantilla y ceses totales o parciales, definitivos o temporales, de aquella.

b) Las reducciones de jornada.

c) El traslado total o parcial de las instalaciones.

d) Los procesos de fusión, absorción o modificación del estatus jurídico de la empresa que impliquen cualquier incidencia que pueda afectar al volumen de empleo.

e) Los planes de formación profesional en la empresa.

f) La implantación y revisión de sistemas de organización y control del trabajo, estudios de tiempos, establecimiento de sistemas de primas e incentivos y valoración de puestos de trabajo.

6. La información se deberá facilitar por el empresario al comité de empresa, sin perjuicio de lo establecido específicamente en cada caso, en un momento, de una manera y con un contenido apropiados, que permitan a los representantes de los trabajadores proceder a su examen adecuado y preparar, en su caso, la consulta y el informe.

La consulta deberá realizarse, salvo que expresamente esté establecida otra cosa, en un momento y con un contenido apropiados, en el nivel de dirección y representación correspondiente de la empresa, y de tal manera que permita a los representantes de los trabajadores, sobre la base de la información recibida, reunirse con el empresario, obtener una respuesta justificada a su eventual informe y poder contrastar sus puntos de vista u opiniones con objeto, en su caso, de poder llegar a un acuerdo sobre las cuestiones indicadas en el apartado 5, y ello sin perjuicio de las facultades que se reconocen al empresario al respecto en relación con cada una de dichas cuestiones. En todo caso, la consulta deberá permitir que el criterio del comité pueda ser conocido por el empresario a la hora de adoptar o de ejecutar las decisiones.

Los informes que deba emitir el comité de empresa tendrán que elaborarse en el plazo máximo de quince días desde que hayan sido solicitados y remitidas las informaciones correspondientes.

7. El comité de empresa tendrá también las siguientes competencias:

a) Ejercer una labor:

1.º De vigilancia en el cumplimiento de las normas vigentes en materia laboral, de seguridad social y de empleo, así como del resto de los pactos, condiciones y usos de empresa en vigor, formulando, en su caso, las acciones legales oportunas ante el empresario y los organismos o tribunales competentes.

2.º De vigilancia y control de las condiciones de seguridad y salud en el desarrollo del trabajo en la empresa, con las particularidades previstas en este orden por el artículo 19.

3.º De vigilancia del respeto y aplicación del principio de igualdad de trato y de oportunidades entre mujeres y hombres, especialmente en materia salarial.

b) Participar, como se determine por convenio colectivo, en la gestión de obras sociales establecidas en la empresa en beneficio de los trabajadores o de sus familiares.

c) Colaborar con la dirección de la empresa para conseguir el establecimiento de cuantas medidas procuren el mantenimiento y el incremento de la productividad, así como la sostenibilidad ambiental de la empresa, si así está pactado en los convenios colectivos.

d) Colaborar con la dirección de la empresa en el establecimiento y puesta en marcha de medidas de conciliación.

e) Informar a sus representados en todos los temas y cuestiones señalados en este artículo en cuanto directa o indirectamente tengan o puedan tener repercusión en las relaciones laborales.

8. Lo dispuesto en el presente artículo se entenderá sin perjuicio de las disposiciones específicas previstas en otros artículos de esta ley o en otras normas legales o reglamentarias.

9. Respetando lo establecido legal o reglamentariamente, en los convenios colectivos se podrán establecer disposiciones específicas relativas al contenido y a las modalidades de ejercicio de los derechos de información y consulta previstos en este artículo, así como al nivel de representación más adecuado para ejercerlos.

Apdo. 4.e) se añade por Real Decreto-ley 8/2024, de 28 de noviembre, por el que se adoptan medidas urgentes complementarias en el marco del Plan de respuesta inmediata, reconstrucción y relanzamiento frente a los daños causados por la Depresión Aislada en Niveles Altos (DANA) en diferentes municipios entre el 28 de octubre y el 4 de noviembre de 2024. (BOE de 29-11-2024). En vigor desde el 30/11/2024.

Apdo. 4.d) se añade por Ley 12/2021, de 28 de septiembre, por la que se modifica el texto refundido de la Ley del Estatuto de los Trabajadores, aprobado por el Real Decreto Legislativo 2/2015, de 23 de octubre, para garantizar los derechos laborales de las personas dedicadas al reparto en el ámbito de plataformas digitales. (BOE de 29-09-2021).

Apdo. 4.d) se añade por Real Decreto-ley 9/2021, de 11 de mayo, por el que se modifica el texto refundido de la Ley del Estatuto de los Trabajadores, aprobado por el Real Decreto Legislativo 2/2015, de 23 de octubre, para garantizar los derechos laborales de las personas dedicadas al reparto en el ámbito de plataformas digitales (BOE de 12-05-2021). (En vigor desde el 12/08/2021)

Apdos. 3 y 7.a) (número 3º) se modifican por Real Decreto-ley 6/2019, de 1 de marzo, de medidas urgentes para garantía de la igualdad de trato y de oportunidades entre mujeres y hombres en el empleo y la ocupación. (BOE de 07-03-2019). (En vigor desde el 08/03/2019)

Apdo. 2.c): ver art. 42 del ET.

Apdo. 2.d): ver art. 18 de LPRL.

Apdo. 4.b): ver art. 8 y 49 del ET.

Apdo. 5.a): ver RD 1483/2012, de 29 de octubre, por el que se aprueba el Reglamento de los procedimientos de despido colectivo y de suspensión de contratos y reducción de jornada; art. 51 del ET.

Apdo. 5.b): ver art. 47 del ET.

Apdo. 5.d): ver art. 44 del ET.

Apdo. 7.a).2ª: ver art. 33 y 34 de LPRL.

ART. 65. Capacidad y sigilo profesional.

1. Se reconoce al comité de empresa capacidad, como órgano colegiado, para ejercer acciones administrativas o judiciales en todo lo relativo al ámbito de sus competencias, por decisión mayoritaria de sus miembros.

2. Los miembros del comité de empresa y este en su conjunto, así como, en su caso, los expertos que les asistan, deberán observar el deber de sigilo con respecto a aquella información que, en legítimo y objetivo interés de la empresa o del centro de trabajo, les haya sido expresamente comunicada con carácter reservado.

3. En todo caso, ningún tipo de documento entregado por la empresa al comité podrá ser utilizado fuera del estricto ámbito de aquella ni para fines distintos de los que motivaron su entrega.

El deber de sigilo subsistirá incluso tras la expiración de su mandato e independientemente del lugar en que se encuentren.

4. Excepcionalmente, la empresa no estará obligada a comunicar aquellas informaciones específicas relacionadas con secretos industriales, financieros o comerciales cuya divulgación pudiera, según criterios objetivos, obstaculizar el funcionamiento de la empresa o del centro de trabajo u ocasionar graves perjuicios en su estabilidad económica.

Esta excepción no abarca aquellos datos que tengan relación con el volumen de empleo en la empresa.

5. La impugnación de las decisiones de la empresa de atribuir carácter reservado o de no comunicar determinadas informaciones a los representantes de los trabajadores se tramitará conforme al proceso de conflictos colectivos regulado en el capítulo VIII del título II del libro segundo de la Ley 36/2011, de 10 de octubre, reguladora de la Jurisdicción Social.

Asimismo, se tramitarán conforme a este proceso los litigios relativos al cumplimiento por los representantes de los trabajadores y por los expertos que les asistan de su obligación de sigilo.

Lo dispuesto en este apartado se entiende sin perjuicio de lo previsto en el texto refundido de la Ley sobre Infracciones y Sanciones en el Orden Social, aprobado por el Real Decreto Legislativo 5/2000, de 4 de agosto, para los casos de negativa injustificada de la información a que tienen derecho los representantes de los trabajadores.

Apdo. 2: ver art. 37.3 de LPRL

Apdo. 3: ver STC 213/2002 de 11-11-2002 (Filtración a la empresa de contenidos confidenciales por parte de delegado sindical).

ART. 66. Composición.

1. El número de miembros del comité de empresa se determinará de acuerdo con la siguiente escala:

a) De cincuenta a cien trabajadores, cinco.
b) De ciento uno a doscientos cincuenta trabajadores, nueve.
c) De doscientos cincuenta y uno a quinientos trabajadores, trece.
d) De quinientos uno a setecientos cincuenta trabajadores, diecisiete.
e) De setecientos cincuenta y uno a mil trabajadores, veintiuno.
f) De mil en adelante, dos por cada mil o fracción, con el máximo de setenta y cinco.

2. Los comités de empresa o centro de trabajo elegirán de entre sus miembros un presidente y un secretario del comité, y elaborarán su propio reglamento de procedimiento, que no podrá contravenir lo dispuesto en la ley, remitiendo copia del mismo a la autoridad laboral, a efectos de registro, y a la empresa.

Los comités deberán reunirse cada dos meses o siempre que lo solicite un tercio de sus miembros o un tercio de los trabajadores representados.

Ver art. 10.3.2 de LOLS

ART. 67. Promoción de elecciones y mandato electoral.

1. Podrán promover elecciones a delegados de personal y miembros de comités de empresa las organizaciones sindicales más representativas, las que cuenten con un mínimo de un diez por ciento de representantes en la empresa o los trabajadores del centro de trabajo por acuerdo mayoritario. Los sindicatos con capacidad de promoción de elecciones tendrán derecho a acceder a los registros de las Administraciones Públicas que contengan datos relativos a la inscripción de empresas y altas de trabajadores, en la medida necesaria para llevar a cabo tal promoción en sus respectivos ámbitos.

Los promotores comunicarán a la empresa y a la oficina pública dependiente de la autoridad laboral su propósito de celebrar elecciones con un plazo mínimo de, al menos, un mes de antelación al inicio del proceso electoral. En dicha comunicación los promotores deberán identificar con precisión la empresa y el centro de trabajo de esta en que se desea celebrar el proceso electoral y la fecha de inicio de este, que será la de constitución de la mesa electoral y que, en todo caso, no podrá comenzar antes de un mes ni más allá de tres meses contabilizados a partir del registro de la comunicación en la oficina pública dependiente de la autoridad laboral. Esta oficina pública, dentro del siguiente día hábil, expondrá en el tablón de anuncios los preavisos presentados, facilitando copia de los mismos a los sindicatos que así lo soliciten.

Solo previo acuerdo mayoritario entre los sindicatos más representativos o representativos de conformidad con la Ley Orgánica 11/1985, de 2 de agosto, de Libertad Sindical, podrá promoverse la celebración de elecciones de manera generalizada en uno o varios ámbitos funcionales o territoriales. Dichos acuerdos deberán comunicarse a la oficina pública dependiente de la autoridad laboral para su depósito y publicidad.

Cuando se promuevan elecciones para renovar la representación por conclusión de la duración del mandato, tal promoción solo podrá efectuarse a partir de la fecha en que falten tres meses para el vencimiento del mandato.

Podrán promoverse elecciones parciales por dimisiones, revocaciones o ajustes de la representación por incremento de plantilla. Los convenios colectivos podrán prever lo necesario para acomodar la representación de los trabajadores a las disminuciones significativas de plantilla que puedan tener lugar en la empresa. En su defecto, dicha acomodación deberá realizarse por acuerdo entre la empresa y los representantes de los trabajadores.

2. El incumplimiento de cualquiera de los requisitos establecidos en este artículo para la promoción de elecciones determinará la falta de validez del correspondiente proceso electoral; ello no obstante, la omisión de la comunicación a la empresa podrá suplirse por medio del traslado a la misma de una copia de la comunicación presentada a la oficina pública dependiente de la autoridad laboral, siempre que el traslado de la copia se produzca con una anterioridad mínima de veinte días respecto de la fecha de iniciación del proceso electoral fijado en el escrito de promoción.

La renuncia a la promoción con posterioridad a la comunicación de la oficina pública dependiente de la autoridad laboral no impedirá el desarrollo del proceso electoral, siempre que se cumplan todos los requisitos que permitan la validez del mismo.

En caso de concurrencia de promotores para la realización de elecciones en una empresa o centro de trabajo se considerará válida, a efectos de iniciación del proceso electoral, la primera convocatoria registrada, excepto en los supuestos en los que la mayoría sindical de la empresa o centro de trabajo con comité de empresa hayan presentado otra fecha distinta, en cuyo caso prevalecerá esta última, siempre y cuando dichas convocatorias cumplan con los requisitos establecidos. En este último supuesto la promoción deberá acompañarse de una comunicación fehaciente de dicha promoción de elecciones a los que hubieran realizado otra u otras con anterioridad.

3. La duración del mandato de los delegados de personal y de los miembros del comité de empresa será de cuatro años, entendiéndose que se mantendrán en funciones en el ejercicio de sus competencias y de sus garantías hasta tanto no se hubiesen promovido y celebrado nuevas elecciones.

Solamente podrán ser revocados los delegados de personal y miembros del comité durante su mandato, por decisión de los trabajadores que los hayan elegido, mediante asamblea convocada al efecto a instancia de un tercio, como mínimo, de los electores y por mayoría absoluta de estos, mediante sufragio personal, libre, directo y secreto. No obstante, esta revocación no podrá efectuarse durante la tramitación de un convenio colectivo, ni replantearse hasta transcurridos, por lo menos, seis meses.

4. En el caso de producirse vacante por cualquier causa en los comités de empresa o de centros de trabajo, aquella se cubrirá automáticamente por el trabajador siguiente en la lista a la que pertenezca el sustituido. Cuando la vacante se refiera a los delegados de personal, se cubrirá automáticamente por el trabajador que hubiera obtenido en la votación un número de votos inmediatamente inferior al último de los elegidos. El sustituto lo será por el tiempo que reste del mandato.

5. Las sustituciones, revocaciones, dimisiones y extinciones de mandato se comunicarán a la oficina pública dependiente de la autoridad laboral y al empresario, publicándose asimismo en el tablón de anuncios.

Ver RD 1844/1994, de 9 de septiembre, por el que se aprueba el Reglamento de elecciones a órganos de representación de los trabajadores en la empresa.,

Apdo. 1: ver D.A. 12.ª del ET.

Apdo. 5: ver STC 64/2016 de 11-04-2016 (Adscripción de delegado de personal a otro centro de trabajo, dejando de ostentar la condición de representante de los trabajadores).

ART. 68. Garantías.

Los miembros del comité de empresa y los delegados de personal, como representantes legales de los trabajadores, tendrán, a salvo de lo que se disponga en los convenios colectivos, las siguientes garantías:

a) Apertura de expediente contradictorio en el supuesto de sanciones por faltas graves o muy graves, en el que serán oídos, aparte del interesado, el comité de empresa o restantes delegados de personal.

b) Prioridad de permanencia en la empresa o centro de trabajo respecto de los demás trabajadores, en los supuestos de suspensión o extinción por causas tecnológicas o económicas.

c) No ser despedido ni sancionado durante el ejercicio de sus funciones ni dentro del año siguiente a la expiración de su mandato, salvo en caso de que esta se produzca por revocación o dimisión, siempre que el despido o sanción se base en la acción del trabajador en el ejercicio de su representación, sin perjuicio, por tanto, de lo establecido en el artículo 54. Asimismo no podrá ser discriminado en su promoción económica o profesional en razón, precisamente, del desempeño de su representación.

d) Expresar, colegiadamente si se trata del comité, con libertad sus opiniones en las materias concernientes a la esfera de su representación, pudiendo publicar y distribuir, sin perturbar el normal desenvolvimiento del trabajo, las publicaciones de interés laboral o social, comunicándolo a la empresa.

e) Disponer de un crédito de horas mensuales retribuidas cada uno de los miembros del comité o delegado de personal en cada centro de trabajo, para el ejercicio de sus funciones de representación, de acuerdo con la siguiente escala:

1.º Hasta cien trabajadores, quince horas.
2.º De ciento uno a doscientos cincuenta trabajadores, veinte horas.
3.º De doscientos cincuenta y uno a quinientos trabajadores, treinta horas.
4.º De quinientos uno a setecientos cincuenta trabajadores, treinta y cinco horas.
5.º De setecientos cincuenta y uno en adelante, cuarenta horas.

Podrá pactarse en convenio colectivo la acumulación de horas de los distintos miembros del comité de empresa y, en su caso, de los delegados de personal, en uno o varios de sus componentes, sin rebasar el máximo total, pudiendo quedar relevado o relevados del trabajo, sin perjuicio de su remuneración.

Ver art. 10.3 de LOLS; STC 38/1981 de 23-11-1981 (Vulneración de garantía de indemnidad de representantes de los trabajadores por motivos antisindicales).

Letra a): ver art. 106.2, 114.2, 115.2 de LJS; art. 55.1 del ET.

Letra b): ver art. 51.5, 52.c) del ET.

Letra e): ver art. 7.8 de LISOS (Se califica como infracción grave la trasgresión del crédito horario).

Sección 2.ª Procedimiento electoral

ART. 69. Elección.

1. Los delegados de personal y los miembros del comité de empresa se elegirán por todos los trabajadores mediante sufragio personal, directo, libre y secreto, que podrá emitirse por correo en la forma que establezcan las disposiciones de desarrollo de esta ley.

2. Serán electores todos los trabajadores de la empresa o centro de trabajo mayores de dieciséis años y con una antigüedad en la empresa de, al menos, un mes, y elegibles los trabajadores que tengan dieciocho años cumplidos y una antigüedad en la empresa de, al menos, seis meses, salvo en aquellas actividades en que, por movilidad de personal, se pacte en convenio colectivo un plazo inferior, con el límite mínimo de tres meses de antigüedad.

Los trabajadores extranjeros podrán ser electores y elegibles cuando reúnan las condiciones a que se refiere el párrafo anterior

3. Se podrán presentar candidatos para las elecciones de delegados de personal y miembros del comité de empresa por los sindicatos de trabajadores legalmente constituidos o por las coaliciones formadas por dos o más de ellos, que deberán tener una denominación concreta atribuyéndose sus resultados a la coalición. Igualmente podrán presentarse los trabajadores que avalen su candidatura con un número de firmas de electores de su mismo centro y colegio, en su caso, equivalente al menos a tres veces el número de puestos a cubrir.

Apdo. 2: ver art. 6.5 de RD 1844/1994, de 9 de septiembre, por el que se aprueba el Reglamento de elecciones a órganos de representación de los trabajadores en la empresa.

Apdo. 3: ver STC 44/2001 de 12-02-2001 (Validez de candidatura de trabajadora despedida por motivos sindicales).

ART. 70. Votación para delegados.

En la elección para delegados de personal, cada elector podrá dar su voto a un número máximo de aspirantes equivalente al de puestos a cubrir entre los candidatos proclamados.

Resultarán elegidos los que obtengan el mayor número de votos. En caso de empate, resultará elegido el trabajador de mayor antigüedad en la empresa.

ART. 71. Elección para el comité de empresa.

1. En las empresas de más de cincuenta trabajadores, el censo de electores y elegibles se distribuirá en dos colegios, uno integrado por los técnicos y administrativos y otro por los trabajadores especialistas y no cualificados.

Por convenio colectivo, y en función de la composición profesional del sector de actividad productiva o de la empresa, podrá establecerse un nuevo colegio que se adapte a dicha composición. En tal caso, las normas electorales de este título se adaptarán a dicho número de colegios. Los puestos del comité serán repartidos proporcionalmente en cada empresa según el número de trabajadores que formen los colegios electorales mencionados. Si en la división resultaren cocientes con fracciones, se adjudicará la unidad fraccionaria al grupo al que correspondería la fracción más alta; si fueran iguales, la adjudicación será por sorteo.

2. En las elecciones a miembros del comité de empresa la elección se ajustará a las siguientes reglas:

a) Cada elector podrá dar su voto a una sola de las listas presentadas para los del comité que corresponda a su colegio. Estas listas deberán contener, como mínimo, tantos nombres como puestos a cubrir. No obstante, la renuncia de cualquier candidato presentado en algunas de las listas para las elecciones antes de la fecha de la votación no implicará la suspensión del proceso electoral ni la anulación de dicha candidatura aun cuando sea incompleta, siempre y cuando la lista afectada permanezca con un número de candidatos, al menos, del sesenta por ciento de los puestos a cubrir. En cada lista deberán figurar las siglas del sindicato o grupo de trabajadores que la presenten.

b) No tendrán derecho a la atribución de representantes en el comité de empresa aquellas listas que no hayan obtenido como mínimo el cinco por ciento de los votos por cada colegio.

Mediante el sistema de representación proporcional se atribuirá a cada lista el número de puestos que le corresponda, de conformidad con el cociente que resulte de dividir el número de votos válidos por el de puestos a cubrir. Si hubiese puesto o puestos sobrantes se atribuirán a la lista o listas que tengan un mayor resto de votos.

c) Dentro de cada lista resultarán elegidos los candidatos por el orden en que figuren en la candidatura.

3. La inobservancia de cualquiera de las reglas anteriores determinará la anulabilidad de la elección del candidato o candidatos afectados.

Apdo. 1: ver art. 9.3 de RD 1844/1994, de 9 de septiembre, por el que se aprueba el Reglamento de elecciones a órganos de representación de los trabajadores en la empresa.

Apdo. 2.b): ver art. 12 de RD 1844/1994, de 9 de septiembre, por el que se aprueba el Reglamento de elecciones a órganos de representación de los trabajadores en la empresa.

ART. 72. Representantes de quienes presten servicios en trabajos fijos-discontinuos y de trabajadores no fijos.

1. Quienes presten servicios en trabajos fijos-discontinuos y los trabajadores vinculados por contrato de duración determinada estarán representados por los órganos que se establecen en este título conjuntamente con los trabajadores fijos de plantilla.

2. Por tanto, a efectos de determinar el número de representantes, se estará a lo siguiente:

a) Quienes presten servicios en trabajos fijos-discontinuos y los trabajadores vinculados por contrato de duración determinada superior a un año se computarán como trabajadores fijos de plantilla.

b) Los contratados por término de hasta un año se computarán según el número de días trabajados en el periodo de un año anterior a la convocatoria de la elección. Cada doscientos días trabajados o fracción se computará como un trabajador más.

Ver art. 16 del ET.

Apdo. 2.b): ver art. 9.4 de RD 1844/1994, de 9 de septiembre, por el que se aprueba el Reglamento de elecciones a órganos de representación de los trabajadores en la empresa.

ART. 73. Mesa electoral.

1. En la empresa o centro de trabajo se constituirá una mesa por cada colegio de doscientos cincuenta trabajadores electores o fracción.

2. La mesa será la encargada de vigilar todo el proceso electoral, presidir la votación, realizar el escrutinio, levantar el acta correspondiente y resolver cualquier reclamación que se presente.

3. La mesa estará formada por el presidente, que será el trabajador de más antigüedad en la empresa, y dos vocales, que serán los electores de mayor y menor edad. Este último actuará de secretario. Se designarán suplentes a aquellos trabajadores que sigan a los titulares de la mesa en el orden indicado de antigüedad o edad.

4. Ninguno de los componentes de la mesa podrá ser candidato y, de serlo, le sustituirá en ella su suplente.

5. Cada candidato o candidatura, en su caso, podrá nombrar un interventor por mesa. Asimismo, el empresario podrá designar un representante suyo que asista a la votación y al escrutinio.

Ver art. 5 de RD 1844/1994, de 9 de septiembre, por el que se aprueba el Reglamento de elecciones a órganos de representación de los trabajadores en la empresa.

Apdo. 4: ver STC 18/2001 de 29-01-2001 (Forma y momento en el que han de presentarse las candidaturas y renuncia a ser miembro de la mesa electoral).

ART. 74. Funciones de la mesa.

1. Comunicado a la empresa el propósito de celebrar elecciones, esta, en el término de siete días, dará traslado de la comunicación a los trabajadores que deban constituir la mesa, así como a los representantes de los trabajadores, poniéndolo simultáneamente en conocimiento de los promotores.

La mesa electoral se constituirá formalmente, mediante acta otorgada al efecto, en la fecha fijada por los promotores en su comunicación del propósito de celebrar elecciones, que será la fecha de iniciación del proceso electoral.

2. Cuando se trate de elecciones a delegados de personal, el empresario, en el mismo término, remitirá a los componentes de la mesa electoral el censo laboral, que se ajustará, a estos efectos, a modelo normalizado.

La mesa electoral cumplirá las siguientes funciones:

a) Hará público entre los trabajadores el censo laboral con indicación de quiénes son electores.

b) Fijará el número de representantes y la fecha tope para la presentación de candidaturas.

c) Recibirá y proclamará las candidaturas que se presenten.

d) Señalará la fecha de votación.

e) Redactará el acta de escrutinio en un plazo no superior a tres días naturales.

Los plazos para cada uno de los actos serán señalados por la mesa con criterios de razonabilidad y según lo aconsejen las circunstancias, pero, en todo caso, entre su constitución y la fecha de las elecciones no mediarán más de diez días.

En el caso de elecciones en centros de trabajo de hasta treinta trabajadores en los que se elige un solo delegado de personal, desde la constitución de la mesa hasta los actos de votación y proclamación de candidatos electos habrán de transcurrir veinticuatro horas, debiendo en todo caso la mesa hacer pública con la suficiente antelación la hora de celebración de la votación. Si se hubiera presentado alguna reclamación se hará constar en el acta, así como la resolución que haya tomado la mesa.

3. Cuando se trate de elecciones a miembros del comité de empresa, constituida la mesa electoral solicitará al empresario el censo laboral y confeccionará, con los medios que le habrá de facilitar este, la lista de electores. Esta se hará pública en los tablones de anuncios mediante su exposición durante un tiempo no inferior a setenta y dos horas.

La mesa resolverá cualquier incidencia o reclamación relativa a inclusiones, exclusiones o correcciones que se presenten hasta veinticuatro horas después de haber finalizado el plazo de exposición de la lista. Publicará la lista definitiva dentro de las veinticuatro horas siguientes. A continuación, la mesa, o el conjunto de ellas, determinará el número de miembros del comité que hayan de ser elegidos en aplicación de lo dispuesto en el artículo 66.

Las candidaturas se presentarán durante los nueve días siguientes a la publicación de la lista definitiva de electores. La proclamación se hará en los dos días laborables después de concluido dicho plazo, publicándose en los tablones referidos. Contra el acuerdo de proclamación se podrá reclamar dentro del día laborable siguiente, resolviendo la mesa en el posterior día hábil.

Entre la proclamación de candidatos y la votación mediarán al menos cinco días.

Apdo. 2: ver art. 6 de RD 1844/1994, de 9 de septiembre, por el que se aprueba el Reglamento de elecciones a órganos de representación de los trabajadores en la empresa.

ART. 75. Votación para delegados y comités de empresa.

1. El acto de la votación se efectuará en el centro o lugar de trabajo y durante la jornada laboral, teniéndose en cuenta las normas que regulen el voto por correo.

El empresario facilitará los medios precisos para el normal desarrollo de la votación y de todo el proceso electoral.

2. El voto será libre, secreto, personal y directo, depositándose las papeletas, que en tamaño, color, impresión y calidad del papel serán de iguales características, en urnas cerradas.

3. Inmediatamente después de celebrada la votación, la mesa electoral procederá públicamente al recuento de votos mediante la lectura por el presidente, en voz alta, de las papeletas.

4. Del resultado del escrutinio se levantará acta según modelo normalizado en la que se incluirán las incidencias y protestas habidas en su caso. Una vez redactada el acta será firmada por los componentes de la mesa, los interventores y el representante del empresario, si lo hubiere. Acto seguido, las mesas electorales de una misma empresa o centro, en reunión conjunta, extenderán el acta del resultado global de la votación.

5. El presidente de la mesa remitirá copias del acta de escrutinio al empresario y a los interventores de las candidaturas, así como a los representantes electos.

El resultado de la votación se publicará en los tablones de anuncios.

6. El original del acta, junto con las papeletas de votos nulos o impugnados por los interventores y el acta de constitución de la mesa, serán presentadas en el plazo de tres días a la oficina pública dependiente de la autoridad laboral por el presidente de la mesa, quien podrá delegar por escrito en algún miembro de la mesa. La oficina pública dependiente de la autoridad laboral procederá en el inmediato día hábil a la publicación en los tablones de anuncios de una copia del acta, entregando copia a los sindicatos que así se lo soliciten y dará traslado a la empresa de la presentación en dicha oficina pública del acta correspondiente al proceso electoral que ha tenido lugar en aquella, con indicación de la fecha en que finaliza el plazo para impugnarla y mantendrá el depósito de las papeletas hasta cumplirse los plazos de impugnación. La oficina pública dependiente de la autoridad laboral, transcurridos los diez días hábiles desde la publicación, procederá o no al registro de las actas electorales.

7. Corresponde a la oficina pública dependiente de la autoridad laboral el registro de las actas, así como la expedición de copias auténticas de las mismas y, a requerimiento del sindicato interesado, de las certificaciones acreditativas de su capacidad representativa a los efectos de los artículos 6 y 7 de la Ley Orgánica 11/1985, de 2 de agosto, de Libertad Sindical. Dichas certificaciones consignarán si el sindicato tiene o no la condición de más representativo o representativo, salvo que el ejercicio de las funciones o facultades correspondientes requiera la precisión de la concreta representatividad ostentada. Asimismo, y a los efectos que procedan, la oficina pública dependiente de la autoridad laboral podrá extender certificaciones de los resultados electorales a las organizaciones sindicales que las soliciten.

La denegación del registro de un acta por la oficina pública dependiente de la autoridad laboral solo podrá hacerse cuando se trate de actas que no vayan extendidas en el modelo oficial normalizado, falta de comunicación de la promoción electoral a la oficina pública, falta de la firma del presidente de la mesa electoral u omisión o ilegibilidad en las actas de alguno de los datos que impida el cómputo electoral.

En estos supuestos, la oficina pública dependiente de la autoridad laboral requerirá, dentro del siguiente día hábil, al presidente de la mesa electoral para que en el plazo de diez días hábiles proceda a la subsanación correspondiente. Dicho requerimiento será comunicado a los sindicatos que hayan obtenido representación y al resto de las candidaturas. Una vez efectuada la subsanación, esta oficina pública procederá al registro del acta electoral correspondiente. Transcurrido dicho plazo sin que se haya efectuado la subsanación o no realizada esta en forma, la oficina pública dependiente de la autoridad laboral procederá, en el plazo de diez días hábiles, a denegar el registro, comunicándolo a los sindicatos que hayan obtenido representación y al presidente de la mesa. En el caso de que la denegación del registro se deba a la ausencia de comunicación de la promoción electoral a la oficina pública dependiente de la autoridad laboral no cabrá requerimiento de subsanación, por lo que, comprobada la falta por dicha oficina pública, esta procederá sin más trámite a la denegación del registro, comunicándolo al presidente de la mesa electoral, a los sindicatos que hayan obtenido representación y al resto de las candidaturas.

La resolución denegatoria del registro podrá ser impugnada ante el orden jurisdiccional social.

Apdo. 1: ver art. 7 (Votación en mesa electoral itinerante) y Art. 10 de RD 1844/1994, de 9 de septiembre, por el que se aprueba el Reglamento de elecciones a órganos de representación de los trabajadores en la empresa. (Votación por correo); art. 8.7 de LISOS (Se califica como infracción muy grave la falta de colaboración empresarial).

Apdo. 7, último párrafo: ver art. 133 a 136 de LJS (Impugnación ante la jurisdicción social); D.A. 11.ª del ET.

ART. 76. Reclamaciones en materia electoral.

1. Las impugnaciones en materia electoral se tramitarán conforme al procedimiento arbitral regulado en este artículo, con excepción de las denegaciones de inscripción, cuyas reclamaciones podrán plantearse directamente ante la jurisdicción social.

2. Todos los que tengan interés legítimo, incluida la empresa cuando en ella concurra dicho interés, podrán impugnar la elección, las decisiones que adopte la mesa, así como cualquier otra actuación de la misma a lo largo del proceso electoral, fundándose para ello en la existencia de vicios graves que pudieran afectar a las garantías del proceso electoral y que alteren su resultado, en la falta de capacidad o legitimidad de los candidatos elegidos, en la discordancia entre el acta y el desarrollo del proceso electoral y en la falta de correlación entre el número de trabajadores que figuran en el acta de elecciones y el número de representantes elegidos. La impugnación de actos de la mesa electoral requerirá haber efectuado reclamación dentro del día laborable siguiente al acto y deberá ser resuelta por la mesa en el posterior día hábil, salvo lo previsto en el último párrafo del artículo 74.2.

3. Serán árbitros los designados conforme al procedimiento que se regula en este apartado, salvo en el caso de que las partes de un procedimiento arbitral se pusieran de acuerdo en la designación de un árbitro distinto.

El árbitro o árbitros serán designados, con arreglo a los principios de neutralidad y profesionalidad, entre licenciados en Derecho, graduados sociales, así como titulados equivalentes, por acuerdo unánime de los sindicatos más representativos, a nivel estatal o de comunidades autónomas según proceda y de los que ostenten el diez por ciento o más de los delegados y de los miembros de los comités de empresa en el ámbito provincial, funcional o de empresa correspondiente. Si no existiera acuerdo unánime entre los sindicatos señalados anteriormente, la autoridad laboral competente establecerá la forma de designación, atendiendo a los principios de imparcialidad de los árbitros, posibilidad de ser recusados y participación de los sindicatos en su nombramiento.

La duración del mandato de los árbitros será de cinco años, siendo susceptible de renovación.

La Administración laboral facilitará la utilización de sus medios personales y materiales por los árbitros en la medida necesaria para que estos desarrollen sus funciones.

4. Los árbitros deberán abstenerse y, en su defecto, ser recusados, en los casos siguientes:

a) Tener interés personal en el asunto de que se trate.

b) Ser administrador de sociedad o entidad interesada, o tener cuestión litigiosa con alguna de las partes.

c) Tener parentesco de consanguinidad dentro del cuarto grado o de afinidad dentro del segundo, con cualquiera de los interesados, con los administradores de entidades o sociedades interesadas y también con los asesores, representantes legales o mandatarios que intervengan en el arbitraje, así como compartir despacho profesional o estar asociado con estos para el asesoramiento, la representación o el mandato.

d) Tener amistad íntima o enemistad manifiesta con alguna de las personas mencionadas en la letra c).

e) Tener relación de servicio con persona natural o jurídica interesada directamente en el asunto o haberle prestado en los últimos dos años servicios profesionales de cualquier tipo y en cualquier circunstancia o lugar.

5. El procedimiento arbitral se iniciará mediante escrito dirigido a la oficina pública dependiente de la autoridad laboral, a quien promovió las elecciones y, en su caso, a quienes hayan presentado candidatos a las elecciones objeto de impugnación. Este escrito, en el que figurarán los hechos que se tratan de impugnar, deberá presentarse en un plazo de

tres días hábiles, contados desde el siguiente a aquel en que se hubieran producido los hechos o resuelto la reclamación por la mesa; en el caso de impugnaciones promovidas por sindicatos que no hubieran presentado candidaturas en el centro de trabajo en el que se hubiera celebrado la elección, los tres días se computarán desde el día en que se conozca el hecho impugnable. Si se impugnasen actos del día de la votación o posteriores al mismo, el plazo será de diez días hábiles, contados a partir de la entrada de las actas en la oficina pública dependiente de la autoridad laboral.

Hasta que no finalice el procedimiento arbitral y, en su caso, la posterior impugnación judicial, quedará paralizada la tramitación de un nuevo procedimiento arbitral. El planteamiento del arbitraje interrumpirá los plazos de prescripción.

6. La oficina pública dependiente de la autoridad laboral dará traslado al árbitro del escrito en el día hábil posterior a su recepción así como de una copia del expediente electoral administrativo. Si se hubieran presentado actas electorales para registro, se suspenderá su tramitación.

A las veinticuatro horas siguientes, el árbitro convocará a las partes interesadas para que comparezcan ante él, lo que habrá de tener lugar en los tres días hábiles siguientes. Si las partes, antes de comparecer ante el árbitro designado de conformidad a lo establecido en el apartado 3, se pusieran de acuerdo y designaran uno distinto, lo notificarán a la oficina pública dependiente de la autoridad laboral para que dé traslado a este árbitro del expediente administrativo electoral, continuando con el mismo el resto del procedimiento.

El árbitro, dentro de los tres días hábiles siguientes a la comparecencia y previa práctica de las pruebas procedentes o conformes a derecho, que podrán incluir la personación en el centro de trabajo y la solicitud de la colaboración necesaria del empresario y las Administraciones Públicas, dictará laudo. El laudo será escrito y razonado, resolviendo en derecho sobre la impugnación del proceso electoral y, en su caso, sobre el registro del acta, y se notificará a los interesados y a la oficina pública dependiente de la autoridad laboral. Si se hubiese impugnado la votación, la oficina procederá al registro del acta o a su denegación, según el contenido del laudo.

El laudo arbitral podrá impugnarse ante el orden jurisdiccional social a través de la modalidad procesal correspondiente.

Ver art. 28 de RD 1844/1994, de 9 de septiembre, por el que se aprueba el Reglamento de elecciones a órganos de representación de los trabajadores en la empresa.

Apdo. 2: ver art. 29 y 30 de RD 1844/1994, de 9 de septiembre, por el que se aprueba el Reglamento de elecciones a órganos de representación de los trabajadores en la empresa.

Apdo. 6, último párrafo: ver art. 76.6 (último párrafo) de la LJS (Impugnación ante la jurisdicción social).

CAPÍTULO II
Del derecho de reunión

Ver art. 21 CE; art. 4.1.f) y g) ET; art. 8 LOLS; art. 8.5 LISOS (se considera infracción muy grave la acción u omisión que impida el ejercicio del derecho de reunión).

ART. 77. Las asambleas de trabajadores.

1. De conformidad con lo dispuesto en el artículo 4, los trabajadores de una misma empresa o centro de trabajo tienen derecho a reunirse en asamblea.

La asamblea podrá ser convocada por los delegados de personal, el comité de empresa o centro de trabajo, o por un número de trabajadores no inferior al treinta y tres por ciento de la plantilla. La asamblea será presidida, en todo caso, por el comité de empresa o por los delegados de personal mancomunadamente, que serán responsables del normal desarrollo de la misma, así como de la presencia en la asamblea de personas no pertenecientes a la empresa. Solo podrá tratarse en ella de asuntos que figuren previamente incluidos en el orden del día. La presidencia comunicará al empresario la convocatoria y los nombres de las personas no pertenecientes a la empresa que vayan a asistir a la asamblea y acordará con este las medidas oportunas para evitar perjuicios en la actividad normal de la empresa.

2. Cuando por trabajarse en turnos, por insuficiencia de los locales o por cualquier otra circunstancia, no pueda reunirse simultáneamente toda la plantilla sin perjuicio o alteración en el normal desarrollo de la producción, las diversas reuniones parciales que hayan de celebrarse se considerarán como una sola y fechadas en el día de la primera.

ART. 78. Lugar de reunión.

1. El lugar de reunión será el centro de trabajo, si las condiciones del mismo lo permiten, y la misma tendrá lugar fuera de las horas de trabajo, salvo acuerdo con el empresario.

2. El empresario deberá facilitar el centro de trabajo para la celebración de la asamblea, salvo en los siguientes casos:

a) Si no se cumplen las disposiciones de esta ley.

b) Si hubiesen transcurrido menos de dos meses desde la última reunión celebrada.

c) Si aún no se hubiese resarcido o afianzado el resarcimiento por los daños producidos en alteraciones ocurridas en alguna reunión anterior.

d) Cierre legal de la empresa.

Las reuniones informativas sobre convenios colectivos que les sean de aplicación no estarán afectadas por lo establecido en la letra b).

Apdo. 2.d): ver art. 12 de RDL 17/1977, de 4 de marzo, sobre relaciones de trabajo.

ART. 79. Convocatoria.

La convocatoria, con expresión del orden del día propuesto por los convocantes, se comunicará al empresario con cuarenta y ocho horas de antelación, como mínimo, debiendo este acusar recibo.

ART. 80. Votaciones.

Cuando se someta a la asamblea por parte de los convocantes la adopción de acuerdos que afecten al conjunto de los trabajadores, se requerirá para la validez de aquellos el voto favorable personal, libre, directo y secreto, incluido el voto por correo, de la mitad más uno de los trabajadores de la empresa o centro de trabajo.

ART. 81. Locales y tablón de anuncios.

En las empresas o centros de trabajo, siempre que sus características lo permitan, se pondrá a disposición de los delegados de personal o del comité de empresa un local adecuado en el que puedan desarrollar sus actividades y comunicarse con los trabajadores, así como uno o varios tablones de anuncios. La representación legal de los trabajadores de las empresas contratistas y subcontratistas que compartan de forma continuada centro de trabajo podrán hacer uso de dichos locales en los términos que acuerden con la empresa. Las posibles discrepancias se resolverán por la autoridad laboral, previo informe de la Inspección de Trabajo y Seguridad Social.

Ver art. 8.2.a) y c) de LOLS; art. 42.8 del ET.

TÍTULO III
De la negociación colectiva y de los convenios colectivos

Ver art. 37.1 CE

CAPÍTULO I
Disposiciones generales

Sección 1.ª Naturaleza y efectos de los convenios

ART. 82. Concepto y eficacia.

1. Los convenios colectivos, como resultado de la negociación desarrollada por los representantes de los trabajadores y de los empresarios, constituyen la expresión del acuerdo libremente adoptado por ellos en virtud de su autonomía colectiva.

2. Mediante los convenios colectivos, y en su ámbito correspondiente, los trabajadores y empresarios regulan las condiciones de trabajo y de productividad. Igualmente podrán regular la paz laboral a través de las obligaciones que se pacten.

3. Los convenios colectivos regulados por esta ley obligan a todos los empresarios y trabajadores incluidos dentro de su ámbito de aplicación y durante todo el tiempo de su vigencia.

Sin perjuicio de lo anterior, cuando concurran causas económicas, técnicas, organizativas o de producción, por acuerdo entre la empresa y los representantes de los trabajadores legitimados para negociar un convenio colectivo conforme a lo previsto en el artículo 87.1, se podrá proceder, previo desarrollo de un periodo de consultas en los términos del artículo 41.4, a inaplicar en la empresa las condiciones de trabajo previstas en el convenio colectivo aplicable, sea este de sector o de empresa, que afecten a las siguientes materias:

a) Jornada de trabajo.

b) Horario y distribución del tiempo de trabajo.

c) Régimen de trabajo a turnos.

d) Sistema de remuneración y cuantía salarial.

e) Sistema de trabajo y rendimiento.

f) Funciones, cuando excedan de los límites que para la movilidad funcional prevé el artículo 39.

g) Mejoras voluntarias de la acción protectora de la Seguridad Social.

Se entiende que concurren causas económicas cuando de los resultados de la empresa se desprenda una situación económica negativa, en casos tales como la existencia de pérdidas actuales o previstas, o la disminución persistente de su nivel de ingresos ordinarios o ventas. En todo caso, se entenderá que la disminución es persistente si durante dos trimestres consecutivos el nivel de ingresos ordinarios o ventas de cada trimestre es inferior al registrado en el mismo trimestre del año anterior.

Se entiende que concurren causas técnicas cuando se produzcan cambios, entre otros, en el ámbito de los medios o instrumentos de producción; causas organizativas cuando se produzcan cambios, entre otros, en el ámbito de los sistemas y métodos de trabajo del personal o en el modo de organizar la producción, y causas productivas cuando se produzcan cambios, entre otros, en la demanda de los productos o servicios que la empresa pretende colocar en el mercado.

La intervención como interlocutores ante la dirección de la empresa en el procedimiento de consultas corresponderá a los sujetos indicados en el artículo 41.4, en el orden y condiciones señalados en el mismo.

Cuando el periodo de consultas finalice con acuerdo se presumirá que concurren las causas justificativas a que alude el párrafo segundo, y solo podrá ser impugnado ante la jurisdicción social por la existencia de fraude, dolo, coacción o abuso de derecho en su conclusión. El acuerdo deberá determinar con exactitud las nuevas condiciones de trabajo aplicables en la empresa y su duración, que no podrá prolongarse más allá del momento en que resulte aplicable un nuevo convenio en dicha empresa. El acuerdo de inaplicación no podrá dar lugar al incumplimiento de las obligaciones establecidas en convenio relativas a la eliminación de las discriminaciones por razones de género o de las que estuvieran previstas, en su caso, en el plan de igualdad aplicable en la empresa. Asimismo, el acuerdo deberá ser notificado a la comisión paritaria del convenio colectivo.

En caso de desacuerdo durante el periodo de consultas cualquiera de las partes podrá someter la discrepancia a la comisión del convenio, que dispondrá de un plazo máximo de siete días para pronunciarse, a contar desde que la discrepancia le fuera planteada. Cuando no se hubiera solicitado la intervención de la comisión o esta no hubiera alcanzado un acuerdo, las partes deberán recurrir a los procedimientos que se hayan establecido en los acuerdos interprofesionales de ámbito estatal o autonómico, previstos en el artículo 83, para solventar de manera efectiva las discrepancias surgidas en la negociación de los acuerdos a que se refiere este apartado, incluido el compromiso previo de someter las discrepancias a un arbitraje vinculante, en cuyo caso el laudo arbitral tendrá la misma eficacia que los acuerdos en periodo de consultas y solo será recurrible conforme al procedimiento y en base a los motivos establecidos en el artículo 91.

Cuando el periodo de consultas finalice sin acuerdo y no fueran aplicables los procedimientos a los que se refiere el párrafo anterior o estos no hubieran solucionado la discrepancia, cualquiera de las partes podrá someter la solución de la misma a la Comisión Consultiva Nacional de Convenios Colectivos cuando la inaplicación de las condiciones de trabajo afectase a centros de trabajo de la empresa situados en el territorio de más de una comunidad autónoma, o a los órganos correspondientes de las comunidades autónomas en los demás casos. La decisión de estos órganos, que podrá ser adoptada en su propio seno o por un árbitro designado al efecto por ellos mismos con las debidas garantías para asegurar su imparcialidad, habrá de dictarse en plazo no superior a veinticinco días a contar desde la fecha del sometimiento del conflicto ante dichos órganos. Tal decisión tendrá la eficacia de los acuerdos alcanzados en periodo de consultas y solo será recurrible conforme al procedimiento y en base a los motivos establecidos en el artículo 91.

El resultado de los procedimientos a que se refieren los párrafos anteriores que haya finalizado con la inaplicación de condiciones de trabajo deberá ser comunicado a la autoridad laboral a los solos efectos de depósito.

4. El convenio colectivo que sucede a uno anterior puede disponer sobre los derechos reconocidos en aquel. En dicho supuesto se aplicará, íntegramente, lo regulado en el nuevo convenio.

Apdo. 3: ver D.A. 9ª.1.c) del ET; STC 105/1992 de 01-07-1992 (Eficacia de los convenios colectivos frente a pactos individuales).

Apdo. 4: ver art. 86.4 del ET.

ART. 83. Unidades de negociación.

1. Los convenios colectivos tendrán el ámbito de aplicación que las partes acuerden.

2. Las organizaciones sindicales y asociaciones empresariales más representativas, de carácter estatal o de comunidad autónoma, podrán establecer, mediante acuerdos interprofesionales, cláusulas sobre la estructura de la negociación colectiva, fijando, en su caso, las reglas que han de resolver los conflictos de concurrencia entre convenios de distinto ámbito.

Estas cláusulas podrán igualmente pactarse en convenios o acuerdos colectivos sectoriales, de ámbito estatal o autonómico, por aquellos sindicatos y asociaciones empresariales que cuenten con la legitimación necesaria, de conformidad con lo establecido en esta ley.

3. Dichas organizaciones de trabajadores y empresarios podrán igualmente elaborar acuerdos sobre materias concretas. Estos acuerdos, así como los acuerdos interprofesionales a que se refiere el apartado 2, tendrán el tratamiento de esta ley para los convenios colectivos.

Ver D.A. 13.ª del ET.

ART. 84. Concurrencia.

1. Un convenio colectivo, durante su vigencia, no podrá ser afectado por lo dispuesto en convenios de ámbito distinto salvo pacto en contrario, negociado conforme a lo dispuesto en el artículo 83.2, y salvo lo previsto en el apartado siguiente.

2. La regulación de las condiciones establecidas en un convenio de empresa, que podrá negociarse en cualquier momento de la vigencia de convenios colectivos de ámbito superior, tendrá prioridad aplicativa respecto del convenio sectorial estatal, autonómico o de ámbito inferior en las siguientes materias:

a) El abono o la compensación de las horas extraordinarias y la retribución específica del trabajo a turnos.

b) El horario y la distribución del tiempo de trabajo, el régimen de trabajo a turnos y la planificación anual de las vacaciones.

c) La adaptación al ámbito de la empresa del sistema de clasificación profesional de las personas trabajadoras.

d) La adaptación de los aspectos de las modalidades de contratación que se atribuyen por esta ley a los convenios de empresa.

e) Las medidas para favorecer la corresponsabilidad y la conciliación entre la vida laboral, familiar y personal.

f) Aquellas otras que dispongan los acuerdos y convenios colectivos a que se refiere el artículo 83.2.

Igual prioridad aplicativa tendrán en estas materias los convenios colectivos para un grupo de empresas o una pluralidad de empresas vinculadas por razones organizativas o productivas y nominativamente identificadas a que se refiere el artículo 87.1.

Los acuerdos y convenios colectivos a que se refiere el artículo 83.2 no podrán disponer de la prioridad aplicativa prevista en este apartado.

3. No obstante lo establecido en el artículo anterior, en el ámbito de una comunidad autónoma, los sindicatos y las asociaciones empresariales que reúnan los requisitos de legitimación de los artículos 87 y 88, podrán negociar convenios colectivos y acuerdos interprofesionales de comunidad autónoma que tendrán prioridad aplicativa sobre cualquier otro convenio sectorial o acuerdo de ámbito estatal, siempre que dichos convenios y acuerdos obtengan el respaldo de las mayorías exigidas para constituir la comisión negociadora en la correspondiente unidad de negociación y su regulación resulte más favorable para las personas trabajadoras que la fijada en los convenios o acuerdos estatales.

4. Podrán tener la misma prioridad aplicativa prevista en el apartado anterior los convenios colectivos provinciales cuando así se prevea en acuerdos interprofesionales de ámbito autonómico suscritos de acuerdo con el articulo 83.2 y siempre que su regulación resulte más favorable para las personas trabajadoras que la fijada en los convenios o acuerdos estatales.

5. En los supuestos previstos en los dos apartados anteriores, se considerarán materias no negociables el periodo de prueba, las modalidades de contratación, la clasificación profesional, la jornada máxima anual de trabajo, el régimen disciplinario, las normas mínimas en materia de prevención de riesgos laborales y la movilidad geográfica.

Apdo. 3 se modifica, se añade nuevo apdo. 4 y el anterior apdo. 4 se renumera como apdo. 5 por Real Decreto-ley 2/2024, de 21 de mayo, por el que se adoptan medidas urgentes para la simplificación y mejora del nivel asistencial de la protección por desempleo, y para completar la transposición de la Directiva (UE) 2019/1158 del Parlamento Europeo y del Consejo, de 20 de junio de 2019, relativa a la conciliación de la vida familiar y la vida profesional de los progenitores y los cuidadores, y por la que se deroga la Directiva 2010/18/UE del Consejo. (BOE de 22-05-2024).

La modificación efectuada en los apartados 3 y 4 por Real Decreto-ley 7/2023, de 19 de diciembre no está integrada en el texto ya que no se convalidó la mencionada norma.

Apdo. 2 modificado por Real Decreto-ley 32/2021, de 28 de diciembre, de medidas urgentes para la reforma laboral, la garantía de la estabilidad en el empleo y la transformación del mercado de trabajo. (BOE de 30-12-2021). Ver la D.T. 6.ª del Real Decreto-ley 32/2021, de 28 de diciembre, en cuanto al régimen transitorio. Téngase en cuenta que el Real Decreto-ley 1/2022, de 18 de enero modificó la redacción del apdo. 2.d) que le había dado a este apartado el Real Decreto-ley 32/2021, de 28 de diciembre.

Ver art. 42.6 del ET.

Apdo. 2: ver STC 8/2015 de 22-01-2015 (Constitucionalidad de la prioridad aplicativa de los convenios de empresa sobre los de sector).

ART. 85. Contenido.

1. Dentro del respeto a las leyes, los convenios colectivos podrán regular materias de índole económica, laboral, sindical y, en general, cuantas otras afecten a las condiciones de empleo y al ámbito de relaciones de los trabajadores y sus organizaciones representativas con el empresario y las asociaciones empresariales, incluidos procedimientos para resolver las discrepancias surgidas en los periodos de consulta previstos en los artículos 40, 41, 47 y 51; los laudos arbitrales que a estos efectos puedan dictarse tendrán la misma eficacia y tramitación que los acuerdos en el periodo de consultas, siendo susceptibles de impugnación en los mismos términos que los laudos dictados para la solución de las controversias derivadas de la aplicación de los convenios.

Sin perjuicio de la libertad de las partes para determinar el contenido de los convenios colectivos, en la negociación de los mismos existirá, en todo caso, el deber de negociar medidas dirigidas a promover la igualdad de trato y de oportunidades entre mujeres y hombres en el ámbito laboral o, en su caso, planes de igualdad con el alcance y contenido previsto en el capítulo III del título IV de la Ley Orgánica 3/2007, de 22 de marzo, para la igualdad efectiva de mujeres y hombres.

Igualmente, a través de la negociación colectiva se negociarán protocolos de actuación que recojan medidas de prevención de riesgos específicamente referidas a la actuación frente a catástrofes y otros fenómenos meteorológicos adversos.

Asimismo, existirá el deber de negociar medidas para promover la elaboración de planes de movilidad sostenible al trabajo con el alcance y contenido previstos en la Ley 9/2025, de Movilidad Sostenible, orientados a buscar soluciones de movilidad que contemplen el impulso del transporte colectivo, la movilidad de bajas emisiones, la movilidad activa y la movilidad compartida o colaborativa, de cara a conseguir los objetivos de calidad del aire y reducción de emisiones, así como a evitar la congestión y prevenir los accidentes en los desplazamientos al trabajo.

2. A través de la negociación colectiva se podrán articular procedimientos de información y seguimiento de los despidos objetivos, en el ámbito correspondiente.

Asimismo, sin perjuicio de la libertad de contratación que se reconoce a las partes, a través de la negociación colectiva se articulará el deber de negociar planes de igualdad en las empresas de más de doscientos cincuenta trabajadores de la siguiente forma:

a) En los convenios colectivos de ámbito empresarial, el deber de negociar se formalizará en el marco de la negociación de dichos convenios.

b) En los convenios colectivos de ámbito superior a la empresa, el deber de negociar se formalizará a través de la negociación colectiva que se desarrolle en la empresa en los términos y condiciones que se hubieran establecido en los indicados convenios para cumplimentar dicho deber de negociar a través de las oportunas reglas de complementariedad.

3. Sin perjuicio de la libertad de contratación a que se refieren los apartados anteriores, los convenios colectivos habrán de expresar como contenido mínimo lo siguiente:

a) Determinación de las partes que los conciertan.

b) Ámbito personal, funcional, territorial y temporal.

c) Procedimientos para solventar de manera efectiva las discrepancias que puedan surgir para la no aplicación de las condiciones de trabajo a que se refiere el artículo 82.3, adaptando, en su caso, los procedimientos que se establezcan a este respecto en los acuerdos interprofesionales de ámbito estatal o autonómico conforme a lo dispuesto en tal artículo.

d) Forma y condiciones de denuncia del convenio, así como plazo mínimo para dicha denuncia antes de finalizar su vigencia.

e) Designación de una comisión paritaria de la representación de las partes negociadoras para entender de aquellas cuestiones establecidas en la ley y de cuantas otras le sean atribuidas, así como establecimiento de los procedimientos y plazos de actuación de esta comisión, incluido el sometimiento de las discrepancias producidas en su seno a los sistemas no judiciales de solución de conflictos establecidos mediante los acuerdos interprofesionales de ámbito estatal o autonómico previstos en el artículo 83.

Apdo. 1 modificado (se añade un último párrafo) por Ley 9/2025, de 3 de diciembre, de Movilidad Sostenible (BOE de 04-12-2025). Téngase en cuenta que según la disposición transitoria primera de esta misma ley 9/2025, la obligación prevista en el último párrafo del apdo. 1 del presente artículo será de aplicación en la negociación de los convenios colectivos cuya comisión negociadora se constituya a partir de la fecha de entrada en vigor de la presente ley (el 05-12-2025).

Apdo. 1 anteriormente modificado por Real Decreto-ley 8/2024, de 28 de noviembre, por el que se adoptan medidas urgentes complementarias en el marco del Plan de respuesta inmediata, reconstrucción y relanzamiento frente a los daños causados por la Depresión Aislada en Niveles Altos (DANA) en diferentes municipios entre el 28 de octubre y el 4 de noviembre de 2024. (BOE de 29-11-2024). En vigor desde el 30/11/2024.

Apdo. 1: ver art. 91, D.A. 13.ª del ET; Resolución de 10 de diciembre de 2020, de la Dirección General de Trabajo, por la que se registra y publica el VI Acuerdo sobre Solución Autónoma de Conflictos Laborales (Sistema Extrajudicial). (ASAC VI).

Apdo. 2: ver Real Decreto 901/2020, de 13 de octubre, por el que se regulan los planes de igualdad y su registro y se modifica el Real Decreto 713/2010, de 28 de mayo, sobre registro y depósito de convenios y acuerdos colectivos de trabajo.

ART. 86. Vigencia.

1. Corresponde a las partes negociadoras establecer la duración de los convenios, pudiendo eventualmente pactarse distintos periodos de vigencia para cada materia o grupo homogéneo de materias dentro del mismo convenio.

Durante la vigencia del convenio colectivo, los sujetos que reúnan los requisitos de legitimación previstos en los artículos 87 y 88 podrán negociar su revisión.

2. Salvo pacto en contrario, los convenios colectivos se prorrogarán de año en año si no mediara denuncia expresa de las partes.

3. La vigencia de un convenio colectivo, una vez denunciado y concluida la duración pactada, se producirá en los términos que se hubiesen establecido en el propio convenio.

Durante las negociaciones para la renovación de un convenio colectivo, en defecto de pacto, se mantendrá su vigencia, si bien las cláusulas convencionales por las que se hubiera renunciado a la huelga durante la vigencia de un convenio decaerán a partir de su denuncia. Las partes podrán adoptar acuerdos parciales para la modificación de alguno o algunos de sus contenidos prorrogados con el fin de adaptarlos a las condiciones en las que, tras la terminación de la vigencia pactada, se desarrolle la actividad en el sector o en la empresa. Estos acuerdos tendrán la vigencia que las partes determinen.

4. Transcurrido un año desde la denuncia del convenio colectivo sin que se haya acordado un nuevo convenio, las partes deberán someterse a los procedimientos de mediación regulados en los acuerdos interprofesionales de ámbito estatal o autonómico previstos en el artículo 83, para solventar de manera efectiva las discrepancias existentes.

Asimismo, siempre que exista pacto expreso, previo o coetáneo, las partes se someterán a los procedimientos de arbitraje regulados por dichos acuerdos interprofesionales, en cuyo caso el laudo arbitral tendrá la misma eficacia jurídica que los convenios colectivos y solo será recurrible conforme al procedimiento y en base a los motivos establecidos en el artículo 91.

Sin perjuicio del desarrollo y solución final de los citados procedimientos de mediación y arbitraje, en defecto de pacto, cuando hubiere transcurrido el proceso de negociación sin alcanzarse un acuerdo, se mantendrá la vigencia del convenio colectivo.

5. El convenio que sucede a uno anterior deroga en su integridad a este último, salvo los aspectos que expresamente se mantengan.

Modificado por Real Decreto-ley 32/2021, de 28 de diciembre, de medidas urgentes para la reforma laboral, la garantía de la estabilidad en el empleo y la transformación del mercado de trabajo. (BOE de 30-12-2021). Ver la D.T. 7.ª del Real Decreto-ley 32/2021, de 28 de diciembre, en cuanto al régimen aplicable a los convenios colectivos denunciados a la fecha de entrada en vigor del mismo.

Apdo. 1: ver art. 90.4 del ET.

Apdo. 3: ver D.T. 4.ª de Ley 3/2012, de 6 de julio, de medidas urgentes para la reforma del mercado laboral. (Vigencia de los convenios denunciados y ultraactividad de los convenios colectivos).

Apdo. 4: ver art. 82.4 del ET.

Sección 2.ª Legitimación

ART. 87. Legitimación.

1. En representación de los trabajadores estarán legitimados para negociar en los convenios de empresa y de ámbito inferior, el comité de empresa, los delegados de personal, en su caso, o las secciones sindicales si las hubiere que, en su conjunto, sumen la mayoría de los miembros del comité.

La intervención en la negociación corresponderá a las secciones sindicales cuando estas así lo acuerden, siempre que sumen la mayoría de los miembros del comité de empresa o entre los delegados de personal.

Cuando se trate de convenios para un grupo de empresas, así como en los convenios que afecten a una pluralidad de empresas vinculadas por razones organizativas o productivas y nominativamente identificadas en su ámbito de aplicación, la legitimación para negociar en representación de los trabajadores será la que se establece en el apartado 2 para la negociación de los convenios sectoriales.

En los convenios dirigidos a un grupo de trabajadores con perfil profesional específico, estarán legitimados para negociar las secciones sindicales que hayan sido designadas mayoritariamente por sus representados a través de votación personal, libre, directa y secreta.

2. En los convenios sectoriales estarán legitimados para negociar en representación de los trabajadores:

a) Los sindicatos que tengan la consideración de más representativos a nivel estatal, así como, en sus respectivos ámbitos, las organizaciones sindicales afiliadas, federadas o confederadas a los mismos.

b) Los sindicatos que tengan la consideración de más representativos a nivel de comunidad autónoma respecto de los convenios que no trasciendan de dicho ámbito territorial, así como, en sus respectivos ámbitos, las organizaciones sindicales afiliadas, federadas o confederadas a los mismos.

c) Los sindicatos que cuenten con un mínimo del diez por ciento de los miembros de los comités de empresa o delegados de personal en el ámbito geográfico y funcional al que se refiera el convenio.

3. En representación de los empresarios estarán legitimados para negociar:

a) En los convenios de empresa o ámbito inferior, el propio empresario.

b) En los convenios de grupo de empresas y en los que afecten a una pluralidad de empresas vinculadas por razones organizativas o productivas y nominativamente identificadas en su ámbito de aplicación, la representación de dichas empresas.

c) En los convenios colectivos sectoriales, las asociaciones empresariales que en el ámbito geográfico y funcional del convenio cuenten con el diez por ciento de los empresarios, en el sentido del artículo 1.2, y siempre que estas den ocupación a igual porcentaje de los trabajadores afectados, así como aquellas asociaciones empresariales que en dicho ámbito den ocupación al quince por ciento de los trabajadores afectados.

En aquellos sectores en los que no existan asociaciones empresariales que cuenten con la suficiente representatividad, según lo previsto en el párrafo anterior, estarán legitimadas para negociar los correspondientes convenios colectivos de sector las asociaciones empresariales de ámbito estatal que cuenten con el diez por ciento o más de las empresas o trabajadores en el ámbito estatal, así como las asociaciones empresariales de comunidad autónoma que cuenten en esta con un mínimo del quince por ciento de las empresas o trabajadores.

4. Asimismo estarán legitimados en los convenios de ámbito estatal los sindicatos de comunidad autónoma que tengan la consideración de más representativos conforme a lo previsto en el artículo 7.1 de la Ley Orgánica 11/1985, de 2 de agosto, de Libertad Sindical, y las asociaciones empresariales de la comunidad autónoma que reúnan los requisitos señalados en la disposición adicional sexta de la presente ley.

5. Todo sindicato, federación o confederación sindical, y toda asociación empresarial que reúna el requisito de legitimación, tendrá derecho a formar parte de la comisión negociadora.

Ver art. 6.3.b), 7.1 y 8 de LOLS

ART. 88. Comisión negociadora.

1. El reparto de miembros con voz y voto en el seno de la comisión negociadora se efectuará con respeto al derecho de todos los legitimados según el artículo anterior y en proporción a su representatividad.

2. La comisión negociadora quedará válidamente constituida cuando los sindicatos, federaciones o confederaciones y las asociaciones empresariales a que se refiere el artículo anterior representen como mínimo, respectivamente, a la mayoría absoluta de los miembros de los comités de empresa y delegados de personal, en su caso, y a empresarios que ocupen a la mayoría de los trabajadores afectados por el convenio.

En aquellos sectores en los que no existan órganos de representación de los trabajadores, se entenderá válidamente constituida la comisión negociadora cuando la misma esté integrada por las organizaciones sindicales que ostenten la condición de más representativas en el ámbito estatal o de comunidad autónoma.

En aquellos sectores en los que no existan asociaciones empresariales que cuenten con la suficiente representatividad, se entenderá válidamente constituida la comisión negociadora cuando la misma esté integrada por las organizaciones empresariales estatales o autonómicas referidas en el párrafo segundo del artículo 87.3.c).

En los supuestos a que se refieren los dos párrafos anteriores, el reparto de los miembros de la comisión negociadora se efectuará en proporción a la representatividad que ostenten las organizaciones sindicales o empresariales en el ámbito territorial de la negociación.

3. La designación de los componentes de la comisión corresponderá a las partes negociadoras, quienes de mutuo acuerdo podrán designar un presidente y contar con la asistencia en las deliberaciones de asesores, que intervendrán, igual que el presidente, con voz pero sin voto.

4. En los convenios sectoriales el número de miembros en representación de cada parte no excederá de quince. En el resto de los convenios no se superará el número de trece.

5. Si la comisión negociadora optara por la no elección de un presidente, las partes deberán consignar en el acta de la sesión constitutiva de la comisión los procedimientos a emplear para moderar las sesiones y deberá firmar las actas que correspondan a las mismas un representante de cada una de ellas, junto con el secretario.

CAPÍTULO II
Procedimiento

Sección 1.ª Tramitación, aplicación e interpretación

ART. 89. Tramitación.

1. La representación de los trabajadores, o de los empresarios, que promueva la negociación, lo comunicará a la otra parte, expresando detalladamente en la comunicación, que deberá hacerse por escrito, la legitimación que ostenta de conformidad con los artículos anteriores, los ámbitos del convenio y las materias objeto de negociación. En el supuesto de que la promoción sea el resultado de la denuncia de un convenio colectivo vigente, la comunicación deberá efectuarse simultáneamente con el acto de la denuncia. De esta

comunicación se enviará copia, a efectos de registro, a la autoridad laboral correspondiente en función del ámbito territorial del convenio.

La parte receptora de la comunicación solo podrá negarse a la iniciación de las negociaciones por causa legal o convencionalmente establecida, o cuando no se trate de revisar un convenio ya vencido, sin perjuicio de lo establecido en los artículos 83 y 84; en cualquier caso se deberá contestar por escrito y motivadamente.

Ambas partes estarán obligadas a negociar bajo el principio de la buena fe.

En los supuestos de que se produjera violencia, tanto sobre las personas como sobre los bienes y ambas partes comprobaran su existencia, quedará suspendida de inmediato la negociación en curso hasta la desaparición de aquella.

2. En el plazo máximo de un mes a partir de la recepción de la comunicación, se procederá a constituir la comisión negociadora; la parte receptora de la comunicación deberá responder a la propuesta de negociación y ambas partes establecerán un calendario o plan de negociación.

3. Los acuerdos de la comisión requerirán, en cualquier caso, el voto favorable de la mayoría de cada una de las dos representaciones.

4. En cualquier momento de las deliberaciones, las partes podrán acordar la intervención de un mediador designado por ellas.

Apdo. 1: ver STC 107/2000 de 05-05-2000 (Vulneración de la libertad sindical por decidir unilateralmente la empresa una subida salarial a parte de los trabajadores de la plantilla).

ART. 90. Validez.

1. Los convenios colectivos a que se refiere esta ley han de formalizarse por escrito, bajo sanción de nulidad.

2. Los convenios deberán ser presentados ante la autoridad laboral competente, a los solos efectos de registro, dentro del plazo de quince días a partir del momento en que las partes negociadoras lo firmen. Una vez registrado, el convenio será remitido al órgano público competente para su depósito.

3. En el plazo máximo de veinte días desde la presentación del convenio en el registro se dispondrá por la autoridad laboral su publicación obligatoria y gratuita en el «Boletín Oficial del Estado» o en el correspondiente boletín oficial de la comunidad autónoma o de la provincia, en función del ámbito territorial del convenio.

4. El convenio entrará en vigor en la fecha en que acuerden las partes.

5. Si la autoridad laboral estimase que algún convenio conculca la legalidad vigente o lesiona gravemente el interés de terceros, se dirigirá de oficio a la jurisdicción social, la cual resolverá sobre las posibles deficiencias previa audiencia de las partes, conforme a lo establecido en la Ley 36/2011, de 10 de octubre, Reguladora de la Jurisdicción Social.

6. Sin perjuicio de lo establecido en el apartado anterior, la autoridad laboral velará por el respeto al principio de igualdad en los convenios colectivos que pudieran contener discriminaciones, directas o indirectas, por razón de sexo.

A tales efectos, podrá recabar el asesoramiento del Instituto de la Mujer y para la Igualdad de Oportunidades o de los organismos de igualdad de las comunidades autónomas, según proceda por su ámbito territorial. Cuando la autoridad laboral se haya dirigido a la jurisdicción social por entender que el convenio colectivo pudiera contener cláusulas discriminatorias, lo pondrá en conocimiento del Instituto de la Mujer y para la Igualdad de Oportunidades o de los organismos de igualdad de las comunidades autónomas, según su ámbito territorial, sin perjuicio de lo establecido en el artículo 95.3 de la Ley 36/2011, de 10 de octubre, reguladora de la Jurisdicción Social.

Apdo. 2: ver RD 713/2010, de 28 de mayo, sobre registro y depósito de convenios y acuerdos colectivos de trabajo.

Apdo. 4: ver art. 86.1 del ET.

Apdo. 5: ver arts. 163 a 166 de LJS

ART. 91. Aplicación e interpretación del convenio colectivo.

1. Sin perjuicio de las competencias legalmente atribuidas a la jurisdicción social, el conocimiento y resolución de las cuestiones derivadas de la aplicación e interpretación de los convenios colectivos corresponderá a la comisión paritaria de los mismos.

2. No obstante lo establecido en el apartado anterior, en los convenios colectivos y en los acuerdos a que se refiere el artículo 83.2 y 3, se podrán establecer procedimientos, como la mediación y el arbitraje, para la solución de las controversias colectivas derivadas de la aplicación e interpretación de los convenios colectivos. El acuerdo logrado a través de la mediación y el laudo arbitral tendrán la misma eficacia jurídica y tramitación que los convenios colectivos regulados en esta ley, siempre que quienes hubiesen adoptado el acuerdo o suscrito el compromiso arbitral tuviesen la legitimación que les permita acordar, en el ámbito del conflicto, un convenio colectivo conforme a lo previsto en los artículos 87, 88 y 89.

Estos acuerdos y laudos serán susceptibles de impugnación por los motivos y conforme a los procedimientos previstos para los convenios colectivos. Específicamente cabrá el recurso contra el laudo arbitral en el caso de que no se hubiesen observado en el desarrollo de la actuación arbitral los requisitos y formalidades establecidos al efecto, o cuando el laudo hubiese resuelto sobre puntos no sometidos a su decisión.

3. En los supuestos de conflicto colectivo relativo a la interpretación o aplicación del convenio deberá intervenir la comisión paritaria del mismo con carácter previo al planteamiento formal del conflicto en el ámbito de los procedimientos no judiciales a que se refiere el apartado anterior o ante el órgano judicial competente.

4. Las resoluciones de la comisión paritaria sobre interpretación o aplicación del convenio tendrán la misma eficacia jurídica y tramitación que los convenios colectivos regulados en esta ley.

5. Los procedimientos de solución de conflictos a que se refiere este artículo serán, asimismo, de aplicación en las controversias de carácter individual, cuando las partes expresamente se sometan a ellos.

Apdo. 2, primer párrafo: ver D.A. 13ª del ET.

Apdo. 2, segundo párrafo: ver art. 65.3 Y 65.4, 68.2, 163 a 166 LJS; Resolución de 10 de diciembre de 2020, de la Dirección General de Trabajo, por la que se registra y publica el VI Acuerdo sobre Solución Autónoma de Conflictos Laborales (Sistema Extrajudicial). (ASAC VI).

Sección 2.ª Adhesión y extensión

ART. 92. Adhesión y extensión.

1. En las respectivas unidades de negociación, las partes legitimadas para negociar podrán adherirse, de común acuerdo, a la totalidad de un convenio colectivo en vigor, siempre que no estuvieran afectadas por otro, comunicándolo a la autoridad laboral competente a efectos de registro.

2. El Ministerio de Empleo y Seguridad Social, o el órgano correspondiente de las comunidades autónomas con competencia en la materia, podrán extender, con los efectos previstos en el artículo 82.3, las disposiciones de un convenio colectivo en vigor a una pluralidad de empresas y trabajadores o a un sector o subsector de actividad, por los perjuicios derivados para los mismos de la imposibilidad de suscribir en dicho ámbito un convenio colectivo de los previstos en este título III, debida a la ausencia de partes legitimadas para ello.

La decisión de extensión se adoptará siempre a instancia de parte y mediante la tramitación del procedimiento que reglamentariamente se determine, cuya duración no podrá exceder de tres meses, teniendo la ausencia de resolución expresa en el plazo establecido efectos desestimatorios de la solicitud.

Tendrán capacidad para iniciar el procedimiento de extensión quienes se hallen legitimados para promover la negociación colectiva en el ámbito correspondiente conforme a lo dispuesto en el artículo 87.2 y 3.

Ver RD 718/2005, de 20 de junio, por el que se aprueba el procedimiento de extensión de convenios colectivos; STC 86/1991 de 25-04-1991 (Competencia de las CCAA en materia de extensión de conflictos colectivos).

DISPOSICIONES ADICIONALES

D.A. 1.ª Trabajo por cuenta propia.

El trabajo realizado por cuenta propia no estará sometido a la legislación laboral, excepto en aquellos aspectos que por precepto legal se disponga expresamente.

Ver art. 1 del ET.

D.A. 2.ª Contratos para la formación y el aprendizaje.

1. El límite de edad y de duración para los contratos para la formación y el aprendizaje establecidos en las letras a) y b) del artículo 11.2 no será de aplicación cuando se suscriban en el marco de los programas públicos de empleo y formación contemplados en el texto refundido de la Ley de Empleo.

Asimismo, en estos contratos las situaciones de incapacidad temporal, riesgo durante el embarazo, maternidad, adopción, guarda con fines de adopción, acogimiento, riesgo durante la lactancia y paternidad no interrumpirán el cómputo de la duración del contrato.

2. *(Derogado)*.

Apdo. 2 se deroga por Real Decreto-ley 28/2018, de 28 de diciembre, para la revalorización de las pensiones públicas y otras medidas urgentes en materia social, laboral y de empleo. (BOE de 29-12-2018).

D.A. 3.ª Negociación colectiva y contrato fijo de obra.

Lo dispuesto en el artículo 15.1.a) y 5 y en el artículo 49.1.c) se entiende sin perjuicio de lo que se establece o pueda establecerse sobre la regulación del contrato fijo de obra, incluida su indemnización por cese, en la negociación colectiva de conformidad con la disposición adicional tercera de la Ley 32/2006, de 18 de octubre, reguladora de la subcontratación en el sector de la construcción.

D.A. 4.ª Conceptos retributivos.

Las modificaciones introducidas por la Ley 11/1994, de 19 de mayo, por la que se modifican determinados artículos del Estatuto de los Trabajadores, y del texto articulado de la Ley de Procedimiento Laboral y de la Ley sobre Infracciones y Sanciones en el Orden Social, en la regulación legal del salario no afectarán a los conceptos retributivos que tuvieran reconocidos los trabajadores hasta el 12 de junio de 1994, que se mantendrán en los mismos términos que rigieran en ese momento hasta que por convenio colectivo se establezca un régimen salarial que conlleve la desaparición o modificación de dichos conceptos.

D.A. 5.ª Personal de alta dirección.

Las retribuciones del personal de alta dirección gozarán de las garantías del salario establecidas en los artículos 27.2, 29, 32 y 33.

D.A. 6.ª Representación institucional de los empresarios.

A efectos de ostentar representación institucional en defensa de intereses generales de los empresarios ante las Administraciones Públicas y otras entidades u organismos de carácter estatal o de comunidad autónoma que la tengan prevista, se entenderá que gozan de esta capacidad representativa las asociaciones empresariales que cuenten con el diez por ciento o más de las empresas y trabajadores en el ámbito estatal.

Asimismo, podrán también estar representadas las asociaciones empresariales de comunidad autónoma que cuenten en esta con un mínimo del quince por ciento de los empresarios y trabajadores. No estarán comprendidas en este supuesto las asociaciones empresariales que estén integradas en federaciones o confederaciones de ámbito estatal.

Las organizaciones empresariales que tengan la condición de más representativas con arreglo a esta disposición adicional gozarán de capacidad para obtener cesiones temporales del uso de inmuebles patrimoniales públicos en los términos que se establezcan legalmente.

D.A. 7.ª Regulación de condiciones por rama de actividad.

La regulación de condiciones de trabajo por rama de actividad para los sectores económicos de la producción y demarcaciones territoriales en que no exista convenio colectivo podrá realizarse por el Gobierno, a propuesta del Ministerio de Empleo y Seguridad Social, previas las consultas que considere oportunas a las asociaciones empresariales y organizaciones sindicales, sin perjuicio de lo dispuesto en el artículo 92, que será siempre procedimiento prioritario.

D.A. 8.ª Código de Trabajo.

El Gobierno, a propuesta del Ministerio de Empleo y Seguridad Social, recogerá en un texto único denominado Código de Trabajo, las distintas leyes orgánicas y ordinarias que, junto con la presente, regulan las materias laborales, ordenándolas en títulos separados, uno por ley, con numeración correlativa, respetando íntegramente su texto literal.

Asimismo se incorporarán sucesiva y periódicamente a dicho Código de Trabajo todas las disposiciones generales laborales mediante el procedimiento que se fije por el Gobierno en cuanto a la técnica de incorporación, según el rango de las normas incorporadas.

D.A. 9.ª Comisión Consultiva Nacional de Convenios Colectivos.

1. La Comisión Consultiva Nacional de Convenios Colectivos, como órgano colegiado, adscrito al Ministerio de Empleo y Seguridad Social a través de la Dirección General de Empleo, de carácter tripartito y paritario e integrado por representantes de la Administración General del Estado, así como de las organizaciones empresariales y sindicales más representativas, tendrá las siguientes funciones:

a) El asesoramiento y consulta sobre el ámbito funcional de los convenios colectivos y sobre el convenio colectivo de aplicación a una empresa, así como la consulta en el supuesto de extensión de un convenio colectivo regulado en el artículo 92.

b) El estudio, información y elaboración de documentación sobre la negociación colectiva, así como la difusión de la misma mediante el Observatorio de la Negociación Colectiva.

c) La intervención en los procedimientos de solución de discrepancias en los casos de desacuerdo en el periodo de consultas para la inaplicación de las condiciones de trabajo establecidas en los convenios colectivos de acuerdo con el artículo 82.3.

2. Reglamentariamente se establecerá la composición y organización de la Comisión Consultiva Nacional de Convenios Colectivos, así como sus procedimientos de actuación.

3. El funcionamiento y las decisiones de la Comisión Consultiva Nacional de Convenios Colectivos se entenderán siempre sin perjuicio de las atribuciones que correspondan a la jurisdicción y a la autoridad laboral en los términos establecidos por las leyes.

4. Para el desarrollo de las funciones establecidas en esta ley, la Comisión Consultiva Nacional de Convenios Colectivos será reforzada en sus actuaciones por la Dirección General de Empleo de acuerdo con las medidas de apoyo que se establezcan en las normas de desarrollo reglamentario, previa consulta con las organizaciones sindicales y empresariales más representativas.

5. Si alguna comunidad autónoma no tuviera constituido y en funcionamiento un órgano tripartito equivalente a la Comisión Consultiva Nacional de Convenios Colectivos ni mantuviera convenio de colaboración en vigor con el Ministerio de Empleo y Seguridad Social acordando la actuación de la Comisión en el ámbito territorial de esa comunidad, la Comisión Consultiva Nacional de Convenios Colectivos podrá, subsidiariamente y en tanto en cuanto no se constituyan y estén en funcionamiento dichos órganos tripartitos equivalentes, conocer de las solicitudes presentadas por las empresas y los representantes legales de los trabajadores para dar solución a las discrepancias surgidas por falta de acuerdo sobre la inaplicación de las condiciones de trabajo, presentes en el convenio colectivo de aplicación, cuando dicha inaplicación afecte a centros de trabajo de la empresa situados en el territorio de dicha comunidad autónoma.

Ver D.A. 9.ª de Real Decreto 1362/2012, de 27 de septiembre, por el que se regula la Comisión Consultiva Nacional de Convenios Colectivos.

D.A. 10.ª Cláusulas de los convenios colectivos referidas al cumplimiento de la edad ordinaria de jubilación.

1. En aras de favorecer la prolongación de la vida laboral, los convenios colectivos podrán establecer cláusulas que posibiliten la extinción del contrato de trabajo por el cumplimiento por el trabajador de una edad igual o superior a 68 años, siempre que cumplan los siguientes requisitos:

a) La persona trabajadora afectada por la extinción del contrato de trabajo deberá reunir los requisitos exigidos por la normativa de Seguridad Social para tener derecho al cien por ciento de la pensión ordinaria de jubilación en su modalidad contributiva.

b) La medida deberá vincularse, como objetivo coherente de política de empleo expresado en el convenio colectivo, al relevo generacional a través de la contratación indefinida y a tiempo completo de, al menos, un nuevo trabajador o trabajadora.

2. Excepcionalmente, con el objetivo de alcanzar la igualdad real y efectiva entre mujeres y hombres coadyuvando a superar la segregación ocupacional por género, el límite del apartado anterior podrá rebajarse hasta la edad ordinaria de jubilación fijada por la normativa de Seguridad Social cuando la tasa de ocupación de las mujeres trabajadoras por cuenta ajena afiliadas a la Seguridad Social en alguna de las actividades económicas

correspondientes al ámbito funcional del convenio sea inferior al 20 por ciento de las personas ocupadas en las mismas.

Las actividades económicas que se tomarán como referencia para determinar el cumplimiento de esta condición estará definida por los códigos de la Clasificación Nacional de Actividades Económicas (CNAE) en vigor en cada momento, incluidos en el ámbito del convenio aplicable según los datos facilitados al realizar su inscripción en el Registro y depósito de convenios y acuerdos colectivos de trabajo y planes de igualdad (REGCON), de conformidad con el artículo 6.2 y el anexo 1 del Real Decreto 713/2010, de 28 de mayo, sobre registro y depósito de convenios y acuerdos colectivos de trabajo. La Administración de la Seguridad Social facilitará la tasa de ocupación de las trabajadoras respecto de la totalidad de trabajadores por cuenta ajena en cada una de las CNAE correspondientes en la fecha de constitución de la comisión negociadora del convenio.

La aplicación de esta excepción exigirá, además, el cumplimiento de los siguientes requisitos:

a) La persona afectada por la extinción del contrato de trabajo deberá reunir los requisitos exigidos por la normativa de Seguridad Social para tener derecho al cien por ciento de la pensión ordinaria de jubilación en su modalidad contributiva.

b) En el CNAE al que esté adscrita la persona afectada por la aplicación de esta cláusula concurra una tasa de ocupación de empleadas inferior al 20 por ciento sobre el total de personas trabajadoras a la fecha de efectos de la decisión extintiva. Este CNAE será el que resulte aplicable para la determinación de los tipos de cotización para la cobertura de las contingencias de accidentes de trabajo y enfermedades profesionales.

c) Cada extinción contractual en aplicación de esta previsión deberá llevar aparejada simultáneamente la contratación indefinida y a tiempo completo de, al menos, una mujer en la mencionada actividad.

La decisión extintiva de la relación laboral será con carácter previo comunicada por la empresa a los representantes legales de los trabajadores y a la propia persona trabajadora afectada.

Modificada por Ley 21/2021, de 28 de diciembre, de garantía del poder adquisitivo de las pensiones y de otras medidas de refuerzo de la sostenibilidad financiera y social del sistema público de pensiones. (BOE de 29-12-2021).

Anteriormente modificada por Real Decreto-ley 28/2018, de 28 de diciembre, para la revalorización de las pensiones públicas y otras medidas urgentes en materia social, laboral y de empleo. (BOE de 29-12-2018).

D.A. 11.ª Acreditación de la capacidad representativa de las organizaciones sindicales.

A los efectos de expedición de las certificaciones acreditativas de la capacidad representativa de las organizaciones sindicales en el ámbito estatal prevista en el artículo 75.7, las comunidades autónomas deberán remitir mensualmente copia de las actas electorales registradas a la oficina pública estatal.

D.A. 12.ª Preavisos.

El Gobierno podrá reducir el plazo mínimo de preaviso de un mes previsto en el párrafo segundo del artículo 67.1, en los sectores de actividad con alta movilidad del personal, previa consulta con las organizaciones sindicales que en ese ámbito funcional ostenten, al menos, el diez por ciento de los representantes de los trabajadores, y con las asociaciones empresariales que cuenten con el diez por ciento de los empresarios y de los trabajadores afectados por el mismo ámbito funcional.

D.A. 13.ª Solución no judicial de conflictos.

En el supuesto de que, aun no habiéndose pactado en el convenio colectivo aplicable un procedimiento para resolver las discrepancias en los periodos de consultas, se hubieran establecido, conforme al artículo 83, órganos o procedimientos no judiciales de solución de conflictos en el ámbito territorial correspondiente, quienes sean parte en dichos periodos de consultas podrán someter de común acuerdo su controversia a dichos órganos.

Ver Resolución de 10 de diciembre de 2020, de la Dirección General de Trabajo, por la que se registra y publica el VI Acuerdo sobre Solución Autónoma de Conflictos Laborales (Sistema Extrajudicial). (ASAC VI).

D.A. 14.ª Consideración de víctimas del terrorismo a efectos laborales.

Se consideran incluidas a efectos de lo dispuesto en los artículos 37.8 y 40.4 las personas a las que se refieren los artículos 5 y 33 de la Ley 29/2011, de 22 de septiembre, de Reconocimiento y Protección Integral a las Víctimas del Terrorismo.

D.A. 15.ª Aplicación de los límites de duración del contrato por obra o servicio determinados y al encadenamiento de contratos en las Administraciones Públicas.

1. *(Derogado).*
2. *(Derogado).*
3. Para la aplicación del límite al encadenamiento de contratos previsto en el artículo 15.5, solo se tendrán en cuenta los contratos celebrados en el ámbito de cada una de las Administraciones Públicas sin que formen parte de ellas, a estos efectos, los organismos públicos, agencias y demás entidades de derecho público con personalidad jurídica propia vinculadas o dependientes de las mismas. En todo caso, lo dispuesto en dicho artículo 15.5 no será de aplicación respecto de las modalidades particulares de contrato de trabajo contempladas en la Ley Orgánica 6/2001, de 21 de diciembre, de Universidades o en cualesquiera otras normas con rango de ley.

Apdos. 1 y 2 derogados por Real Decreto-ley 32/2021, de 28 de diciembre, de medidas urgentes para la reforma laboral, la garantía de la estabilidad en el empleo y la transformación del mercado de trabajo. (BOE de 30-12-2021). Estas derogaciones entran en vigor el 30/03/2022.

D.A. 16.ª Aplicación del despido por causas económicas, técnicas, organizativas o de producción en el sector público.

(DEROGADA).

Derogada por Real Decreto-ley 32/2021, de 28 de diciembre, de medidas urgentes para la reforma laboral, la garantía de la estabilidad en el empleo y la transformación del mercado de trabajo. (BOE de 30-12-2021). Esta derogación entra en vigor el 30/03/2022.

D.A. 17.ª Suspensión del contrato de trabajo y reducción de jornada en las Administraciones Públicas.

Lo previsto en el artículo 47 no será de aplicación a las Administraciones Públicas y a las entidades de derecho público vinculadas o dependientes de una o varias de ellas y de otros organismos públicos, salvo a aquellas que se financien mayoritariamente con ingresos obtenidos como contrapartida de operaciones realizadas en el mercado.

D.A. 18.ª Discrepancias en materia de conciliación.

Las discrepancias que surjan entre empresarios y trabajadores en relación con el ejercicio de los derechos de conciliación de la vida personal, familiar y laboral reconocidos legal o convencionalmente se resolverán por la jurisdicción social a través del procedimiento establecido en el artículo 139 de la Ley 36/2011, de 10 de octubre, Reguladora de la Jurisdicción Social.

D.A. 19.ª Cálculo de indemnizaciones en determinados supuestos de jornada reducida.

1. En los supuestos de reducción de jornada contemplados en el artículo 37.4 en su párrafo final, así como en sus apartados 5, 6 y 8, el salario a tener en cuenta a efectos del cálculo de las indemnizaciones previstas en esta ley será el que hubiera correspondido a la persona trabajadora sin considerar la reducción de jornada efectuada, siempre y cuando no hubiera transcurrido el plazo máximo legalmente establecido para dicha reducción.
2. Igualmente, será de aplicación lo dispuesto en el párrafo anterior en los supuestos de ejercicio a tiempo parcial de los derechos según lo establecido en el séptimo párrafo del artículo 48.4, en el segundo párrafo del artículo 48.5 y en el artículo 48 bis.

Modificada por Real Decreto-ley 5/2023, de 28 de junio, por el que se adoptan y prorrogan determinadas medidas de respuesta a las consecuencias económicas y sociales de la Guerra de Ucrania, de apoyo a la reconstrucción de la isla de La Palma y a otras situaciones de vulnerabilidad; de transposición de Directivas de la Unión Europea en materia de modificaciones estructurales de sociedades mercantiles y conciliación de la vida familiar y la vida profesional de los progenitores y los cuidadores; y de ejecución y cumplimiento del Derecho de la Unión Europea. (BOE de 29-06-2023). En vigor desde el 30 de junio de 2023.

D.A. 20.ª Contratos formativos celebrados con trabajadores con discapacidad.

1. Las empresas que celebren contratos formativos con trabajadores con discapacidad tendrán derecho a una bonificación de cuotas con cargo a los presupuestos del Servicio Público de Empleo Estatal, durante la vigencia del contrato, del cincuenta por ciento de la cuota empresarial de la Seguridad Social correspondiente a contingencias comunes, previstas para estos contratos.

2. Continuarán siendo de aplicación a los contratos formativos que se celebren con trabajadores con discapacidad que trabajen en centros especiales de empleo las peculiaridades que para dichos contratos se prevén en el artículo 7 del Real Decreto 1368/1985, de 17 de julio, por el que se regula la relación laboral de carácter especial de las personas con discapacidad que trabajen en los Centros Especiales de Empleo.

3. Las bonificaciones de cuotas a las que se refiere el apartado 1 se aplicarán por la Tesorería General de la Seguridad Social conforme a los datos, aplicaciones y programas de los que disponga para la gestión liquidatoria y recaudatoria de recursos del sistema de la Seguridad Social. La Inspección de Trabajo y Seguridad Social vigilará su procedencia.

Modificada por Real Decreto-ley 32/2021, de 28 de diciembre, de medidas urgentes para la reforma laboral, la garantía de la estabilidad en el empleo y la transformación del mercado de trabajo. (BOE de 30-12-2021).

Ver art. 11.2 del ET.

D.A. 21.ª Sustitución de trabajadores excedentes por cuidado de familiares.

(DEROGADA).

Derogada por Real Decreto-ley 32/2021, de 28 de diciembre, de medidas urgentes para la reforma laboral, la garantía de la estabilidad en el empleo y la transformación del mercado de trabajo. (BOE de 30-12-2021). Esta derogación entra en vigor el 30/03/2022.

D.A. 22.ª Permisos de nacimiento, adopción, del progenitor diferente de la madre biológica y lactancia del personal laboral al servicio de las Administraciones públicas.

Resultarán de aplicación al personal laboral de las Administraciones públicas los permisos de nacimiento, adopción, del progenitor diferente de la madre biológica y lactancia regulados en el texto refundido de la Ley del Estatuto Básico del Empleado Público, aprobado por Real Decreto Legislativo 5/2015, de 30 de octubre, no siendo de aplicación a este personal, por tanto, las previsiones de la presente Ley sobre las suspensiones de los contratos de trabajo que, en su caso, corresponderían por los mismos supuestos de hecho.

Añadida por Real Decreto-ley 6/2019, de 1 de marzo, de medidas urgentes para garantía de la igualdad de trato y de oportunidades entre mujeres y hombres en el empleo y la ocupación. (BOE de 07-03-2019). (En vigor desde el 08/03/2019)

D.A. 23.ª Presunción de laboralidad en el ámbito de las plataformas digitales de reparto.

Por aplicación de lo establecido en el artículo 8.1, se presume incluida en el ámbito de esta ley la actividad de las personas que presten servicios retribuidos consistentes en el reparto o distribución de cualquier producto de consumo o mercancía, por parte de empleadoras que ejercen las facultades empresariales de organización, dirección y control de forma directa, indirecta o implícita, mediante la gestión algorítmica del servicio o de las condiciones de trabajo, a través de una plataforma digital.

Esta presunción no afecta a lo previsto en el artículo 1.3 de la presente norma.

Añadida por Ley 12/2021, de 28 de septiembre, por la que se modifica el texto refundido de la Ley del Estatuto de los Trabajadores, aprobado por el Real Decreto Legislativo 2/2015, de 23 de octubre, para garantizar los derechos laborales de las personas dedicadas al reparto en el ámbito de plataformas digitales. (BOE de 29-09-2021).

Añadida previamente por Real Decreto-ley 9/2021, de 11 de mayo, por el que se modifica el texto refundido de la Ley del Estatuto de los Trabajadores, aprobado por el Real Decreto Legislativo 2/2015, de 23 de octubre, para garantizar los derechos laborales de las personas dedicadas al reparto en el ámbito de plataformas digitales (BOE de 12-05-2021). (En vigor desde el 12/08/2021)

D.A. 24.ª Compromiso de reducción de la tasa de temporalidad.

1. El Gobierno efectuará una evaluación de los resultados obtenidos por las medidas previstas en el Real Decreto-ley 32/2021, de 28 de diciembre, de medidas urgentes para la reforma laboral, la garantía de la estabilidad en el empleo y la transformación del mercado de trabajo, mediante el análisis de los datos de contratación temporal e indefinida en enero del año 2025, procediendo a la publicación oficial, a estos efectos, de la tasa de temporalidad general y por sectores.

Dicha evaluación deberá repetirse cada dos años.

2. En el caso de que los resultados de la evaluación anterior demuestren que no se avanza en la reducción de la tasa de temporalidad, ya sea en la general o en la de los diferentes sectores, el Gobierno elevará a la mesa de diálogo social una propuesta de medidas adicionales que permitan la consecución de dicho objetivo, general o sectorial, para su discusión y eventual acuerdo con los interlocutores sociales.

Añadida por Real Decreto-ley 32/2021, de 28 de diciembre, de medidas urgentes para la reforma laboral, la garantía de la estabilidad en el empleo y la transformación del mercado de trabajo. (BOE de 30-12-2021).

D.A. 25.ª Acciones formativas en los expedientes de regulación temporal de empleo regulados en los artículos 47 y 47 bis.

Durante las reducciones de jornada de trabajo o suspensiones de contratos de trabajo a las que se refieren los artículos 47 y 47 bis, las empresas podrán desarrollar acciones formativas para cada una de las personas afectadas, que tendrán como objetivo la mejora de las competencias profesionales y la empleabilidad de las personas trabajadoras.

A través de estas acciones se priorizará el desarrollo de acciones formativas dirigidas a atender las necesidades formativas reales de las empresas y los trabajadores incluyendo las vinculadas a la adquisición de competencias digitales, así como aquellas que permitan recualificar a las personas trabajadoras, aunque no tengan relación directa con la actividad desarrollada en la empresa.

Las acciones formativas se desarrollarán a través de cualquiera de los tipos de formación previstos en la Ley Orgánica 5/2002, de 19 de junio, de las Cualificaciones y de la Formación Profesional y en la Ley 30/2015, de 9 de septiembre, por la que se regula el sistema de formación profesional, de acuerdo con los requisitos y procedimientos establecidos en dichas normas, o a través de cualquier otro sistema de formación acreditada.

Las acciones formativas deberán desarrollarse durante la aplicación de la reducción de la jornada o suspensión del contrato, en el ámbito de un expediente de regulación temporal de empleo, o en tiempo de trabajo. En cualquier caso, deberán respetarse los descansos legalmente establecidos y el derecho a la conciliación de la vida laboral, personal y familiar.

Añadida por Real Decreto-ley 32/2021, de 28 de diciembre, de medidas urgentes para la reforma laboral, la garantía de la estabilidad en el empleo y la transformación del mercado de trabajo. (BOE de 30-12-2021).

D.A. 26.ª Acceso a los datos de los expedientes de regulación temporal de empleo por la Tesorería General de la Seguridad Social, el Servicio Público de Empleo Estatal y la Inspección de Trabajo y Seguridad Social.

La Tesorería General de la Seguridad Social, el Servicio Público de Empleo Estatal y la Inspección de Trabajo y Seguridad Social tendrán acceso, a través de los procedimientos automatizados que se establezcan, a todos los datos necesarios para la identificación y tipo del expediente de regulación temporal de empleo, de la empresa y de las personas trabajadoras incluidas en el expediente, el tipo de medida a aplicar, el período en el que se puede producir la reducción de jornada de trabajo o suspensión de los contratos de trabajo y el porcentaje máximo de reducción de jornada o periodo máximo de suspensión de contrato previsto respecto de cada persona trabajadora.

Añadida por Real Decreto-ley 32/2021, de 28 de diciembre, de medidas urgentes para la reforma laboral, la garantía de la estabilidad en el empleo y la transformación del mercado de trabajo. (BOE de 30-12-2021).

D.A. 27.ª Régimen jurídico aplicable en los casos de contratas y subcontratas suscritas con centros especiales de empleo.

En los casos de contratas y subcontratas suscritas con los centros especiales de empleo regulados en el texto refundido de la Ley General de derechos de las personas con discapacidad y de su inclusión social, aprobado por el Real Decreto Legislativo 1/2013, de 29 de noviembre, no será de aplicación el artículo 42.6 del texto refundido de la Ley del Estatuto de los Trabajadores.

Añadida por Real Decreto-ley 32/2021, de 28 de diciembre, de medidas urgentes para la reforma laboral, la garantía de la estabilidad en el empleo y la transformación del mercado de trabajo. (BOE de 30-12-2021).

D.A. 28.ª Elecciones a órganos de representación en el ámbito de las personas artistas que desarrollan su actividad en las artes escénicas, audiovisuales y musicales, así como de las personas que realizan actividades técnicas o auxiliares necesarias para el desarrollo de dicha actividad.

Como excepción a lo dispuesto en el artículo 69.2, las personas dedicadas a las actividades artísticas, así como a las actividades técnicas y auxiliares necesarias para su desarrollo, incluidas en el ámbito de aplicación del Real Decreto 1435/1985, de 1 de agosto, por el que se regula la relación laboral especial de las personas artistas que desarrollan su actividad en las artes escénicas, audiovisuales y musicales, así como de las personas que realizan actividades técnicas o auxiliares necesarias para el desarrollo de dicha actividad, serán electoras cuando sean mayores de dieciséis años y elegibles cuando tengan dieciocho años cumplidos y siempre que, en ambos casos, cuenten con una antigüedad en la empresa de, al menos, veinte días.

Añadida por Real Decreto-ley 2/2024, de 21 de mayo, por el que se adoptan medidas urgentes para la simplificación y mejora del nivel asistencial de la protección por desempleo, y para completar la transposición de la Directiva (UE) 2019/1158 del Parlamento Europeo y del Consejo, de 20 de junio de 2019, relativa a la conciliación de la vida familiar y la vida profesional de los progenitores y los cuidadores, y por la que se deroga la Directiva 2010/18/UE del Consejo. (BOE de 22-05-2024).

D.A. 29.ª

Los órganos de representación, gobierno y administración de las asociaciones empresariales a las que hace referencia el artículo 87 de esta ley se nombrarán atendiendo al principio de representación paritaria y presencia equilibrada entre mujeres y hombres, de tal manera que las personas de cada sexo no superen el sesenta por ciento ni sean menos del cuarenta por ciento.

Si el porcentaje de miembros del sexo menos representado no alcanza el cuarenta por ciento se proporcionará una explicación motivada de las causas, así como de las medidas adoptadas para alcanzar ese porcentaje.

Añadida por Ley Orgánica 2/2024, de 1 de agosto, de representación paritaria y presencia equilibrada de mujeres y hombres. (BOE de 02-08-2024).

DISPOSICIONES TRANSITORIAS

D.T. 1.ª Contratos celebrados antes de la entrada en vigor de esta ley.

Continuarán siendo de aplicación a los contratos celebrados antes de la entrada en vigor de esta ley las normas específicas aplicables a cada una de las modalidades contractuales que estuvieran vigentes en el momento en que dichos contratos se concertaron, salvo que otra cosa se hubiera establecido legalmente.

D.T. 2.ª Contratos para la formación y el aprendizaje.

1. *(Derogado).*

2. Las referencias realizadas en las disposiciones legales, reglamentarias o en los convenios colectivos al contrato para la formación deberán entenderse realizadas, a partir del 31 de agosto de 2011, al contrato para la formación y el aprendizaje a que se refiere el artículo 11.2 en la medida en que no se opongan o contradigan lo establecido en el mismo.

Apdo. 1 se deroga por Real Decreto-ley 28/2018, de 28 de diciembre, para la revalorización de las pensiones públicas y otras medidas urgentes en materia social, laboral y de empleo. (BOE de 29-12-2018).

D.T. 3.ª Contratos a tiempo parcial por jubilación parcial y de relevo y edad de jubilación.

A efectos de lo establecido los artículos 12.6 y 7, se tendrán en cuenta las edades previstas en el texto refundido de la Ley General de la Seguridad Social.

Ver art. 204 y ss de LGSS

D.T. 4.ª Negociación colectiva y modalidades contractuales.

Lo dispuesto en el artículo 15.1.a) en materia de duración máxima del contrato se entiende sin perjuicio de lo que estuviera establecido en los convenios colectivos sectoriales vigentes a 19 de septiembre de 2010 sobre la duración máxima del contrato por obra o servicio determinados.

D.T. 5.ª Limitación del encadenamiento de modalidades contractuales.

1. Lo previsto en el artículo 15.5 será de aplicación a los contratos de trabajo suscritos a partir del 18 de junio de 2010.

2. Respecto a los contratos suscritos por el trabajador antes del 18 de junio de 2010, seguirá siendo de aplicación, a los efectos del cómputo del número de contratos, lo establecido en el artículo 15.5 según la redacción dada al mismo por la Ley 43/2006, de 29 de diciembre, para la mejora del crecimiento y del empleo, siempre que los contratos se hubieran celebrado a partir del 15 de junio de 2006.

Respecto a los contratos suscritos por el trabajador antes de 15 de junio de 2006, a los efectos del cómputo del número de contratos, del periodo y del plazo previsto en el citado artículo 15.5, se tomará en consideración el vigente a 15 de junio de 2006.

3. A los efectos de lo establecido en el artículo 15.5, quedará excluido del cómputo del plazo de veinticuatro meses y del periodo de treinta meses a que se refiere el citado artículo el tiempo transcurrido entre el 31 de agosto de 2011 y el 31 de diciembre de 2012, haya existido o no prestación de servicios por el trabajador entre dichas fechas, computándose en todo caso a los efectos de lo indicado en dicho artículo los periodos de servicios transcurridos, respectivamente, con anterioridad o posterioridad a las mismas.

D.T. 6.ª Horas complementarias.

El régimen de horas complementarias pactado con anterioridad al 22 de diciembre de 2013 continuará siendo de aplicación en los contratos vigentes a dicha fecha, salvo que las partes acuerden modificarlo en los términos establecidos en la actual redacción de los apartados 4 y 5 del artículo 12.

D.T. 7.ª Duración del permiso de paternidad en los casos de nacimiento, adopción, guarda con fines de adopción o acogimiento hasta la entrada en vigor de la Ley 9/2009, de 6 de octubre.

En tanto no entre en vigor la Ley 9/2009, de 6 de octubre, de ampliación de la duración del permiso de paternidad en los casos de nacimiento, adopción o acogida, la duración del permiso de paternidad a que se refiere el primer párrafo del artículo 48.7 será de trece días ininterrumpidos ampliables en los supuestos de parto, adopción, guarda con fines de adopción o acogimiento múltiples en dos días más por cada hijo a partir del segundo.

De conformidad con la disposición adicional sexta de la Ley 2/2008, de 23 de diciembre, de Presupuestos Generales del Estado para 2009, dicho permiso tendrá una duración de veinte días cuando el nuevo nacimiento, adopción, guarda con fines de adopción o acogimiento se produzca en una familia numerosa, cuando la familia adquiera dicha condición con el nuevo nacimiento, adopción, guarda con fines de adopción o acogimiento o cuando en la familia haya una persona con discapacidad. La duración indicada se ampliará en los supuestos de parto, adopción, guarda con fines de adopción o acogimiento múltiples en dos días más por cada hijo o menor a partir del segundo, o si uno de ellos es una persona con discapacidad.

Ver D.T. 13ª ET (Aplicación paulatina del artículo 48 en la redacción por el Real Decreto-ley 6/2019, de 1 de marzo, de medidas urgentes para garantía de la igualdad de trato y de oportunidades entre mujeres y hombres en el empleo y la ocupación).

Téngase en cuenta que la Ley 9/2009, de 6 de octubre entró en vigor el 1 de enero de 2017 y que se refiere a la antigua redacción del art. 48.7 ET, que regulaba el permiso de paternidad.

D.T. 8.ª Indemnización por finalización de contrato temporal.

1. La indemnización prevista a la finalización del contrato temporal establecida en el artículo 49.1.c) se aplicará de modo gradual conforme al siguiente calendario:

Ocho días de salario por cada año de servicio para los contratos temporales celebrados hasta el 31 de diciembre de 2011.

Nueve días de salario por cada año de servicio para los contratos temporales celebrados a partir del 1 de enero de 2012.

Diez días de salario por cada año de servicio para los contratos temporales celebrados a partir del 1 de enero de 2013.

Once días de salario por cada año de servicio para los contratos temporales celebrados a partir del 1 de enero de 2014.

Doce días de salario por cada año de servicio para los contratos temporales celebrados a partir del 1 de enero de 2015.

2. La indemnización por finalización del contrato a la que se refiere el citado artículo 49.1.c) no será de aplicación a las extinciones de contratos celebrados con anterioridad al 4 de marzo de 2001, cualquiera que sea la fecha de su extinción.

D.T. 9.ª Aplicación temporal de lo establecido en la disposición adicional décima.

Lo establecido en la disposición adicional décima sólo se aplicará a los convenios colectivos suscritos desde el 1 de enero de 2022. En los convenios colectivos suscritos con anterioridad a esta fecha, las cláusulas de jubilación forzosa podrán ser aplicadas hasta tres años después de la finalización de la vigencia inicial pactada del convenio en cuestión.

Añadida por Ley 21/2021, de 28 de diciembre, de garantía del poder adquisitivo de las pensiones y de otras medidas de refuerzo de la sostenibilidad financiera y social del sistema público de pensiones. (BOE de 29-12-2021).

D.T. 10.ª Régimen aplicable a expedientes de regulación de empleo iniciados conforme a la normativa anterior.

1. Los expedientes de regulación de empleo para la extinción o suspensión de los contratos de trabajo o para la reducción de jornada que estuvieran en tramitación a 12 de febrero de 2012 se regirán por la normativa vigente en el momento de su inicio.

2. Los expedientes de regulación de empleo para la extinción o la suspensión de los contratos de trabajo o para la reducción de jornada resueltos por la autoridad laboral y con vigencia en su aplicación a 12 de febrero de 2012 se regirán por la normativa en vigor cuando se dictó la resolución del expediente.

D.T. 11.ª Indemnizaciones por despido improcedente.

1. La indemnización por despido prevista en el artículo 56.1 será de aplicación a los contratos suscritos a partir del 12 de febrero de 2012.

2. La indemnización por despido improcedente de los contratos formalizados con anterioridad al 12 de febrero de 2012 se calculará a razón de cuarenta y cinco días de salario por año de servicio por el tiempo de prestación de servicios anterior a dicha fecha, prorrateándose por meses los periodos de tiempo inferiores a un año, y a razón de treinta y tres días de salario por año de servicio por el tiempo de prestación de servicios posterior, prorrateándose igualmente por meses los periodos de tiempo inferiores a un año. El importe indemnizatorio resultante no podrá ser superior a setecientos veinte días de salario, salvo que del cálculo de la indemnización por el periodo anterior al 12 de febrero de 2012 resultase un número de días superior, en cuyo caso se aplicará este como importe indemnizatorio máximo, sin que dicho importe pueda ser superior a cuarenta y dos mensualidades, en ningún caso.

3. A efectos de indemnización por extinción por causas objetivas, los contratos de fomento de la contratación indefinida celebrados con anterioridad al 12 de febrero de 2012 continuarán rigiéndose por la normativa a cuyo amparo se concertaron.

En caso de despido disciplinario, la indemnización por despido improcedente se calculará conforme a lo dispuesto en el apartado 2.

D.T. 12.ª Salarios de tramitación.

Lo dispuesto en el artículo 56.5 será de aplicación a los expedientes de reclamación al Estado de salarios de tramitación en los que no hubiera recaído sentencia firme de despido el 15 de julio de 2012.

D.T. 13.ª Aplicación paulatina del artículo 48 en la redacción por el Real Decreto-ley 6/2019, de 1 de marzo, de medidas urgentes para garantía de la igualdad de trato y de oportunidades entre mujeres y hombres en el empleo y la ocupación.

1. Los apartados 4, 5, y 6 del artículo 48, en la redacción dada por el Real Decreto-ley 6/2019, de 1 de marzo, de medidas urgentes para garantía de la igualdad de trato y de oportunidades entre mujeres y hombres en el empleo y la ocupación, serán de aplicación gradual conforme a las siguientes reglas:

a) En el caso de nacimiento, la madre biológica disfrutará completamente de los periodos de suspensión regulados en el Real Decreto-ley 6/2019, de 1 de marzo, desde su entrada en vigor.

b) A partir de la entrada en vigor del Real Decreto-ley 6/2019, de 1 de marzo, en el caso de nacimiento, el otro progenitor contará con un periodo de suspensión total de ocho semanas, de las cuales las dos primeras, deberá disfrutarlas de forma ininterrumpida inmediatamente tras el parto.

La madre biológica podrá ceder al otro progenitor un periodo de hasta cuatro semanas de su periodo de suspensión de disfrute no obligatorio. El disfrute de este periodo por el otro progenitor, así como el de las restantes seis semanas, se adecuará a lo dispuesto en el artículo 48.4.

c) A partir de la entrada en vigor del Real Decreto-ley 6/2019, de 1 de marzo, en el caso de adopción, guarda con fines de adopción o acogimiento, cada progenitor dispondrá de un periodo de suspensión de seis semanas a disfrutar a tiempo completo de forma obligatoria e ininterrumpida inmediatamente después de la resolución judicial por la que se constituye la adopción o bien de la decisión administrativa de guarda con fines de adopción o de acogimiento. Junto a las seis semanas de disfrute obligatorio, los progenitores/as podrán disponer de un total de doce semanas de disfrute voluntario que deberán disfrutar de forma ininterrumpida dentro de los doce meses siguientes a la resolución judicial por la que se constituya la adopción o bien a la decisión administrativa de guarda con fines de adopción o de acogimiento, de conformidad con lo previsto en el artículo 48.5. Cada progenitor podrá disfrutar individualmente de un máximo de diez semanas sobre las doce semanas totales de disfrute voluntario, quedando las restantes sobre el total de las doce semanas a disposición del otro progenitor. Cuando los dos progenitores que ejerzan este derecho trabajen para la misma empresa, ésta podrá limitar el disfrute simultáneo de las doce semanas voluntarias por razones fundadas y objetivas, debidamente motivadas por escrito.

d) A partir de 1 de enero de 2020, en el caso de nacimiento, el otro progenitor contará con un periodo de suspensión total de doce semanas, de las cuales las cuatro primeras deberá disfrutarlas de forma ininterrumpida inmediatamente tras el parto. La madre biológica podrá ceder al otro progenitor un periodo de hasta dos semanas de su periodo de suspensión de disfrute no obligatorio El disfrute de este periodo por el otro progenitor, así como el de las restantes ocho semanas, se adecuará a lo dispuesto en el artículo 48.4.

e) A partir de 1 de enero de 2020, en el caso de adopción, guarda con fines de adopción o acogimiento, cada progenitor dispondrá de un periodo de suspensión de seis semanas a disfrutar a tiempo completo de forma obligatoria e ininterrumpida inmediatamente después de la resolución judicial por la que se constituye la adopción o bien de la decisión administrativa de guarda con fines de adopción o de acogimiento. Junto a las seis semanas de disfrute obligatorio, los progenitores/as podrán disponer de un total de dieciséis semanas de disfrute voluntario que deberán disfrutar de forma ininterrumpida dentro de los doce meses siguientes a la resolución judicial por la que se constituya la adopción o bien a la decisión administrativa de guarda con fines de adopción o de acogimiento, de conformidad con lo previsto en el artículo 48.5. Cada progenitor podrá disfrutar individualmente de un máximo de diez semanas sobre las dieciséis semanas totales de disfrute voluntario, quedando las restantes sobre el total de las dieciséis semanas a disposición del otro progenitor. Cuando los dos progenitores que ejerzan este derecho trabajen para la misma empresa, ésta podrá limitar el disfrute simultáneo de las dieciséis semanas voluntarias por razones fundadas y objetivas, debidamente motivadas por escrito.

f) A partir de 1 de enero de 2021, cada progenitor disfrutará de igual periodo de suspensión del contrato de trabajo, incluyendo seis semanas de permiso obligatorio para cada uno de ellos, siendo de aplicación íntegra la nueva regulación dispuesta en el Real Decreto-ley 6/2019, de 1 de marzo.

2. En tanto no se produzca la total equiparación en los periodos de suspensión de ambos progenitores, y en el periodo de aplicación paulatina, el nuevo sistema se aplicará con las siguientes particularidades:

a) En caso de fallecimiento de la madre biológica, con independencia de que ésta realizara o no algún trabajo, el otro progenitor tendrá derecho a la totalidad de 16 semanas de suspensión previstas para la madre biológica de conformidad con el artículo 48.4.

b) En el caso de nacimiento, el otro progenitor podrá seguir haciendo uso del periodo de suspensión inicialmente cedido por la madre biológica aunque, en el momento previsto para la reincorporación de la madre al trabajo, ésta se encuentre en situación de incapacidad temporal.

c) En el caso de que un progenitor no tuviese derecho a suspender su actividad profesional con derecho a prestaciones de acuerdo con las normas que regulen dicha actividad, el otro progenitor tendrá derecho a suspender su contrato de trabajo por la totalidad de 16 semanas, sin que le sea aplicable ninguna limitación del régimen transitorio.

d) En los supuestos de adopción, de guarda con fines de adopción y de acogimiento, de acuerdo con el artículo 45.1.d), en caso de que ambos progenitores trabajen, el periodo de suspensión se distribuirá a opción de los interesados, que podrán disfrutarlo de forma simultánea o sucesiva, dentro de los límites de disfrute compartido establecidos para cada año del periodo transitorio. Los periodos a los que se refieren dichos apartados podrán disfrutarse en régimen de jornada completa o a tiempo parcial, previo acuerdo entre los empresarios y los trabajadores afectados, en los términos que reglamentariamente se determinen.

Añadida por Real Decreto-ley 6/2019, de 1 de marzo, de medidas urgentes para garantía de la igualdad de trato y de oportunidades entre mujeres y hombres en el empleo y la ocupación. (BOE de 07-03-2019). (En vigor desde el 08/03/2019)

DISPOSICIONES FINALES

D.F. 1.ª Título competencial.

Esta ley se dicta de acuerdo con lo establecido en el artículo 149.1.7.ª de la Constitución Española, que atribuye al Estado la competencia exclusiva en materia de legislación laboral sin perjuicio de su ejecución por los órganos de las comunidades autónomas.

D.F. 2.ª Desarrollo reglamentario.

1. El Gobierno dictará las disposiciones que sean precisas para el desarrollo de esta ley.

2. El Gobierno, previas las consultas que considere oportunas a las asociaciones empresariales y organizaciones sindicales, dictará las normas necesarias para la aplicación del título II en aquellas empresas pertenecientes a sectores de actividad en las que sea relevante el número de trabajadores no fijos o el de trabajadores menores de dieciocho años, así como a los colectivos en los que, por la naturaleza de sus actividades, se ocasione una movilidad permanente, una acusada dispersión o unos desplazamientos de localidad, ligados al ejercicio normal de sus actividades, y en los que concurran otras circunstancias que hagan aconsejable su inclusión en el ámbito de aplicación del título II citado. En todo caso, dichas normas respetarán el contenido básico de esos procedimientos de representación en la empresa.

ÍNDICE ANALÍTICO

A

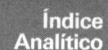

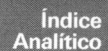

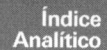

S

U

V

LEY 36/2011, DE 10 DE OCTUBRE, REGULADORA DE LA JURISDICCIÓN SOCIAL

II. LEY 36/2011, DE 10 DE OCTUBRE, REGULADORA DE LA JURISDICCIÓN SOCIAL

—BOE núm. 245, de 11 de octubre de 2011—

JUAN CARLOS I
REY DE ESPAÑA

A todos los que la presente vieren y entendieren
Sabed: Que las Cortes Generales han aprobado y Yo vengo en sancionar la siguiente ley.

PREÁMBULO

I

El ordenamiento laboral regula un ámbito fundamental de las relaciones sociales, esencial para el desarrollo económico y el bienestar de la sociedad. La naturaleza singular de las relaciones laborales y sus específicas necesidades de tutela explican y justifican la especial configuración de la tradicionalmente conocida como rama social del Derecho. La articulación de las relaciones laborales a partir de desiguales posiciones negociadoras influidas por el contexto socioeconómico, la multiplicidad de formas en las que se sustancian esas relaciones o la importancia de la negociación colectiva constituyen peculiaridades sobresalientes con trascendencia en el terreno normativo, tanto sustantivo como procesal.

La configuración de los mecanismos de solución de los conflictos y reclamaciones en el ámbito laboral, en particular la determinación de las reglas específicas de procedimiento, integran esa especialidad del Derecho del Trabajo, reconocida en nuestro país desde antiguo, a través de las normas de procedimiento laboral, caracterizadas por su agilidad, flexibilidad y capacidad de adaptación, y también por posibilitar una más rápida y eficaz resolución de conflictos, así como por las amplias potestades del juez o tribunal de dirección del proceso y la proximidad e inmediación de aquéllos respecto de las partes y del objeto litigioso, normas que han inspirado en uno u otro grado la mayoría de las reformas procesales adoptadas en otros órdenes jurisdiccionales a partir de la Constitución. La nueva Ley reguladora de la jurisdicción social desarrolla los mandatos constitucionales de tutela judicial efectiva y de seguridad jurídica para reforzarlos y adaptarlos a las particularidades de esta esfera del derecho. Toda disposición ritual está estrechamente vinculada con el derecho fundamental recogido en el artículo 24 de la Constitución Española. Su aplicación efectiva en el orden jurisdiccional laboral es la razón de ser de esta Ley.

En definitiva, la norma aspira tanto a ofrecer una mayor y mejor protección a los trabajadores y a los beneficiarios de la Seguridad Social, fortaleciendo la tutela judicial en un espacio vertebrador de la vida social y económica. Al mismo tiempo se refuerza la seguridad jurídica del marco de encuentro entre los operadores sociales y económicos, así como en la actuación de las entidades u organismos gestores o colaboradores de las referidas prestaciones sociales. La presente Ley persigue dotar a los órganos judiciales de instrumentos que agilicen los procesos de resolución de controversias, eviten abusos equilibrando la protección y tutela de los distintos intereses en conflicto, protejan mejor a los trabajadores frente a los accidentes laborales y proporcionen mayor seguridad jurídica al mercado laboral. Esta Ley presenta, en definitiva, una respuesta más eficaz y ágil a los litigios que se puedan suscitar en las relaciones de trabajo y seguridad social, y ofrece un tratamiento unitario a la diversidad de elementos incluidos en el ámbito laboral para una mejor protección de los derechos.

II

La presente Ley mantiene la estructura de su antecesora, el Texto Refundido de la Ley de Procedimiento Laboral, aprobado por Real Decreto Legislativo 2/1995, de 7 de abril. De esta manera, el texto actual consolida los principios rectores, distribución de reglas y organización interna de la anterior, de probada eficacia para la resolución de los conflictos en un tiempo menor al que se requiere en otros órdenes jurisdiccionales y altamente valorada por los profesionales que han debido aplicar la misma. La continuidad en el diseño procesal ha permitido respetar la evolución tradicional de nuestra legislación en este ordenamiento, evitando una reforma que pudiera distorsionar, siquiera mínimamente, el normal funcionamiento del mercado de trabajo o los marcos laborales asentados.

No por ello se renuncia a introducir importantes mejoras que implican una estimulación de la jurisdicción para proyectarla como auténticamente social. Se modifica en consecuencia el ámbito de conocimiento del orden jurisdiccional social, que se amplía, racionaliza y clarifica respecto a la normativa anterior, lo que constituye la principal novedad. La presente Ley reguladora de la jurisdicción social concentra en el orden social, por su mayor especialización, el conocimiento de todas aquellas materias que, de forma directa o por esencial conexión, puedan calificarse como sociales. La mayor nitidez del contorno competencial de la jurisdicción requería de una expansión para unificar el conocimiento de los conflictos y pretensiones que se produzcan en el ámbito laboral, sindical o en el de la Seguridad Social. El objetivo último es conseguir la efectividad, coordinación y seguridad de la respuesta judicial, generándose así un marco adecuado al ejercicio efectivo de los derechos y libertades por parte de la ciudadanía. Un marco que se articula a partir de la comprensión del trabajo no exclusivamente como medio en los sistemas productivos sino como un fin en sí mismo del que se derivan derechos necesitados de una especial tutela jurídica.

Un segundo eje explicativo de esta nueva Ley es su inequívoca voluntad modernizadora del procedimiento. La norma se incardina en el Plan Estratégico de Modernización del Sistema de Justicia (2009-2012), como marco de reforma estructural de la Administración de Justicia española. La garantía a los ciudadanos, de manera efectiva, de un servicio público de la justicia ágil, transparente, responsable y plenamente conforme a los valores constitucionales constituye un objetivo crucial e inaplazable de nuestro tiempo y determina el progreso social y económico.

La modernización de la Justicia, con el objetivo de mejorar su calidad y hacer más eficiente y ágil el servicio, alcanza necesariamente a las normas rituales. Una primera fase de la actualización y agilización procesal tuvo lugar con la aprobación de la Ley 13/2009, de 3 de noviembre, de Reforma de la legislación procesal para la implantación de la nueva oficina judicial, donde ya se modificaban varios preceptos de la norma que regula el proceso en el orden social. La presente Ley completa la modernización procesal en ese orden, racionalizando y fijando un nuevo texto normativo consolidado y actualizado a la realidad de la organización actual del trabajo.

A estos dos nuevos aspectos se añaden otras mejoras técnicas y adaptaciones a la normativa vigente que, en su conjunto, justifican esta iniciativa legislativa. Razones de técnica normativa y en concreto las Directrices al respecto aprobadas mediante Acuerdo del Consejo de Ministros de 22 de julio de 2005 han aconsejado la adopción de una nueva disposición que evite la dispersión normativa y las dificultades en la localización de los preceptos vigentes y por tanto la fragmentación en la respuesta jurídica.

Por otra parte, la presente Ley pretende dar cumplimiento a lo dispuesto en la Ley 35/2010, de 17 de septiembre, de Medidas urgentes para la reforma del mercado de trabajo, cuya disposición adicional decimoquinta dispone que «en el plazo de 6 meses el Gobierno aprobará un Proyecto de Ley de reforma del Texto Refundido de la Ley de Procedimiento Laboral, aprobado por el Real Decreto Legislativo 2/1995, de 7 de abril, que contemple la atribución al orden jurisdiccional social, entre otras cuestiones, de los recursos contra las resoluciones administrativas de la autoridad laboral en los procedimientos de suspensión temporal de relaciones laborales, reducción de jornada y despido colectivo, regulados en los artículos 47 y 51 del Texto Refundido de la Ley del Estatuto de los Trabajadores, aprobado por el Real Decreto Legislativo 1/1995, de 24 de marzo».

III

El objetivo principal de esta nueva Ley es establecer, ampliar, racionalizar y definir con mayor claridad el ámbito de conocimiento del orden jurisdiccional social, con fundamento en su mayor especialización, conocimiento más completo de la materia social y marco procesal especialmente adecuado a los intereses objeto de tutela de este orden.

En efecto, el Texto Refundido de la Ley de Procedimiento Laboral hasta ahora vigente ya recogía en el apartado 3 de su artículo 3 la habilitación legal al Gobierno para incorporar al mismo las modalidades y especialidades procesales correspondientes a pretensiones sobre impugnación de resoluciones administrativas, tradicionalmente tuteladas en el orden contencioso-administrativo. En el año 1998 el legislador quiso abordar de forma global y racional la cuestión del reparto de competencias entre los órdenes jurisdiccionales social, contencioso-administrativo y civil, pero circunstancias posteriores evitaron el desarrollo previsto, con lo que las previsiones competenciales del orden social recogidas en el citado artículo no fueron objeto de desarrollo.

Igualmente, la necesidad de consolidar el ámbito material del orden social también se ha hecho patente en la práctica jurisdiccional, donde han sido frecuentes los conflictos dimanados de la heterogeneidad en las resoluciones de órganos judiciales inscritos en órdenes distintos. Hasta ahora, los tribunales que integran el orden social, a pesar de su razonable funcionamiento, no estaban siempre en condiciones de asegurar la tutela judicial efectiva en un tiempo razonable y con respeto al principio de seguridad jurídica. Esto se ha debido fundamentalmente a la disgregación del conocimiento de determinadas y esenciales materias sociales entre diversas jurisdicciones distintas de la social, como la contencioso-administrativa o la civil. He aquí las dificultades que han generado el denominado «peregrinaje de jurisdicciones», que provocaba hasta ahora graves disfunciones y una merma en la efectiva protección de los derechos de las personas.

Ha llegado pues el momento de racionalizar la distribución competencial entre los órdenes jurisdiccionales en el ámbito de las relaciones laborales. Con la nueva Ley reguladora de la jurisdicción social se afronta una modernización de la norma a partir de la concentración de la materia laboral, individual y colectiva, y de Seguridad Social en el orden social y de una mayor agilidad en la tramitación procesal. De esta manera, se pretenden superar los problemas de disparidad de los criterios jurisprudenciales, dilación en la resolución de los asuntos y, en consecuencia, fragmentación en la protección jurídica dispensada. Estos problemas son incompatibles con los principios constitucionales de seguridad jurídica y tutela judicial efectiva, así como con el funcionamiento eficiente del sistema socioeconómico.

Con esta consolidación competencial se cierra el proceso de maduración del proceso social iniciado por la Ley de 1908 y continuado por el Texto Refundido de 1995, como jurisdicción con competencia unificada para conocer todos los litigios sobre materias sociales.

La ordenación de las materias objeto de conocimiento por el orden social se lleva a cabo en los tres primeros artículos de la Ley, donde cabe destacar algunas novedades significativas.

Por un lado, se produce una unificación de la materia laboral que permite dar una cobertura más especializada y coherente a los distintos elementos de la materia laboral. Es el caso de la concentración en el orden jurisdiccional social de todas las cuestiones litigiosas relativas a los accidentes de trabajo y que hasta ahora obligaban a los afectados a acudir necesariamente para intentar lograr la tutela judicial efectiva a los distintos juzgados y tribunales encuadrados en los órdenes civil, contencioso-administrativo y social.

Con esta fórmula se pretende que la jurisdicción social sea competente para enjuiciar conjuntamente a todos los sujetos que hayan concurrido en la producción del daño sufrido por el trabajador en el marco laboral o en conexión directa con el mismo, creándose un ámbito unitario de tutela jurisdiccional para el resarcimiento integral del daño causado. En este punto la Ley sigue al pacto social concretado en la Estrategia Española de Seguridad y Salud en el Trabajo (2007-2012), así como a un amplio consenso de la doctrina científica.

Asimismo, esta unificación permite de manera general convertir el orden social en el garante del cumplimiento de la normativa de prevención de riesgos laborales, aun cuando no se hayan derivado daños concretos por tales incumplimientos. De este modo no sólo se fortalecen los instrumentos judiciales para proteger a las víctimas de accidentes de trabajo, sino que además se disponen los recursos para hacer efectiva la deuda de protección del empresario y la prevención de riesgos laborales. Esta asignación de competencias se efectúa con carácter pleno, incluyendo a los funcionarios o personal estatutario, quienes deberán plantear, en su caso, sus reclamaciones ante el orden jurisdiccional social en igualdad de condiciones con los trabajadores por cuenta ajena, incluida la responsabilidad derivada de los daños sufridos como consecuencia del incumplimiento de la normativa de prevención de riesgos laborales que forma parte de la relación funcionarial o estatutaria o laboral. Se incluyen además competencias sobre medidas cautelares. Por último, se asigna al orden social la competencia sobre las cuestiones relativas a los órganos de representación de personal en materia relacionada con la prevención de riesgos en el trabajo, a través, en su

II

caso, de los Delegados de Prevención y los Comités de Seguridad y Salud, con independencia del tipo de personal que intervenga en su designación o composición.

Modernizar la normativa procesal laboral facilita, en consecuencia, el efectivo cumplimiento de las políticas de promoción de la salud y seguridad en el lugar de trabajo, evita la necesidad de intervención sucesiva de diversos órdenes jurisdiccionales, que ocasiona dilaciones, gastos innecesarios y pronunciamientos diversos contradictorios, al tiempo que proporciona un marco normativo que garantice la seguridad jurídica.

Por otro lado, la unificación de la materia laboral en el orden social convierte también a éste en el garante ordinario de los derechos fundamentales y libertades públicas de empresarios y trabajadores en el ámbito de la relación de trabajo. Además de la mencionada atracción competencial de los litigios vinculados a la salud y seguridad en el trabajo, se unifica el conocimiento de cualquier otra vulneración de derechos fundamentales y libertades públicas conectada a la relación laboral, como puede ser el caso del acoso.

En este punto, se pretende asimismo dar respuesta a las exigencias de la doctrina constitucional emanada de la Sentencia del Tribunal Constitucional 250/2007, de 17 de diciembre. Esta sentencia posibilita la extensión competencial del orden social frente a los terceros sujetos causantes de la vulneración de un derecho fundamental e interpreta que también puede ser sujeto activo del acoso el trabajador de una tercera empresa. Corresponde al orden social conocer de cuantas pretensiones se deduzcan al respecto, contra el empresario o contra los terceros citados, puesto que la actuación de éstos se produce en conexión directa con la relación laboral, excluyéndose expresamente por esta Ley la competencia residual que tradicionalmente ha venido asumiendo el orden jurisdiccional civil respecto de litigios sobre daños en cuya intervención haya intervenido alguna persona distinta del directo empresario o empleador.

Otra de las cuestiones de mayor trascendencia en el ámbito laboral es la impugnación de los actos administrativos, singulares o generales, en materia laboral y de seguridad social y, en especial, de las resoluciones contractuales colectivas por causas objetivas, por lo que, por último, se especifica su atribución al orden social. Esta Ley pretende clarificar la jurisdicción competente sobre las esenciales materias relativas a la asistencia y protección social pública, asignando al orden jurisdiccional social, las relativas a la valoración, reconocimiento y calificación del grado de discapacidad y las incluidas en la Ley 39/2006, de 14 de diciembre, de promoción de la autonomía personal y atención a las personas en situación de dependencia, y continuando las restantes como objeto de conocimiento del orden contencioso-administrativo. Con ello se adapta la normativa procesal laboral a la doctrina constitucional en su interpretación de la protección social, conforme al artículo 41 de la Constitución y, de esta manera, la jurisdicción social queda configurada como el juez natural de todas las esenciales políticas públicas relativas a la protección social. No obstante, la entrada en vigor de la atribución competencial sobre las prestaciones de dependencia en favor del orden jurisdiccional social se demora en cuanto a su efectividad, concediendo a tal fin al Gobierno el plazo de tres años para que remita a las Cortes el correspondiente Proyecto de Ley, para poder tener en cuenta la incidencia de las distintas fases de aplicación de la Ley de Dependencia en orden a una más ágil respuesta judicial.

No obstante, se han mantenido las excepciones recogidas en la normativa concursal, así como la competencia del orden contencioso-administrativo con respecto a determinados actos administrativos en materia de seguridad social más directamente vinculados con la recaudación de las cuotas y demás recursos de la misma y la actuación de la Tesorería General de la Seguridad Social.

IV

En un segundo eje se desenvuelve la modernización de la normativa del procedimiento social hacia una agilización de la tramitación procesal. En la consecución de un procedimiento más ágil y eficaz, se ha realizado un ajuste íntegro de la normativa procesal social a las previsiones de la supletoria Ley 1/2000, de 7 de enero, de Enjuiciamiento Civil, así como a la interpretación efectuada de la normativa procesal social por la jurisprudencia social y constitucional. Dicho ajuste ha permitido precisar armónicamente unos principios más acordes con el proceso social en aspectos como la regulación de las medidas cautelares, esenciales cuando se trata de vulneraciones de derechos fundamentales y libertades públicas, la reforma de las modalidades procesales de tutela de derechos fundamentales y libertades públicas, de conciliación de la vida personal, familiar y laboral y de materia electoral para incluir en su ámbito la impugnación del preaviso de elecciones sindicales.

Se agiliza la tramitación procesal a partir del establecimiento de un conjunto de medidas y de reglas entre las que se incluyen disposiciones especiales sobre acumulación y reparto, en materias relativas a accidentes de trabajo y enfermedades profesionales, supresión de trámites superfluos o eliminación de traslados materiales de actuaciones innecesarios con las nuevas tecnologías, a cuya progresiva implantación la Ley se muestra abierta en distintas disposiciones. En la misma línea, se refuerza la conciliación extrajudicial y la mediación, el arbitraje, con regulación de una modalidad procesal de impugnación del laudo y con previsión de la revisión de los laudos arbitrales firmes, y la posibilidad de transacción judicial en cualquier momento del proceso, incluida la ejecución.

También en fase de recurso se ha procurado racionalizar el procedimiento. Se sistematiza así el recurso de suplicación, para actualizar sus cuantías, que permanecían inalteradas a pesar de la evolución de las posibles magnitudes económicas de referencia como los índices de precios y los salarios mínimos y pensiones, y ajustarlo a las nuevas competencias, siguiendo, respecto de estas últimas, criterios similares a los contenidos en la Ley 29/1998, de 13 de julio, reguladora de la Jurisdicción Contencioso-Administrativa, así como a las propuestas efectuadas por el Pleno del Consejo General del Poder Judicial el 28 de enero de 2010, relativas al proceso social. Se generaliza el acceso a la suplicación en supuestos de cierre anticipado del proceso, situación que, al carecer hasta ahora de recurso, ha dado lugar a un excesivo número de recursos de amparo, precisamente en la fase en la que la garantía de la tutela judicial efectiva se despliega con mayor intensidad. Se trataba de una deficiencia estructural, cuya subsanación contribuirá a reducir la carga del Tribunal Constitucional. Esta preocupación ha inspirado igualmente otras reglas a lo largo de la Ley, como la exigencia de especificación del derecho o libertad fundamental vulnerados, tanto en la demanda como en la sentencia, en los procesos de tutela de tales derechos, la reestructuración del proceso de tutela de los mismos, como medio de obtener el amparo judicial ordinario, la sistematización de la nulidad de resoluciones definitivas, la revisión y la audiencia al rebelde, la posibilidad de utilizar las sentencias del Tribunal Constitucional y del Tribunal Europeo de Derechos Humanos como doctrina de contraste y, en general, la asignación al juez de lo social de la función de garante ordinario de los derechos fundamentales, tanto en las relaciones de trabajo como en el proceso social. El presente texto normativo también amplía el ámbito del recurso de casación para la unificación de doctrina, facultando al Ministerio Fiscal para su planteamiento a instancia de asociaciones empresariales o sindicales y entidades públicas, ampliando, de esta forma, el ámbito de las materias que podrán ser objeto de una rápida unificación doctrinal en casación.

En otros casos se introducen, con la misma finalidad, normas que la práctica forense aconsejaba para una mayor certeza y unificación en el orden social, así como mayores garantías para la defensa. Es el caso de las normas específicas sobre procesos complejos para mantener la oralidad sin indefensión en el examen y práctica de la prueba y conclusiones, o los supuestos en los que se evitan como regla las meras ratificaciones innecesarias del personal médico o inspector en sus previas intervenciones durante la tramitación administrativa, así como las pruebas testificales de escaso valor probatorio. En la misma línea se incardina una importante reforma de las reglas de acumulación, en aras de favorecer la economía procesal, la homogeneidad y la rapidez en la respuesta judicial.

Mediante este segundo eje de reforma, la nueva Ley permite integrar y aprovechar las potencialidades que ofrece la nueva oficina judicial. Se articulan las previsiones legales necesarias para la plena implantación de las nuevas tecnologías, se armoniza el texto con las recientes modificaciones de la citada Ley 13/2009, de 3 de noviembre, y se completa el diseño procesal necesario para la implantación de la nueva estructura funcional de los juzgados y tribunales.

La agilización de la tramitación procesal pretende ofrecer a los tribunales españoles y a quienes actúen ante ellos, un marco procesal que asegure mayor precisión y eficacia en la definición y aplicación jurisdiccional de los derechos y deberes de trabajadores y empresarios, así como de los niveles de cobertura de seguridad social ante situaciones de necesidad. Estos efectos redundan en una mayor certeza, seguridad y confianza de los agentes sociales y económicos en el marco del espacio social europeo.

V

La agilización del proceso no ha de ir en detrimento de la tutela judicial efectiva y la protección de los intereses de las partes. En este sentido, se recogen una serie de reglas sobre la carga probatoria, en especial en materia de accidentes de trabajo, conforme a la jurisprudencia social, para garantizar la igualdad entre las partes. Se regulan, asimismo, la posible utilización de procedimientos de presentación y de formularios, que faciliten la labor de los interesados y profesionales, y los procedimientos de señalamiento inmediato de la vista, que igualmente puedan establecerse, así como la formulación de peticiones iniciales monitorias, en supuestos de presumible determinación, liquidez y falta de controversia de la deuda y con aportación de un principio de prueba al respecto que, en caso de oposición, dará lugar a la conversión del procedimiento en ordinario. Todas estas medidas, en relación con la nueva estructura de la oficina judicial, pueden permitir una más ágil tramitación y tratamiento informático de un número no desdeñable de procedimientos, permitiendo así concentrar la atención del órgano jurisdiccional en otros procesos de mayor entidad cuantitativa y cualitativa.

También, el nuevo texto normativo refuerza la presencia en juicio del Fondo de Garantía Salarial (FOGASA) y de las entidades gestoras y colaboradoras, en su función de velar por los intereses públicos. En particular, se destaca el papel del FOGASA en el proceso social, otorgándole los poderes procesales necesarios para llevar a cabo su función de tutela de intereses públicos, y se recaba su colaboración activa desde el primer momento. Se han tenido en cuenta las conclusiones de la doctrina jurisprudencial, Sentencias del Tribunal Supremo de 22 de octubre de 2002 y de 14 de octubre de 2005, y constitucional, Sentencias del Tribunal Constitucional 60/1992 y 90/1994, en la línea de clarificar la incidencia de las alegaciones del FOGASA y su eventual efecto preclusivo.

Se establece también una forma de interrelación entre los órganos judiciales sociales y el FOGASA, para recabar y aportar información en defensa de los intereses públicos, como también se hace con respecto a la Tesorería General de la Seguridad Social y entidades u organismos gestores de prestaciones de Seguridad Social. Debe destacarse igualmente, con análoga finalidad, la expresa previsión de notificación a estos organismos públicos de las resoluciones que pudieran depararles perjuicios. La norma ahora prevista puede, además, resultar de utilidad en litigios de los que pudieran derivarse en el futuro prestaciones de garantía salarial, aun cuando en dicho momento no esté la empresa desaparecida o en situación de insolvencia actual.

Cabe destacar por otra parte la exención expresa que se hace a favor de los sindicatos de efectuar depósitos y consignaciones en sus actuaciones ante el orden social. Existía el riesgo de que, en ausencia de concreta indicación legal, se pudiera cuestionar para los titulares de las acciones colectivas en defensa de los intereses de los trabajadores, la exención de depósitos y consignaciones en los recursos de reposición y en otros distintos de los de suplicación y casación. Se favorece así la intervención colectiva sindical que, en un plano de economía de recursos, hace innecesarios múltiples y costosos procesos individuales. La Ley refuerza, por otra parte, la legitimación de los sindicatos con implantación en el ámbito del conflicto para la defensa de los intereses colectivos conforme a la doctrina constitucional, destacando que, en la fase de ejecución, ese interés debe estar referido esencialmente al mantenimiento de la actividad y a la conservación de los puestos de trabajo.

La Ley también ha querido regular a través de distintas previsiones concretas las consecuencias de la atribución al orden social, por Ley 20/2007, de 11 julio, del Estatuto del trabajo autónomo, de las reclamaciones de los trabajadores autónomos económicamente dependientes, con el objetivo de mejorar su tutela jurisdiccional ante las decisiones del empresario-cliente que está en una posición de preponderancia económica frente a ellos. El planteamiento de la delimitación jurídica entre dos relaciones posibles de orden materialmente distinto, como son la relación civil o mercantil de servicios y la relación laboral, puede generar inconvenientes procesales con riesgo de pérdida de derechos para los demandantes. Se procura así establecer reglas para los supuestos, frecuentes en la práctica, en los que el demandante, al accionar por despido, pueda pretender que la relación es laboral y no de trabajo autónomo económicamente dependiente, posibilitando que, con carácter eventual, y para el caso de desestimación de la primera, se ejerciten las acciones que corresponderían al tratarse de un trabajador en el régimen de autónomos, sin obligar a un nuevo procedimiento en esta segunda hipótesis. De otro modo, se puede generar, o bien el efecto de que se sigan dos procesos sucesivos cuando el primero no califica de laboral la relación, o bien de que precluya su derecho si no lo hizo valer en la primera ocasión. Se aprovecha igualmente esta Ley para modificar la Ley del Estatuto del trabajo autónomo en el punto relativo a considerar meramente declarativo y no constitutivo el contrato escrito entre el trabajador autónomo económicamente dependiente y su cliente, así como a clarificar el acceso a la jurisdicción como vía de reconocimiento de tal condición.

La nueva Ley incluye novedades muy destacadas, llamadas a agilizar la jurisdicción social, entre las que merece destacarse el impulso que se da tanto a la mediación previa como a la intraprocesal. También merece especial mención la ampliación del ámbito del recurso de casación unificadora al regularse una modalidad del mismo que puede interponerse por el Ministerio Fiscal en defensa de la legalidad y sin necesidad de que concurra el presupuesto de contradicción de sentencias, con lo que se logrará una mayor celeridad en la unificación de doctrina y en temas que hasta ahora serían de muy difícil acceso a dicho recurso.

Es también destacable en materia de ejecución, la extensión de los efectos de las sentencias en materia de conflicto colectivo, reforzando la eficacia real de las sentencias recaídas en este tipo de procesos, que podrá ir más allá de la mera interpretación o declaración con eficacia general de la nulidad o validez de normas convencionales o prácticas empresariales, para comprender la ejecución individualizada de los pronunciamientos susceptibles de tal determinación, con legitimación de los sujetos colectivos, no solamente en condenas con traducción económica sino incluso en procesos sobre movilidad geográfica o modificación sustancial de condiciones de trabajo de efectos colectivos u otras prácticas empresariales de posible desagregación en actuaciones individuales. E, igualmente, cabe resaltar la previsión expresa, hasta ahora solamente posible por la vía, no exenta de dificultades, de la aplicación subsidiaria de la regulación procesal civil, sobre condenas de futuro y la posibilidad de alcanzar acuerdos transaccionales en ejecución.

VI

En lo que se refiere a la estructura de la norma, ésta está formada por 305 artículos, tres disposiciones adicionales, cinco disposiciones transitorias, una disposición derogatoria y siete finales. Los capítulos se distribuyen en cuatro libros: parte general, proceso ordinario y otras modalidades procesales, medios de impugnación y ejecución de resoluciones judiciales.

El Libro Primero contiene la parte general. En el Título I, el Capítulo I delimita las materias que son conocidas por los órganos de la jurisdicción social. El artículo 2 contiene una enumeración exhaustiva, en términos positivos, de los asuntos encomendados a este orden jurisdiccional, mientras que el artículo 3 realiza una delimitación negativa de la competencia. El segundo Capítulo recoge las normas generales de competencia de juzgados y tribunales del orden social, concretando éstas para cada órgano (juzgados, Salas de los Tribunales Superiores de Justicia de las Comunidades Autónomas, Audiencia Nacional y Tribunal Supremo). El tercer Capítulo se refiere a los conflictos y cuestiones de competencia, ordenando la forma de resolver los conflictos de competencia que se produzcan entre los órganos jurisdiccionales del orden social y los de otros órdenes, sin que se hayan introducido modificaciones respecto de la regulación anterior, pues sigue remitiéndose a las normas de la Ley de Enjuiciamiento Civil. Por último, el Capítulo Cuarto recoge el régimen de abstención y recusación, remitiéndose a las normas de la Ley Orgánica 6/1985, de 1 de julio, del Poder Judicial y de la Ley de Enjuiciamiento Civil. Se definen, para el orden jurisdiccional social, los órganos competentes para instruir y decidir los incidentes de recusación, en los mismos términos de la Ley anterior.

El Título II contiene las normas relativas a las partes procesales. El Capítulo I regula los requisitos de capacidad y legitimación procesal. En los artículos 16 y 17, en materia de capacidad y legitimación, se mantienen las normas generales previstas en la legislación anterior y en la Ley de Enjuiciamiento Civil, realizando los ajustes necesarios para prever la capacidad y legitimación procesal en el caso de aquellos actos o negocios que se atribuyen «ex novo» a esta jurisdicción. Además, en coherencia con lo previsto en los artículos 6 y 7 de la Ley de Enjuiciamiento Civil, ahora se atribuye legitimación pasiva a las comunidades de bienes y grupos sin personalidad que actúan como empresarios, con el objetivo de garantizar la existencia de un sujeto susceptible de ser demandado por los trabajadores en caso de que sea necesario.

En el Capítulo II, relativo a la representación y defensa procesales, respetando los principios generales de nuestro ordenamiento jurídico, se introducen novedades cuya finalidad es evitar prácticas de desacumulación de demandas cuando las acciones ejercitadas son legalmente acumulables. Igualmente se establece una regulación tendente a facilitar la designación de representante común cuando la parte demandada esté integrada por más de diez sujetos, y no solamente cuando son demandantes, como hasta ahora, lo que es relativamente frecuente en la práctica y origina graves dilaciones, al no estar previsto actualmente un sistema de designación común con las garantías necesarias. Finalmente se introduce un nuevo párrafo en el artículo 19 a fin de facilitar la atribución de capacidad procesal a la representación unitaria o sindical cuando la demanda pueda afectar a todos o a la mayor parte de los trabajadores de una empresa.

El Capítulo III contiene las normas relativas a la intervención y llamada a juicio del Fondo de Garantía Salarial. Además de mejorar la redacción y sistemática del texto, se ha reformado el texto del artículo 23, de forma que se establece la necesidad de citar al FOGASA en los supuestos en que su responsabilidad pudiera derivar de su obligación de pago de una parte de las indemnizaciones.

El Título III se refiere a la acumulación de acciones, procesos y recursos. El Capítulo I regula la acumulación de acciones, procesos y recursos, regulando cada una de éstas en secciones distintas. En este Capítulo se han recogido importantes novedades respecto de la acumulación de acciones, todas ellas tendentes a garantizar una mayor coherencia en la respuesta judicial, eficiencia y agilidad en la resolución de los litigios que se planteen ante la jurisdicción social, particularmente en procesos derivados de accidentes de trabajo y otros relacionados entre sí, como las distintas impugnaciones de un mismo acto o resolución, o la impugnación de distintos actos empresariales coetáneos con significación extintiva, al igual que el planteamiento y resolución conjunta de las acciones de despido y de salarios pendientes de abono en ese momento, salvo cuando se comprometa la prioritaria resolución sobre el despido. El Capítulo II, sobre la acumulación de ejecuciones, no ha sufrido apenas variaciones respecto de la regulación anterior.

El Título IV regula los actos procesales. En el primer Capítulo, «De las actuaciones procesales», la principal novedad es la adición entre los procesos en que los días del mes de agosto deben considerarse hábiles, de los relativos a procesos de impugnación de resoluciones administrativas en expedientes de regulación de empleo, así como de suspensión del contrato o reducción de jornada por causas económicas, técnicas, organizativas o de producción, por la normal urgencia de las medidas, y por analogía a lo que acontece respecto de los despidos individuales y plurales y modificación de condiciones de trabajo, individuales o colectivas.

Se incluyen, además, en el artículo 48 previsiones para adaptar la Administración de Justicia a las nuevas tecnologías, de forma que se posibilite la sustitución de la entrega material de las actuaciones por su acceso informático o entrega en soportes informáticos, lo que podrá evitar desplazamientos a profesionales y usuarios de la Administración de Justicia, y reducir el tiempo de tramitación, sobre todo en la fase de recursos de casación o suplicación.

El Capítulo II de este Título regula el contenido y forma de las resoluciones procesales. En el artículo 50, como principal novedad se han simplificado los supuestos en que procede dictar sentencia oral, relacionándolos directamente con los procesos o modalidades procesales en los que, por razón de la materia o de la cuantía, no proceda recurso de suplicación, incluyendo el supuesto de allanamiento total, con independencia de la materia o de la cuantía.

En el Capítulo III, relativo a los actos de comunicación, además de recoger el reparto de cargas procesales definido por la jurisprudencia constitucional, contiene novedades que enlazan con la regulación de la nueva oficina judicial y la introducción de procedimientos telemáticos de comunicación en el ámbito de la Administración de Justicia, de forma que la norma sea coherente con el nuevo marco procesal.

En el Título V se contienen normas orientadas a evitar el proceso. En el Capítulo I, que hasta ahora se refería exclusivamente a la conciliación previa, se ha adicionado ahora la referencia a la mediación y a los laudos arbitrales, al regularse en dicho Capítulo la eficacia e impugnación de estos últimos.

Además de introducir las modificaciones necesarias para dar coherencia a la norma con el ordenamiento jurídico vigente, incluyendo referencias al Estatuto de los Trabajadores, se añade, igualmente, una mención en el artículo 64 a los procesos que exijan otra forma de agotamiento de la vía administrativa distinta de la reclamación previa, en concreto, la interposición del recurso de alzada o reposición. Por otra parte, en el artículo 66 se ha sustituido la imposición de multa en caso de no comparecer al acto obligatorio de conciliación o mediación, inoperante en la práctica, por la imposición de costas, relacionada con el principio de vencimiento objetivo y que no requiere apreciar temeridad o mala fe.

El Capítulo II regula el agotamiento de la vía administrativa previa a la vía judicial. En la legislación anterior se mencionaba tan sólo la reclamación previa a la vía judicial, en relación con los litigios entre la Administración y sus trabajadores o entre la Administración de Seguridad Social, sus entidades gestoras y sus beneficiarios, y ahora ha sido modificado a fin de comprender las diversas formas de agotamiento de la vía administrativa por medio de recurso administrativo ordinario como consecuencia de la atracción al orden social del conocimiento sobre los recursos contra resoluciones administrativas en materia laboral.

Así, la principal novedad contenida en el artículo 69 es la introducción de una mención expresa de aquellos procesos que exijan otra forma de agotamiento de la vía administrativa, distinta de la reclamación previa, dejándose abiertas ambas posibilidades. Por otra parte, en el artículo 70 se ha insertado la regla general, en materia de derechos fundamentales y libertades públicas, de no ser exigible el agotamiento previo de la vía administrativa, conforme al criterio generalmente seguido por la doctrina constitucional.

En el Título VI se regulan los principios del proceso, así como los deberes procesales. No se han producido grandes novedades en este aspecto. La Ley de Procedimiento Laboral de 1990 ya fue pionera en el establecimiento de apremios pecuniarios y multas coercitivas para obtener la ejecución de lo resuelto, pero las mismas solamente se establecieron en el proceso de ejecución. Las normas posteriores, contenidas tanto en la Ley reguladora de la Jurisdicción Contencioso-Administrativa como en la Ley de Enjuiciamiento Civil del año 2000, han posibilitado, con carácter general, la aplicabilidad de dichos mecanismos también al proceso declarativo y a la fase de recurso. Con tal finalidad se ha incluido esta posibilidad general en esta Ley.

El Libro Segundo contiene las especialidades relativas al proceso ordinario y las modalidades procesales. El Título I regula el proceso ordinario y el Título II se refiere a las modalidades procesales propiamente dichas.

En lo que hace al proceso ordinario, se ha ampliado el texto originario en el artículo 76, con el fin de hacer referencia a la legitimación, y la posibilidad de proporcionar normas de utilidad para los supuestos en los que deba determinarse el empresario o unidad empresarial responsables, muchas veces no conocidos con precisión por el trabajador demandante, para poder formular correctamente la demanda. Se ha mantenido la regla clásica del proceso social, relativa a los testigos, que se integra con el principio general, ex artículo 293.1 de la Ley de Enjuiciamiento Civil, sobre las causas de anticipación de la prueba.

En materia de anticipación y aseguramiento de prueba, así como de medidas cautelares, se ha realizado una regulación acorde con la Ley de Enjuiciamiento Civil, dejando a salvo las especialidades del proceso social, especialmente la relativa a la exención de cauciones, garantías e indemnizaciones relacionadas con determinadas medidas cautelares, introduciendo medidas cautelares en procesos de extinción a instancia del trabajador y la posibilidad de ejecución provisional de la sentencia.

En el Capítulo II, que regula el procedimiento ordinario, la regulación contenida respeta lo previsto en el texto anteriormente vigente, introduciendo aquellas modificaciones necesarias para concordar estos artículos con los contenidos en el Libro Primero relativos a la legitimación activa y pasiva, así como a las nuevas competencias asumidas por la jurisdicción social.

Además, en el artículo 81 se contienen importantes novedades que enlazan con las nuevas funciones de los secretarios judiciales en la nueva oficina judicial. En concreto, se atribuye al secretario judicial la comprobación de la concurrencia de los requisitos procesales necesarios, sin introducir una distinción, que sería artificiosa y formalista, entre defectos sustantivos y formales, ya que, en esa fase procesal, todos los apreciables son de esta última clase, sin perjuicio de que la inadmisión preliminar deba quedar reservada a la decisión jurisdiccional. Asimismo, el secretario judicial ha de advertir a las partes, para su subsanación, de posibles defectos en la demanda, en relación con los presupuestos procesales necesarios que pudieran impedir la válida prosecución y término del proceso y el dictado de una sentencia de fondo, de acuerdo con lo previsto en el apartado 4 del artículo 399 y en el apartado 1 del artículo 405 de la Ley de Enjuiciamiento Civil, así como en relación con los documentos de preceptiva aportación con la propia demanda. En cuanto a la posible falta de jurisdicción o competencia, el secretario ha de dar cuenta al juez o tribunal para que resuelva lo procedente. Todo ello con arreglo a la función de subsanación procesal que tiene la admisión preliminar de la demanda en el juicio laboral, en el que no hay audiencia preliminar, como en el proceso civil ordinario, y reviste por ello la mayor importancia la subsanación de toda clase de defectos procesales que puedan resultar de la demanda en el momento de la presentación de la misma, ya respondan a omisiones, imprecisiones o defectos en ella, falta de capacidad o representación, inadecuación, con eventual transformación de oficio del proceso seguido según el procedimiento que deba seguirse, litisconsorcio pasivo necesario o cualquier otra causa obstativa de orden procesal, según la práctica habitualmente seguida desde antiguo en el proceso social.

En materia de prueba, el juez o tribunal resolverá sobre la pertinencia de las pruebas propuestas y determinará la naturaleza y clase de cada una de ellas según lo previsto en el artículo 299 de la Ley de Enjuiciamiento Civil y en la presente Ley. Asimismo resolverá sobre las posibles diligencias complementarias o de adveración de las pruebas admitidas y sobre las preguntas que puedan formular las partes. Se regulan las condiciones de práctica del interrogatorio de parte, delimitando la intervención de quienes hubieran actuado en los hechos en nombre o interés del empresario, así como de la prueba testifical. Se posibilita la aportación anticipada y el examen, con alegaciones complementarias en su caso, cuando la prueba presente especial volumen o complejidad, y se establecen garantías cuando el acceso a documentos o archivos pueda afectar a la intimidad personal u otro derecho fundamental.

Se regula el planteamiento por el órgano jurisdiccional a las partes de cuestiones que deban ser resueltas de oficio o por conexión obligada con las alegaciones de las partes a fin de hacer posible la exhaustividad del pronunciamiento, exigida por el artículo 218 de la Ley de Enjuiciamiento Civil, asegurando la audiencia de las partes al respecto, que en caso necesario se realizará mediante un breve trámite adicional.

En el Título II se contiene la regulación relativa a las modalidades procesales, estableciéndose la regla general de la transformación del proceso a la modalidad adecuada y excluyendo, en la medida de lo posible, los pronunciamientos absolutorios por inadecuación de procedimiento y la remisión a un ulterior proceso, aunque respetando en su mayor parte la regulación vigente hasta ahora. En el caso de los procesos de despido se integra la posibilidad, hasta ahora solamente prevista para sanciones inferiores, de autorizar una medida sancionadora alternativa, para así favorecer la reanudación de la relación frente a la indemnización compensatoria de la pérdida del puesto de trabajo. Se regulan así mismo en términos semejantes a los anteriores, con precisiones adicionales derivadas de modificaciones legislativas o criterios jurisprudenciales, las reclamaciones al Estado del pago de salarios de tramitación en juicios por despido, extinción del contrato laboral por causas objetivas u otras, así como los procesos relativos a los despidos colectivos por causas económicas, organizativas, técnicas o de producción. En relación con éstos, se regulan ahora expresamente los efectos derivados de la declaración jurisdiccional de ineficacia de la resolución administrativa, cuyo conocimiento se atribuye en esta Ley al orden social, por lo que no es suficiente una regla general de declaración de nulidad de los despidos individuales, además de dar respuesta a las interrogantes suscitadas por la resolución que invalida la autorización administrativa que sustentó en su momento las extinciones individuales, cuestión que ha sido objeto de diversos pronunciamientos a propósito del resarcimiento de los perjudicados.

También se regulan en este Título II, como modalidades procesales, los procesos que afectan a las materias electorales. Se ha incluido un inciso que tiene por finalidad clarificar el ámbito de esta modalidad procesal, en relación con los preceptos del Estatuto de los Trabajadores modificado para comprender toda la materia electoral a partir de la impugnación de preavisos electorales, respondiendo a la originaria motivación de la introducción en su día del arbitraje electoral y a la necesidad de clarificar, cuanto antes, la representatividad de los negociadores del banco social, sea en la empresa o en sectores laborales más amplios.

Igualmente encuentran su acomodo en este Título los procesos relativos a la clasificación profesional, movilidad geográfica, modificaciones sustanciales de las condiciones de trabajo, así como los derechos de conciliación de la vida personal y familiar, favoreciendo la aplicación de los criterios convencionales y de las medidas promocionales de la igualdad y los procesos relativos a Seguridad Social, incluida la protección por desempleo.

En el Capítulo VI, sobre los procesos en materia de Seguridad Social, se mantiene la doble vía de reclamación previa u otras formas de agotamiento de la vía administrativa en sentido amplio. En el Capítulo VII, relativo al procedimiento de oficio y al de impugnación de actos administrativos en materia laboral, se ha llevado a cabo una labor de coordinación de los supuestos encuadrables en el primero ya que, al asumir la jurisdicción social gran parte de las competencias para conocer de los actos administrativos en materia laboral, sindical, riesgos laborales y parte de seguridad social, el procedimiento de oficio derivado de las comunicaciones de la autoridad laboral a la que se refería el texto anterior dejaba de cumplir, en la mayor parte de los supuestos, con su finalidad coordinadora de las jurisdicciones contencioso-administrativa y social. Se regula específicamente una nueva modalidad procesal, a partir de una demanda contencioso-laboral análoga al recurso contencioso-administrativo anteriormente tramitado en dicho orden jurisdiccional, que sirve de cauce a la impugnación de los actos administrativos en materia laboral.

En los Capítulos VIII y IX se regulan los procesos en materia de conflictos colectivos y la impugnación de convenios colectivos de eficacia general y de los laudos sustitutivos de éstos, remitiendo, para el caso de las demandas contra cualquier otro tipo de pactos o acuerdos, exclusivamente al proceso de conflictos colectivos. El Capítulo X regula, sin novedades destacables respecto del régimen anterior, la impugnación de los estatutos de los sindicatos y de las asociaciones empresariales o de su modificación, mientras que el undécimo y último regula la tutela de los derechos fundamentales y libertades públicas, ajustándolo a la doctrina constitucional, con una regulación más completa y estructurada que la actual, particularmente en cuanto a los términos de los pronunciamientos a dictar y respecto del resarcimiento de la víctima y su estatuto procesal, y ampliando el ámbito de la modalidad procesal de modo decidido más allá de la invocación principal de derechos fundamentales laborales específicos, como la libertad sindical, para comprender con amplitud toda posible vulneración de tales derechos y libertades fundamentales en el ámbito de las relaciones de trabajo, sean genéricos o específicamente laborales, salvo cuando sea necesario seguir una determinada modalidad procesal especial para, en ella, incluir tal alegación, en todo caso con aplicación de las garantías propias de esta modalidad procesal especial, todo ello en términos que eviten las diferencias de interpretación actuales.

El Libro Tercero contiene el régimen relativo a los medios de impugnación, esto es, los recursos contra providencias, autos, diligencias de ordenación, decretos y sentencias. El libro se organiza en seis títulos, regulando cada uno de ellos, salvo el quinto, un medio de impugnación distinto. Las principales novedades en este ámbito, comprenden, en primer lugar, el reconocimiento de legitimación para recurrir también a la parte favorecida aparentemente por el fallo, de acuerdo con los criterios constitucionales sobre la afectación real o gravamen causado por el pronunciamiento; en segundo lugar, la regulación de un trámite de impugnación eventual de la sentencia por parte de la recurrida, cuando pretenda alegar otros fundamentos distintos de los aplicados por la recurrente, para el caso de que estos últimos no sean convincentes para el tribunal que conoce del recurso, con posibilidad de alegaciones de la recurrente al respecto, de nuevo de acuerdo con criterios de la doctrina constitucional; y, por último, la interposición e impugnación del recurso ante el tribunal autor de la sentencia recurrida, remitiendo al Tribunal Supremo el recurso ya tramitado sin previo emplazamiento ante el mismo, según la positiva experiencia resultante de la tramitación tradicionalmente aplicada para la suplicación. En el Título IV, que regula el recurso de casación para unificación de doctrina, se han tratado de superar los tradicionales obstáculos que venían dados por la exigencia del requisito de contradicción de sentencias que dificultaba y retrasaba el acceso, lo que se intenta corregir dando legitimación al Ministerio Fiscal para recurrir en defensa de la legalidad en supuestos trascendentes aun cuando no concurra aquel presupuesto. Además, no se han venido admitiendo, como doctrina de contradicción o contraste a efectos de este recurso, las sentencias dictadas por el Tribunal Constitucional, por los órganos jurisdiccionales de ámbito supranacional en materia de derechos fundamentales, ni por el Tribunal de Justicia de la Unión Europea en interpretación del Derecho comunitario, a pesar de la vinculación de los órganos jurisdiccionales a las anteriores, en aplicación, respectivamente, del apartado 1 del artículo 5 de la Ley Orgánica 6/1985, de 1 de julio, del Poder Judicial, del apartado 2 del artículo 10 y del apartado 1 del artículo 96 de la Constitución. Por esta razón, la presente norma amplía el ámbito del recurso unificador para lograr la mejora en el cumplimiento efectivo de su finalidad con las cautelas necesarias para salvaguardar la posición constitucional del Tribunal Supremo. Se ha procurado, finalmente, relacionar entre sí la solicitud de nulidad de actuaciones contra resoluciones definitivas, la audiencia al rebelde y la revisión de sentencias firmes, para evitar la compleja y difícil situación que puede llegar a generarse en la práctica con la regulación actual, en cuanto a la procedencia en cada caso de uno u otro medio impugnatorio.

Por último, el Libro Cuarto regula las normas relativas a la ejecución de sentencias. Merece destacar, en la sistemática de estos artículos, la adaptación a las particularidades de la nueva oficina judicial en cuanto a la distribución de funciones en el seno de los juzgados y tribunales, y muy especialmente, la atribución de competencias específicas en materia de ejecución a los secretarios judiciales. Se han introducido también mejoras técnicas para equiparar plenamente, a efectos de la ejecución definitiva, todos los títulos ejecutivos laborales, tanto los constituidos con intervención judicial como los constituidos sin intervención judicial. Se regula por primera vez, como ya se ha apuntado, la posibilidad de ejecución de determinadas sentencias dictadas en procesos de conflicto colectivo cuando puedan determinarse los afectados y la posibilidad de transacción en la ejecución, con las necesarias cautelas para asegurar la efectividad de lo juzgado.

En las disposiciones finales se establece como supletoria la Ley de Enjuiciamiento Civil y, en su caso, la Ley reguladora de la Jurisdicción Contencioso-Administrativa, con la necesaria adaptación a las particularidades del proceso social y en cuanto sean compatibles con sus principios. Se establece también una habilitación al Gobierno para modificar las cuantías correspondientes a los recursos de suplicación y de casación ordinaria, en su caso, y para la adopción de las medidas necesarias para aprobar un sistema de valoración de daños derivados de accidentes de trabajo y de enfermedades profesionales, mediante un sistema específico de baremo de indemnizaciones actualizables anualmente. Finalmente, se regula el régimen transitorio de los procesos iniciados antes de la entrada en vigor de la Ley.

II

LIBRO PRIMERO
PARTE GENERAL

TÍTULO I
Del ejercicio de la potestad jurisdiccional

CAPÍTULO I
De la jurisdicción

ART. 1. Orden jurisdiccional social.

Los órganos jurisdiccionales del orden social conocerán de las pretensiones que se promuevan dentro de la rama social del Derecho, tanto en su vertiente individual como colectiva, incluyendo aquéllas que versen sobre materias laborales y de Seguridad Social, así como de las impugnaciones de las actuaciones de las Administraciones públicas realizadas en el ejercicio de sus potestades y funciones sobre las anteriores materias.

Ver arts. 9.5 y 25 LOPJ.

ART. 2. Ámbito del orden jurisdiccional social.

Los órganos jurisdiccionales del orden social, por aplicación de lo establecido en el artículo anterior, conocerán de las cuestiones litigiosas que se promuevan:

a) Entre empresarios y trabajadores como consecuencia del contrato de trabajo y del contrato de puesta a disposición, con la salvedad de lo dispuesto en la Ley 22/2003, de 9 de julio, Concursal; y en el ejercicio de los demás derechos y obligaciones en el ámbito de la relación de trabajo.

b) En relación con las acciones que puedan ejercitar los trabajadores o sus causahabientes contra el empresario o contra aquéllos a quienes se les atribuya legal, convencional o contractualmente responsabilidad, por los daños originados en el ámbito de la prestación de servicios o que tengan su causa en accidentes de trabajo o enfermedades profesionales, incluida la acción directa contra la aseguradora y sin perjuicio de la acción de repetición que pudiera corresponder ante el orden competente.

c) Entre las sociedades laborales o las cooperativas de trabajo asociado, y sus socios trabajadores, exclusivamente por la prestación de sus servicios.

d) En relación con el régimen profesional, tanto en su vertiente individual como colectiva, de los trabajadores autónomos económicamente dependientes a que se refiere la Ley 20/2007, de 11 de julio, del Estatuto del trabajo autónomo, incluidos los litigios que deriven del ejercicio por ellos de las reclamaciones de responsabilidad contempladas en el apartado b) de este artículo.

e) Para garantizar el cumplimiento de las obligaciones legales y convencionales en materia de prevención de riesgos laborales, tanto frente al empresario como frente a otros sujetos obligados legal o convencionalmente, así como para conocer de la impugnación de las actuaciones de las Administraciones públicas en dicha materia respecto de todos sus empleados, bien sean éstos funcionarios, personal estatutario de los servicios de salud o personal laboral, que podrán ejercer sus acciones, a estos fines, en igualdad de condiciones con los trabajadores por cuenta ajena, incluida la reclamación de responsabilidad derivada de los daños sufridos como consecuencia del incumplimiento de la normativa de prevención de riesgos laborales que forma parte de la relación funcionarial, estatutaria o laboral; y siempre sin perjuicio de las competencias plenas de la Inspección de Trabajo y Seguridad Social en el ejercicio de sus funciones.

f) Sobre tutela de los derechos de libertad sindical, huelga y demás derechos fundamentales y libertades públicas, incluida la prohibición de la discriminación y el acoso, contra el empresario o terceros vinculados a éste por cualquier título, cuando la vulneración alegada tenga conexión directa con la prestación de servicios; sobre las reclamaciones en materia de libertad sindical y de derecho de huelga frente a actuaciones de las Administraciones públicas referidas exclusivamente al personal laboral; sobre las controversias entre dos o más sindicatos, o entre éstos y las asociaciones empresariales, siempre que el litigio verse sobre cuestiones objeto de la competencia del orden jurisdiccional social, incluida en todos los supuestos de este apartado la responsabilidad por daños; y sobre las demás actuaciones previstas en la presente Ley conforme al apartado 4 del artículo 117 de la Constitución Española en garantía de cualquier derecho.

g) En procesos de conflictos colectivos.

h) Sobre impugnación de convenios colectivos y acuerdos, cualquiera que sea su eficacia, incluidos los concertados por las Administraciones públicas cuando sean de aplicación exclusiva a personal laboral; así como sobre impugnación de laudos arbitrales de naturaleza social, incluidos los dictados en sustitución de la negociación colectiva, en conflictos colectivos, en procedimientos de resolución de controversias y en procedimientos de consulta en movilidad geográfica, modificaciones colectivas de condiciones de trabajo y despidos colectivos, así como en suspensiones y reducciones temporales de jornada. De haberse dictado respecto de las Administraciones públicas, cuando dichos laudos afecten en exclusiva al personal laboral.

i) En procesos sobre materia electoral, incluidas las elecciones a órganos de representación del personal al servicio de las Administraciones públicas.

j) Sobre constitución y reconocimiento de la personalidad jurídica de los sindicatos, impugnación de sus estatutos y su modificación.

k) En materia de régimen jurídico específico de los sindicatos, tanto legal como estatutario, en todo lo relativo a su funcionamiento interno y a las relaciones con sus afiliados.

l) Sobre constitución y reconocimiento de la personalidad jurídica de las asociaciones empresariales en los términos referidos en la disposición derogatoria de la Ley Orgánica 11/1985, de 2 de agosto, de Libertad Sindical, impugnación de sus estatutos y su modificación.

m) Sobre la responsabilidad de los sindicatos y de las asociaciones empresariales por infracción de normas de la rama social del Derecho.

n) En impugnación de resoluciones administrativas de la autoridad laboral recaídas en los procedimientos previstos en el apartado 5 del artículo 47, en el artículo 47 bis) y en el apartado 7 del artículo 51 del Texto Refundido de la Ley del Estatuto de los Trabajadores, aprobado por Real Decreto Legislativo 2/2015, de 23 de octubre, así como las recaídas en el ejercicio de la potestad sancionadora en materia laboral y sindical y, respecto de las demás impugnaciones de otros actos de las Administraciones públicas sujetos al Derecho Administrativo en el ejercicio de sus potestades y funciones en materia laboral y sindical que pongan fin a la vía administrativa, siempre que en este caso su conocimiento no esté atribuido a otro orden jurisdiccional.

ñ) Contra las Administraciones públicas, incluido el Fondo de Garantía Salarial, cuando les atribuya responsabilidad la legislación laboral.

o) En materia de prestaciones de Seguridad Social, incluidas la protección por desempleo y la protección por cese de actividad de los trabajadores por cuenta propia, así como sobre la imputación de responsabilidades a empresarios o terceros respecto de las prestaciones de Seguridad Social en los casos legalmente establecidos. También las cuestiones referidas a aquellas prestaciones de protección social que establezcan las Comunidades Autónomas en el ejercicio de sus competencias, dirigidas a garantizar recursos económicos suficientes para la cobertura de las necesidades básicas y a prevenir el riesgo de exclusión social de las personas beneficiarias. Igualmente, las cuestiones litigiosas relativas a la valoración, reconocimiento y calificación del grado de discapacidad, así como sobre el reconocimiento de la situación de dependencia y prestaciones económicas y servicios derivados de la Ley 39/2006, de 14 de diciembre, de Promoción de la Autonomía Personal y Atención a las personas en situación de dependencia, teniendo a todos los efectos de esta Ley la misma consideración que las relativas a las prestaciones y los beneficiarios de la Seguridad Social.

p) En materia de intermediación laboral, en los conflictos que surjan entre los trabajadores y los servicios públicos de empleo, las agencias de colocación autorizadas y otras entidades colaboradoras de aquéllos y entre estas últimas entidades y el servicio público de empleo correspondiente.

q) En la aplicación de los sistemas de mejoras de la acción protectora de la Seguridad Social, incluidos los planes de pensiones y contratos de seguro, siempre que su causa derive de una decisión unilateral del empresario, un contrato de trabajo o un convenio, pacto o acuerdo colectivo; así como de los complementos de prestaciones o de las indemnizaciones, especialmente en los supuestos de accidentes de trabajo o enfermedad profesional, que pudieran establecerse por las Administraciones públicas a favor de cualquier beneficiario.

r) Entre los asociados y las mutualidades, excepto las establecidas por los Colegios profesionales, en los términos previstos en los artículos 64 y siguientes del Texto Refundido de la Ley de ordenación y supervisión de los seguros privados, aprobado por el Real Decreto Legislativo 6/2004, de 29 de octubre, así como entre las fundaciones laborales o entre éstas y sus beneficiarios, sobre cumplimiento, existencia o declaración de sus obligaciones específicas y derechos de carácter patrimonial, relacionados con los fines y obligaciones propios de esas entidades.

s) En impugnación de actos de las Administraciones públicas, sujetos a derecho administrativo y que pongan fin a la vía administrativa, dictadas en el ejercicio de sus potestades y funciones en materia de Seguridad Social, distintas de las comprendidas en el apartado o) de este artículo, incluyendo las recaídas en el ejercicio de la potestad sancionadora en esta materia y con excepción de las especificadas en la letra f) del artículo 3.

t) En cualesquiera otras cuestiones que les sean atribuidas por ésta u otras normas con rango de ley.

Letras n) y o) se modifican por Real Decreto-ley 6/2023, de 19 de diciembre, por el que se aprueban medidas urgentes para la ejecución del Plan de Recuperación, Transformación y Resiliencia en materia de servicio público de justicia, función pública, régimen local y mecenazgo. (BOE de 20-12-2023). Modificación vigente desde el 20/03/2024.

Letra o) modificada anteriormente por Ley 19/2021, de 20 de diciembre, por la que se establece el ingreso mínimo vital. (BOE de 21-12-2021).

Letra a): ver LC

Letra b): ver arts. 15 LPRL; 168.3 LGSS

Letra d): ver Ley 20/2007, de 11 de julio, del Estatuto del trabajo autónomo

Letra f): ver arts 177 a 184 LJS

Letra g): ver arts. 153 a 162 LJS

Letra h): ver arts. 163 a 166 LJS; 82 a 92 ET.

Letra i): ver arts. 127 a 136 LJS; 76 ET; RD 1844/1994, de 9 de septiembre, por el que se aprueba el Reglamento de elecciones a órganos de representación de los trabajadores en la empresa

Letra j): ver arts. 167 a 175 LJS; 4 y 5 LOLS

Letra l): ver RD 416/2015, de 29 de mayo, sobre depósito de estatutos de las organizaciones sindicales y empresariales.

Letra n): ver arts. 5 a 19 LISOS

Letra ñ): ver RD 505/1985, de 6 de marzo, sobre organización y funcionamiento del FOGASA; art. 33 ET.

Letra p): ver RD 1796/2010, de 30 de diciembre, por el que se regulan las agencias de colocación

Letra s): ver arts. 20 a 32 LISOS

ART. 3. Materias excluidas.

No conocerán los órganos jurisdiccionales del orden social:

a) De la impugnación directa de disposiciones generales de rango inferior a la ley y decretos legislativos cuando excedan los límites de la delegación, aun en las materias laborales, sindicales o de Seguridad Social enumeradas en el artículo anterior.

b) De las cuestiones litigiosas en materia de prevención de riesgos laborales que se susciten entre el empresario y los obligados a coordinar con éste las actividades preventivas de riesgos laborales y entre cualquiera de los anteriores y los sujetos o entidades que hayan asumido frente a ellos, por cualquier título, la responsabilidad de organizar los servicios de prevención.

c) De la tutela de los derechos de libertad sindical y del derecho de huelga relativa a los funcionarios públicos, personal estatutario de los servicios de salud y al personal a que se refiere la letra a) del apartado 3 del artículo 1 del Texto Refundido de la Ley del Estatuto de los Trabajadores.

d) De las disposiciones que establezcan las garantías tendentes a asegurar el mantenimiento de los servicios esenciales de la comunidad en caso de huelga y, en su caso, de los servicios o dependencias y los porcentajes mínimos de personal necesarios a tal fin, sin perjuicio de la competencia del orden social para conocer de las impugnaciones exclusivamente referidas a los actos de designación concreta del personal laboral incluido en dichos mínimos, así como para el conocimiento de los restantes actos dictados por la autoridad laboral en situaciones de conflicto laboral conforme al Real Decreto-ley 17/1977, de 4 de marzo, sobre Relaciones de Trabajo.

e) De los pactos o acuerdos concertados por las Administraciones públicas con arreglo a lo previsto en la Ley 7/2007, de 12 de abril, del Estatuto Básico del Empleado Público, que sean de aplicación al personal funcionario o estatutario de los servicios de salud, ya sea de manera exclusiva o conjunta con el personal laboral; y sobre la composición de las Mesas de negociación sobre las condiciones de trabajo comunes al personal de relación administrativa y laboral.

f) De las impugnaciones de los actos administrativos en materia de Seguridad Social relativos a inscripción de empresas, formalización de la protección frente a riesgos profesionales, tarifación, afiliación, alta, baja y variaciones de datos de trabajadores, así como en materia de liquidación de cuotas, actas de liquidación y actas de infracción vinculadas con dicha liquidación de cuotas y con respecto a los actos de gestión recaudatoria, incluidas las resoluciones dictadas en esta materia por su respectiva entidad gestora, en el supuesto de cuotas de recaudación conjunta con las cuotas de Seguridad Social y, en general, los demás actos administrativos conexos a los anteriores dictados por la Tesorería General de la Seguridad Social; así como de los actos administrativos sobre asistencia y protección social públicas en materias que no se encuentren comprendidas en las letras o) y s) del artículo 2.

g) De las reclamaciones sobre responsabilidad patrimonial de las Entidades Gestoras y Servicios Comunes de la Seguridad Social, así como de las demás entidades, servicios y organismos del Sistema Nacional de Salud y de los centros sanitarios concertados con ellas, sean estatales o autonómicos, por los daños y perjuicios causados por o con ocasión de la asistencia sanitaria, y las correspondientes reclamaciones, aun cuando en la producción del daño concurran con particulares o cuenten con un seguro de responsabilidad.

h) De las pretensiones cuyo conocimiento y decisión esté reservado por la Ley Concursal a la jurisdicción exclusiva y excluyente del juez del concurso.

Se declara la inconstitucionalidad y nulidad de la disposición final 20 de la Ley 22/2021, de 28 de diciembre, que modificaba este artículo, por Sentencia del TC 145/2022, de 15 de noviembre de 2022. Cuestión de inconstitucionalidad 2568-2022.

Letra f) se añade y se reordenan las anteriores letras f), g) y h) como g), h) e i), por Ley 22/2021, de 28 de diciembre, de Presupuestos Generales del Estado para el año 2022. (BOE de 29-12-2021). Se incluye la corrección de errores publicada en el BOE el 26-05-2022.

CAPÍTULO II
De la competencia

ART. 4. Competencia funcional por conexión.

1. La competencia de los órganos jurisdiccionales del orden social se extenderá al conocimiento y decisión de las cuestiones previas y prejudiciales no pertenecientes a dicho orden, que estén directamente relacionadas con las atribuidas al mismo, salvo lo previsto en el apartado 3 de este artículo y en la Ley 22/2003, de 9 de julio, Concursal.

2. Las cuestiones previas y prejudiciales serán decididas en la resolución judicial que ponga fin al proceso. La decisión que se pronuncie no producirá efecto fuera del proceso en que se dicte.

3. Hasta que las resuelva el órgano judicial competente, las cuestiones prejudiciales penales suspenderán el plazo para adoptar la debida decisión sólo cuando se basen en falsedad documental y su solución sea de todo punto indispensable para dictarla.

4. La suspensión de la ejecución por existencia de una cuestión prejudicial penal sólo procederá si la falsedad documental en que se base se hubiere producido después de constituido el título ejecutivo y se limitará a las actuaciones ejecutivas condicionadas directamente por la resolución de aquélla.

Apdo. 1: ver art. 4 LOPJ.

Apdo. 3: ver art. 10.2 y 44 LOPJ; 514 LECiv.

ART. 5. Apreciación de oficio de la falta de jurisdicción o de competencia.

1. Si los órganos jurisdiccionales apreciaren la falta de jurisdicción o de competencia internacional, o se estimaren incompetentes para conocer de la demanda por razón de la materia, del territorio o de la función, dictarán auto declarándolo así y previniendo al demandante ante quién y cómo puede hacer uso de su derecho.
2. Igual declaración deberán hacer en los mismos supuestos al dictar sentencia, absteniéndose de entrar en el conocimiento del fondo del asunto.
3. La declaración de oficio de la falta de jurisdicción o de competencia en los casos de los dos párrafos anteriores requerirá previa audiencia de las partes y del Ministerio Fiscal en plazo común de tres días.
4. Contra el auto de declaración de falta de jurisdicción o de competencia podrán ejercitarse los recursos previstos en la presente Ley. Si en el auto se declarase la jurisdicción y competencia del órgano de la jurisdicción social, la cuestión podrá suscitarse de nuevo en el juicio y, en su caso, en el recurso ulterior.
5. Si la acción ejercitada estuviere sometida a plazo de caducidad, se entenderá suspendida desde la presentación de la demanda hasta que el auto que declare la falta de jurisdicción o de competencia sea firme.

ART. 6. Juzgados de lo Social.

1. Los Juzgados de lo Social conocerán en única instancia de todos los procesos atribuidos al orden jurisdiccional social, con excepción de los asignados expresamente a la competencia de otros órganos de este orden jurisdiccional en los artículos 7, 8 y 9 de esta Ley y en la Ley Concursal.
2. En aplicación de lo establecido en el apartado anterior, conocerán también en única instancia de los procesos de impugnación de actos de Administraciones públicas atribuidos al orden jurisdiccional social en las letras n) y s) del artículo 2, cuando hayan sido dictados por:
   a) Los órganos de la Administración General del Estado y de los organismos públicos vinculados o dependientes de ella siempre que su nivel orgánico sea inferior al de Ministro o Secretario de Estado.
   b) Las Administraciones de las Comunidades Autónomas, salvo los que procedan del respectivo Consejo de Gobierno.
   c) Las Administraciones de las entidades locales.
   d) Cualquier otro organismo o entidad de derecho público que pudiera ostentar alguna de las competencias administrativas a las que se refieren las mencionadas letras del artículo 2 de esta Ley.

ART. 7. Salas de lo Social de los Tribunales Superiores de Justicia.

Las Salas de lo Social de los Tribunales Superiores de Justicia conocerán:
   a) En única instancia, de los procesos sobre las cuestiones a que se refieren las letras f), g), h), j), k) y l) del artículo 2 cuando extiendan sus efectos a un ámbito territorial superior al de la circunscripción de un Juzgado de lo Social y no superior al de la Comunidad Autónoma, así como de todos aquellos que expresamente les atribuyan las leyes.
   Conocerán en única instancia de los procesos de despido colectivo impugnados por los representantes de los trabajadores de conformidad con lo previsto en los apartados 1 a 10 del artículo 124 de esta Ley, cuando extiendan sus efectos a un ámbito territorial no superior al de una Comunidad Autónoma.
   Asimismo, conocerán en única instancia de los procesos de oficio previstos en la letra b) del artículo 148 de esta Ley y de los procesos de impugnación de las resoluciones administrativas recaídas en los procedimientos previstos en el apartado 7 del artículo 51 del Texto Refundido de la Ley del Estatuto de los Trabajadores, aprobado por Real Decreto Legislativo

1/1995, de 24 de marzo, de conformidad con lo previsto en el artículo 151 de esta Ley, cuando el acuerdo o acto administrativo impugnado extiendan sus efectos a un ámbito territorial no superior al de una Comunidad Autónoma.

b) También en única instancia, de los procesos de impugnación de actos de las Administraciones públicas atribuidos al orden jurisdiccional social en las letras n) y s) del artículo 2, cuando hayan sido dictados por el Consejo de Gobierno de la Comunidad Autónoma o por órganos de la Administración General del Estado con nivel orgánico de Ministro o Secretario de Estado, siempre que, en este último caso, el acto haya confirmado, en vía de recurso o en procedimiento de fiscalización o tutela, los que hayan sido dictados por órganos o entes distintos con competencia en todo el territorio nacional.

c) De los recursos de suplicación establecidos en esta Ley contra las resoluciones dictadas por los Juzgados de lo Social de su circunscripción.

d) De los recursos de suplicación contra las resoluciones de los jueces de lo mercantil previstos en los artículos 64.8 y 197.8 de la Ley Concursal.

e) De las cuestiones de competencia que se susciten entre los Juzgados de lo Social de su circunscripción.

Ver art. 75 LOPJ.

Letra a): ver RD 1483/2012, de 29 de octubre, por el que se aprueba el Reglamento de los procedimientos de despido colectivo y de suspensión de contratos y reducción de jornada.

ART. 8. Sala de lo Social de la Audiencia Nacional.

1. La Sala de lo Social de la Audiencia Nacional conocerá en única instancia, de los procesos sobre las cuestiones a que se refieren las letras f), g), h), j), k) y l) del artículo 2 cuando extiendan sus efectos a un ámbito territorial superior al de una Comunidad Autónoma o tratándose de impugnación de laudos, de haber correspondido, en su caso, a esta Sala el conocimiento del asunto sometido a arbitraje.

Conocerá en única instancia de los procesos de despido colectivo impugnados por los representantes de los trabajadores de conformidad con lo previsto en los apartados 1 a 10 del artículo 124 de esta Ley, cuando extiendan sus efectos a un ámbito territorial superior al de una Comunidad Autónoma.

Asimismo, conocerá en única instancia de los de los procesos de oficio previstos en la letra b) del artículo 148 de esta Ley y de los procesos de impugnación de las resoluciones administrativas recaídas en los procedimientos previstos en el apartado 7 del artículo 51 del Texto Refundido de la Ley del Estatuto de los Trabajadores, aprobado por Real Decreto Legislativo 1/1995, de 24 de marzo, de conformidad con lo previsto en el artículo 151 de esta Ley, cuando el acuerdo o acto administrativo impugnado extiendan sus efectos a un ámbito territorial superior al de una Comunidad Autónoma.

2. También, con independencia de su ámbito territorial de afectación, conocerá en única instancia de los procesos de impugnación de actos de Administraciones públicas atribuidos al orden jurisdiccional social en las letras n) y s) del artículo 2, cuando hayan sido dictados por órganos de la Administración General del Estado y de los organismos públicos vinculados o dependientes de ella cuyo nivel orgánico sea de Ministro o Secretario de Estado bien con carácter originario o bien cuando rectifiquen por vía de recurso o en procedimiento de fiscalización o tutela los dictados por órganos o entes distintos con competencia en todo el territorio nacional.

Apdo. 1: ver RD 1483/2012, de 29 de octubre, por el que se aprueba el Reglamento de los procedimientos de despido colectivo y de suspensión de contratos y reducción de jornada.

ART. 9. Sala de lo Social del Tribunal Supremo.

La Sala de lo Social del Tribunal Supremo conocerá:

a) En única instancia de los procesos de impugnación de actos de Administraciones públicas atribuidos al orden jurisdiccional social cuando hayan sido dictados por el Consejo de Ministros.

b) De los recursos de casación establecidos en la Ley.

c) De la revisión de sentencias firmes dictadas por los órganos jurisdiccionales del orden social y de la revisión de laudos arbitrales firmes sobre materias objeto de conocimiento del orden social.

d) De las demandas de error judicial cuando el órgano al que se impute el error pertenezca al orden jurisdiccional social, salvo cuando éste se atribuyese a la propia Sala de lo Social del Tribunal Supremo o a alguna de sus secciones en que la competencia corresponderá a la Sala que se establece en el artículo 61 de la Ley Orgánica 6/1985, de 1 de julio, del Poder Judicial.

e) De las cuestiones de competencia suscitadas entre órganos del orden jurisdiccional social que no tengan otro superior jerárquico común.

ART. 10. Competencia territorial de los Juzgados de lo Social.

La competencia de los Juzgados de lo Social se determinará de acuerdo con las siguientes reglas:

1. Con carácter general será juzgado competente el del lugar de prestación de los servicios o el del domicilio del demandado, a elección del demandante.

Si los servicios se prestaran en lugares de distintas circunscripciones territoriales, el trabajador podrá elegir entre aquél de ellos en que tenga su domicilio, el del contrato, si hallándose en él el demandado pudiera ser citado, o el del domicilio del demandado.

En el caso de que sean varios los demandados, y se optare por el fuero del domicilio, el actor podrá elegir el de cualquiera de los demandados.

En las demandas contra las Administraciones públicas empleadoras será juzgado competente el del lugar de prestación de los servicios o el del domicilio del demandante, a elección de éste; salvo para los trabajadores que presten servicios en el extranjero, en que será juzgado competente el del domicilio de la Administración pública demandada.

2. En los procesos que se indican en los párrafos siguientes será en cada caso juzgado competente:

a) En los que versen sobre las materias referidas en las letras o) y p) del artículo 2, aquél en cuya circunscripción se haya producido la resolución originaria, expresa o presunta, o la actuación impugnada en el proceso, o, a elección del demandante, el juzgado de su domicilio, si bien, cuando el recurso tenga por objeto actos de las Administraciones de las Comunidades Autónomas o de las entidades de la Administración Local, la elección se entenderá limitada a los juzgados comprendidos dentro de la circunscripción de la Sala de lo Social del Tribunal Superior de Justicia en que tenga su sede el órgano que hubiere dictado el acto originario impugnado.

b) En los que versen sobre las materias referidas en las letras q) y r) del artículo 2, el del domicilio del demandado o el del demandante, a elección de éste. En los procesos entre Mutualidades de Previsión, regirá en todo caso el fuero de la demandada.

c) En los de reclamación de salarios de tramitación frente al Estado, conocerá el juzgado que dictó la sentencia de despido.

d) En los que versen sobre las materias referidas en las letras j) y l) del artículo 2, el de la sede del sindicato o de la asociación empresarial.

e) En los que versen sobre la materia referida en las letras k) y m) del artículo 2, el del lugar en que se produzcan los efectos del acto o actos que dieron lugar al proceso.

f) En los que versen sobre la materia referida en la letra f) del artículo 2, el del lugar donde se produjo o, en su caso, al que se extiendan los efectos de la lesión, o las decisiones o actuaciones respecto de las que se demanda la tutela.

g) En los procesos electorales referidos en la letra i) del artículo 2, el del lugar en cuya circunscripción esté situada la empresa o centro de trabajo; si los centros están situados en municipios distintos, en que ejerzan jurisdicción juzgados diferentes, con unidad de comité de empresa o de órgano de representación del personal al servicio de las Administraciones públicas, el del lugar en que inicialmente hubiera de constituirse o se hubiera constituido la mesa electoral. Cuando se trate de impugnación de la resolución administrativa que deniegue el registro de las actas electorales o las relativas a expedición de certificaciones de la capacidad representativa de los sindicatos o de los resultados electorales, la competencia corresponderá al Juzgado de lo Social en cuya circunscripción se encuentre la oficina pública correspondiente.

h) En los de impugnación de convenios colectivos o laudos sustitutivos de aquéllos y en los de conflictos colectivos, referidos en las letras h) y g) del artículo 2, el de la circunscripción a que se refiera el ámbito de aplicación del convenio o laudo impugnado, o en que se produzcan los efectos del conflicto, respectivamente. En las acciones de impugnación y recursos judiciales de impugnación de los restantes tipos de laudos arbitrales cuyo conocimiento corresponda al orden social, el de la circunscripción del juzgado al que le hubiera correspondido, en su caso, el conocimiento del asunto sometido a arbitraje.

3. La determinación de la competencia de los juzgados y tribunales del orden social en los procesos a que se refiere la Ley 10/1997, de 24 abril, de Información y consulta de los trabajadores en las empresas y grupos de dimensión comunitaria, se regirá por las reglas fijadas en los artículos 6 a 11 de la presente Ley atendiendo a la modalidad procesal de que se trate. En los procesos de conflictos colectivos, sobre impugnación de convenios colectivos y sobre tutela de los derechos de libertad sindical se atenderá a la extensión de sus efectos en territorio español. A tal fin, en ausencia de acuerdo o de determinación expresa al respecto, se entenderá que el domicilio de la comisión negociadora y del comité de empresa europeo es el de la dirección central.

4. En los procesos de impugnación de actos de Administraciones públicas no comprendidos en los apartados anteriores y atribuidos a los Juzgados de lo Social, la competencia territorial de los mismos se determinará conforme a las siguientes reglas:

a) Con carácter general, será competente el juzgado en cuya circunscripción tenga su sede el órgano que hubiera dictado el acto originario impugnado.

b) En la impugnación de actos que tengan un destinatario individual, a elección del demandante, podrá interponerse la demanda ante el juzgado del domicilio de éste, si bien, cuando el recurso tenga por objeto actos de las Administraciones de las Comunidades Autónomas o de las entidades de la Administración Local, la elección se entenderá condicionada a que el juzgado del domicilio esté comprendido dentro de la circunscripción de la Sala de lo Social del Tribunal Superior de Justicia en que tenga su sede el órgano que hubiere dictado el acto originario impugnado. Si el acto afectase a una pluralidad de destinatarios se aplicará la regla general.

ART. 11. Competencia territorial de las Salas de lo Social de los Tribunales Superiores de Justicia.

1. La competencia territorial para el conocimiento de los procesos atribuidos en instancia a las Salas de lo Social de los Tribunales Superiores de Justicia corresponderá:

a) En los de impugnación de convenios colectivos o laudos sustitutivos de los anteriores y en los de conflictos colectivos, referidos en las letras g) y h) del artículo 2, a la del Tribunal en cuya circunscripción se produzcan los efectos del conflicto o a la de aquel a cuya circunscripción se extienda el ámbito de aplicación de las cláusulas del convenio, acuerdo o laudo impugnado o, tratándose de impugnación de laudos, de haber correspondido, en su caso, a estas Salas el conocimiento del asunto sometido a arbitraje.

b) En los que versen sobre la materia referida en las letras j) y l) del artículo 2, a la del Tribunal en cuya circunscripción tengan su sede el sindicato y la asociación empresarial a que se refiera.

c) En los que versen sobre las materias referidas en las letras k) y m) del artículo 2, a la del Tribunal en cuya circunscripción se produzcan los efectos del acto que diera lugar al proceso.

d) En los que versen sobre la materia referida en la letra f) del artículo 2, a la del Tribunal en cuya circunscripción se produzca o, en su caso, se extiendan los efectos de la lesión, las decisiones o actuaciones respecto de las que se demanda la tutela.

2. Cuando existan varias Salas de lo Social en un mismo Tribunal Superior, la competencia territorial de cada una de ellas se determinará por aplicación de las reglas establecidas en el apartado anterior, referida a la circunscripción territorial de la Sala.

3. En el caso de que los efectos de la cuestión litigiosa se extiendan a las circunscripciones de varias Salas, sin exceder del ámbito territorial de una Comunidad Autónoma, conocerá la que corresponda según las reglas de reparto que al efecto haya aprobado la Sala de Gobierno del Tribunal Superior de Justicia.

4. En las materias a que se refieren las letras n) y s) del artículo 2 y atribuidas en el artículo 7 al conocimiento de las Salas de lo Social de los Tribunales Superiores de Justicia:

a) Cuando el acto impugnado proceda del Consejo de Gobierno de la Comunidad Autónoma, la competencia corresponderá a la Sala de lo Social del Tribunal Superior de Justicia en cuya circunscripción tenga su sede el mencionado órgano de gobierno.

b) Cuando el acto impugnado proceda de un Ministro o Secretario de Estado, conforme a la letra b) del artículo 7, el conocimiento del asunto corresponderá a la Sala de lo Social en cuya circunscripción tenga su sede el órgano autor del acto originario impugnado, o, cuando tenga un destinatario individual, a la Sala de lo Social en cuya circunscripción tenga su domicilio el demandante, a elección de éste. Si el acto afectase a una pluralidad de destinatarios y fueran diversas las Salas competentes según la regla anterior, la competencia vendrá atribuida a la Sala de la sede del órgano autor del acto originario impugnado.

CAPÍTULO III
De los conflictos de competencia y de las cuestiones de competencia

Ver arts. 42 a 50 LOPJ.

ART. 12. Régimen legal.

Los conflictos de competencia entre los órganos jurisdiccionales del orden social y los de otros órdenes de la jurisdicción se regirán por lo dispuesto en la Ley Orgánica 6/1985, de 1 de julio, del Poder Judicial.

ART. 13. Cuestiones de competencia.

1. No podrán suscitarse cuestiones de competencia entre jueces y tribunales subordinados entre sí, estándose al respecto a lo dispuesto en el artículo 52 de la Ley Orgánica del Poder Judicial.
2. Las cuestiones de competencia que se susciten entre órganos del orden social de la jurisdicción serán decididas por el inmediato superior común.

ART. 14. Tramitación de las cuestiones de competencia.

Las cuestiones de competencia se sustanciarán y decidirán con sujeción a lo dispuesto en la Ley 1/2000, de 7 de enero, de Enjuiciamiento Civil, salvo lo dispuesto en las siguientes reglas:
1.ª Las declinatorias se propondrán como excepciones y serán resueltas previamente en la sentencia, sin suspender el curso de los autos.
2.ª Si se estimase la declinatoria, el demandante podrá deducir su demanda ante el órgano territorialmente competente, y si la acción estuviese sometida a plazo de caducidad se entenderá suspendida desde la presentación de la demanda hasta que la sentencia que estime la declinatoria quede firme.

Ver arts. 63 a 65 LECiv.

CAPÍTULO IV
De la abstención y de la recusación

ART. 15. Régimen legal y procedimiento.

1. La abstención y la recusación se regirán, en cuanto a sus causas, por la Ley Orgánica del Poder Judicial, y en cuanto al procedimiento, por lo dispuesto en la Ley de Enjuiciamiento Civil.
No obstante lo anterior, la recusación habrá de proponerse en instancia con anterioridad a la celebración de los actos de conciliación y juicio y, en recursos, antes del día señalado para la votación y fallo o, en su caso, para la vista.
En cualquier caso, la proposición de la recusación no suspenderá la ejecución.
2. Instruirán los incidentes de recusación:
a) Cuando el recusado sea el Presidente o uno o más Magistrados de la Sala de lo Social del Tribunal Supremo, de la Sala de lo Social de los Tribunales Superiores de Justicia o de la Sala de lo Social de la Audiencia Nacional, un Magistrado de la Sala a la que pertenezca el recusado, designado en virtud de un turno establecido por orden de antigüedad.
b) Cuando se recusare a todos los Magistrados de una Sala de Justicia, el Magistrado que corresponda por turno de antigüedad de los que integren el Tribunal correspondiente, siempre que no estuviere afectado por la recusación, y si se recusare a todos los Magistrados que integran la Sala de lo Social del Tribunal correspondiente, un Magistrado de la Sala de lo Contencioso-Administrativo designado por sorteo entre todos sus integrantes.
c) Cuando el recusado sea un Juez de lo Social, un Magistrado de la Sala de lo Social del Tribunal Superior de Justicia, designado en virtud de un turno establecido por orden de antigüedad.

La antigüedad se regirá por el orden de escalafón en la carrera judicial.

En los casos en que no fuere posible cumplir lo prevenido en los párrafos anteriores, la Sala de Gobierno del Tribunal correspondiente designará al instructor, procurando que sea de mayor categoría o, al menos, de mayor antigüedad que el recusado o recusados.

3. Decidirán los incidentes de recusación:

a) La Sala prevista en el artículo 61 de la Ley Orgánica del Poder Judicial, cuando el recusado sea el Presidente de la Sala de lo Social o dos o más de los Magistrados de dicha Sala.

b) La Sala de lo Social del Tribunal Supremo, cuando se recuse a uno de los Magistrados que la integran.

c) La Sala a que se refiere el artículo 77 de la Ley Orgánica del Poder Judicial, cuando se hubiera recusado al Presidente de la Sala de lo Social de dicho Tribunal Superior.

d) La Sala a que se refiere el artículo 69 de la Ley Orgánica del Poder Judicial, cuando se hubiera recusado al Presidente de la Sala de lo Social de la Audiencia Nacional o a más de dos Magistrados de una Sección de dicha Sala.

e) Cuando se recusare a uno o dos Magistrados de la Sala de lo Social de la Audiencia Nacional, la Sección en la que no se encuentre integrado el recusado o la Sección que siga en orden numérico a aquélla de la que el recusado forme parte.

f) Cuando se recusare a uno o dos Magistrados de la Sala de lo Social de los Tribunales Superiores de Justicia, la Sala en Pleno si no estuviera dividida en Secciones o, en caso contrario, la Sección en la que no se encuentre integrado el recusado o la Sección que siga en orden numérico a aquella de la que el recusado forme parte.

g) Cuando el recusado sea un Juez de lo Social, la Sala de lo Social del Tribunal Superior de Justicia correspondiente en Pleno, si no estuviera dividida en Secciones o, en caso contrario, la Sección primera.

4. La abstención y la recusación de los secretarios judiciales y de los miembros de los demás cuerpos de funcionarios al servicio de la Administración de Justicia se regirán por lo dispuesto para cada uno de ellos en la Ley de Enjuiciamiento Civil.

Apdo. 1: arts. 217 a 228, 446 LOPJ; arts. 99 y ss LECiv.

Apdo. 4: arts. 103 y ss LECiv.

TÍTULO II
De las partes procesales

CAPÍTULO I
De la capacidad y legitimación procesal

Ver arts. 6 y ss. LECiv.

ART. 16. Capacidad procesal y representación.

1. Podrán comparecer en juicio en defensa de sus derechos e intereses legítimos quienes se encuentren en el pleno ejercicio de sus derechos civiles.

2. Tendrán capacidad procesal los trabajadores mayores de dieciséis años y menores de dieciocho respecto de los derechos e intereses legítimos derivados de sus contratos de trabajo y de la relación de Seguridad Social, cuando legalmente no precisen para la celebración de dichos contratos autorización de sus padres, tutores o de la persona o institución que los tenga a su cargo, o hubieran obtenido autorización para contratar de sus padres, tutores o persona o institución que los tenga a su cargo conforme a la legislación laboral o la legislación civil o mercantil respectivamente. Igualmente tendrán capacidad procesal los trabajadores autónomos económicamente dependientes mayores de dieciséis años.

3. En los supuestos previstos en el apartado anterior, los trabajadores mayores de dieciséis años y menores de dieciocho tendrán igualmente capacidad procesal respecto de los derechos de naturaleza sindical y de representación, así como para la impugnación de los actos administrativos que les afecten.

4. Por quienes no se hallaren en el pleno ejercicio de sus derechos civiles comparecerán sus representantes legítimos o los que deban suplir su incapacidad conforme a Derecho.

5. Por las personas jurídicas comparecerán quienes legalmente las representen. Por las entidades sin personalidad a las que la ley reconozca capacidad para ser parte comparecerán quienes legalmente las representen en juicio. Por las masas patrimoniales o patrimonios separados carentes de titular o cuyo titular haya sido privado de sus facultades de disposición y

administración comparecerán quienes conforme a la ley las administren. Por las entidades que, no habiendo cumplido los requisitos legalmente establecidos para constituirse en personas jurídicas, estén formadas por una pluralidad de elementos personales y patrimoniales puestos al servicio de un fin determinado, comparecerán quienes de hecho o en virtud de pactos de la entidad, actúen en su nombre frente a terceros o ante los trabajadores. Por las comunidades de bienes y grupos comparecerán quienes aparezcan, de hecho o de derecho, como organizadores, directores o gestores de los mismos, o en su defecto como socios o partícipes de los mismos y sin perjuicio de la responsabilidad que, conforme a la ley, pueda corresponder a estas personas físicas.

Apdo. 2: arts. 7 y 6.4 ET.

ART. 17. Legitimación.

1. Los titulares de un derecho subjetivo o un interés legítimo podrán ejercitar acciones ante los órganos jurisdiccionales del orden social, en los términos establecidos en las leyes.
2. Los sindicatos de trabajadores y las asociaciones empresariales tendrán legitimación para la defensa de los intereses económicos y sociales que les son propios.

Los sindicatos con implantación suficiente en el ámbito del conflicto están legitimados para accionar en cualquier proceso en el que estén en juego intereses colectivos de los trabajadores, siempre que exista un vínculo entre dicho sindicato y el objeto del pleito de que se trate; podrán igualmente personarse y ser tenidos por parte en dichos procesos, sin que tal intervención haga detener o retroceder el curso de las actuaciones.

En especial, en los términos establecidos en esta Ley, podrán actuar, a través del proceso de conflicto colectivo, en defensa de los derechos e intereses de una pluralidad de trabajadores indeterminada o de difícil determinación; y, en particular, por tal cauce podrán actuar en defensa del derecho a la igualdad de trato entre mujeres y hombres en todas las materias atribuidas al orden social.

En el proceso de ejecución se considerarán intereses colectivos los tendentes a la conservación de la empresa y a la defensa de los puestos de trabajo.

3. Las organizaciones de trabajadores autónomos tendrán legitimación para la defensa de los acuerdos de interés profesional por ellas firmados.
4. El Ministerio Fiscal estará legitimado para intervenir en todos aquellos supuestos previstos en la presente Ley.
5. Para la defensa de los derechos e intereses de las personas víctimas de discriminación por orientación e identidad sexual, expresión de género o características sexuales, además de las personas afectadas y siempre que cuenten con su autorización expresa, estarán también legitimados los partidos políticos, las organizaciones sindicales, las organizaciones empresariales, las asociaciones profesionales de personas trabajadoras autónomas, las organizaciones de personas consumidoras y usuarias y las asociaciones y organizaciones legalmente constituidas que tengan entre sus fines la defensa y promoción de los derechos de las personas lesbianas, gais, bisexuales, trans e intersexuales o de sus familias, de acuerdo con lo establecido en la Ley para la igualdad real y efectiva de las personas trans y para la garantía de los derechos de las personas LGTBI.

Cuando las personas afectadas sean una pluralidad indeterminada o de difícil determinación, la legitimación para demandar en juicio la defensa de estos intereses difusos corresponderá exclusivamente a los organismos públicos con competencia en la materia, a los partidos políticos, las organizaciones sindicales, las organizaciones empresariales, las asociaciones profesionales de personas trabajadoras autónomas, las organizaciones de personas consumidoras y usuarias y las asociaciones y organizaciones legalmente constituidas que tengan entre sus fines la defensa y promoción de los derechos de las personas lesbianas, gais, bisexuales, trans e intersexuales o de sus familias.

La persona acosada será la única legitimada en los litigios sobre acoso discriminatorio por razón de orientación e identidad sexual, expresión de género o características sexuales.

6. Contra las resoluciones que les afecten desfavorablemente las partes podrán interponer los recursos establecidos en esta Ley por haber visto desestimadas cualquiera de sus pretensiones o excepciones, por resultar de ellas directamente gravamen o perjuicio, para revisar errores de hecho o prevenir los eventuales efectos del recurso de la parte contraria o por la posible eficacia de cosa juzgada del pronunciamiento sobre otros procesos ulteriores.

Apdo. 5 se añade y anterior apdo. 5 se renumera como apdo. 6 por Ley 4/2023, de 28 de febrero, para la igualdad real y efectiva de las personas trans y para la garantía de los derechos de las personas LGTBI. (BOE de 01-03-2023).

CAPÍTULO II
De la representación y defensa procesales

Ver arts. 542 a 546 y ss. LOPJ; 23 y ss LECiv.

ART. 18. Intervención en el juicio.

1. Las partes podrán comparecer por sí mismas o conferir su representación a abogado, procurador, graduado social colegiado o cualquier persona que se encuentre en el pleno ejercicio de sus derechos civiles. La representación podrá conferirse mediante poder otorgado por comparecencia ante el letrado o letrada de la Administración de Justicia, a través del registro electrónico de apoderamientos apud acta o por escritura pública.

2. En el caso de otorgarse la representación a abogado deberán seguirse los trámites previstos en el apartado 2 del artículo 21.

Apdo. 1 se modifica por Real Decreto-ley 6/2023, de 19 de diciembre, por el que se aprueban medidas urgentes para la ejecución del Plan de Recuperación, Transformación y Resiliencia en materia de servicio público de justicia, función pública, régimen local y mecenazgo. (BOE de 20-12-2023). Modificación vigente desde el 20/03/2024.

Ver arts. 542-546 LOPJ; 23 y ss. LEC; arts. 19-22, 80-82 LRJS; art. 2 d) de la Ley 1/1996, de 10 de enero, de asistencia jurídica gratuita.

Ver art. 24 LEC, modificado por Real Decreto-ley 6/2023, de 19 de diciembre, por el que se aprueban medidas urgentes para la ejecución del Plan de Recuperación, Transformación y Resiliencia en materia de servicio público de justicia, función pública, régimen local y mecenazgo.

ART. 19. Presentación de la demanda y pluralidad de actores o demandados.

1. La demanda podrá presentarse bien individualmente, bien de modo conjunto, en un solo escrito o en varios y, en este caso, su admisión a trámite equivaldrá a la decisión de su acumulación, que no podrá denegarse salvo que las acciones no sean acumulables según esta Ley.

2. En los procesos en los que demanden de forma conjunta más de diez actores, éstos deberán designar un representante común, con el que se entenderán las sucesivas diligencias del litigio. Este representante deberá ser necesariamente abogado, procurador, graduado social colegiado, uno de los demandantes o un sindicato. Dicha representación podrá conferirse mediante poder otorgado por comparecencia ante el letrado o letrada de la Administración de Justicia, a través del registro electrónico de apoderamientos apud acta, por escritura pública o mediante comparecencia ante el servicio administrativo que tenga atribuidas las competencias de conciliación, mediación o arbitraje o el órgano que asuma estas funciones. Junto con la demanda se deberá aportar el documento correspondiente de otorgamiento de esta representación.

3. Cuando se acuerde la acumulación de los procesos correspondientes a varias demandas presentadas contra un mismo demandado, afectando de este modo el proceso a más de diez actores, así como cuando la demanda o demandas se dirijan contra más de diez demandados, siempre que no haya contraposición de intereses entre ellos, el secretario judicial les requerirá para que designen un representante común, pudiendo recaer dicha designación en cualquiera de los sujetos mencionados en el apartado anterior. A tal efecto, junto con la comunicación a los actores de la resolución de acumulación, el secretario judicial les citará de comparecencia dentro de los cuatro días siguientes para el nombramiento del representante común; si el día de la comparecencia no asistiese alguno de los citados en forma, se procederá a la designación del representante común, entendiéndose que quien no comparezca acepta el nombramiento efectuado por el resto.

4. Cualquiera de los demandantes o demandados en el caso del apartado anterior podrá expresar su voluntad justificada de comparecer por sí mismo o de designar un representante propio, diferenciado del designado de forma conjunta por los restantes actores o demandados.

5. Cuando por razón de la tutela ejercitada la pretensión no afecte de modo directo e individual a trabajadores determinados se entenderá, a efectos de emplazamiento y comparecencia en el proceso, que los órganos representativos unitarios y, en su caso, la representación sindical, ostentan la representación en juicio de los intereses genéricos del colectivo laboral correspondiente, siempre que no haya contraposición de intereses entre ellos, y sin

perjuicio de la facultad de los trabajadores que indirectamente pudieran resultar afectados, de comparecer por sí mismos o de designar un representante propio.

Apdo. 2 se modifica por Real Decreto-ley 6/2023, de 19 de diciembre, por el que se aprueban medidas urgentes para la ejecución del Plan de Recuperación, Transformación y Resiliencia en materia de servicio público de justicia, función pública, régimen local y mecenazgo. (BOE de 20-12-2023). Modificación vigente desde el 20/3/2024.

Ver arts. 542-546 LOPJ; 25, 31-33 LEC.

ART. 20. Representación por los sindicatos.

1. Los sindicatos podrán actuar en un proceso, en nombre e interés de los trabajadores y de los funcionarios y personal estatutario afiliados a ellos que así se lo autoricen, para la defensa de sus derechos individuales, recayendo en dichos afiliados los efectos de aquella actuación.

2. En la demanda, el sindicato habrá de acreditar la condición de afiliado del trabajador o empleado y la existencia de la comunicación al afiliado de su voluntad de iniciar el proceso. La autorización se presumirá concedida salvo declaración en contrario del afiliado. En el caso de que no se hubiese otorgado esta autorización, el trabajador o empleado podrá exigir al sindicato la responsabilidad que proceda, que habrá de decidirse en proceso social independiente.

3. Si en cualquier fase del proceso el afiliado expresara en la oficina judicial que no había recibido la comunicación del sindicato o que habiéndola recibido hubiera negado la autorización de actuación en su nombre, el juez o tribunal, previa audiencia del sindicato, acordará el archivo de las actuaciones sin más trámite.

4. Los sindicatos estarán exentos de efectuar depósitos y consignaciones en todas sus actuaciones ante el orden social y gozarán del beneficio legal de justicia gratuita cuando ejerciten un interés colectivo en defensa de los trabajadores y beneficiarios de la seguridad social.

ART. 21. Intervención de abogado, graduado social colegiado o procurador.

1. La defensa por abogado y la representación técnica por graduado social colegiado tendrá carácter facultativo en la instancia. En el recurso de suplicación los litigantes habrán de estar defendidos por abogado o representados técnicamente por graduado social colegiado. En el recurso de casación y en las actuaciones procesales ante el Tribunal Supremo será preceptiva la defensa de abogado. Cuando la defensa sea facultativa, con excepción de lo previsto en el artículo siguiente, podrá utilizarla sin embargo cualquiera de los litigantes, en cuyo caso será de su cuenta el pago de los honorarios o derechos respectivos con las excepciones contempladas en la legislación sobre asistencia jurídica gratuita.

2. Si el demandante pretendiese comparecer en el juicio asistido de abogado, representado técnicamente por graduado social o representado por procurador, lo hará constar en la demanda, indicando los datos de contacto del profesional. Asimismo, sin perjuicio de lo establecido en el apartado 5 del artículo 81, el demandado pondrá esta circunstancia en conocimiento del juzgado o tribunal por escrito, indicando también los datos de contacto de su profesional, dentro de los dos días siguientes al de su citación para el juicio, con objeto de que, trasladada tal intención al actor, pueda éste estar representado técnicamente por graduado social o representado por procurador, designar abogado en otro plazo igual o solicitar su designación a través del turno de oficio. En este caso, el actor que no hubiese efectuado dicha designación podrá hacerlo, comunicando al juzgado o tribunal dentro de los dos días siguientes a la notificación tal circunstancia. La falta de cumplimiento de estos requisitos supone la renuncia de la parte al derecho de valerse en el acto de juicio de abogado, procurador o graduado social.

3. Si en cualquier otra actuación, diversa al acto de juicio, cualquiera de las partes pretendiese actuar asistido de letrado, el secretario judicial adoptará las medidas oportunas para garantizar la igualdad de las partes.

4. La solicitud de designación de abogado por el turno de oficio por los trabajadores y los beneficiarios del sistema de seguridad social que, por disposición legal ostentan todos el derecho a la asistencia jurídica gratuita, dará lugar a la suspensión de los plazos de caducidad o la interrupción de la prescripción de acciones. Cuando el abogado designado para un proceso considere insostenible la pretensión deberá seguir el procedimiento previsto en los artículos 32 a 35 de la Ley 1/1996, de 10 de enero, de Asistencia Jurídica Gratuita.

5. Los funcionarios y el personal estatutario en su actuación ante el orden jurisdiccional social como empleados públicos gozarán del derecho a la asistencia jurídica gratuita en los mismos términos que los trabajadores y beneficiarios del sistema de seguridad social.

Apdo. 2 se modifica por Real Decreto-ley 6/2023, de 19 de diciembre, por el que se aprueban medidas urgentes para la ejecución del Plan de Recuperación, Transformación y Resiliencia en materia de servicio público de justicia, función pública, régimen local y mecenazgo. (BOE de 20-12-2023). Modificación vigente desde el 20/3/2024.

ART. 22. Representación y defensa del Estado.

1. La representación y defensa del Estado y demás entes del sector público se regirá, según proceda, por lo dispuesto en la Ley Orgánica del Poder Judicial, la Ley de Asistencia Jurídica al Estado e Instituciones públicas y las demás normas que le sean de aplicación.

2. La representación y defensa de las Entidades Gestoras y de los Servicios Comunes de la Seguridad Social corresponderá a los letrados de la Administración de la Seguridad Social, sin perjuicio de que para supuestos determinados pueda conferirse la representación conforme a las reglas generales del artículo 18 o designarse abogado al efecto.

Ver Ley 52/1997, de 27 de noviembre, de Asistencia Jurídica al Estado e Instituciones Públicas

CAPÍTULO III
De la intervención y llamada a juicio del Fondo de Garantía Salarial

ART. 23. Intervención del Fondo de Garantía Salarial.

1. El Fondo de Garantía Salarial, cuando resulte necesario en defensa de los intereses públicos que gestiona y para ejercitar las acciones o recursos oportunos, podrá comparecer como parte en cualquier fase o momento de su tramitación, en aquellos procesos de los que se pudieran derivar prestaciones de garantía salarial, sin que tal intervención haga retroceder ni detener el curso de las actuaciones.

2. En supuestos de empresas incursas en procedimientos concursales, así como de las ya declaradas insolventes o desaparecidas, y en las demandas de las que pudiera derivar la responsabilidad prevista en el apartado 8 del artículo 33 del Texto Refundido de la Ley del Estatuto de los Trabajadores, el secretario judicial citará como parte al Fondo de Garantía Salarial, dándole traslado de la demanda a fin de que éste pueda asumir sus obligaciones legales e instar lo que convenga en Derecho.

Igualmente deberán ser notificadas al Fondo de Garantía las resoluciones de admisión a trámite, señalamiento de la vista o incidente y demás resoluciones, incluida la que ponga fin al trámite correspondiente, cuando pudieran derivarse responsabilidades para el mismo.

3. El Fondo de Garantía Salarial dispondrá de plenas facultades de actuación en el proceso como parte, pudiendo oponer toda clase de excepciones y medios de defensa, aun los personales del demandado, y cuantos hechos obstativos, impeditivos o modificativos puedan dar lugar a la desestimación total o parcial de la demanda, así como proponer y practicar prueba e interponer toda clase de recursos contra las resoluciones interlocutorias o definitivas que se dicten.

4. El Fondo de Garantía Salarial tendrá la consideración de parte en la tramitación de los procedimientos arbitrales, a efectos de asumir las obligaciones previstas en el artículo 33 del Estatuto de los Trabajadores. Igualmente, el Fondo de Garantía Salarial podrá impugnar los laudos arbitrales, las conciliaciones extrajudiciales o judiciales, los allanamientos y las transacciones aprobadas judicialmente, de poderse derivar de tales títulos obligaciones de garantía salarial, a cuyo efecto se le dará traslado de los mismos en dichos casos por la autoridad que los dicte o apruebe.

5. En los supuestos del apartado 2 de este artículo, así como cuando comparezca en juicio en virtud de lo dispuesto en el apartado 1, el Fondo de Garantía Salarial deberá alegar todos aquellos motivos de oposición que se refieran a la existencia de la relación laboral, circunstancias de la prestación, clase o extensión de la deuda o a la falta de cualquier otro requisito procesal o sustantivo. La estimación de dichas alegaciones dará lugar al pronunciamiento que corresponda al motivo de oposición alegado, según su naturaleza, y a la exclusión o reducción de la deuda, afectando a todas las partes.

La estimación de la caducidad o prescripción de la acción dará lugar a la absolución del empresario y del propio Fondo de Garantía, si hubieran alegado la prescripción o si se apreciase de oficio o a instancia de parte la caducidad. No obstante, si se apreciase interrupción de la prescripción por haber existido reclamación extrajudicial frente al empresario o reconocimiento por éste de la deuda, éstos no surtirán efectos interruptivos de la prescripción frente al Fondo de Garantía y se absolverá a éste, sin perjuicio del pronunciamiento que proceda frente al empresario, salvo que el reconocimiento de deuda haya tenido lugar ante un servicio administrativo de mediación, arbitraje o conciliación, o en acta de conciliación en un proceso judicial, en cuyo caso la interrupción de la prescripción también afectará al Fondo de Garantía.

La concurrencia de los requisitos para la prestación de garantía según lo dispuesto en el artículo 33 del Texto Refundido de la Ley del Estatuto de los Trabajadores no será objeto del procedimiento judicial que se dirija contra el empresario para la determinación de la deuda sino del procedimiento administrativo ante el Fondo de Garantía, y en su caso del proceso judicial ulterior que resuelvan sobre la solicitud de prestación de garantía salarial.

6. Si el Fondo de Garantía hubiera sido emplazado con carácter preceptivo según lo dispuesto en el apartado 2, estará vinculado por la sentencia que se dicte. En los demás casos, la entidad de garantía estará vinculada en el procedimiento relativo a la prestación de garantía y ante el trabajador por el título judicial que hubiera determinado la naturaleza y cuantía de la deuda empresarial, siempre que concurran los requisitos para la prestación de garantía salarial y sin perjuicio de los recursos o impugnaciones que pudiere haber deducido en el procedimiento seguido frente al empresario, si bien podrá ejercitar acciones contra quien considere verdadero empresario o grupo empresarial o cualquier persona interpuesta o contra quienes hubieran podido contribuir a generar prestaciones indebidas de garantía salarial.

7. En los procedimientos seguidos contra el Fondo de Garantía Salarial al amparo de la legislación laboral, las afirmaciones de hecho contenidas en el expediente y en las que se haya fundamentado la resolución del mismo harán fe, salvo prueba en contrario.

8. El órgano jurisdiccional podrá solicitar al Fondo de Garantía Salarial los antecedentes de que disponga en relación con los hechos objeto del procedimiento en los procesos en los que pudiera derivarse responsabilidad para dicho organismo. El Fondo de Garantía, con independencia de su facultad de personación, podrá igualmente aportar dichos antecedentes, aunque no se haya personado en las actuaciones, en cuanto pueda afectar a la prestación de garantía salarial, y a los fines de completar los elementos de conocimiento del órgano jurisdiccional en la resolución del asunto.

Ver art. 33.4 ET y RD 505/1985, de 6 de marzo, sobre organización y funcionamiento del FOGASA

ART. 24. Pago de prestaciones por el Fondo de Garantía Salarial y subrogación en los derechos y acciones de los trabajadores.

1. Si el pago de las prestaciones legalmente a cargo del Fondo de Garantía Salarial se hubiere producido con anterioridad al inicio de la ejecución, al instarse ésta, en subrogación de los derechos y acciones de los trabajadores que figuren en el título ejecutivo, deberá acreditarse fehacientemente el abono de las cantidades satisfechas y que éstas corresponden, en todo o en parte, a las reconocidas en el título.

2. Despachada ejecución, el secretario judicial dictará decreto haciendo constar la subrogación producida, que se notificará a los trabajadores afectados o a sus representantes, a quienes, por si pudieren conservar créditos derivados del propio título frente a la empresa ejecutada por la parte no satisfecha por el Fondo, se les ofrecerá la posibilidad de constituirse como ejecutantes en el plazo de quince días. Las cantidades obtenidas se abonarán prorrateadas entre el Fondo y los trabajadores en proporción a los importes de sus respectivos créditos.

Ver art. 33.4 ET.

TÍTULO III
De la acumulación de acciones, procesos y recursos

Ver arts. 71 y ss LECiv.

CAPÍTULO I
De la acumulación de acciones, procesos y recursos

Sección 1.ª Acumulación de acciones

ART. 25. Requisitos de la acumulación objetiva y subjetiva de acciones y reconvención.

1. El actor podrá acumular en su demanda cuantas acciones le competan contra el demandado, aunque procedan de diferentes títulos, siempre que todas ellas puedan tramitarse ante el mismo juzgado o tribunal.

2. En los mismos términos podrá el demandado reconvenir.

3. También podrán acumularse, ejercitándose simultáneamente, las acciones que uno o varios actores tengan contra uno o varios demandados, siempre que entre esas acciones exista un nexo por razón del título o causa de pedir. Se entenderá que el título o causa de pedir es idéntico o conexo cuando las acciones se funden en los mismos hechos o en una misma o análoga decisión empresarial o en varias decisiones empresariales análogas.

Si en estos casos, el actor o los actores no ejercitan conjuntamente las acciones, el juzgado deberá acordar la acumulación de los procesos, de conformidad con lo dispuesto en el artículo 28, salvo cuando aprecie, de forma motivada, que la acumulación podría ocasionar perjuicios desproporcionados a la tutela judicial efectiva del resto de intervinientes.

4. En reclamaciones sobre accidente de trabajo y enfermedad profesional se podrán acumular todas las pretensiones de resarcimiento de daños y perjuicios derivadas de un mismo hecho, incluso sobre mejoras voluntarias, que el trabajador perjudicado o sus causahabientes dirijan contra el empresario u otros terceros que deban responder a resultas del hecho causante, incluidas las entidades aseguradoras, salvo que hayan debido tramitarse mediante procedimiento administrativo separado, en cuyo caso se estará a lo dispuesto en el artículo 30.

5. En demandas derivadas del mismo accidente de trabajo o enfermedad profesional, cuando exista más de un juzgado o sección de la misma sala y tribunal, en el momento de su presentación se repartirán al juzgado o sección que conociera o hubiere conocido del primero de dichos procesos, las demandas ulteriores relativas a dicho accidente de trabajo o enfermedad profesional. En su defecto, las partes deberán informar de esta circunstancia al juzgado o sección al que se hubiera repartido la primera demanda o recurso, en el plazo de cinco días desde la notificación de la admisión de la segunda o ulteriores demandas o recursos o en su caso, desde que la parte tenga conocimiento del juzgado o sección a la que hubiere sido turnada la primera demanda o recurso.

6. El actor podrá acumular en su demanda las pretensiones que se deduzcan en relación con un mismo acto o resolución administrativa, así como las que se refieran a varios actos o resoluciones administrativas cuando exista entre ellos conexión directa.

7. Cuando el acto administrativo impugnado afecte a una pluralidad de destinatarios, de existir más de un juzgado o sección de la misma sala y tribunal, las demandas o recursos ulteriores relativas a dicho acto se repartirán al juzgado o sección que estuviere conociendo o hubiere conocido del primero de dichos procesos, siempre que conste dicha circunstancia o se ponga de manifiesto en la demanda o en el recurso. Con tal fin, la Administración autora del acto impugnado comunicará al juzgado o tribunal, tan pronto le conste, si tiene conocimiento de la existencia de otras demandas o recursos en las que puedan concurrir los supuestos de acumulación previstos en esta ley. En su defecto, el resto de partes deberán informar de esta circunstancia al juzgado o sección al que se hubiera repartido la primera demanda o recurso, en el plazo de cinco días desde la notificación de la admisión de la segunda o ulteriores demandas o recursos.

Apdos. 3, 5 y 7 se modifican por Real Decreto-ley 6/2023, de 19 de diciembre, por el que se aprueban medidas urgentes para la ejecución del Plan de Recuperación, Transformación y Resiliencia en materia de servicio público de justicia, función pública, régimen local y mecenazgo. (BOE de 20-12-2023). Modificación vigente desde el 20/03/2024.

ART. 26. Supuestos especiales de acumulación de acciones.

1. Sin perjuicio de lo dispuesto en los apartados 3, 5 y 8 de este artículo, en el apartado 3 del artículo 25, en el apartado 1 del artículo 32 y en el artículo 33, no podrán acumularse a otras en un mismo juicio, salvo la de responsabilidad por daños derivados, ni siquiera por vía de reconvención, las acciones de despido y demás causas de extinción del contrato de trabajo, las de modificaciones sustanciales de condiciones de trabajo, las de disfrute de vacaciones, las de materia electoral, las de impugnación de estatutos de los sindicatos o de su modificación, las de movilidad geográfica, las de derechos de conciliación de la vida personal, familiar y laboral a las que se refiere el artículo 139, las de impugnación de convenios colectivos, las de impugnación de sanciones impuestas por los empresarios a los trabajadores y las de tutela de derechos fundamentales y libertades públicas. Tampoco podrán acumularse las acciones en reclamación sobre acceso, reversión y modificación del trabajo a distancia a las que se refiere el artículo 138 bis.

2. Lo dispuesto en el apartado anterior se entiende sin perjuicio de la posibilidad de reclamar en los anteriores juicios, cuando deban seguirse dichas modalidades procesales por imperativo de lo dispuesto en el artículo 184, la indemnización derivada de discriminación o

lesión de derechos fundamentales y libertades públicas y demás pronunciamientos propios de la modalidad procesal de tutela de tales derechos fundamentales y libertades públicas, conforme a los artículos 182, 183 y 184.

3. Podrán acumularse en una misma demanda las acciones de despido y extinción del contrato siempre que la acción de despido acumulada se ejercite dentro del plazo establecido para la modalidad procesal de despido. Cuando para la acción de extinción del contrato de trabajo del artículo 50 del Texto Refundido de la Ley del Estatuto de los Trabajadores, se invoque la falta de pago del salario pactado, contemplada en la letra b) del apartado 1 de aquel precepto, la reclamación salarial podrá acumularse a la acción solicitando la extinción indemnizada del vínculo, pudiendo, en su caso, ampliarse la demanda para incluir las cantidades posteriores adeudadas.

El trabajador podrá acumular a la acción de despido la reclamación de las cantidades vencidas, exigibles y de cuantía determinada adeudadas hasta esa fecha, sin que por ello se altere el orden de intervención del apartado 1 del artículo 105 de esta ley.

4. Igualmente podrá acumularse a la reclamación de clasificación profesional por realización de trabajos de categoría o grupo profesional superior la reclamación de las diferencias retributivas derivadas.

5. En el caso de los trabajadores conceptuados por su cliente como autónomos económicamente dependientes, si se accionara por despido alegando la existencia de relación laboral, podrán acumular en una misma demanda a la acción principal de despido y, dentro del mismo plazo de caducidad que ésta, la que puedan formular contra la decisión del cliente de extinguir la relación, con carácter eventual y para el caso de desestimación de la primera. Análoga regla de acumulabilidad se seguirá cuando se alegue como principal la relación de autónomo dependiente y como subsidiaria la relación laboral, así como en el ejercicio de otro tipo de acciones cuando se cuestione la naturaleza laboral o autónoma económicamente dependiente de la relación.

6. No serán acumulables entre sí las reclamaciones en materia de Seguridad Social, salvo cuando tengan la misma causa de pedir y salvo la posibilidad de alegar la lesión de derechos fundamentales y libertades públicas a que se refiere el apartado 1 del artículo 140.

7. Cuando se presenten demandas acumulando objetiva o subjetivamente acciones, el secretario judicial verificará que concurren los presupuestos indicados en el artículo 25 y en los apartados precedentes, dando cumplimiento en su caso a lo dispuesto en el artículo 19.

8. Asimismo, se podrán acumular en una misma demanda acciones de modificaciones sustanciales de condiciones de trabajo por parte de distintos actores contra un mismo demandado siempre que deriven de los mismos hechos o de una misma decisión empresarial.

También se podrán acumular en una misma demanda acciones de despido por causas objetivas derivadas del apartado l) del artículo 49 del Texto Refundido del Estatuto de los Trabajadores, por parte de distintos actores contra un mismo demandado siempre que deriven de cartas de despido con idéntica causa.

Apdos. 3, 5 y 7 se modifican, y apdo. 8 se añade, por Real Decreto-ley 6/2023, de 19 de diciembre, por el que se aprueban medidas urgentes para la ejecución del Plan de Recuperación, Transformación y Resiliencia en materia de servicio público de justicia, función pública, régimen local y mecenazgo. (BOE de 20-12-2023). Modificación vigente desde el 20/3/2024.

ART. 27. Acciones indebidamente acumuladas.

1. Si se ejercitaran acciones indebidamente acumuladas, el secretario judicial requerirá al demandante para que en el plazo de cuatro días subsane el defecto, eligiendo la acción que pretende mantener. En caso de que no lo hiciera, o si se mantuviera la circunstancia de no acumulabilidad entre las acciones, dará cuenta al tribunal para que éste, en su caso, acuerde el archivo de la demanda.

2. No obstante, cuando se trate de una demanda sometida a plazo de caducidad, a la que se hubiera acumulado otra acción, fuera de los supuestos previstos en esta Ley, aunque el actor no opte, se seguirá la tramitación del juicio por aquélla, y el juez o tribunal tendrá por no formulada la otra acción acumulada, advirtiéndose al demandante de su derecho a ejercitarla por separado.

3. Si se hubiera acumulado indebidamente una acción sujeta a plazo de caducidad y otra u otras acciones sometidas igualmente a dicho plazo de caducidad, aunque el actor no opte, se seguirá la tramitación del juicio por la primera de las pretensiones ejercitada en el suplico de la demanda, y en todo caso por la de despido si se hubiese hecho uso de ella, y el juez o tribunal tendrá por no formuladas las demás acciones acumuladas, advirtiéndose al demandante de su derecho a ejercitarlas por separado.

Sección 2.ª Acumulación de procesos

ART. 28. Acumulación de procesos seguidos ante el mismo juzgado o tribunal.

1. Si en el mismo juzgado o tribunal se tramitaran varias demandas contra un mismo demandado, aunque los actores sean distintos, y se ejercitasen en ellas acciones idénticas o susceptibles de haber sido acumuladas en una misma demanda, se acordará obligatoriamente la acumulación de los procesos, salvo cuando el juzgado o tribunal aprecie, de forma motivada, que la acumulación podría ocasionar perjuicios desproporcionados a la tutela judicial efectiva del resto de intervinientes.

2. Cuando en materia de prestaciones de Seguridad Social o sobre recargo de prestaciones, se impugnare un mismo acto administrativo, o actos de reproducción, confirmación o ejecución de otro anterior, o actos entre los que exista conexión directa, se acordará la acumulación de los procesos aunque no coincidan todas las partes ni la posición procesal que ocupen. Dicha regla se aplicará a la impugnación de un mismo acto administrativo en las restantes materias competencia del orden social.

3. El secretario judicial velará por el cumplimiento de lo dispuesto en esta Sección, poniendo en conocimiento del juez o tribunal los procesos en los que se cumplan dichos requisitos, a fin de que se resuelva sobre la acumulación.

Apdo. 1 se modifica por Real Decreto-ley 6/2023, de 19 de diciembre, por el que se aprueban medidas urgentes para la ejecución del Plan de Recuperación, Transformación y Resiliencia en materia de servicio público de justicia, función pública, régimen local y mecenazgo. (BOE de 20-12-2023). Modificación vigente desde el 20/3/2024.

ART. 29. Acumulación de procesos seguidos ante distintos juzgados.

Si en el caso del artículo anterior las demandas pendieran en distintos procesos ante dos o más juzgados de lo Social de una misma circunscripción, también se acordará obligatoriamente la acumulación de todas ellas, de oficio o a petición de parte. A tal efecto, las partes deberán comunicar esta circunstancia ante el juzgado o tribunal que conociese de la demanda que hubiera tenido entrada antes en el Registro.

Modificado por Real Decreto-ley 6/2023, de 19 de diciembre, por el que se aprueban medidas urgentes para la ejecución del Plan de Recuperación, Transformación y Resiliencia en materia de servicio público de justicia, función pública, régimen local y mecenazgo. (BOE de 20-12-2023). Modificación vigente desde el 20/03/2024.

ART. 30. Procesos acumulables.

1. Se acordará también, de oficio o a instancia de parte, la acumulación de procesos que estuvieren pendientes en el mismo o distinto juzgado o tribunal cuando entre los objetos de los procesos cuya acumulación se pretende exista tal conexión que, de seguirse por separado, pudieran dictarse sentencias con pronunciamientos o fundamentos contradictorios, incompatibles o mutuamente excluyentes.

2. Asimismo, se acumularán los procesos que tengan su origen en un mismo accidente de trabajo o enfermedad profesional, aunque no coincidan todas las partes o su posición procesal, salvo que hayan debido tramitarse mediante procedimientos administrativos separados, en cuyo caso solamente podrán acumularse las impugnaciones referidas a un mismo procedimiento.

3. El juez o tribunal resolverá decidiendo la acumulación, de cumplirse los requisitos legales. Contra este auto no cabrá otro recurso que el de reposición.

ART. 31. Acumulación con procesos iniciados a instancia de la autoridad laboral.

A los procesos de oficio iniciados en virtud de comunicación de la autoridad laboral regulados en el artículo 148 se acumularán, de acuerdo con las reglas anteriores, las demandas individuales en que concurran identidad de personas y de causa de pedir respecto de la demanda de oficio, aunque pendan en distintos juzgados o tribunales. Dicha acumulación se acordará por el juzgado o tribunal mediante auto.

ART. 32. Acumulación de procesos relativos a la extinción del contrato de trabajo o que se refieran a actos administrativos con pluralidad de destinatarios.

1. Cuando el trabajador formule por separado demandas por alguna de las causas previstas en el artículo 50 del Texto Refundido de la Ley del Estatuto de los Trabajadores y por despido, la demanda que se promueva posteriormente se acumulará a la primera de oficio o a petición de cualquiera de las partes, debiendo debatirse todas las cuestiones planteadas en

un solo juicio. A estos efectos, el trabajador deberá hacer constar en la segunda demanda la pendencia del primer proceso y el juzgado que conoce del asunto.

En este supuesto, cuando las acciones ejercitadas están fundadas en las mismas causas o en una misma situación de conflicto, la sentencia deberá analizar conjuntamente ambas acciones y las conductas subyacentes, dando respuesta en primer lugar a la acción que considere que está en la base de la situación de conflicto y resolviendo después la segunda, con los pronunciamientos indemnizatorios que procedan. Si las causas de una u otra acción son independientes, la sentencia debe dar prioridad al análisis y resolución de la acción que haya nacido antes, atendido el hecho constitutivo de la misma, si bien su estimación no impedirá el examen, y decisión en su caso, de la otra acción.

2. En procesos por despido, el trabajador podrá acumular en la demanda la impugnación de los actos empresariales con efecto extintivo de la relación que le hayan afectado, cuando entre las acciones exista conexión directa y en tanto no haya trascurrido el plazo legal de impugnación de los anteriormente producidos. Con los mismos requisitos se procederá a la asignación en reparto a un mismo juzgado de las demandas contra dichos actos extintivos, si constaren tales circunstancias, o a la acumulación de procesos que se siguieran ante el mismo o distintos juzgados de acuerdo con las disposiciones de este Capítulo.

3. A las demandas de impugnación de un acto administrativo que afecte a una pluralidad de destinatarios se acumularán las que se presenten con posterioridad contra dicho acto, aunque inicialmente hubiere correspondido su conocimiento a otro juzgado o tribunal.

Sección 3.ª Acumulación de recursos

ART. 33. Reglas de la acumulación de recursos.

La acumulación de recursos de suplicación y casación se regirá por lo dispuesto en el artículo 234.

Sección 4.ª Disposiciones comunes

ART. 34. Momento de la acumulación. Separación de uno o varios procesos de una acumulación acordada.

1. La acumulación de acciones y procesos deberá formularse y acordarse antes de la celebración de los actos de conciliación, en su caso, o de juicio, salvo que se proponga por vía de reconvención.

2. Planteada la acumulación, podrán suspenderse durante el tiempo imprescindible aquellas actuaciones cuya realización pudiera privar de efectividad a la decisión que, sobre la procedencia de la acumulación, pudiera dictarse.

3. Acordada la acumulación de procesos, no podrá ésta dejarse sin efecto por el juez, la jueza o el tribunal, respecto de uno o varios de ellos, salvo que no se hayan cumplido las prescripciones legales sobre la acumulación o cuando el juez o jueza justifique, de forma motivada, que la acumulación efectuada podría ocasionar perjuicios desproporcionados a la tutela judicial efectiva del resto de intervinientes.

Modificado por Real Decreto-ley 6/2023, de 19 de diciembre, por el que se aprueban medidas urgentes para la ejecución del Plan de Recuperación, Transformación y Resiliencia en materia de servicio público de justicia, función pública, régimen local y mecenazgo. (BOE de 20-12-2023). Modificación vigente desde el 20/3/2024.

ART. 35. Efectos de la acumulación.

La acumulación de acciones y procesos cuando proceda, producirá el efecto de discutirse y resolverse conjuntamente todas las cuestiones planteadas.

CAPÍTULO II
De la acumulación de ejecuciones

Ver 555 y ss. LECiv.

ART. 36. Supuestos de acumulación de ejecuciones contra un mismo deudor.

1. En las ejecuciones de sentencias y demás títulos ejecutivos contra un mismo deudor y ante un mismo órgano, podrá disponerse de oficio o a instancia de parte la acumulación de los mismos, en los términos establecidos en esta Ley.

2. Igual regla regirá en las ejecuciones seguidas contra un mismo deudor y ante Juzgados de lo Social distintos de la misma o de diversa circunscripción.

Apdo. 1: ver Libro IV LJS.

ART. 37. Acumulación de ejecuciones dinerarias.

1. Cuando las acciones ejercitadas tiendan a obtener la entrega de una cantidad de dinero y existan indicios de que los bienes del deudor o deudores pudieran ser insuficientes para satisfacer la totalidad de los créditos que se ejecuten, el secretario judicial deberá acordar la acumulación de ejecuciones, de oficio o a instancia de parte, de seguirse ante un mismo juzgado, o a instancia de parte, de conocer de ellas juzgados distintos.

2. En los demás supuestos, el secretario judicial deberá acordar la acumulación, de oficio o a instancia de parte, cuando así lo impongan los criterios de economía y de conexión entre las diversas obligaciones cuya ejecución se pretenda.

ART. 38. Reglas de la acumulación.

1. Los procesos de ejecución se acumularán al primero en que se ordenó el despacho de la ejecución. Si dicha orden es de la misma fecha, se acumularán atendiendo a la antigüedad del título, y en último caso se estará a la fecha de presentación de la demanda.

2. Si las ejecuciones cuya acumulación se pretenda se tramitaran ante órganos judiciales de diversa circunscripción, y en la iniciada con anterioridad no figurase incluida la mayor parte de los trabajadores y créditos afectados ni embargada con prioridad la mayor parte de los bienes del deudor común, la acumulación corresponderá decretarla al secretario judicial que con prioridad trabó embargo sobre la totalidad o mayor parte de los referidos bienes.

ART. 39. Tramitación del incidente de acumulación.

1. El incidente de acumulación podrá plantearse por o ante el juzgado o tribunal competente para decretar la acumulación de las ejecuciones, en los términos indicados en el artículo anterior, de oficio o a instancia de cualquiera de las partes.

2. De estimar procedente la acumulación, el secretario judicial acordará mediante decreto, oídas las partes, reclamar la remisión de las ejecuciones a acumular a los órganos judiciales en los que se tramiten.

3. Si el secretario judicial del órgano requerido estima procedente el requerimiento, dictará decreto accediendo a ello y acordando la remisión de lo actuado. Contra dicho decreto cabrá recurso directo de revisión.

4. Si el secretario judicial competente para decretar la acumulación la estimara improcedente o si el requerido no accediere a ella, tras dictar el decreto correspondiente y firme que sea éste, elevará seguidamente a la Sala de lo Social del tribunal superior inmediato común a ambos órganos judiciales testimonio suficiente de sus actuaciones y, en su caso, de todas las realizadas en el incidente de acumulación, comunicándolo al otro afectado para que por éste se haga lo propio y remita, de no haber aún intervenido, el oportuno informe. La Sala resolverá sobre la procedencia de la acumulación y determinará el juzgado competente para conocer de las ejecuciones.

ART. 40. No suspensión de las ejecuciones.

La tramitación del incidente de acumulación no suspenderá la de las ejecuciones afectadas, salvo las actuaciones relativas al pago a los ejecutantes de las cantidades obtenidas con posterioridad al planteamiento de dicho incidente.

ART. 41. Limitación temporal a la acumulación de ejecuciones y no alteración de la prelación de créditos.

1. La acumulación de ejecuciones sólo podrá instarse o acordarse mientras no quede cumplida la obligación que se ejecute o hasta que, en su caso, se declare la insolvencia del ejecutado.

2. La acumulación no altera las preferencias que para el cobro de sus créditos puedan ostentar legalmente los diversos acreedores.

TÍTULO IV
De los actos procesales

CAPÍTULO I
De las actuaciones procesales

ART. 42. Competencia del secretario judicial.

Las actuaciones procesales han de ser autorizadas por el secretario judicial en la forma establecida en la Ley Orgánica del Poder Judicial y en la Ley de Enjuiciamiento Civil con las especialidades previstas en la presente Ley.

Ver arts. 145 a 147 LECiv.

ART. 43. Tiempo de las actuaciones judiciales.

1. Las actuaciones procesales deberán practicarse en días y horas hábiles.
2. Las actuaciones se realizarán en el término o dentro del plazo fijado para su práctica. Transcurridos éstos, se dará de oficio al proceso el curso que corresponda.
3. Salvo los plazos señalados para dictar resolución, todos los plazos y términos son perentorios e improrrogables, y sólo podrán suspenderse y abrirse de nuevo en los casos taxativamente establecidos en las leyes.
4. Los días del mes de agosto y los días que median entre el 24 de diciembre y el 6 de enero del año siguiente, ambos inclusive, serán inhábiles, salvo en las modalidades procesales de despido, extinción del contrato de trabajo de los artículos 50, 51 y 52 del texto refundido de la Ley del Estatuto de los Trabajadores, movilidad geográfica, modificación sustancial de las condiciones de trabajo, suspensión del contrato y reducción de jornada por causas económicas, técnicas, organizativas o de producción o derivadas de fuerza mayor, derechos de conciliación de la vida personal, familiar y laboral del artículo 139, impugnación de altas médicas, vacaciones, materia electoral, conflictos colectivos, impugnación de convenios colectivos y tutela de derechos fundamentales y libertades públicas, tanto en el proceso declarativo como en trámite de recurso o de ejecución.

Tampoco serán inhábiles dichos días para la adopción de actos preparatorios, medidas precautorias y medidas cautelares, en particular en materia de prevención de riesgos laborales, accidentes de trabajo y enfermedades profesionales, así como para otras actuaciones que tiendan directamente a asegurar la efectividad de los derechos reclamados o para aquellas que, de no adoptarse, pudieran dar lugar a un perjuicio de difícil reparación.

Serán hábiles el mes de agosto y los días que median entre el 24 de diciembre y el 6 de enero del año siguiente, ambos inclusive, para el ejercicio de las acciones laborales derivadas de los derechos establecidos en la Ley Orgánica 1/2004, de 28 de diciembre, de Medidas de Protección Integral contra la Violencia de Género.

5. El juez o tribunal podrá habilitar días y horas inhábiles para la práctica de actuaciones cuando no fuera posible practicarlas en tiempo hábil o sean necesarias para asegurar la efectividad de una resolución judicial. Esta habilitación se realizará por los secretarios judiciales cuando tuviera por objeto la realización de actuaciones procesales que deban practicarse en materias de su exclusiva competencia, cuando se tratara de actuaciones por ellos ordenadas o cuando fueran tendentes a dar cumplimiento a las resoluciones dictadas por jueces o tribunales. Iniciada una actuación en tiempo hábil, podrá continuar hasta su conclusión sin necesidad de habilitación.
6. A los efectos del plazo para interponer recursos, cuando en las actuaciones medie una fiesta oficial de carácter local o autonómico, se hará constar por diligencia.

Apdo. 4 modificado por Ley Orgánica 14/2022, de 22 de diciembre, de transposición de directivas europeas y otras disposiciones para la adaptación de la legislación penal al ordenamiento de la Unión Europea, y reforma de los delitos contra la integridad moral, desórdenes públicos y contrabando de armas de doble uso. (BOE de 23-12-2023). (Efectos desde el 23 de diciembre de 2022).

Apdo. 1: ver arts. 179, 182 a 185 LOPJ; 130 y 131 LECiv.

ART. 44. Forma de presentación de escritos y documentos.

Las partes habrán de presentar todos los escritos y documentos en la forma establecida en el artículo 135 de la Ley 1/2000, de 7 de enero, pudiendo los trabajadores elegir en todo momento si actúan ante la Administración de Justicia a través de medios electrónicos o no.

Modificado por Real Decreto-ley 6/2023, de 19 de diciembre, por el que se aprueban medidas urgentes para la ejecución del Plan de Recuperación, Transformación y Resiliencia en materia de servicio público de justicia, función pública, régimen local y mecenazgo. (BOE de 20-12-2023). Modificación vigente desde el 20/03/2024.

ART. 45. Plazo y lugar de presentación de escritos.

1. Cuando la presentación de un escrito esté sujeta a plazo, podrá efectuarse hasta las quince horas del día hábil siguiente al del vencimiento del plazo en el servicio común procesal creado a tal efecto o, de no existir éste, en la sede del órgano judicial.

2. En ningún caso se admitirá la presentación de escritos dirigidos al orden social en el juzgado que preste el servicio de guardia.

ART. 46. Constancia de la presentación de escritos y su tramitación inmediata.

1. En la presentación de escritos y documentos, por el funcionario designado para ello se estampará el correspondiente sello en el que se hará constar la oficina judicial ante la que se presenta y el día y hora de la presentación. En todo caso, se dará al interesado recibo con tal indicación. También podrá hacerse constar la recepción de escritos y documentos en copia simple presentada por la parte. Cuando se utilicen los medios técnicos a que se refiere el artículo 44, el sistema devolverá al interesado el resguardo acreditativo de la presentación en la oficina judicial que proceda de conformidad con lo dispuesto en el apartado 5 del artículo 135 de la Ley de Enjuiciamiento Civil.

2. En el mismo día o en el siguiente día hábil, el secretario judicial dará a los escritos y documentos el curso que corresponda.

ART. 47. Custodia del expediente y acceso al mismo.

1. Los autos permanecerán en la oficina judicial bajo la custodia del secretario, donde podrán ser examinados por los interesados que acrediten interés legítimo, a quienes deberán entregárseles testimonios, certificaciones o copias simples cuando lo soliciten, todo ello en los soportes y con los medios técnicos de los que se disponga.

2. Todo interesado podrá tener acceso al libro de sentencias y al libro de decretos a que se refieren, respectivamente, los artículos 213 y 213 bis de la Ley de Enjuiciamiento Civil, en la forma y con los medios técnicos disponibles en la oficina judicial.

ART. 48. Entrega de los autos.

1. Sólo se entregarán los autos cuando la ley lo ordene expresamente y por el plazo señalado. Se entenderá que el plazo empieza a transcurrir desde que se notifique al interesado que los autos están a su disposición, pudiendo sustituirse el traslado material de las actuaciones por la entrega de soporte informático o mediante el acceso telemático, si se dispusiera de los medios necesarios para ello, o por la entrega por cualquiera de estos procedimientos de copia de los particulares que procedan.

2. En el caso de la entrega material de las actuaciones, si transcurrido el plazo concedido para su examen no fueren devueltas, por el secretario judicial mediante decreto se impondrá al responsable multa de veinte a doscientos euros diarios. Pasados dos días sin que los mismos hayan sido devueltos, el secretario judicial ordenará su recogida; si al intentarlo no le fueran entregados en el acto, dará cuenta al juez para que disponga lo que proceda por el retraso en la devolución.

CAPÍTULO II
De las resoluciones procesales

Ver arts. 244 y ss LOPJ; 206 y ss LECiv.

ART. 49. Clases de resoluciones.

1. Los jueces y tribunales de lo social adoptarán sus decisiones por medio de providencias, autos y sentencias en los casos y con las formalidades legalmente previstas.

2. Los secretarios judiciales resolverán por medio de diligencias y decretos, igualmente en los casos y con las formalidades legalmente previstas.

3. Se podrán dictar resoluciones orales por el juez, tribunal o secretario judicial durante la celebración del juicio u otros actos que presidan, documentándose en el acta con expresión del fallo y motivación sucinta de aquellas resoluciones.

ART. 50. Sentencias orales.

El juez o la jueza, en el momento de terminar el juicio, podrá pronunciar sentencia de viva voz, con el contenido y los requisitos establecidos en el apartado 2 del artículo 97.

Igualmente podrá aprobar mediante sentencia de viva voz, el allanamiento total efectuado, así como, en su caso, los términos de ejecución de la sentencia que le sean propuestos de común acuerdo por las partes.

Su dictado tendrá lugar al concluir el mismo acto de la vista en presencia de las partes, quedando documentada en el soporte audiovisual del acto, sin perjuicio de la ulterior redacción por el juez, la jueza o el magistrado o la magistrada del encabezamiento, los hechos probados y la mera referencia a la motivación pronunciada de viva voz, dándose por reproducida, y el fallo íntegro, con expresa indicación de su firmeza o, en su caso, de los recursos que procedan, órgano ante el que deben interponerse y plazo para ello.

En aquellos procedimientos en los que no intervenga abogado ni graduado social, de conformidad con la ley, la resolución que se dicte tendrá que ser necesariamente escrita.

Pronunciada oralmente una sentencia, si todas las personas que fueren parte en el proceso estuvieren presentes en el acto debidamente asistidas por abogado o representadas por procurador o graduado social, y expresaren su decisión de no recurrir, se declarará, en el mismo acto, la firmeza de la resolución.

Fuera de este caso, el plazo para recurrir comenzará a contar desde que se notificase a la parte la resolución así redactada.

Modificado por Ley Orgánica 1/2025, de 2 de enero, de medidas en materia de eficiencia del Servicio Público de Justicia. (BOE 03-01-2025). Modificación en vigor desde el 03/04/2025. La modificación del apartado 1 de este artículo, será de aplicación a los procedimientos en los que no se haya celebrado juicio a la entrada en vigor de la ley modificadora (03/04/2025).

ART. 51. Autos orales.

En las mismas condiciones establecidas en el artículo anterior el juez o tribunal podrá dictar verbalmente autos al término de la comparecencia celebrada en cualquier incidente suscitado durante el proceso.

ART. 52. Forma de las resoluciones.

Toda resolución incluirá la mención del lugar y fecha en que se adopte, el nombre de quien la dicte, la expresión de si la misma es o no firme y, en su caso, los recursos que procedan, el órgano ante el que deben interponerse y el plazo y requisitos para ello, así como los depósitos y las consignaciones que sean necesarios y la forma de efectuarlos.

CAPÍTULO III
De los actos de comunicación

ART. 53. Indicación del lugar de las comunicaciones.

1. Los actos de comunicación se efectuarán en la forma establecida en el Capítulo V del Título V del Libro I de la Ley 1/2000, de 7 de enero, de Enjuiciamiento Civil, con las especialidades previstas en esta Ley, debiendo siempre agotarse todas las posibles vías existentes para lograr la efectividad de las notificaciones.

2. En el primer escrito o comparecencia ante el órgano judicial, las partes o interesados, y en su caso los y las profesionales designados, señalarán el domicilio físico, teléfono y dirección electrónica, en el caso de las personas obligadas a relacionarse electrónicamente con la Administración de Justicia, para la práctica de actos de comunicación.

El domicilio y los datos de localización facilitados con tal fin surtirán plenos efectos y las notificaciones en ellos intentadas sin efecto serán válidas hasta tanto no sean facilitados otros datos alternativos, siendo carga procesal de las partes y de sus representantes mantenerlos actualizados. Asimismo, deberán comunicar los cambios relativos a su número de teléfono, fax, dirección electrónica o similares, siempre que estos últimos estén siendo utilizados como instrumentos de comunicación con el tribunal.

> *Apdo. 2 modificado por Real Decreto-ley 6/2023, de 19 de diciembre, por el que se aprueban medidas urgentes para la ejecución del Plan de Recuperación, Transformación y Resiliencia en materia de servicio público de justicia, función pública, régimen local y mecenazgo. (BOE de 20-12-2023). Modificación vigente desde el 20/3/2024.*

> *Apdo. 1: ver 149 y ss LECiv; 148 y ss LJS.*

ART. 54. Tiempo de la comunicación.

1. Las resoluciones procesales se notificarán en el mismo día de su fecha, o de la publicación en su caso, a todos los que sean parte en el juicio, y no siendo posible en el día hábil siguiente.

2. También se notificarán las resoluciones, cuando así se mande, a las personas y entidades a quienes se refieran o puedan parar perjuicio u ostentaren interés legítimo en el asunto debatido. En especial, además de la resolución que ponga fin al proceso, se les notificarán la admisión a trámite y el señalamiento de la vista.

3. Si durante el proceso hubieran de adoptarse por el juez o la Sala medidas tendentes a garantizar los derechos que pudieran corresponder a las partes, o a asegurar la efectividad de la resolución judicial, y la notificación inmediata al afectado de las actuaciones procesales o de la medida cautelar, preventiva o ejecutiva adoptada pudiera poner en peligro su efectividad, el órgano judicial podrá, motivadamente, acordar la demora en la práctica de la notificación durante el tiempo indispensable para lograr dicha efectividad.

ART. 55. Lugar de las comunicaciones.

Las citaciones, notificaciones, emplazamientos y requerimientos a las partes que no actúen representadas en los términos del artículo 18 de esta ley, se harán en el local de la oficina judicial, si allí comparecieren por propia iniciativa los interesados, o por haber sido emplazados para ello y, en otro caso, en el domicilio señalado a estos efectos. Cuando se trate de personas que estén legalmente obligadas a relacionarse electrónicamente con la Administración de Justicia o que hayan optado por la utilización de estos medios se realizará conforme a lo establecido en el artículo 162 de la Ley 1/2000, de 7 de enero.

No obstante, si la comunicación tuviese por objeto la personación en juicio o la realización o intervención personal de las partes en determinadas actuaciones procesales se estará a lo establecido en al apartado 2 del artículo 155 de la Ley 1/2000, de 7 de enero.

> *Modificado por Real Decreto-ley 6/2023, de 19 de diciembre, por el que se aprueban medidas urgentes para la ejecución del Plan de Recuperación, Transformación y Resiliencia en materia de servicio público de justicia, función pública, régimen local y mecenazgo. (BOE de 20-12-2023). Modificación vigente desde el 20/3/2024.*

ART. 56. Comunicaciones fuera de la oficina judicial.

1. Las citaciones, notificaciones y emplazamientos que se practiquen fuera de la sede de la oficina judicial se harán, cualquiera que sea el destinatario, por correo certificado con acuse de recibo, dando fe el secretario en los autos del contenido del sobre remitido, y uniéndose a ellos el acuse de recibo.

2. En el exterior del sobre deberán constar las advertencias contenidas en el apartado 3 del artículo 57 dirigidas al receptor para el caso de que no fuera el interesado.

3. En el documento de acuse de recibo se hará constar la fecha de la entrega, y será firmado por el empleado de Correos y el receptor. En el caso de que éste no fuera el interesado se consignará su nombre, documento de identificación, domicilio y su relación con el destinatario.

4. Se podrá disponer que la comunicación se practique por el servicio de telégrafo, fax, correo electrónico o por cualquier otro medio idóneo de comunicación o de transmisión de textos si los interesados facilitaran los datos indicativos para utilizarlos. Se adoptarán las medidas oportunas para asegurar el contenido del envío y la unión, en su caso, del acuse de recepción del acto comunicado, de lo cual quedará constancia en autos. Igualmente se podrá dejar constancia mediante diligencia del resultado de las gestiones y llamadas telefónicas u otros medios relacionados con los actos de localización y comunicación y con el trámite de las actuaciones.

5. Cuando se trate de personas que estén legalmente obligadas a relacionarse electrónicamente con la Administración de Justicia o que hayan optado por la utilización de estos medios, la comunicación se realizará conforme a lo establecido en el artículo 162 de la Ley 1/2000, de 7 de enero, sin que quepa en el orden jurisdiccional social la posibilidad de obligar contractualmente al trabajador a dicha relación electrónica.

Apdo. 5 modificado por Real Decreto-ley 6/2023, de 19 de diciembre, por el que se aprueban medidas urgentes para la ejecución del Plan de Recuperación, Transformación y Resiliencia en materia de servicio público de justicia, función pública, régimen local y mecenazgo. (BOE de 20-12-2023). Modificación vigente desde el 20/3/2024.

ART. 57. Reglas subsidiarias para las comunicaciones.

1. Si los actos de comunicación no pudieran efectuarse en la forma indicada, se practicarán mediante entrega de la copia de la resolución o de cédula al destinatario; si no fuese hallado se entregará aquélla al pariente más cercano o familiar o empleado, mayores de catorce años, que se hallaren en el domicilio y, en su defecto, a quien desempeñe funciones de portería o conserjería de la finca.

2. Sin necesidad de constituirse en el domicilio del interesado o interesada, se podrá entregar la copia de la resolución o la cédula a cualquiera de las personas antes mencionadas, así como a quien por su relación con el destinatario pueda garantizar el eficaz cumplimiento del acto de comunicación.

3. Se hará saber al receptor que ha de cumplir el deber público que se le encomienda; que está obligado a entregar la copia de la resolución o la cédula al destinatario de ésta, o a darle aviso si sabe su paradero, con advertencia de que puede ser sancionado con multa de veinte a doscientos euros si se niega a la recepción o no hace la entrega a la mayor brevedad; que ha de comunicar a la oficina judicial la imposibilidad de entregar la comunicación al interesado, y que tiene derecho al resarcimiento de los gastos que se le ocasionen.

4. En todo caso, la comunicación por medio de entrega de copia de la resolución o cédula se realizará conforme a lo establecido en los artículos 152 y 161 de la Ley de Enjuiciamiento Civil.

ART. 58. Contenido de las cédulas.

1. Las cédulas contendrán los siguientes requisitos:
a) El juez, tribunal o secretario judicial que haya dictado la resolución, la fecha de ésta y el asunto en que haya recaído.
b) El nombre y apellidos de la persona a quien se haga la citación o emplazamiento.
c) El objeto de la citación o emplazamiento.
d) Lugar, día y hora en que deba comparecer el citado, o el plazo dentro del cual deba realizarse la actuación a que se refiera el emplazamiento.
e) La prevención de que si no comparece le parará el perjuicio a que hubiere lugar en derecho.
f) Fecha de expedición de la cédula y firma.

2. La entrega de la copia de la resolución o de la cédula se documentará por medio de diligencia en la que se hará constar:
a) Fecha de la diligencia.
b) Nombre de la persona destinataria.
c) Nombre y firma de la persona a quien se haya hecho la entrega y, si no fuere el interesado, su número del documento nacional de identidad en el caso de españoles o su número de identidad reflejado en la documentación equivalente y que acredite la identidad y nacionalidad del interesado en el caso de extranjeros, domicilio y relación con el destinatario.
d) Firma del funcionario o encargado de documentar la entrega.

ART. 59. Comunicación edictal.

1. Cuando una vez intentado el acto de comunicación y habiendo utilizado los medios oportunos para la investigación del domicilio, incluida en su caso la averiguación a través de los Registros, organismos, colegios profesionales, entidades y empresas, éstos hayan resultado infructuosos y no conste el domicilio del interesado o se ignore su paradero, se consignará por diligencia.

2. De resultar infructuosas las averiguaciones efectuadas, el letrado o letrada de la Administración de Justicia podrá dirigirse al Registro Central de Rebeldes Civiles para comprobar si el demandado consta en dicho Registro y si los datos que en él aparecen son los mismos

de que dispone. En tal caso el letrado o letrada de la Administración de Justicia dictará diligencia de ordenación acordando directamente la comunicación edictal del interesado.

3. La comunicación edictal se llevará a cabo de conformidad con el artículo 164 de la Ley 1/2000, de 7 de enero.

> *Modificado por Real Decreto-ley 6/2023, de 19 de diciembre, por el que se aprueban medidas urgentes para la ejecución del Plan de Recuperación, Transformación y Resiliencia en materia de servicio público de justicia, función pública, régimen local y mecenazgo. (BOE de 20-12-2023). Modificación vigente desde el 20/3/2024.*
>
> *Ver arts. 236 LOPJ; 156 LECiv.*

ART. 60. Inadmisibilidad de respuestas en las comunicaciones. Supuestos especiales de comunicación.

1. En las notificaciones, citaciones y emplazamientos no se admitirá ni consignará respuesta alguna del interesado, a no ser que se hubiera mandado en la resolución. En los requerimientos se admitirá la respuesta que diera el requerido, consignándolo sucintamente en la diligencia.

2. Cuando los actos de comunicación deban entenderse con una persona jurídica se practicarán, en su caso, en las delegaciones, sucursales, representaciones o agencias establecidas en la población donde radique el juzgado o tribunal que conozca del asunto, aunque carezcan de poder para comparecer en juicio las personas que estén al frente de las mismas.

3. Los actos de comunicación con el abogado del Estado o el letrado de las Cortes Generales, así como con los letrados de la Administración de la Seguridad Social, se practicarán en su sede oficial respectiva, de conformidad con la Ley 52/1997, de 27 de noviembre, de Asistencia Jurídica al Estado y otras Instituciones públicas, y la normativa que la desarrolla y complementa. Cuando dispongan de los medios técnicos a que se refiere el apartado 5 del artículo 56 de esta Ley, los actos de comunicación podrán efectuarse por aquellos medios. Estos actos se entenderán, respecto de las Comunidades Autónomas, con quien establezca su legislación propia.

Los actos de comunicación al Ministerio Fiscal, a la Abogacía del Estado, a los letrados de las Cortes Generales y a los letrados de las Comunidades Autónomas y de la Administración de la Seguridad Social, así como las notificaciones a las partes, incluidas las que se realicen a través de los servicios organizados por los Colegios profesionales, se tendrán por realizados el día siguiente a la fecha de recepción que conste en la diligencia o en el resguardo acreditativo de su recepción cuando el acto de comunicación se haya efectuado por los medios y con los requisitos que establece el apartado 1 del artículo 162 de la Ley de Enjuiciamiento Civil.

4. Cuando se trate de comités de empresa, las diligencias antedichas se entenderán con su presidente o secretario y, en su defecto, con cualquiera de sus miembros.

ART. 61. Nulidad de las comunicaciones.

Serán nulos las notificaciones, citaciones y emplazamientos que no se practiquen con arreglo a lo dispuesto en este Capítulo. No obstante, si el interesado se hubiere dado por enterado o constara de forma suficiente su conocimiento procesal o extraprocesal de los elementos esenciales de la resolución, la diligencia surtirá efecto desde ese momento.

ART. 62. Competencia del letrado o letrada de la Administración de Justicia para la remisión de oficios, mandamientos y exhortos.

El letrado o letrada de la Administración de Justicia deberá expedir oficios, mandamientos, exhortos y cualesquiera otros actos de comunicación que se acuerden interesando la práctica de actuaciones.

La remisión de oficios, mandamientos, exhortos y cualesquiera otros actos de comunicación por el letrado o letrada de la Administración de Justicia se realizará de forma electrónica, si fuera posible.

> *Modificado por Real Decreto-ley 6/2023, de 19 de diciembre, por el que se aprueban medidas urgentes para la ejecución del Plan de Recuperación, Transformación y Resiliencia en materia de servicio público de justicia, función pública, régimen local y mecenazgo. (BOE de 20-12-2023). Modificación vigente desde el 20/03/2024.*

TÍTULO V
De la evitación del proceso

CAPÍTULO I
De la conciliación o mediación previas y de los laudos arbitrales

Ver Resolución de 10 de diciembre de 2020, de la Dirección General de Trabajo, por la que se registra y publica el VI Acuerdo sobre Solución Autónoma de Conflictos Laborales (Sistema Extrajudicial). (ASAC VI)

ART. 63. Conciliación o mediación previas.

Será requisito previo para la tramitación del proceso el intento de conciliación o, en su caso, de mediación ante el servicio administrativo correspondiente o ante el órgano que asuma estas funciones que podrá constituirse mediante los acuerdos interprofesionales o los convenios colectivos a los que se refiere el artículo 83 del Texto Refundido de la Ley del Estatuto de los Trabajadores, así como mediante los acuerdos de interés profesional a los que se refieren el artículo 13 y el apartado 1 del artículo 18 de la Ley del Estatuto del trabajo autónomo.

ART. 64. Excepciones a la conciliación o mediación previas.

1. Se exceptúan del requisito del intento de conciliación o, en su caso, de mediación los procesos que exijan el agotamiento de la vía administrativa, en su caso, los que versen sobre Seguridad Social, los relativos a la impugnación del despido colectivo por los representantes de los trabajadores, disfrute de vacaciones y a materia electoral, movilidad geográfica, modificación sustancial de las condiciones de trabajo, suspensión del contrato y reducción de jornada por causas económicas, técnicas, organizativas o de producción o derivadas de fuerza mayor, procesos monitorios, derechos de conciliación de la vida personal, familiar y laboral a los que se refiere el artículo 139, los iniciados de oficio, los de impugnación de convenios colectivos, los de impugnación de los estatutos de los sindicatos o de su modificación, los de tutela de los derechos fundamentales y libertades públicas, los procesos de anulación de laudos arbitrales, los de impugnación de acuerdos de conciliaciones, de mediaciones y de transacciones, los de reclamación sobre acceso, reversión y modificación del trabajo a distancia a los que se refiere el artículo 138 bis, así como aquéllos en que se ejerciten acciones laborales de protección contra la violencia de género.

2. Igualmente, quedan exceptuados:

a) Aquellos procesos en los que la representación corresponda al abogado del Estado, al letrado o letrada de la Administración de la Seguridad Social, a los representantes procesales de las Comunidades Autónomas o de las Administraciones Locales o al letrado o letrada de las Cortes Generales.

b) Los supuestos en que, en cualquier momento del proceso, después de haber dirigido la papeleta o la demanda contra personas determinadas, fuera necesario dirigir o ampliar la misma frente a personas distintas de las inicialmente demandadas.

3. Cuando por la naturaleza de la pretensión ejercitada pudiera tener eficacia jurídica el acuerdo de conciliación o de mediación que pudiera alcanzarse, aun estando exceptuado el proceso del referido requisito del intento previo, si las partes acuden en tiempo oportuno voluntariamente y de común acuerdo a tales vías previas, se suspenderán los plazos de caducidad o se interrumpirán los de prescripción en la forma establecida en el artículo siguiente.

Apdos. 1 y 2.a) se modifican por Real Decreto-ley 6/2023, de 19 de diciembre, por el que se aprueban medidas urgentes para la ejecución del Plan de Recuperación, Transformación y Resiliencia en materia de servicio público de justicia, función pública, régimen local y mecenazgo. (BOE de 20-12-2023). Modificación vigente desde el 20/03/2024.

Modificado anteriormente por Ley 39/2015, de 1 de octubre, del Procedimiento Administrativo Común de las Administraciones Públicas. (BOE de 02-10-2015).

ART. 65. Efectos de la solicitud de conciliación o de mediación previa. Los laudos arbitrales.

1. La presentación de la solicitud de conciliación o de mediación interrumpirá la prescripción o suspenderá la caducidad de acciones desde la fecha de dicha presentación,

reiniciándose o reanudándose respectivamente el cómputo de los plazos al día siguiente de intentada la conciliación o mediación o transcurridos quince días hábiles desde su presentación sin que se haya celebrado.

2. En todo caso, transcurrido el plazo de treinta días hábiles sin haberse celebrado el acto de conciliación o sin haberse iniciado mediación o alcanzado acuerdo en la misma se tendrá por terminado el procedimiento y cumplido el trámite.

3. También se suspenderán los plazos de caducidad y se interrumpirán los de prescripción por la suscripción de un compromiso arbitral, celebrado en virtud de los acuerdos interprofesionales y los convenios colectivos a que se refiere el artículo 83 del Texto Refundido de la Ley del Estatuto de los Trabajadores o de los derivados de los acuerdos de interés profesional conforme al apartado 4 del artículo 18 de la Ley del Estatuto del trabajo autónomo.

En estos casos el cómputo de la caducidad se reanudará al día siguiente de que adquiera firmeza el laudo arbitral; de interponerse un recurso judicial de anulación del laudo, la reanudación tendrá lugar desde el día siguiente a la firmeza de la sentencia que se dicte.

Igual efecto se producirá aun cuando en el procedimiento arbitral se apreciase la incompetencia, reanudándose el cómputo de la caducidad desde la firmeza de la resolución que pusiera fin al arbitraje.

4. Las acciones de impugnación y recursos judiciales de anulación de laudos arbitrales cuyo conocimiento corresponda al orden social, cuando no tengan establecido un procedimiento especial, incluidos los laudos arbitrales establecidos por acuerdos de interés profesional de los trabajadores autónomos económicamente dependientes, se sustanciarán, a instancia de los interesados, por los trámites del procedimiento ordinario, ante el juzgado o tribunal al que hubiera correspondido el conocimiento del asunto sometido a arbitraje, con fundamento en exceso sobre el arbitraje, haber resuelto aspectos no sometidos a él o que no pudieran ser objeto del mismo, vicio esencial de procedimiento o infracción de normas imperativas. La acción caducará en el plazo de treinta días hábiles, excluidos los sábados, domingos y festivos, desde la notificación del laudo.

De formularse la impugnación por el Fondo de Garantía Salarial, en relación con posibles obligaciones de garantía salarial, o por otros terceros posibles perjudicados, se podrá fundamentar en ilegalidad o lesividad y el plazo para el ejercicio de la acción contará desde que pudieran haber conocido la existencia del laudo arbitral.

Apdos. 1 y 2 modificados por Ley Orgánica 1/2025, de 2 de enero, de medidas en materia de eficiencia del Servicio Público de Justicia. (BOE 03-01-2025). Modificación en vigor desde el 03/04/2025.

Apdo. 3: ver art. 91.2 (segundo párrafo) del ET.

Apdo. 4: ver art. 91.2 (segundo párrafo) del ET.

ART. 66. Consecuencias de la no asistencia al acto de conciliación o de mediación.

1. La asistencia al acto de conciliación o de mediación es obligatoria para los litigantes.

A efectos de ulteriores actuaciones judiciales, las partes que hayan comparecido sin profesionales designados deberán aportar su número de teléfono, dirección de correo electrónico o cualquier otro medio idóneo que permita su comunicación telemática, realizándose las notificaciones desde ese momento en la dirección telemática facilitada, siempre que se cumplan los requisitos establecidos de la Ley que regule el uso de las tecnologías de la información y la comunicación en la Administración de Justicia.

2. Cuando estando debidamente citadas las partes para el acto de conciliación o de mediación no compareciese el solicitante ni alegase justa causa, se tendrá por no presentada la papeleta de conciliación o la solicitud de mediación, archivándose todo lo actuado.

3. Si no compareciera la otra parte, debidamente citada, se hará constar expresamente en la certificación del acta de conciliación o de mediación y se tendrá la conciliación o la mediación por intentada sin efecto, y el juez o tribunal impondrán las costas del proceso a la parte que no hubiere comparecido sin causa justificada, incluidos honorarios, hasta el límite de seiscientos euros, del letrado o graduado social colegiado de la parte contraria que hubieren intervenido, si la sentencia que en su día dicte coincidiera esencialmente con la pretensión contenida en la papeleta de conciliación o en la solicitud de mediación.

Apdo. 1 modificado por Real Decreto-ley 6/2023, de 19 de diciembre, por el que se aprueban medidas urgentes para la ejecución del Plan de Recuperación, Transformación y Resiliencia en materia de servicio público de justicia, función pública, régimen local y mecenazgo. (BOE de 20-12-2023). Modificación vigente desde el 20/3/2024.

ART. 67. Impugnación del acuerdo de conciliación o de mediación.

1. El acuerdo de conciliación o de mediación podrá ser impugnado por las partes y por quienes pudieran sufrir perjuicio por aquél, ante el juzgado o tribunal al que hubiera correspondido el conocimiento del asunto objeto de la conciliación o de la mediación, mediante el ejercicio por las partes de la acción de nulidad por las causas que invalidan los contratos o por los posibles perjudicados con fundamento en su ilegalidad o lesividad.

2. La acción caducará a los treinta días hábiles, excluidos los sábados, domingos y festivos, siguientes a aquel en que se adoptó el acuerdo. Para los posibles perjudicados el plazo contará desde que lo pudieran haber conocido.

ART. 68. Ejecutividad del acuerdo de conciliación o de mediación y de los laudos arbitrales firmes.

1. Lo acordado en conciliación o en mediación constituirá título para iniciar acciones ejecutivas sin necesidad de ratificación ante el juez o tribunal, y podrá llevarse a efecto por los trámites previstos en el Libro Cuarto de esta Ley.

2. Se entenderán equiparados a las sentencias firmes a efectos de ejecución definitiva los laudos arbitrales igualmente firmes, individuales o colectivos, dictados por el órgano que pueda constituirse mediante los acuerdos interprofesionales y los convenios colectivos a que se refiere el artículo 83 del Texto Refundido de la Ley del Estatuto de los Trabajadores, los laudos arbitrales establecidos por acuerdos de interés profesional de los trabajadores autónomos económicamente dependientes conforme al apartado 4 del artículo 18 de la Ley del Estatuto del trabajo autónomo, así como los laudos recaídos en materia electoral, los que pongan fin a la huelga o a conflictos colectivos u otros cuyo conocimiento corresponda al orden social, exclusivamente en los concretos pronunciamientos de condena que por su naturaleza sean susceptibles de dicha ejecución y salvo los pronunciamientos que tengan eficacia normativa o interpretativa.

Apdo. 1: ver arts. 237 y ss LJS

Apdo. 2: ver art. 91.2 (segundo párrafo) del ET.

CAPÍTULO II
Del agotamiento de la vía administrativa previa a la vía judicial

ART. 69. Agotamiento de la vía administrativa previa a la vía judicial social.

1. Para poder demandar al Estado, Comunidades Autónomas, entidades locales o entidades de Derecho público con personalidad jurídica propia vinculadas o dependientes de los mismos será requisito necesario haber agotado la vía administrativa, cuando así proceda, de acuerdo con lo establecido en la normativa de procedimiento administrativo aplicable.

En todo caso, la Administración pública deberá notificar a los interesados las resoluciones y actos administrativos que afecten a sus derechos e intereses, conteniendo la notificación el texto íntegro de la resolución, con indicación de si es o no definitivo en la vía administrativa, la expresión de los recursos que procedan, órgano ante el que hubieran de presentarse y plazo para interponerlos, sin perjuicio de que los interesados puedan ejercitar, en su caso, cualquier otro que estimen procedente.

Las notificaciones que conteniendo el texto íntegro del acto omitiesen alguno de los demás requisitos previstos en el párrafo anterior mantendrán suspendidos los plazos de caducidad e interrumpidos los de prescripción y únicamente surtirán efecto a partir de la fecha en que el interesado realice actuaciones que supongan el conocimiento del contenido y alcance de la resolución o acto objeto de la notificación o resolución, o interponga cualquier recurso que proceda.

2. Desde que se deba entender agotada la vía administrativa el interesado podrá formalizar la demanda en el plazo de dos meses ante el juzgado o la Sala competente. A la demanda se acompañará copia de la resolución denegatoria o documento acreditativo de la interposición o resolución del recurso administrativo, según proceda, uniendo copia de todo ello para la entidad demandada.

3. En las acciones derivadas de despido y demás acciones sujetas a plazo de caducidad, el plazo de interposición de la demanda será de veinte días hábiles o el especial que sea aplicable, contados a partir del día siguiente a aquél en que se hubiera producido el acto

o la notificación de la resolución impugnada, o desde que se deba entender agotada la vía administrativa en los demás casos.

> *Modificado por Ley 39/2015, de 1 de octubre, del Procedimiento Administrativo Común de las Administraciones Públicas. (BOE de 02-10-2015).*

ART. 70. Excepciones al agotamiento de la vía administrativa.

No será necesario agotar la vía administrativa para interponer demanda de tutela de derechos fundamentales y libertades públicas frente a actos de las Administraciones públicas en el ejercicio de sus potestades en materia laboral y sindical, si bien el plazo para la interposición de la demanda será de veinte días desde el día siguiente a la notificación del acto o al transcurso del plazo fijado para la resolución, sin más trámites; cuando la lesión del derecho fundamental tuviera su origen en la inactividad administrativa o en actuación en vías de hecho, o se hubiera interpuesto potestativamente un recurso administrativo, el plazo de veinte días se iniciará transcurridos veinte días desde la reclamación contra la inactividad o vía de hecho, o desde la presentación del recurso, respectivamente.

> *Modificado por Ley 39/2015, de 1 de octubre, del Procedimiento Administrativo Común de las Administraciones Públicas. (BOE de 02-10-2015).*

ART. 71. Reclamación administrativa previa en materia de prestaciones de Seguridad Social.

1. Será requisito necesario para formular demanda en materia de prestaciones de Seguridad Social, que los interesados interpongan reclamación previa ante la Entidad gestora de las mismas. Se exceptúan los procedimientos de impugnación de las resoluciones administrativas expresas en las que se acuerda el alta médica emitidas por los órganos competentes de las Entidades gestoras de la Seguridad Social al agotarse el plazo de duración de trescientos sesenta y cinco días de la prestación de incapacidad temporal.

2. La reclamación previa deberá interponerse ante el órgano competente que haya dictado resolución sobre la solicitud inicial del interesado, en el plazo de treinta días desde la notificación de la misma, si es expresa, o desde la fecha en que, conforme a la normativa reguladora del procedimiento de que se trate, deba entenderse producido el silencio administrativo.

En los procedimientos de impugnación de altas médicas no exentos de reclamación previa según el apartado 1 de este artículo la reclamación previa se interpondrá en el plazo de once días desde la notificación de la resolución.

3. Si la resolución, expresa o presunta, hubiera sido dictada por una entidad colaboradora, la reclamación previa se interpondrá, en el mismo plazo, ante la propia entidad colaboradora si tuviera atribuida la competencia para resolver, o en otro caso ante el órgano correspondiente de la Entidad gestora u organismo público gestor de la prestación.

4. Cuando en el reconocimiento inicial o la modificación de un acto o derecho en materia de Seguridad Social, la Entidad correspondiente esté obligada a proceder de oficio, en el caso de que no se produzca acuerdo o resolución, el interesado podrá solicitar que se dicte, teniendo esta solicitud valor de reclamación previa. Del mismo modo podrá reiterarse la reclamación previa de haber caducado la anterior, en tanto no haya prescrito el derecho y sin perjuicio de los efectos retroactivos que proceda dar a la misma.

5. Formulada reclamación previa en cualquiera de los supuestos mencionados en el presente artículo, la Entidad deberá contestar expresamente a la misma en el plazo de cuarenta y cinco días. En caso contrario se entenderá denegada la reclamación por silencio administrativo.

En los procedimientos de impugnación de altas médicas en los que deba interponerse reclamación previa, el plazo para la contestación de la misma será de siete días, entendiéndose desestimada una vez transcurrido dicho plazo.

6. La demanda habrá de formularse en el plazo de treinta días, a contar desde la fecha en que se notifique la denegación de la reclamación previa o desde el día en que se entienda denegada por silencio administrativo.

En los procesos de impugnación de altas médicas el plazo anterior será de veinte días, que cuando no sea exigible reclamación previa se computará desde la adquisición de plenos efectos del alta médica o desde la notificación del alta definitiva acordada por la Entidad gestora.

7. Las entidades u organismos gestores de la Seguridad Social expedirán recibo de presentación o sellarán debidamente, con indicación de la fecha, las copias de las reclamaciones que se dirijan en cumplimiento de lo dispuesto en la presente Ley. Este recibo o copia

sellada, o el justificante de presentación por los procedimientos y registros alternativos que estén establecidos por la normativa administrativa aplicable, deberán acompañarse inexcusablemente con la demanda.

ART. 72. Vinculación respecto a la reclamación administrativa previa en materia de prestaciones de Seguridad Social o vía administrativa previa.

En el proceso no podrán introducir las partes variaciones sustanciales de tiempo, cantidades o conceptos respecto de los que fueran objeto del procedimiento administrativo y de las actuaciones de los interesados o de la Administración, bien en fase de reclamación previa en materia de prestaciones de Seguridad Social o de recurso que agote la vía administrativa, salvo en cuanto a los hechos nuevos o que no hubieran podido conocerse con anterioridad.

Modificado por Ley 39/2015, de 1 de octubre, del Procedimiento Administrativo Común de las Administraciones Públicas. (BOE de 02-10-2015).

ART. 73. Efectos de la reclamación administrativa previa en materia de prestaciones de Seguridad Social.

La reclamación previa en materia de prestaciones de Seguridad Social interrumpirá los plazos de prescripción y suspenderá los de caducidad, reanudándose estos últimos al día siguiente al de la notificación de la resolución o del transcurso del plazo en que deba entenderse desestimada.

Modificado por Ley 39/2015, de 1 de octubre, del Procedimiento Administrativo Común de las Administraciones Públicas. (BOE de 02-10-2015).

TÍTULO VI
De los principios del proceso y de los deberes procesales

ART. 74. Principios del proceso.

1. Los jueces y tribunales del orden jurisdiccional social y los secretarios judiciales en su función de ordenación del procedimiento y demás competencias atribuidas por el artículo 456 de la Ley Orgánica del Poder Judicial, interpretarán y aplicarán las normas reguladoras del proceso social ordinario según los principios de inmediación, oralidad, concentración y celeridad.

2. Los principios indicados en el apartado anterior orientarán la interpretación y aplicación de las normas procesales propias de las modalidades procesales reguladas en la presente Ley.

ART. 75. Deberes procesales de las partes.

1. Los órganos judiciales rechazarán de oficio en resolución fundada las peticiones, incidentes y excepciones formuladas con finalidad dilatoria o que entrañen abuso de derecho. Asimismo, corregirán los actos que, al amparo del texto de una norma, persigan un resultado contrario al previsto en la Constitución y en las leyes para el equilibrio procesal, la tutela judicial y la efectividad de las resoluciones.

2. Quienes no sean parte en el proceso deben cumplir las obligaciones que les impongan los jueces y tribunales ordenadas a garantizar los derechos que pudieran corresponder a las partes y a asegurar la efectividad de las resoluciones judiciales.

3. Si se produjera un daño evaluable económicamente, el perjudicado podrá reclamar la oportuna indemnización ante el juzgado o tribunal que estuviere conociendo o hubiere conocido el asunto principal.

4. Todos deberán ajustarse en sus actuaciones en el proceso a las reglas de la buena fe. De vulnerarse estas, así como en caso de formulación de pretensiones temerarias, sin perjuicio de lo dispuesto en el número anterior, el juez, la jueza o el tribunal podrá imponer mediante auto, en pieza separada, de forma motivada y respetando el principio de proporcionalidad, ponderando las circunstancias del hecho, la capacidad económica y los perjuicios causados al proceso y a otros intervinientes o a terceros, una multa que podrá oscilar de seiscientos a seis mil euros, sin que en ningún caso pueda superar la cuantía de la tercera parte del litigio.

Aquel al que se hubiere impuesto la multa prevista en el párrafo anterior podrá ser oído en justicia. La audiencia en justicia se pedirá en el plazo de los tres días siguientes al de la notificación de la multa, mediante escrito presentado ante el juez, la jueza o el tribunal que la haya impuesto. La audiencia será resuelta mediante auto contra el que cabrá recurso de alzada en cinco días ante la Sala de Gobierno correspondiente, que lo resolverá previo informe del juez, jueza o Sala que impuso la multa.

De apreciarse temeridad o mala fe en la sentencia o en la resolución de los recursos de suplicación o casación, se estará a lo dispuesto en sus reglas respectivas.

5. El incumplimiento de las obligaciones de colaboración con el proceso y de cumplir las resoluciones de los jueces y tribunales y de los secretarios judiciales en su función de ordenación del procedimiento y demás competencias atribuidas por el artículo 456 de la Ley Orgánica del Poder Judicial, sin perjuicio de lo previsto en los apartados 3 y 4 anteriores, darán lugar, respectivamente, a la aplicación de los apremios pecuniarios a las partes y de las multas coercitivas a los demás intervinientes o terceros, en los términos establecidos en los apartados 2 y 3 del artículo 241, pudiendo ser oídos en justicia en la forma prevista en el apartado anterior.

Apdo. 4 modificado por Ley Orgánica 1/2025, de 2 de enero, de medidas en materia de eficiencia del Servicio Público de Justicia. (BOE 03-01-2025). Modificación en vigor desde el 03/04/2025.

LIBRO SEGUNDO
DEL PROCESO ORDINARIO Y DE LAS MODALIDADES PROCESALES

TÍTULO I
Del proceso ordinario

CAPÍTULO I
De los actos preparatorios y diligencias preliminares, de la anticipación y aseguramiento de la prueba y de las medidas cautelares

Sección 1.ª Actos preparatorios y diligencias preliminares

ART. 76. Solicitud de actos preparatorios y diligencias preliminares.

1. Quien pretenda demandar, podrá solicitar del órgano judicial que aquel contra quien se proponga dirigir la demanda preste declaración acerca de algún hecho relativo a la personalidad, capacidad, representación o legitimación de éste, o con igual finalidad aporte algún documento, cuyo conocimiento sea necesario para el juicio.

Igualmente podrá solicitarse, por quien pretenda demandar, la determinación de quiénes son los socios, partícipes, miembros o gestores de una entidad sin personalidad y las diligencias necesarias encaminadas a la determinación del empresario y los integrantes del grupo o unidad empresarial, así como la determinación de las personas concurrentes a la producción de un daño con la persona a la que se pretenda demandar y la cobertura del riesgo en su caso.

2. El juicio podrá también prepararse por petición de quien pretenda iniciar un proceso para la defensa de los intereses colectivos, al objeto de concretar a los integrantes del grupo de afectados cuando, no estando determinados, sean fácilmente determinables. A tal efecto el tribunal adoptará las medidas oportunas para la averiguación de los integrantes del grupo, de acuerdo a las circunstancias del caso y conforme a los datos suministrados por el solicitante, incluyendo el requerimiento al demandado para que colabore en dicha determinación.

3. Podrá formularse también petición de práctica de otras diligencias y averiguaciones necesarias para preparar el juicio de las previstas en el artículo 256 de la Ley de Enjuiciamiento Civil.

4. Cuando la realización de la diligencia solicitada pueda afectar a la intimidad personal u otro derecho fundamental, el juzgado o tribunal, de no mediar el consentimiento del afectado, podrá autorizar dicha actuación en la forma y con las garantías establecidas en los apartados 4 a 6 del artículo 90.

5. La Inspección de Trabajo y Seguridad Social y, en su caso, la Administración laboral, en el ejercicio de sus funciones, cuando el centro de trabajo sometido a inspección coincidiese con el domicilio de la persona afectada, podrá solicitar la correspondiente autorización judicial, si el titular se opusiere o existiese riesgo de tal oposición, en relación con los procedimientos administrativos de los que conozca o pueda conocer posteriormente la jurisdicción social, o para posibilitar cualquier otra medida de inspección o control que pudiera afectar a derechos fundamentales o libertades públicas.

6. Contra la resolución judicial denegando la práctica de estas diligencias no cabrá recurso alguno, sin perjuicio del que en su día puedan interponerse contra la sentencia.

ART. 77. Exhibición previa de documentos.

1. En todos aquellos supuestos en que el examen de libros y cuentas o la consulta de cualquier otro documento se demuestre imprescindible para fundamentar la demanda o su oposición, quien pretenda demandar o prevea que vaya a ser demandado podrá solicitar del órgano judicial la comunicación de dichos documentos. Cuando se trate de documentos contables podrá el solicitante acudir asesorado por un experto en la materia, que estará sometido a los deberes que puedan incumbirle profesionalmente en relación con la salvaguardia del secreto de la contabilidad. Las costas originadas por el asesoramiento del experto correrán a cargo de quien solicite sus servicios.

2. El órgano judicial resolverá por auto, dentro del segundo día, lo que estime procedente, fijando la forma de llevar a efecto la comunicación de dichos elementos y adoptando, en su caso, las medidas necesarias para que el examen se lleve a efecto de la forma menos gravosa y sin que la documentación salga del poder de su titular, a cuyo efecto podrá disponer que la parte en cuyo poder obren los documentos facilite a la parte interesada o a su experto contable una copia de los mismos, en soporte preferiblemente electrónico, permitiendo el cotejo de dicha copia o versión con el documento original.

3. Las anteriores medidas podrán ser solicitadas igualmente por las partes durante el proceso con la antelación prevista en el apartado 3 del artículo 90, siempre que no den lugar a la suspensión del acto de juicio.

Sección 2.ª Anticipación y aseguramiento de la prueba

Ver arts. 293 y ss LECiv.

ART. 78. Causas y normas aplicables a la anticipación de la prueba.

1. Quien pretenda demandar o presuma que va a ser demandado podrá solicitar previamente del juez o tribunal la práctica anticipada de algún medio de prueba cuando exista el temor fundado de que, por causa de las personas o del estado de las cosas, dichos actos no puedan realizarse en el momento procesal generalmente previsto o cuya realización presente graves dificultades en dicho momento, incluido el examen de testigos cuando por la edad avanzada de alguno de éstos, peligro inminente de su vida, proximidad de una ausencia o estancia en un lugar con el que sean imposibles o difíciles las comunicaciones o cualquier otro motivo grave y justificado, sea presumible que no va a ser posible mantener su derecho por falta de justificación.

2. Cualquiera de las partes una vez iniciado el proceso, pero en todo caso sin dar lugar a suspensión del acto de juicio, podrá solicitar la práctica anticipada de pruebas que no puedan ser realizadas en el acto del juicio, o cuya realización presente graves dificultades en dicho momento. El juez o tribunal decidirá lo pertinente para su práctica en los términos previstos por la norma que regule el medio de prueba correspondiente y con sujeción en lo demás, en cuanto resulte aplicable, a lo dispuesto en los artículos 293 a 297 y apartado 1 del artículo 298 de la Ley 1/2000, de 7 de enero, de Enjuiciamiento Civil. Contra la resolución denegatoria no cabrá recurso alguno, sin perjuicio del que, por este motivo, pueda interponerse en su día contra la sentencia.

Sección 3.ª Medidas cautelares

ART. 79. Régimen aplicable para la adopción de medidas cautelares.

1. Las medidas cautelares que resulten necesarias para asegurar la efectividad de la tutela judicial que pudiera acordarse en sentencia se regirán por lo dispuesto en los artículos 721 a 747 de la Ley de Enjuiciamiento Civil con la necesaria adaptación a las particularidades del proceso social y oídas las partes, si bien podrá anticiparse en forma motivada la efectividad de las medidas cuando el solicitante así lo pida y acredite que concurren razones de urgencia o que la audiencia previa puede comprometer el buen fin de la medida cautelar.

Cuando el proceso verse sobre la impugnación de actos de Administraciones públicas en materia laboral y de seguridad social, la adopción de medidas cautelares se regirá, en lo no previsto en esta Ley, por lo dispuesto en la Ley 29/1998, de 13 de julio, reguladora de la Jurisdicción Contencioso-Administrativa, en sus artículos 129 a 136.

Los trabajadores y beneficiarios de prestaciones de Seguridad Social y los sindicatos, en cuanto ostentan la representación colectiva de sus intereses, así como las asociaciones representativas de los trabajadores autónomos económicamente dependientes, estarán exentos de la prestación de cauciones, garantías e indemnizaciones relacionadas con las medidas cautelares que pudieran acordarse.

2. El órgano judicial, de oficio o a instancia de parte interesada o del Fondo de Garantía Salarial, en los casos en que pueda derivarse su responsabilidad, podrá decretar el embargo preventivo de bienes del demandado en cuantía suficiente para cubrir lo reclamado en la demanda y lo que se calcule para las costas de ejecución, cuando por aquél se realicen cualesquiera actos de los que pueda presumirse que pretende situarse en estado de insolvencia o impedir la efectividad de la sentencia.

3. El órgano judicial podrá requerir al solicitante del embargo, en el término de una audiencia, para que presente documentos, información testifical o cualquier otra prueba que justifique la situación alegada. En los casos en que pueda derivarse responsabilidad del Fondo de Garantía Salarial, éste deberá ser citado a fin de señalar bienes.

4. La solicitud de embargo preventivo podrá ser presentada en cualquier momento del proceso antes de la sentencia, sin que por ello se suspenda el curso de las actuaciones.

5. En reclamaciones derivadas de accidente de trabajo y enfermedad profesional, sin perjuicio de las medidas anteriores, podrán acordarse las referidas en el apartado 1 del artículo 142 en relación con el aseguramiento empresarial al respecto, así como el embargo preventivo y demás medidas cautelares previstas en este artículo respecto de cualquier clase de responsabilidades empresariales y de terceros derivadas de dichas contingencias.

6. En procedimientos referidos a las resoluciones de la autoridad laboral sobre paralización de trabajos por riesgo para la seguridad y salud de los trabajadores, así como en caso de responsabilidad empresarial sobre enfermedades profesionales por falta de reconocimientos médicos, podrán adoptarse las medidas a que se refiere el apartado anterior de este artículo a efectos del aseguramiento de las responsabilidades empresariales derivadas, conforme a lo dispuesto en el artículo 195 y apartado 2 del artículo 197* del Texto Refundido de la Ley General de la Seguridad Social, aprobado por el Real Decreto Legislativo 1/1994, de 20 de junio.

7. En los procesos en los que se ejercite la acción de extinción del contrato de trabajo a instancia del trabajador con fundamento en el artículo 50 del Estatuto de los Trabajadores en aquellos casos en los que se justifique que la conducta empresarial perjudica la dignidad o la integridad física o moral de trabajador, pueda comportar una posible vulneración de sus demás derechos fundamentales o libertades públicas o posibles consecuencias de tal gravedad que pudieran hacer inexigible la continuidad de la prestación en su forma anterior, podrá acordarse, a instancia del demandante, alguna de las medidas cautelares contempladas en el apartado 4 del artículo 180 de esta Ley, con mantenimiento del deber empresarial de cotizar y de abonar los salarios sin perjuicio de lo que pueda resolverse en la sentencia.

(Nota: Se corresponden con los arts. 242 y 244.2, respectivamente, del nuevo TRLGSS, RDLeg. 8/2015)

CAPÍTULO II
Del proceso ordinario

Sección 1.ª Demanda

ART. 80. Forma y contenido de la demanda.

1. La demanda se formulará por escrito, pudiendo utilizar los formularios y procedimientos facilitados al efecto en la oficina judicial donde deba presentarse, y habrá de contener los siguientes requisitos generales:

a) La designación del órgano ante quien se presente, así como la expresión de la modalidad procesal a través de la cual entienda que deba enjuiciarse su pretensión.

b) La designación del demandante, en los términos del artículo 16 de esta Ley, con expresión del número del documento nacional de identidad o del número y tipo de documento de identificación de los ciudadanos extranjeros, y de aquellos otros interesados que deban ser llamados al proceso y sus domicilios, indicando el nombre y apellidos de las personas físicas y la denominación social de las personas jurídicas. Si la demanda se dirigiese contra una masa patrimonial, patrimonio separado, entidad o grupo carente de personalidad, además de identificarlos suficientemente, habrá de hacerse constar el nombre y apellidos de quienes aparezcan como administradores, organizadores, directores, gestores, socios o partícipes, y sus domicilios, sin perjuicio de las responsabilidades legales de la masa patrimonial, entidad o grupo y de sus gestores e integrantes.

c) La enumeración clara y concreta de los hechos sobre los que verse la pretensión y de todos aquellos que, según la legislación sustantiva, resulten imprescindibles para resolver las cuestiones planteadas. En ningún caso podrán alegarse hechos distintos de los aducidos en conciliación o mediación ni introducirse respecto de la vía administrativa previa variaciones sustanciales en los términos prevenidos en el artículo 72, salvo los hechos nuevos o que no hubieran podido conocerse con anterioridad.

d) La súplica correspondiente, en los términos adecuados al contenido de la pretensión ejercitada.

e) Si el demandante litigase por sí mismo, designará un domicilio, de ser posible en la localidad donde resida el juzgado o tribunal, en el que se practicarán todas las diligencias que hayan de entenderse con él. La designación deberá efectuarse con indicación completa de todos los datos de identificación del domicilio facilitado, así como número de fax, teléfono y dirección electrónica si dispone de ellos, para la práctica de toda clase de comunicaciones por dichos medios. Si designa letrado, graduado social colegiado o procurador deberá ir suscrita por el profesional, que se entenderá asume su representación con plenas facultades procesales y facilitará los mismos datos anteriores, sin perjuicio de la ratificación posterior en juicio del demandante salvo que con anterioridad otorgue poder en forma, por alguno de los medios admitidos en derecho o que, con posterioridad, se efectúe revocación o renuncia comunicada de forma efectiva.

f) Fecha y firma.

2. A la demanda se acompañará la documentación justificativa de haber intentado la previa conciliación o mediación, o de haber transcurrido el plazo exigible para su realización sin que se hubiesen celebrado, o del agotamiento de la vía administrativa, cuando proceda, o alegación de no ser necesarias éstas, así como los restantes documentos de aportación preceptiva con la demanda según la modalidad procesal aplicable.

Apdo. 2 suprimido y anterior apdo. 3 pasa a ser el 2. por Ley Orgánica 1/2025, de 2 de enero, de medidas en materia de eficiencia del Servicio Público de Justicia. (BOE 03-01-2025). Modificación en vigor desde el 03/04/2025.

Apdo. 1: ver art. 399 LECiv.

ART. 81. Admisión de la demanda.

1. El letrado o letrada de la Administración de Justicia, dentro de los tres días siguientes a la recepción de la demanda, requerirá a las partes y al Ministerio Fiscal de conformidad con el artículo 5, si entendiera que concurren los supuestos de falta de jurisdicción o competencia. Cumplido el trámite dará inmediata cuenta al juez, la jueza o el tribunal para que resuelva lo que estime oportuno. En otro caso, sin perjuicio de los procedimientos de señalamiento inmediato que puedan establecerse, resolverá sobre la admisión a trámite de aquélla, con señalamiento de juicio en la forma prevista en el artículo siguiente, o advertirá a la parte de los defectos u omisiones en que haya incurrido al redactar la demanda en relación con los presupuestos procesales necesarios que pudieran impedir la válida prosecución y término del proceso, así como en relación con los documentos de preceptiva aportación con la misma, salvo lo dispuesto en el apartado 3 para la conciliación o mediación previa, a fin de que los subsane dentro del plazo de cuatro días.

2. Realizada la subsanación, el letrado o letrada de la Administración de Justicia admitirá la demanda. En otro caso, dará cuenta al juez, jueza o tribunal para que por el mismo se resuelva, dentro de los tres días siguientes, sobre su admisibilidad.

3. Si a la demanda no se acompañara certificación del acto de conciliación o mediación previa, o de la papeleta de conciliación o de la solicitud de mediación, de no haberse celebrado en plazo legal, el letrado o letrada de la Administración de Justicia, sin perjuicio de resolver sobre la admisión y proceder al señalamiento, advertirá al demandante que ha de acreditar la celebración o el intento del expresado acto en el plazo de quince días, contados a partir del día siguiente a la recepción de la notificación, con apercibimiento de archivo de las actuaciones en caso contrario, quedando sin efecto el señalamiento efectuado.

4. Si la demanda fuera directamente admisible, o una vez subsanada la misma, y en ella se solicitasen diligencias de preparación de la prueba a practicar en juicio, el letrado o letrada de la Administración de Justicia, en el decreto de admisión de la demanda, acordará

lo que corresponda para posibilitar su práctica, sin perjuicio de lo que el juez, la jueza o el tribunal decida sobre su admisión o inadmisión en el acto del juicio.

Si en la demanda se solicitasen diligencias de anticipación o aseguramiento de la prueba, se dará cuenta al juez, jueza o tribunal para que resuelva lo procedente, dentro de los tres días siguientes, debiendo notificarse la resolución correspondiente junto con la de admisión a trámite de la demanda y la notificación del señalamiento.

5. El letrado o letrada de la Administración de Justicia requerirá a la parte demandada para que, en el plazo de dos días desde la notificación de la demanda, designe letrado o letrada, graduado o graduada social o procurador o procuradora, salvo que litigase por sí misma.

Modificado por Real Decreto-ley 6/2023, de 19 de diciembre, por el que se aprueban medidas urgentes para la ejecución del Plan de Recuperación, Transformación y Resiliencia en materia de servicio público de justicia, función pública, régimen local y mecenazgo. (BOE de 20-12-2023). Modificación vigente desde el 20/3/2024.

ART. 82. Señalamiento de los actos de conciliación y juicio.

1. De ser admitida la demanda, una vez verificada la concurrencia de los requisitos exigidos, en la misma resolución de admisión a trámite el letrado o letrada de la Administración de Justicia señalará el día y la hora en que hayan de tener lugar, **separada o** sucesivamente, los actos de conciliación y de juicio, debiendo mediar un mínimo de diez días entre la citación y la efectiva celebración de dichos actos, salvo en los supuestos en que la ley disponga otro distinto y en los supuestos de nuevo señalamiento después de una suspensión.

En el caso de que la representación corresponda al abogado del Estado, al letrado o letrada de la Administración de la Seguridad Social, a los representantes procesales de las Comunidades Autónomas o de la Administración Local o al letrado o la letrada de las Cortes Generales, la resolución de admisión a trámite señalará el día y la hora en que deba tener lugar el acto del juicio.

En el señalamiento de las vistas y juicios el letrado o la letrada de la Administración de Justicia atenderá a los criterios establecidos en el artículo 182 de la Ley 1/2000, de 7 de enero, de Enjuiciamiento Civil, y procurará, en la medida de lo posible, señalar en un mismo día los que se refieran a los mismos interesados y no puedan ser acumulados, así como relacionar los señalamientos de los procesos en los que se deba intentar la conciliación previa por parte del letrado o la letrada de la Administración de Justicia con los exentos de dicho trámite. En especial, las audiencias y vistas que requieran la presencia del representante del Ministerio Fiscal, abogado del Estado, letrados de las Cortes Generales, letrados o letradas de la Administración de la Seguridad Social, de las Comunidades Autónomas o de la Administración Local, serán agrupadas, señalándose de forma consecutiva.

2. La celebración de los actos de conciliación y juicio, el primero ante el letrado o la letrada de la Administración de Justicia y el segundo ante el juez, la jueza, el magistrado o la magistrada podrá tener lugar en distinta convocatoria, debiendo hacerse a este efecto la citación en forma, con entrega a los demandados, a los interesados y, en su caso, al Ministerio Fiscal, de copia de la demanda y demás documentos; así como requiriendo de la Administración pública la remisión del expediente administrativo, cuando proceda, dentro de los diez días siguientes a la notificación.

El señalamiento del acto de conciliación en convocatoria separada y anticipada a la fecha del juicio podrá establecerse a instancia de cualquiera de las partes, si estimaran razonadamente que existe la posibilidad de llegar a un acuerdo conciliatorio, o de oficio por el letrado o la letrada de la Administración de Justicia si entendiera que, por la naturaleza y circunstancias del litigio o por la solución dada judicialmente en casos análogos, pudiera ser factible que las partes alcanzaran un acuerdo.

3. El acto de conciliación anticipada se celebrará a partir de los diez días desde la admisión de la demanda, y en todo caso con una antelación mínima de treinta días a la celebración del acto del juicio, salvo los supuestos fijados en esta ley.

También en el señalamiento del acto de conciliación anticipada se procurará fijar para un mismo día los procedimientos que se refieran a los mismos interesados y no puedan ser acumulados.

Intentada la conciliación anticipada ante el letrado o la letrada de la Administración de Justicia, se tendrá por celebrada sin necesidad de reiterarse el día de la vista,

salvo que con anterioridad a la celebración del acto de juicio las partes manifiesten su intención de alcanzar un acuerdo.

4. En las cédulas de citación se hará constar que los actos de conciliación y juicio no podrán suspenderse por incomparecencia del demandado, **salvo causas justificadas y en los supuestos legalmente previstos**. También se consignará que los litigantes han de concurrir al juicio con todos los medios de prueba de que intenten valerse y que podrán formalizar, **sin esperar a la fecha del señalamiento**, conciliación en evitación del juicio, por medio de comparecencia ante la Oficina judicial **o en los términos previstos en el apartado 1 del artículo 84**. Asimismo, podrán someter la cuestión litigiosa a los procedimientos de mediación que pudieran estar constituidos de acuerdo con lo dispuesto en el artículo 63, adoptando las medidas oportunas a tal fin sin que ello dé lugar a la suspensión de la comparecencia, salvo que de común acuerdo lo soliciten ambas partes justificando la sumisión a la mediación, y por el tiempo máximo establecido en el procedimiento correspondiente, que en todo caso no podrá exceder de quince días.

5. En la citación también se requerirá el previo traslado entre las partes o la aportación anticipada, con diez días de antelación al acto de juicio, de la prueba documental o pericial de que intenten valerse. La prueba se deberá presentar en formato electrónico, salvo que la parte no venga obligada a relacionarse electrónicamente con la Administración de Justicia, en cuyo caso se admitirá la presentación en papel o en otros soportes no digitales.

Transcurrido este plazo, sólo se admitirán a la parte actora o demandada los documentos, dictámenes, medios e instrumentos relativos al fondo del asunto cuando se hallen en alguno de los casos siguientes:

1.º Ser de fecha posterior siempre que no se hubiesen podido confeccionar ni obtener con anterioridad a dicho momento procesal.

2.º Tratarse de documentos, medios o instrumentos de fecha anterior, cuando la parte que los presente justifique no haber tenido antes conocimiento de su existencia.

3.º No haber sido posible obtener la prueba documental o dictamen pericial con anterioridad por causas no imputables a la parte, siempre que se hubiera efectuado en plazo la designación del archivo, protocolo o lugar en que se encuentren, o el registro, libro registro, actuaciones o expediente del que se pretenda obtener una certificación o anunciado, en su caso, el dictamen.

Cuando un documento, medio o instrumento sobre hechos relativos al fondo del asunto, se presentase una vez precluido el plazo indicado en este apartado, las demás partes podrán alegar en el juicio la improcedencia de tomarlo en consideración, por no encontrarse en ninguno de los casos indicados. El tribunal resolverá en el acto y, si apreciare ánimo dilatorio o mala fe procesal en la presentación del documento, podrá, además, imponer al responsable una multa dentro de los límites fijados en el apartado 4 del artículo 75.

6. Cuando la representación y defensa en juicio sea atribuida al abogado del Estado, se le concederá un plazo de veintidós días para la consulta a la Abogacía General del Estado. Cuando la representación y defensa en juicio sea atribuida al letrado o letrada de la Administración de la Seguridad Social, se le concederá igualmente un plazo de veintidós días para la consulta a la Dirección del Servicio Jurídico de la Administración de la Seguridad Social. Este mismo plazo se entenderá, respecto de las Comunidades Autónomas, para consulta al organismo que establezca su legislación propia, así como cuando la representación y presencia en juicio sea atribuida al letrado o letrada de las Cortes Generales. El señalamiento del juicio se hará de modo que tenga lugar en fecha posterior al indicado plazo.

Modificado por Ley Orgánica 1/2025, de 2 de enero, de medidas en materia de eficiencia del Servicio Público de Justicia. (BOE 03-01-2025). Modificación en vigor desde el 03/04/2025.

Sección 2.ª Conciliación y juicio

ART. 83. Suspensión de los actos de conciliación y juicio.

1. Sólo a petición de ambas partes o por motivos justificados, acreditados ante el secretario judicial, podrá éste suspender, por una sola vez, los actos de conciliación y juicio, señalándose nuevamente dentro de los diez días siguientes a la fecha de la suspensión. Excepcionalmente y por circunstancias trascendentes adecuadamente probadas, podrá acordarse una segunda suspensión.

En caso de coincidencia de señalamientos, de no ser posible la sustitución dentro de la misma representación o defensa, una vez justificados los requisitos del ordinal 6º del apartado 1 del artículo 188 de la Ley de Enjuiciamiento Civil, previa comunicación por el solicitante a los demás profesionales siempre que consten sus datos en el procedimiento, se procurará, ante todo, acomodar el señalamiento dentro de la misma fecha y, en su defecto, habilitar nuevo señalamiento, adoptando las medidas necesarias para evitar nuevas coincidencias.

2. Si el actor, citado en forma, no compareciese ni alegase justa causa que motive la suspensión del acto de conciliación o del juicio, el secretario judicial en el primer caso y el juez o tribunal en el segundo, le tendrán por desistido de su demanda.

3. La incomparecencia injustificada del demandado **al acto de conciliación** no impedirá la celebración de los actos de conciliación y juicio, continuando este sin necesidad de declarar su rebeldía **y sin perjuicio de la sanción que, por esta circunstancia, se podrá imponer en sentencia en los términos establecidos en el artículo 97.3.**

4. Las personas profesionales de la Abogacía y de la procura podrán acogerse a las mismas causas de suspensión por circunstancias personales o familiares que se recogen para cada uno de dichos profesionales en la Ley de Enjuiciamiento Civil. Tales causas de suspensión serán igualmente aplicables a los graduados y graduadas sociales.

Apdo. 3 modificado por Ley Orgánica 1/2025, de 2 de enero, de medidas en materia de eficiencia del Servicio Público de Justicia. (BOE 03-01-2025). Modificación en vigor desde el 03/04/2025.

Apdo. 4 anteriormente añadido por Real Decreto-ley 5/2023, de 28 de junio, por el que se adoptan y prorrogan determinadas medidas de respuesta a las consecuencias económicas y sociales de la Guerra de Ucrania, de apoyo a la reconstrucción de la isla de La Palma y a otras situaciones de vulnerabilidad; de transposición de Directivas de la Unión Europea en materia de modificaciones estructurales de sociedades mercantiles y conciliación de la vida familiar y la vida profesional de los progenitores y los cuidadores; y de ejecución y cumplimiento del Derecho de la Unión Europea. (BOE de 29-06-2023). En vigor desde el 29 de julio de 2023.

ART. 84. Celebración del acto de conciliación.

1. El letrado o letrada de la Administración de Justicia intentará la conciliación, llevando a cabo la labor mediadora que le es propia, y advertirá a las partes de los derechos y obligaciones que pudieran corresponderles. Si las partes alcanzan la avenencia, dictará decreto aprobándola y acordando, además, el archivo de las actuaciones. Del mismo modo, corresponderá al letrado letrada de la Administración de Justicia la aprobación del acuerdo alcanzado por las partes antes del día señalado para el acto del juicio, de haberse señalado conciliación anticipada, o en la misma fecha del juicio de tratarse de conciliación y juicio señalados sucesivamente. A tal efecto las partes podrán anticipar la conciliación por vía telemática.

Cuando el acuerdo venga firmado digitalmente por todas las partes, se dictará decreto en el plazo máximo de tres días. En su defecto, y para su posterior ratificación y firma, se citará a las partes a comparecencia en un plazo máximo de cinco días. La conciliación y la resolución aprobatoria, oral o escrita, se documentarán en la propia acta de comparecencia.

La conciliación alcanzada ante el letrado o la letrada de la Administración de Justicia y los acuerdos logrados entre las partes y aprobados por aquél tendrán, a todos los efectos legales, la consideración de conciliación judicial.

2. Si el secretario judicial estimare que lo convenido es constitutivo de lesión grave para alguna de las partes o para terceros, de fraude de ley o de abuso de derecho o contrario al interés público, no aprobará el acuerdo, advirtiendo a las partes que deben comparecer a presencia judicial para la celebración del acto del juicio.

3. En caso de no haber avenencia ante el letrado o la letrada de la Administración de Justicia y procederse a la celebración del juicio, la aprobación del acuerdo conciliatorio que, en su caso, alcanzasen las partes en dicho momento corresponderá al juez, la jueza o el tribunal ante el que se hubiere obtenido mediante resolución oral o escrita documentada en el propio acuerdo. Sólo cabrá nueva intervención del letrado o letrada de la Administración de Justicia aprobando un acuerdo entre las partes si el acto del juicio se llegase a suspender por cualquier causa.

De celebrarse la conciliación anticipada prevista en el artículo 82 y resultar sin acuerdo, el letrado o la letrada de la Administración de Justicia dejará constancia en

el acta de los aspectos controvertidos que hayan impedido el mismo y, de concurrir cuestiones procesales que pudieran suscitar la suspensión del acto del juicio, tales como la existencia de terceros que deban ser llamados al procedimiento o la situación concursal de cualquiera de los intervinientes, advertirá a las partes en los términos establecidos en el artículo 81.

4. Del acto de conciliación se extenderá la correspondiente acta.

5. La conciliación y los acuerdos entre las partes aprobados por el secretario judicial o, en su caso, por el juez o tribunal se llevarán a efecto por los trámites de la ejecución de sentencias.

6. La acción para impugnar la validez de la conciliación se ejercitará ante el mismo juzgado o tribunal al que hubiera correspondido la demanda, por los trámites y con los recursos establecidos en esta Ley. La acción caducará a los treinta días de la fecha de su celebración. Para los terceros perjudicados el plazo contará desde que pudieran haber conocido el acuerdo. Las partes podrán ejercitar la acción de nulidad por las causas que invalidan los contratos y la impugnación por los posibles terceros perjudicados podrá fundamentarse en ilegalidad o lesividad.

Apdos. 1 y 3 modificados por Ley Orgánica 1/2025, de 2 de enero, de medidas en materia de eficiencia del Servicio Público de Justicia. (BOE 03-01-2025). Modificación en vigor desde el 03/04/2025.

ART. 85. Celebración del juicio.

1. En el acto del juicio, habiéndose dado cuenta de lo actuado, se resolverá, en primer término, motivadamente, en forma oral y oídas las partes, sobre las cuestiones previas que se puedan formular en ese acto, así como sobre los recursos u otras incidencias pendientes de resolución, sin perjuicio de la ulterior sucinta fundamentación en la sentencia, cuando proceda. Igualmente serán oídas las partes y, en su caso, se resolverá, motivadamente y en forma oral, lo procedente sobre las cuestiones que el juez, la jueza o el tribunal pueda plantear en ese momento sobre su competencia, los presupuestos de la demanda o el alcance y límites de la pretensión formulada, respetando las garantías procesales de las partes y sin prejuzgar el fondo del asunto.

A continuación, el demandante ratificará o ampliará su demanda, aunque en ningún caso podrá hacer en ella variación sustancial.

2. El demandado contestará afirmando o negando concretamente los hechos de la demanda, y alegando cuantas excepciones estime procedentes.

3. Únicamente podrá formular reconvención cuando la hubiese anunciado en la conciliación previa al proceso o en la contestación a la reclamación previa en materia de prestaciones de Seguridad Social o resolución que agote la vía administrativa, y hubiese expresado en esencia los hechos en que se funda y la petición en que se concreta. No se admitirá la reconvención, si el órgano judicial no es competente, si la acción que se ejercita ha de ventilarse en modalidad procesal distinta y la acción no fuera acumulable, y cuando no exista conexión entre sus pretensiones y las que sean objeto de la demanda principal.

No será necesaria reconvención para alegar compensación de deudas, siempre que sean vencidas y exigibles y no se formule pretensión de condena reconvencional, y en general cuando el demandado esgrima una pretensión que tienda exclusivamente a ser absuelto de la pretensión o pretensiones objeto de la demanda principal, siendo suficiente que se alegue en la contestación a la demanda. Si la obligación precisa de determinación judicial por no ser líquida con antelación al juicio, será necesario expresar concretamente los hechos que fundamenten la excepción y la forma de liquidación de la deuda, así como haber anunciado la misma en la conciliación o mediación previas, o en la reclamación en materia de prestaciones de Seguridad Social o resolución que agoten la vía administrativa. Formulada la reconvención, se dará traslado a las demás partes para su contestación en los términos establecidos para la demanda. El mismo trámite de traslado se acordará para dar respuesta a las excepciones procesales, caso de ser alegadas.

4. Las partes harán uso de la palabra cuantas veces el juez o tribunal lo estime necesario.

5. Asimismo, en este acto, las partes podrán alegar cuanto estimen conveniente a efectos de lo dispuesto en la letra b) del apartado 3 del artículo 191, ofreciendo, para el momento procesal oportuno, los elementos de juicio necesarios para fundamentar sus alegaciones. No será preciso aportar prueba sobre esta concreta cuestión cuando el hecho de que el proceso afecta a muchos trabajadores o beneficiarios sea notorio por su propia naturaleza.

6. Si no se suscitasen cuestiones procesales o si, suscitadas, se hubieran contestado, las partes o sus defensores con el tribunal fijarán los hechos sobre los que exista conformidad o disconformidad de los litigantes, consignándose en caso necesario en el acta o, en su caso, por diligencia, sucinta referencia a aquellos extremos esenciales conformes, a efectos de ulterior recurso. Igualmente podrán facilitar las partes unas notas breves de cálculo o resumen de datos numéricos.

7. En caso de allanamiento total o parcial será aprobado por el órgano jurisdiccional, oídas las demás partes, de no incurrir en renuncia prohibida de derechos, fraude de ley o perjuicio a terceros, o ser contrario al interés público, mediante resolución que podrá dictarse en forma oral. Si el allanamiento fuese total se dictará sentencia condenatoria de acuerdo con las pretensiones del actor. Cuando el allanamiento sea parcial, podrá dictarse auto aprobatorio, que podrá llevarse a efecto por los trámites de la ejecución definitiva parcial, siempre que por la naturaleza de las pretensiones objeto de allanamiento, sea posible un pronunciamiento separado que no prejuzgue las restantes cuestiones no allanadas, respecto de las cuales continuará el acto de juicio.

8. El juez o tribunal, una vez practicada la prueba y antes de las conclusiones, salvo que exista oposición de alguna de las partes, podrá suscitar la posibilidad de llegar a un acuerdo y de no alcanzarse el mismo en ese momento proseguirá la celebración del juicio.

Apdo. 1 modificado por Ley Orgánica 1/2025, de 2 de enero, de medidas en materia de eficiencia del Servicio Público de Justicia. (BOE 03-01-2025). Modificación en vigor desde el 03/04/2025.

Anteriormente modificado por Ley 39/2015, de 1 de octubre, del Procedimiento Administrativo Común de las Administraciones Públicas. (BOE de 02-10-2015).

ART. 86. Prejudicialidad penal y social.

1. En ningún caso se suspenderá el procedimiento por seguirse causa criminal sobre los hechos debatidos.

2. En el supuesto de que fuese alegada por una de las partes la falsedad de un documento que pueda ser de notoria influencia en el pleito, porque no pueda prescindirse de la resolución de la causa criminal para la debida decisión o condicione directamente el contenido de ésta, continuará el acto de juicio hasta el final, y en el caso de que el juez o tribunal considere que el documento pudiera ser decisivo para resolver sobre el fondo del asunto, acordará la suspensión de las actuaciones posteriores y concederá un plazo de ocho días al interesado para que aporte el documento que acredite haber presentado la querella. La suspensión durará hasta que se dicte sentencia o auto de sobreseimiento en la causa criminal, hecho que deberá ser puesto en conocimiento del juez o tribunal por cualquiera de las partes.

3. Si cualquier otra cuestión prejudicial penal diera lugar a sentencia absolutoria por inexistencia del hecho o por no haber participado el sujeto en el mismo, quedará abierta contra la sentencia dictada por el juez o Sala de lo Social la vía de la revisión regulada en la Ley de Enjuiciamiento Civil.

4. La tramitación de otro procedimiento ante el orden social no dará lugar a la suspensión del proceso salvo en los supuestos previstos en la presente Ley, sin perjuicio de los efectos propios de la litispendencia cuando se aprecie la concurrencia de dicha situación procesal. No obstante, a solicitud de ambas partes, podrá suspenderse el procedimiento hasta que recaiga resolución firme en otro procedimiento distinto, cuando en éste deba resolverse la que constituya objeto principal del primer proceso.

Apdo. 3: ver arts. 509 y ss. LECiv.

ART. 86 bis. Procedimiento testigo.

1. Cuando ante un juez, una jueza o un tribunal estuviera pendiente una pluralidad de procesos con idéntico objeto y misma parte demandada, el órgano jurisdiccional, siempre que conforme a la presente ley no fueran susceptibles de acumulación o no se hubiera podido acumular, deberá tramitar preceptivamente uno o varios con carácter preferente, atendiendo al orden de presentación de las respectivas demandas, previa audiencia de las partes por plazo común de cinco días y suspendiendo el curso de los demás hasta que se dicte sentencia en los primeros.

2. Una vez firme la sentencia, se dejará constancia de ella en los procesos suspendidos y se notificará a las partes de los mismos a fin de que, en el plazo de cinco días, puedan inte-

resar los demandantes la extensión de sus efectos en los términos previstos en el artículo 247 ter, la continuación del procedimiento o bien desistir de la demanda.

Añadido por Real Decreto-ley 6/2023, de 19 de diciembre, por el que se aprueban medidas urgentes para la ejecución del Plan de Recuperación, Transformación y Resiliencia en materia de servicio público de justicia, función pública, régimen local y mecenazgo. (BOE de 20-12-2023). Modificación vigente desde el 20/03/2024.

ART. 87. Práctica de la prueba en el acto de juicio.

1. Se admitirán las pruebas que se formulen y puedan practicarse en el acto, respecto de los hechos sobre los que no hubiere conformidad salvo en los casos en que la materia objeto del proceso esté fuera del poder de disposición de los litigantes, siempre que aquéllas sean útiles y directamente pertinentes a lo que sea el objeto del juicio y a las alegaciones o motivos de oposición previamente formulados por las partes en el trámite de ratificación o de contestación de la demanda. Podrán admitirse también aquellas que requieran la traslación del juez o tribunal fuera del local de la audiencia, si se estimasen imprescindibles. En este caso, se suspenderá el juicio por el tiempo estrictamente necesario.

2. El juez o tribunal resolverá sobre la pertinencia de las pruebas propuestas y determinará la naturaleza y clase de medio de prueba de cada una de ellas según lo previsto en el artículo 299 del la Ley de Enjuiciamiento Civil y en la presente Ley. Asimismo resolverá sobre las posibles diligencias complementarias o de adveración de las pruebas admitidas y sobre las preguntas que puedan formular las partes.

La parte proponente podrá hacer constar su protesta en el acto contra la inadmisión de cualquier medio de prueba, diligencia o pregunta, consignándose en el acta la pregunta o la prueba solicitada, la resolución denegatoria, la fundamentación razonada de la denegación y la protesta, todo a efectos del correspondiente recurso contra la sentencia.

Una vez comenzada la práctica de una prueba admitida, si renunciase a ella la parte que la propuso, podrá el órgano judicial, sin ulterior recurso, acordar que continúe.

3. El órgano judicial podrá hacer, tanto a las partes como a los peritos y testigos, las preguntas que estime necesarias para el esclarecimiento de los hechos. Los litigantes y los defensores podrán ejercitar el mismo derecho.

El juez o tribunal, sin apartarse de las pretensiones y causa de pedir que expresen las partes en la demanda y contestación, podrá someter a las partes para alegaciones durante el juicio cuantas cuestiones deban ser resueltas de oficio o resulten de la fundamentación jurídica aplicable, aun cuando hubiera sido alegada de modo incompleto o incorrecto. Igualmente podrá solicitar alegaciones sobre los posibles pronunciamientos derivados que por mandato legal, o por conexión o consecuencia, resulten necesariamente de las pretensiones formuladas por las partes. Si el acto de juicio hubiere quedado concluso, la audiencia a este respecto se sustanciará por el plazo común de tres días, mediante alegaciones escritas y preferiblemente por medio informático o telemático, siguiéndose el trámite del apartado 6 de este mismo artículo.

4. Practicada la prueba, las partes o sus defensores o representantes, en su caso, formularán oralmente sus conclusiones de un modo concreto y preciso, determinando en virtud del resultado de la prueba, de manera líquida y sin alterar los puntos fundamentales y los motivos de pedir invocados en la demanda o en la reconvención, si la hubiere, las cantidades que, por cualquier concepto, sean objeto de petición de condena principal o subsidiaria; o bien, en su caso, formularán la solicitud concreta y precisa de las medidas con que puede ser satisfecha la pretensión ejercitada. Si las partes no lo hicieran en este trámite, el juez o tribunal deberá requerirles para que lo hagan, sin que en ningún caso pueda reservarse tal determinación para la ejecución de sentencia.

5. Si el órgano judicial no se considerase suficientemente ilustrado sobre las cuestiones de cualquier género objeto del debate, concederá a ambas partes el tiempo que crea conveniente, para que informen o den explicaciones sobre los particulares que les designe.

6. Si las pruebas documentales o periciales practicadas resultasen de extraordinario volumen o complejidad, el juez o tribunal podrá conceder a las partes la posibilidad de efectuar sucintas conclusiones complementarias, por escrito y preferiblemente por medios telemáticos, sobre los particulares que indique, en relación exclusiva con dichos elementos de prueba, dentro de los tres días siguientes, justificando haber efectuado previa remisión a las demás partes comparecidas por los mismos medios. Durante el referido período, los docu-

mentos o pericias estarán a disposición de las partes en la oficina judicial y una vez transcurrido, háyanse presentado o no alegaciones, se iniciará el plazo para dictar sentencia.

ART. 88. Diligencias finales.

1. Terminado el juicio, dentro del plazo para dictar sentencia, el juez o tribunal podrá acordar la práctica de cuantas pruebas estime necesarias, como diligencias finales, con intervención de las partes y en la forma establecida para las pruebas de su clase. En la misma providencia se fijará el plazo dentro del cual haya de practicarse la prueba, que no excederá de veinte días, o se señalará comparecencia para la práctica de la misma y valoración por las partes del resultado. De no haber señalado comparecencia, el resultado de la diligencia final se pondrá de manifiesto durante tres días a las partes en la oficina judicial para alegaciones sobre su alcance e importancia, salvo que pueda darse traslado por vía telemática a los mismos fines y por igual plazo.

2. Transcurrido el plazo inicial de práctica sin haberse podido llevar a efecto, el órgano judicial dictará un nuevo proveído, fijando nuevo plazo no superior a diez días para la ejecución del acuerdo y librando las comunicaciones oportunas. Si dentro de éste tampoco se hubiera podido practicar la prueba, el juez o tribunal, previa audiencia de las partes, acordará que los autos queden definitivamente conclusos para sentencia.

3. Si la diligencia consistiere en el interrogatorio de parte o en la aportación de algún documento por alguna de las partes y ésta no compareciese o no lo presentase sin causa justificada en el plazo fijado, podrán estimarse probadas las alegaciones hechas por la parte contraria en relación con la prueba acordada.

Apdo. 2: ver arts. 435 y 436 LECiv.

ART. 89. Documentación del acto de juicio.

1. El desarrollo de las sesiones del juicio oral y el resto de actuaciones orales se documentarán conforme a lo preceptuado en los artículos 146 y 147 de la Ley 1/2000, de 7 de enero. La oficina judicial deberá asegurar la correcta incorporación de la grabación al expediente judicial electrónico. Si los sistemas no proveen expediente judicial electrónico, el letrado o letrada de la Administración de Justicia deberá custodiar el documento electrónico que sirva de soporte a la grabación. Las partes podrán pedir, a su costa, copia o en su caso acceso electrónico de las grabaciones originales.

2. Siempre que se cuente con los medios tecnológicos necesarios, estos garantizarán la autenticidad e integridad de lo grabado o reproducido. A tal efecto, el letrado o letrada de la Administración de Justicia hará uso de la firma electrónica u otro sistema de seguridad que conforme a la ley ofrezca tales garantías. En este caso, la celebración del acto no requerirá la presencia en la sala del letrado o letrada de la Administración de Justicia salvo que lo hubieran solicitado las partes, al menos dos días antes de la celebración de la vista, o que excepcionalmente lo considere necesario el letrado o letrada de la Administración de Justicia atendiendo a la complejidad del asunto, al número y naturaleza de las pruebas a practicar, al número de intervinientes, a la posibilidad de que se produzcan incidencias que no pudieran registrarse, o a la concurrencia de otras circunstancias igualmente excepcionales que lo justifiquen. En estos casos, el letrado o letrada de la Administración de Justicia extenderá acta sucinta en los términos previstos en el apartado siguiente.

3. Si los mecanismos de garantía previstos en el apartado anterior no se pudiesen utilizar, el secretario judicial deberá consignar en el acta, al menos, los siguientes datos: lugar y fecha de celebración, juez o tribunal que preside el acto, peticiones y propuestas de las partes, medios de prueba propuestos por ellas, declaración de su pertinencia o impertinencia, resoluciones que adopte el juez o tribunal, así como las circunstancias e incidencias que no pudieran constar en aquel soporte.

4. Cuando los medios de registro previstos en este artículo no se pudiesen utilizar por cualquier causa, el secretario judicial extenderá acta de cada sesión, en la que se hará constar:

a) Lugar, fecha, juez o tribunal que preside el acto, partes comparecientes, representantes y defensores que les asisten.

b) Breve resumen de las alegaciones de las partes, medios de prueba propuestos por ellas, declaración expresa de su pertinencia o impertinencia, razones de la negación y protesta, en su caso.

c) En cuanto a las pruebas admitidas y practicadas:

1.º Resumen suficiente de las de interrogatorio de parte y de testigos.

2.º Relación circunstanciada de los documentos presentados, o datos suficientes que permitan identificarlos, en el caso de que su excesivo número haga desaconsejable la citada relación.

3.º Relación de las incidencias planteadas en el juicio respecto a la prueba documental.

4.º Resumen suficiente de los informes periciales, así como también de la resolución del juez o tribunal en torno a las recusaciones propuestas de los peritos.

5.º Resumen de las declaraciones de los asesores, en el caso de que el dictamen de éstos no haya sido elaborado por escrito e incorporado a los autos.

d) Conclusiones y peticiones concretas formuladas por las partes; en caso de que fueran de condena a cantidad, deberán expresarse en el acta las cantidades que fueran objeto de ella.

e) Declaración hecha por el juez o tribunal de conclusión de los autos, mandando traerlos a la vista para sentencia.

5. El acta prevista en los apartados 3 y 4 de este artículo se extenderá por procedimientos informáticos, sin que pueda ser manuscrita más que en las ocasiones en que la sala o el lugar en que se esté celebrando la actuación carecieran de medios informáticos. El secretario judicial resolverá, sin ulterior recurso, cualquier observación que se hiciera sobre el contenido del acta. El acta será firmada por el juez o tribunal en unión de las partes o de sus representantes o defensores y de los peritos, haciendo constar si alguno de ellos no firma por no poder, no querer hacerlo o no estar presente, firmándola por último el secretario.

6. Del acta del juicio deberá entregarse copia a quienes hayan sido partes en el proceso, si lo solicitaren.

7. La acreditación de la identidad de las partes y de su representación procesal se efectuará ante el secretario judicial en la comparecencia de conciliación, o de no ser preceptiva la misma, mediante diligencia.

Apdos. 1 y 2 se modifican por Real Decreto-ley 6/2023, de 19 de diciembre, por el que se aprueban medidas urgentes para la ejecución del Plan de Recuperación, Transformación y Resiliencia en materia de servicio público de justicia, función pública, régimen local y mecenazgo. (BOE de 20-12-2023). Modificación vigente desde el 20/3/2024.

Sección 3.ª De las pruebas

ART. 90. Preparación y admisibilidad de los medios de prueba.

1. Las partes, previa justificación de la utilidad y pertinencia de las diligencias propuestas, podrán servirse de cuantos medios de prueba se encuentren regulados en la Ley para acreditar los hechos controvertidos o necesitados de prueba, incluidos los procedimientos de reproducción de la palabra, de la imagen y del sonido o de archivo y reproducción de datos, que deberán ser aportados por medio de soporte adecuado y poniendo a disposición del órgano jurisdiccional los medios necesarios para su reproducción y posterior constancia en autos.

2. No se admitirán pruebas que tuvieran su origen o que se hubieran obtenido, directa o indirectamente, mediante procedimientos que supongan violación de derechos fundamentales o libertades públicas. Esta cuestión podrá ser suscitada por cualquiera de las partes o de oficio por el tribunal en el momento de la proposición de la prueba, salvo que se pusiese de manifiesto durante la práctica de la prueba una vez admitida. A tal efecto, se oirá a las partes y, en su caso, se practicarán las diligencias que se puedan practicar en el acto sobre este concreto extremo, recurriendo a diligencias finales solamente cuando sea estrictamente imprescindible y la cuestión aparezca suficientemente fundada. Contra la resolución que se dicte sobre la pertinencia de la práctica de la prueba y en su caso de la unión a los autos de su resultado o del elemento material que incorpore la misma, sólo cabrá recurso de reposición, que se interpondrá, se dará traslado a las demás partes y se resolverá oralmente en el mismo acto del juicio o comparecencia, quedando a salvo el derecho de las partes a reproducir la impugnación de la prueba ilícita en el recurso que, en su caso, procediera contra la sentencia.

3. Podrán asimismo solicitar, al menos con diez días de antelación a la fecha del juicio, diligencias de preparación de la prueba a practicar en juicio salvo cuando el señalamiento se deba efectuar con antelación menor, en cuyo caso el plazo será de tres días, **y sin perjuicio de lo que el juez, la jueza o el tribunal decida sobre su admisión o inadmisión en el acto del juicio**.

4. Cuando sea necesario a los fines del proceso el acceso a documentos o archivos, en cualquier tipo de soporte, que pueda afectar a la intimidad personal u otro derecho fundamental, el juez o tribunal, siempre que no existan medios de prueba alternativos, podrá autorizar dicha actuación, mediante auto, previa ponderación de los intereses afectados a través de juicio de proporcionalidad y con el mínimo sacrificio, determinando las condiciones de acceso, garantías de conservación y aportación al proceso, obtención y entrega de copias e intervención de las partes o de sus representantes y expertos, en su caso.

5. Igualmente, de no mediar consentimiento del afectado, podrán adoptarse las medidas de garantía oportunas cuando la emisión de un dictamen pericial médico o psicológico requiera el sometimiento a reconocimientos clínicos, obtención de muestras o recogida de datos personales relevantes, bajo reserva de confidencialidad y exclusiva utilización procesal, pudiendo acompañarse el interesado de especialista de su elección y facilitándole copia del resultado.

No será necesaria autorización judicial si la actuación viniera exigida por las normas de prevención de riesgos laborales, por la gestión o colaboración en la gestión de la Seguridad Social, por la específica normativa profesional aplicable o por norma legal o convencional aplicable en la materia.

6. Si como resultado de las medidas anteriores se obtuvieran datos innecesarios, ajenos a los fines del proceso o que pudieran afectar de manera injustificada o desproporcionada a derechos fundamentales o a libertades públicas, se resolverá lo necesario para preservar y garantizar adecuada y suficientemente los intereses y derechos que pudieran resultar afectados.

7. En caso de negativa injustificada de la persona afectada a la realización de las actuaciones acordadas por el órgano jurisdiccional, la parte interesada podrá solicitar la adopción de las medidas que fueran procedentes, pudiendo igualmente valorarse en la sentencia dicha conducta para tener por probados los hechos que se pretendía acreditar a través de la práctica de dichas pruebas, así como a efectos de apreciar temeridad o mala fe procesal.

Rúbrica del artículo y apdo. 3 modificados por Ley Orgánica 1/2025, de 2 de enero, de medidas en materia de eficiencia del Servicio Público de Justicia. (BOE 03-01-2025). Modificación en vigor desde el 03/04/2025.

Apdo. 1: ver art. 299 LECiv.

Apdo. 3: ver art. 289 LECiv.

ART. 91. Interrogatorio de las partes.

1. Las preguntas para la prueba de interrogatorio de parte se propondrán verbalmente, sin admisión de pliegos.

2. Si el llamado al interrogatorio no compareciese sin justa causa a la primera citación, rehusase declarar o persistiese en no responder afirmativa o negativamente, a pesar del apercibimiento que se le haya hecho, podrán considerarse reconocidos como ciertos en la sentencia los hechos a que se refieran las preguntas, siempre que el interrogado hubiese intervenido en ellos personalmente y su fijación como ciertos le resultare perjudicial en todo o en parte.

3. El interrogatorio de las personas jurídicas privadas se practicará con quien legalmente las represente y tenga facultades para responder a tal interrogatorio. Si el representante en juicio no hubiera intervenido en los hechos deberá aportar a juicio a la persona conocedora directa de los mismos. Con tal fin la parte interesada podrá proponer la persona que deba someterse al interrogatorio justificando debidamente la necesidad de dicho interrogatorio personal.

4. En caso de que el interrogatorio de personas físicas no se refiera a hechos personales, se admitirá que sea respondido en todo o en parte por un tercero que conozca personalmente los hechos, siempre que el tercero se encuentre a disposición del juez o tribunal en ese momento, si la parte así lo solicita y acepta la responsabilidad de la declaración.

5. La declaración de las personas que hayan actuado en los hechos litigiosos en nombre del empresario, cuando sea persona jurídica privada, bajo la responsabilidad de éste, como administradores, gerentes o directivos, solamente podrá acordarse dentro del interrogatorio de la parte por cuya cuenta hubieran actuado y en calidad de conocedores personales de los hechos, en sustitución o como complemento del interrogatorio del representante legal, salvo que, en función de la naturaleza de su intervención en los hechos y posición dentro

de la estructura empresarial, por no prestar ya servicios en la empresa o para evitar inde-fensión, el juez o tribunal acuerde su declaración como testigos. Las referidas prevenciones deberán advertirse expresamente al efectuar la citación para el interrogatorio en juicio.

6. En los supuestos de interrogatorio a Administraciones o entidades públicas se estará a lo dispuesto en el artículo 315 de la Ley de Enjuiciamiento Civil.

Apdo. 1: ver arts. 301 y ss LECiv.

Apdo. 2: ver art. 307 LECiv.

Apdo. 4: ver art. 308 LECiv.

ART. 92. Interrogatorio de testigos.

1. No se admitirán escritos de preguntas y repreguntas para la prueba de interrogatorio de testigos. Cuando el número de testigos fuese excesivo y, a criterio del órgano judicial, sus manifestaciones pudieran constituir inútil reiteración del testimonio sobre hechos sufi-cientemente esclarecidos, aquél podrá limitarlos discrecionalmente.

2. Los testigos no podrán ser tachados, y únicamente en conclusiones, las partes podrán hacer las observaciones que sean oportunas respecto de sus circunstancias personales y de la veracidad de sus manifestaciones.

3. No obstante lo dispuesto en el apartado anterior, la declaración como testigos de per-sonas vinculadas al empresario, trabajador o beneficiario, por relación de parentesco o aná-loga relación de afectividad, o con posible interés real en la defensa de decisiones empre-sariales en las que hayan participado o por poder tener procedimientos análogos contra el mismo empresario o contra trabajadores en igual situación, solamente podrá proponerse cuando su testimonio tenga utilidad directa y presencial y no se disponga de otros medios de prueba, con la advertencia a los mismos, en todo caso, de que dichas circunstancias no serán impedimento para las responsabilidades que de su declaración pudieren derivarse.

Apdo. 2: ver arts. 360 y ss. LECiv.

ART. 93. Prueba pericial.

1. La práctica de la prueba pericial se llevará a cabo en el acto del juicio, presentando los peritos su informe y ratificándolo. No será necesaria ratificación de los informes, de las actuaciones obrantes en expedientes y demás documentación administrativa cuya aporta-ción sea preceptiva según la modalidad procesal de que se trate.

2. El órgano judicial, de oficio o a petición de parte, podrá requerir la intervención de un médico forense, en los casos en que sea necesario su informe en función de las circunstan-cias particulares del caso, de la especialidad requerida y de la necesidad de su intervención, a la vista de los reconocimientos e informes que constaren previamente en las actuaciones.

Ver arts. 335 y ss. LECiv.

ART. 94. Prueba documental.

1. De la prueba documental aportada, que deberá estar adecuadamente presentada, ordenada y numerada, se dará traslado a las partes en el acto del juicio, para su examen.

2. Los documentos y otros medios de obtener certeza sobre hechos relevantes que se encuentren en poder de las partes deberán aportarse al proceso si hubieran sido propuestos como medio de prueba por la parte contraria y admitida ésta por el juez o tribunal o cuando éste haya requerido su aportación. Si no se presentaren sin causa justificada, podrán esti-marse probadas las alegaciones hechas por la contraria en relación con la prueba acordada.

Ver arts. 317 y ss. LECiv.

ART. 95. Informes de expertos.

1. Podrá el juez o tribunal, si lo estima procedente, oír el dictamen de una o varias perso-nas expertas en la cuestión objeto del pleito, en el momento del acto del juicio o, terminado éste, como diligencia final.

2. Cuando en un proceso se discuta sobre la interpretación de un convenio colectivo, el órgano judicial podrá oír o recabar informe de la comisión paritaria del mismo.

3. Cuando en el proceso se haya suscitado una cuestión de discriminación por razón de sexo, orientación sexual, origen racial o étnico, religión o convicciones, discapacidad, edad

o acoso, el juez o tribunal podrá recabar el dictamen de los organismos públicos competentes.

4. En procesos derivados de accidente de trabajo y enfermedad profesional, el órgano judicial, si lo estima procedente, podrá recabar informe de la Inspección de Trabajo y Seguridad Social y de los organismos públicos competentes en materia de prevención y salud laboral, así como de las entidades e instituciones legalmente habilitadas al efecto.

5. Cuando, sobre hechos relevantes para el proceso, sea pertinente que informen personas jurídicas y entidades públicas en cuanto tales, por referirse esos hechos a su actividad, sin que quepa o sea necesario individualizar en personas físicas determinadas el conocimiento de lo que para el proceso interese, la parte a quien convenga esta prueba podrá proponer que la persona jurídica o entidad, a requerimiento del tribunal, responda por escrito sobre los hechos en los diez días anteriores al juicio. Dicho informe se presentará hasta el momento del acto del juicio, sin previo traslado a las partes y sin perjuicio de que pueda acordarse como diligencia final su ampliación.

ART. 96. Carga de la prueba en casos de discriminación y en accidentes de trabajo.

1. En aquellos procesos en que de las alegaciones de la parte actora se deduzca la existencia de indicios fundados de discriminación por razón de sexo, orientación o identidad sexual, origen racial o étnico, religión o convicciones, discapacidad, edad, acoso y en cualquier otro supuesto de vulneración de un derecho fundamental o libertad pública, corresponderá al demandado la aportación de una justificación objetiva y razonable, suficientemente probada, de las medidas adoptadas y de su proporcionalidad.

2. En los procesos sobre responsabilidades derivadas de accidentes de trabajo y enfermedades profesionales corresponderá a los deudores de seguridad y a los concurrentes en la producción del resultado lesivo probar la adopción de las medidas necesarias para prevenir o evitar el riesgo, así como cualquier factor excluyente o minorador de su responsabilidad. No podrá apreciarse como elemento exonerador de la responsabilidad la culpa no temeraria del trabajador ni la que responda al ejercicio habitual del trabajo o a la confianza que éste inspira.

Sección 4.ª Sentencia

ART. 97. Forma de la sentencia.

1. El juez o tribunal dictará sentencia en el plazo de cinco días, publicándose inmediatamente y notificándose a las partes o a sus representantes dentro de los dos días siguientes.

2. La sentencia deberá expresar, dentro de los antecedentes de hecho, resumen suficiente de los que hayan sido objeto de debate en el proceso. Asimismo, y apreciando los elementos de convicción, declarará expresamente los hechos que estime probados, haciendo referencia en los fundamentos de derecho a los razonamientos que le han llevado a esta conclusión, en particular cuando no recoja entre los mismos las afirmaciones de hechos consignados en documento público aportado al proceso respaldados por presunción legal de certeza. Por último, deberá fundamentar suficientemente los pronunciamientos del fallo.

3. La sentencia, motivadamente, podrá imponer una sanción pecuniaria, dentro de los límites que se fijan en el apartado 4 del artículo 75, al litigante que no acudió injustificadamente al acto de conciliación ante el servicio administrativo correspondiente o a mediación, de acuerdo con lo establecido en el artículo 83.3, así como al litigante que obró de mala fe o con temeridad. También motivadamente podrá imponer una sanción pecuniaria cuando la sentencia condenatoria coincidiera esencialmente con la pretensión contenida en la papeleta de conciliación o en la solicitud de mediación. En tales casos, y cuando el condenado fuera el empresario, deberá abonar también los honorarios de los abogados y graduados sociales de la parte contraria que hubieren intervenido, hasta el límite de seiscientos euros.

La imposición de las anteriores medidas se efectuará a solicitud de parte o de oficio, previa audiencia en el acto de la vista de las partes personadas. De considerarse de oficio la posibilidad de imponer la sanción pecuniaria una vez concluido el acto de juicio, se concederá a las partes un término de dos días para que puedan formular alegaciones escritas. En el caso de incomparecencia a los actos de conciliación o de mediación, incluida la conciliación ante el letrado o letrada de la Administración de Justicia, sin causa justificada, se aplicarán por el juez, la jueza o el tribunal las medidas previstas en el apartado 3 del artículo 66.

4. En el texto de la sentencia se indicará si la misma es o no firme y, en su caso, los recursos que procedan, el órgano ante el que deben interponerse y el plazo y los requisitos para ello, así como los depósitos y las consignaciones que sean necesarios y la forma de efectuarlos.

Apdo. 3 modificado por Real Decreto-ley 6/2023, de 19 de diciembre, por el que se aprueban medidas urgentes para la ejecución del Plan de Recuperación, Transformación y Resiliencia en materia de servicio público de justicia, función pública, régimen local y mecenazgo. (BOE de 20-12-2023). Modificación vigente desde el 20/3/2024.

ART. 98. Principio de inmediación.

1. Si el juez que presidió el acto del juicio no pudiese dictar sentencia, deberá celebrarse éste nuevamente.

2. En cuanto a las Salas de lo Social se estará a lo dispuesto en la Ley Orgánica del Poder Judicial.

Ver arts. 196 y ss. LOPJ.

ART. 99. Prohibición de reservas de liquidación.

En las sentencias en que se condene al abono de una cantidad, el juez o tribunal la determinará expresamente, sin que en ningún caso pueda reservarse tal determinación para la ejecución.

No obstante cuando se reclamen prestaciones o cantidades periódicas, la sentencia podrá incluir la condena a satisfacer esas cantidades que se devenguen con posterioridad al momento en que se dicte.

ART. 100. Salarios por asistencia a actos procesales.

El empresario vendrá obligado a abonar al demandante que personalmente hubiese comparecido, el importe de los salarios correspondientes al tiempo necesario para la asistencia a los actos de conciliación y juicio y a cualquier comparecencia judicial, así como a la conciliación o mediación previa en su caso, salvo cuando fuera preceptivo otorgar representación conforme al artículo 19 de esta Ley y no fuere requerido de asistencia personal, o cuando se haya declarado que obró de mala fe o con temeridad.

Sección 5.ª Proceso monitorio

ART. 101. Proceso monitorio.

En reclamaciones frente a empresarios que no se encuentren en situación de concurso, referidas a cantidades vencidas, exigibles y de cuantía determinada, derivadas de su relación laboral, excluyendo las reclamaciones de carácter colectivo que se pudieran formular por la representación de los trabajadores, así como las que se interpongan contra las entidades gestoras o colaboradoras de la Seguridad Social, que no excedan de quince mil euros, el trabajador podrá formular su pretensión en la forma siguiente:

a) El proceso monitorio comenzará por petición inicial en la que se expresarán la identidad completa y precisa del empresario deudor, datos de identificación fiscal, domicilio completo y demás datos de localización, y en su caso de comunicación, por medios informáticos y telefónicos, tanto del demandante como del demandado, así como el detalle y desglose de los concretos conceptos, cuantías y períodos reclamados. Deberá acompañarse copia del contrato, recibos de salarios, comunicación empresarial o reconocimiento de deuda, certificado o documento de cotización o informe de vida laboral, u otros documentos análogos de los que resulte un principio de prueba de la relación laboral y de la cuantía de la deuda. La solicitud se presentará, preferentemente, por medios informáticos, de disponerse de ellos, pudiendo extenderse en el modelo o formulario que se facilite al efecto.

El letrado o letrada de la Administración de Justicia procederá a la comprobación de los requisitos anteriores, completando, en su caso, los indicados en la solicitud con otros domicilios, datos de identificación o que afecten a la situación empresarial, utilizando a tal fin los medios de que disponga el juzgado, y concederá trámite de subsanación por cuatro días de cualquier defecto que apreciare, salvo que sean insubsanables. En caso de apreciar defectos insubsanables, o de no subsanarse en plazo los apreciados, dará cuenta al juez o jueza para que resuelva sobre la admisión o inadmisión de la petición.

De ser admisible la petición, requerirá al empresario para que, en el plazo de diez días, pague directamente al trabajador, acreditándolo ante el juzgado, o comparezca ante éste y alegue sucintamente, en escrito de oposición, las razones por las que, a su entender, no debe, en todo o en parte, la cantidad reclamada, con apercibimiento de que de no pagar la cantidad reclamada ni comparecer alegando las razones de la negativa al pago, se despachará ejecución contra él.

Del requerimiento se dará traslado por igual plazo al Fondo de Garantía Salarial, plazo que se ampliará respecto del mismo por otros diez días más, si manifestase que necesita efectuar averiguaciones sobre los hechos de la solicitud, en especial sobre la solvencia empresarial.

b) Transcurrido el plazo conferido en el requerimiento, de haberse abonado el total importe, se archivará el proceso.

De no haber mediado en dicho plazo oposición, por escrito y en forma motivada, del empresario o del Fondo de Garantía Salarial, el letrado o letrada de la Administración de Justicia dictará decreto dando por terminado el proceso monitorio y dará traslado al demandante para que inste el despacho de ejecución, bastando para ello con la mera solicitud.

Desde la fecha de este decreto devengará el interés procesal del apartado 2 del artículo 251.

Contra el auto de despacho de la ejecución, conteniendo la orden general de ejecución, procederá oposición según lo previsto en el apartado 4 del artículo 239 de esta ley y pudiendo alegarse a tal efecto la falta de notificación del requerimiento. Contra el auto resolutorio de la oposición no procederá recurso de suplicación.

c) En caso de insolvencia o concurso posteriores, el auto de despacho de la ejecución servirá de título bastante, a los fines de la garantía salarial que proceda según la naturaleza originaria de la deuda; si bien no tendrá eficacia de cosa juzgada, aunque excluirá litigio ulterior entre empresario y trabajador con idéntico objeto y sin perjuicio de la determinación de la naturaleza salarial o indemnizatoria de la deuda y demás requisitos en el expediente administrativo oportuno frente a la institución de garantía, en su caso.

d) Si se formulase oposición en el plazo y la forma expresada en la letra a), se dará traslado a la parte demandante para que manifieste en tres días lo que a su derecho convenga respecto a la oposición. Si las partes no solicitan vista, pasarán los autos al juez o jueza para dictar resolución fijando la cantidad concreta por la que despachar ejecución. Si se solicitara vista, se convocará la misma siguiendo la tramitación del procedimiento ordinario.

e) Si no hubiera sido posible notificar personalmente en la forma exigida el requerimiento de pago se dictará resolución convocando vista siguiendo la tramitación del procedimiento ordinario.

f) Si se formulase oposición sólo en cuanto a parte de la cantidad reclamada, el demandante podrá solicitar del juzgado que se dicte auto acogiendo la reclamación en cuanto a las cantidades reconocidas o no impugnadas. Este auto servirá de título de ejecución, que el demandante podrá solicitar mediante simple escrito sin necesidad de esperar a la resolución que recaiga respecto de las cantidades controvertidas.

Modificado por Real Decreto-ley 6/2023, de 19 de diciembre, por el que se aprueban medidas urgentes para la ejecución del Plan de Recuperación, Transformación y Resiliencia en materia de servicio público de justicia, función pública, régimen local y mecenazgo. (BOE de 20-12-2023). Modificación vigente desde el 20/03/2024.

Ver arts. 812 y ss. LECiv.

TÍTULO II
De las modalidades procesales

CAPÍTULO I
Disposición general

ART. 102. Modalidades procesales.

1. En todo lo que no esté expresamente previsto en el presente Título, regirán las disposiciones establecidas para el proceso ordinario.

2. Se dará al procedimiento la tramitación que resulte conforme a la modalidad procesal expresada en la demanda. No obstante, si en cualquier momento desde la presentación de la demanda se advirtiere la inadecuación del procedimiento seguido, se procederá a dar al

asunto la tramitación que corresponda a la naturaleza de las pretensiones ejercitadas, sin vinculación necesaria a la modalidad elegida por las partes y completando, en su caso, los trámites que fueren procedentes según la modalidad procesal adecuada, con aplicación del régimen de recursos que corresponda a la misma. No procederá el sobreseimiento del proceso o la absolución en la instancia por inadecuación de la modalidad procesal, salvo cuando no sea posible completar la tramitación seguida hasta ese momento o cuando la parte actora persista en la modalidad procesal inadecuada.

3. Las acciones del trabajador autónomo económicamente dependiente cuyo conocimiento corresponda al orden social se ejercitarán a través del proceso ordinario o de la modalidad procesal adecuada a la naturaleza de las pretensiones formuladas, dentro del plazo de prescripción o de caducidad previsto en su caso para la misma o que resulte de la modalidad procesal aplicable, y en su defecto, regirá el plazo de prescripción de un año desde que pudieran ser ejercitadas.

CAPÍTULO II
De los despidos y sanciones

Sección 1.ª Despido disciplinario

ART. 103. Presentación de la demanda por despido.

1. El trabajador podrá reclamar contra el despido, dentro de los veinte días hábiles siguientes a aquél en que se hubiera producido. Dicho plazo será de caducidad a todos los efectos y no se computarán los sábados, domingos y los festivos en la sede del órgano jurisdiccional.

2. Si se promoviese papeleta de conciliación o solicitud de mediación o demanda por despido contra una persona a la que erróneamente se hubiere atribuido la cualidad de empresario, y se acreditase con posterioridad, sea en el juicio o en otro momento anterior del proceso, que lo era un tercero, el trabajador podrá promover nueva demanda contra éste, o ampliar la demanda si no se hubiera celebrado el juicio, sin que comience el cómputo del plazo de caducidad hasta el momento en que conste quién sea el empresario.

3. Las normas del presente capítulo serán de aplicación a la impugnación de las decisiones empresariales de extinción de contrato con las especialidades necesarias, sin perjuicio de lo previsto en el artículo 120 y de las consecuencias sustantivas de cada tipo de extinción contractual.

4. Cuando el trabajador manifieste que la empresa no ha tramitado su baja por despido en la Tesorería General de la Seguridad Social, el procedimiento será urgente y se le dará tramitación preferente. El acto de la vista habrá de señalarse dentro de los cinco días siguientes al de la admisión de la demanda. La sentencia se dictará en el plazo de cinco días.

5. La tramitación procesal establecida en el apartado anterior será de aplicación a las demandas en las que se solicite la extinción de la relación laboral invocando la causa prevista en la letra b) del apartado 1 del artículo 50 del texto refundido del Estatuto de los Trabajadores.

Apdos. 4 y 5 se añaden por Real Decreto-ley 6/2023, de 19 de diciembre, por el que se aprueban medidas urgentes para la ejecución del Plan de Recuperación, Transformación y Resiliencia en materia de servicio público de justicia, función pública, régimen local y mecenazgo. (BOE de 20-12-2023). Modificación vigente desde el 20/3/2024.

Modificado anteriormente por Ley 39/2015, de 1 de octubre, del Procedimiento Administrativo Común de las Administraciones Públicas. (BOE de 2-10-2015).

Apdo. 1: ver arts. 59.3 del ET y 182.1 LOPJ.

ART. 104. Requisitos de la demanda por despido.

Las demandas por despido, además de los requisitos generales previstos, deberán contener los siguientes:

a) Antigüedad, concretando los períodos en que hayan sido prestados los servicios; categoría profesional; salario, tiempo y forma de pago; lugar de trabajo; modalidad y duración del contrato; jornada; categoría profesional; características particulares, si las hubiere, del trabajo que se realizaba antes de producirse el despido.

b) Fecha de efectividad del despido, forma en que se produjo y hechos alegados por el empresario, acompañando la comunicación recibida, en su caso, o haciendo mención suficiente de su contenido.

c) Si el trabajador ostenta, o ha ostentado en el año anterior al despido, la cualidad de representante legal o sindical de los trabajadores, así como cualquier otra circunstancia relevante para la declaración de nulidad o improcedencia o para la titularidad de la opción derivada, en su caso.

d) Si el trabajador se encuentra afiliado a algún sindicato, en el supuesto de que alegue la improcedencia del despido por haberse realizado éste sin la previa audiencia de los delegados sindicales, si los hubiera.

Letra b): ver arts. 53.1 y 55.1 del ET.

Letra c): ver arts. 53.4, 55.5 y 68 c) del ET.

Letra d): ver art. 10.3.3° LOLS

ART. 105. Posición de las partes.

1. Ratificada, en su caso, la demanda, tanto en la fase de alegaciones como en la práctica de la prueba, y en la fase de conclusiones corresponderá al demandado exponer sus posiciones en primer lugar. Asimismo, le corresponderá la carga de probar la veracidad de los hechos imputados en la carta de despido como justificativos del mismo.

2. Para justificar el despido, al demandado no se le admitirán en el juicio otros motivos de oposición a la demanda que los contenidos en la comunicación escrita de dicho despido.

ART. 106. Garantías del proceso.

1. En los supuestos previstos en el apartado 1 del artículo 32 habrán de respetarse las garantías que, respecto de las alegaciones, prueba y conclusiones, se establecen para el proceso de despido disciplinario.

2. En los despidos de miembros de comité de empresa, delegados de personal o delegados sindicales habrá de aportarse por la demandada el expediente contradictorio legalmente exigido.

Ver art. 68.a) del ET Y 10.3 LOLS

ART. 107. Hechos probados.

En los hechos que se estimen probados en la sentencia deberán hacerse constar las siguientes circunstancias:

a) Antigüedad, concretando los períodos en que hayan sido prestados los servicios; categoría profesional; salario, tiempo y forma de pago; lugar de trabajo; modalidad y duración del contrato; jornada; características particulares, si las hubiere, del trabajo que se realizaba antes de producirse el despido.

b) Fecha y forma del despido, causas invocadas para el mismo, en su caso, y hechos acreditados en relación con dichas causas.

c) Si el trabajador ostenta o ha ostentado en el año anterior al despido, la condición de delegado de personal, miembro del comité de empresa o delegado sindical, así como cualquier otra circunstancia relevante para la declaración de nulidad o improcedencia o para la titularidad de la opción derivada, en su caso.

ART. 108. Calificación del despido por la sentencia.

1. En el fallo de la sentencia, el juez calificará el despido como procedente, improcedente o nulo.

Será calificado como procedente cuando quede acreditado el incumplimiento alegado por el empresario en el escrito de comunicación. En caso contrario, o en el supuesto en que se hubieren incumplido los requisitos de forma establecidos en el número 1 del artículo 55 del Texto Refundido de la Ley del Estatuto de los Trabajadores, será calificado como improcedente.

En caso de improcedencia del despido por no apreciarse que los hechos acreditados hubieran revestido gravedad suficiente, pero constituyeran infracción de menor entidad según las normas alegadas por las partes, el juez podrá autorizar la imposición de una sanción adecuada a la gravedad de la falta, de no haber prescrito la de menor gravedad antes de la imposición empresarial de la sanción de despido; sanción que el empresario podrá imponer en el plazo de caducidad de los diez días siguientes a la firmeza de la sentencia, previa readmisión del trabajador y siempre que ésta se haya efectuado en debida forma. La decisión empresarial será revisable a instancia del trabajador, en el plazo, igualmente de caducidad, de los veinte días siguientes a su notificación, a través de incidente de ejecución de la sentencia de despido, conforme al artículo 238.

2. El despido será nulo en los supuestos señalados en el artículo 55.5 del Estatuto de los Trabajadores.

3. Si se acreditara que el móvil del despido obedeciera a alguna de las causas del número anterior, el juez se pronunciará sobre ella, con independencia de cuál haya sido la forma del mismo.

Apdo. 2 modificado por Real Decreto-ley 5/2023, de 28 de junio, por el que se adoptan y prorrogan determinadas medidas de respuesta a las consecuencias económicas y sociales de la Guerra de Ucrania, de apoyo a la reconstrucción de la isla de La Palma y a otras situaciones de vulnerabilidad; de transposición de Directivas de la Unión Europea en materia de modificaciones estructurales de sociedades mercantiles y conciliación de la vida familiar y la vida profesional de los progenitores y los cuidadores; y de ejecución y cumplimiento del Derecho de la Unión Europea. (BOE de 29-06-2023). En vigor desde el 30 de junio de 2023.

Apdo. 1: ver arts. 58 y 60.2 del ET.

ART. 109. Efectos del despido procedente.

Si se estima el despido procedente se declarará convalidada la extinción del contrato que aquél produjo, sin derecho a indemnización ni a salarios de tramitación.

Ver art. 55.7 ET.

ART. 110. Efectos del despido improcedente.

1. Si el despido se declara improcedente, se condenará al empresario a la readmisión del trabajador en las mismas condiciones que regían antes de producirse el despido, así como al abono de los salarios de tramitación a los que se refiere el apartado 2 del artículo 56 del Texto Refundido de la Ley del Estatuto de los Trabajadores o, a elección de aquél, a que le abone una indemnización, cuya cuantía se fijará de acuerdo con lo previsto en el apartado 1 del artículo 56 de dicha Ley, con las siguientes particularidades:

a) En el acto de juicio, la parte titular de la opción entre readmisión o indemnización podrá anticipar su opción, para el caso de declaración de improcedencia, mediante expresa manifestación en tal sentido, sobre la que se pronunciará el juez en la sentencia, sin perjuicio de lo dispuesto en los artículos 111 y 112.

b) A solicitud de la parte demandante, si constare no ser realizable la readmisión, podrá acordarse, en caso de improcedencia del despido, tener por hecha la opción por la indemnización en la sentencia, declarando extinguida la relación en la propia sentencia y condenando al empresario a abonar la indemnización por despido, calculada hasta la fecha de la sentencia.

c) En los despidos improcedentes de trabajadores cuya relación laboral sea de carácter especial, la cuantía de la indemnización será la establecida, en su caso, por la norma que regule dicha relación especial.

2. En caso de que se declarase improcedente el despido de un representante legal o sindical de los trabajadores, la opción prevista en el número anterior corresponderá al trabajador.

3. La opción deberá ejercitarse mediante escrito o comparecencia ante la oficina del Juzgado de lo Social, dentro del plazo de cinco días desde la notificación de la sentencia que declare el despido improcedente, sin esperar a la firmeza de la misma, si fuera la de instancia.

4. Cuando el despido fuese declarado improcedente por incumplimiento de los requisitos de forma establecidos y se hubiese optado por la readmisión, podrá efectuarse un nuevo despido dentro del plazo de siete días desde la notificación de la sentencia. Dicho despido no constituirá una subsanación del primitivo acto extintivo, sino un nuevo despido, que surtirá efectos desde su fecha.

ART. 111. Efectos del recurso contra la sentencia de declaración de improcedencia del despido.

1. Si la sentencia que declarase la improcedencia del despido fuese recurrida, la opción ejercitada por el empresario tendrá los siguientes efectos:

a) Si se hubiere optado por la readmisión, cualquiera que fuera el recurrente, ésta se llevará a efecto de forma provisional en los términos establecidos por el artículo 297.

b) Cuando la opción del empresario hubiera sido por la indemnización, tanto en el supuesto de que el recurso fuere interpuesto por éste como por el trabajador, no procederá la readmisión mientras penda el recurso, si bien durante la tramitación del recurso el trabajador se considerará en situación legal de desempleo involuntario según lo dispuesto en el apartado 3 del artículo 208* del Texto Refundido de la Ley General de la Seguridad Social, aprobado por el Real Decreto Legislativo 1/1994, de 20 de junio.

Si la sentencia que resuelva el recurso que hubiera interpuesto el trabajador elevase la cuantía de la indemnización, el empresario, dentro de los cinco días siguientes al de su notificación, podrá cambiar el sentido de su opción y, en tal supuesto, la readmisión retrotraerá sus efectos económicos a la fecha en que tuvo lugar la primera elección, deduciéndose de las cantidades que por tal concepto se abonen las que, en su caso, hubiera percibido el trabajador en concepto de prestación por desempleo. La citada cantidad, así como la correspondiente a la aportación empresarial a la Seguridad Social por dicho trabajador, habrá de ser ingresada por el empresario en la Entidad gestora.

A efectos del reconocimiento de un futuro derecho a la protección por desempleo, el período al que se refiere el párrafo anterior se considerará de ocupación cotizada.

2. Cualquiera que sea el sentido de la opción ejercitada, ésta se tendrá por no hecha si el tribunal superior, al resolver el recurso, declarase nulo el despido. Cuando se confirme la sentencia recurrida, el sentido de la opción no podrá ser alterado.

(Nota: corresponde al actual artículo 267.1.3° del RDLeg. 8/2015, TRLGSS)

ART. 112. Efectos del recurso contra la sentencia de declaración de improcedencia del despido de un representante legal o sindical de los trabajadores.

1. Cuando la sentencia que declarase la improcedencia del despido de un representante legal o sindical de los trabajadores fuese recurrida, la opción ejercitada por dichos representantes tendrá las siguientes consecuencias:

a) Cuando el trabajador hubiese optado por la readmisión, cualquiera que sea la parte que recurra, habrá de estarse a lo dispuesto por el artículo 297.

b) De haberse optado por la indemnización, tanto si recurre el trabajador como el empresario, no procederá la readmisión ni el abono de salarios mientras esté pendiente el recurso, si bien durante la sustanciación del recurso el trabajador se considerará en situación legal de desempleo involuntario. Si la sentencia que resuelva el recurso interpuesto por el empresario disminuyera la cuantía de la indemnización, el trabajador, dentro de los cinco días siguientes al de su notificación, podrá cambiar el sentido de su opción y, en tal caso, la readmisión retrotraerá a sus efectos económicos a la fecha en que tuvo lugar la primera elección, deduciéndose de las cantidades que por tal concepto se abonen las que, en su caso, hubiera percibido el trabajador en concepto de prestación por desempleo. La citada cantidad, así como la correspondiente a la aportación empresarial a la Seguridad Social por dicho trabajador, habrá de ser ingresada por el empresario en la Entidad gestora.

A efectos del reconocimiento de un futuro derecho a la protección por desempleo, el período al que se refiere el párrafo anterior se considerará de ocupación cotizada.

2. Cualquiera que sea el sentido de la opción ejercitada, ésta se tendrá por no hecha si el tribunal superior, al resolver el recurso, declarase nulo el despido. Cuando se confirme la sentencia recurrida, el sentido de la opción no podrá ser alterado.

ART. 113. Efectos de la declaración de nulidad del despido.

Si el despido fuera declarado nulo se condenará a la inmediata readmisión del trabajador con abono de los salarios dejados de percibir. La sentencia será ejecutada de forma provisional en los términos establecidos por el artículo 297, tanto si fuera recurrida por el empresario como si lo fuera por el trabajador.

Sección 2.ª Proceso de impugnación de sanciones

ART. 114. Impugnación de sanciones.

1. El trabajador podrá impugnar la sanción que le hubiere sido impuesta mediante demanda, que habrá de ser presentada dentro del plazo señalado en el artículo 103.

2. En los procesos de impugnación de sanciones por faltas graves o muy graves a los trabajadores que ostenten la condición de representante legal o sindical, la parte demandada habrá de aportar el expediente contradictorio legalmente establecido.

3. Corresponderá al empresario probar la realidad de los hechos imputados al trabajador, y su entidad, sin que puedan ser admitidos otros motivos de oposición a la demanda que los alegados en su momento para justificar la sanción. Las alegaciones, pruebas y conclusiones deberán ser realizadas por las partes en el orden establecido para los despidos disciplinarios.

Ver art. 58 del ET.

Apdo. 2: ver art. 68.a) del ET.

ART. 115. Contenido de la sentencia.

1. La sentencia contendrá alguno de los pronunciamientos siguientes:

a) Confirmar la sanción, cuando se haya acreditado el cumplimiento de las exigencias de forma y la realidad del incumplimiento imputado al trabajador, así como su entidad, valorada según la graduación de faltas y sanciones prevista en las disposiciones legales o en el convenio colectivo aplicable.

b) Revocarla totalmente, cuando no haya sido probada la realidad de los hechos imputados al trabajador o éstos no sean constitutivos de falta, condenando al empresario al pago de los salarios que hubieran dejado de abonarse en cumplimiento de la sanción.

c) Revocarla en parte, con análogo pronunciamiento de condena económica por el período de exceso en su caso, cuando la falta cometida no haya sido adecuadamente calificada, pero los hechos constituyan infracción de menor entidad según las normas alegadas por las partes, de no haber prescrito la falta de menor gravedad antes de la imposición de la sanción más grave. En este caso, el juez podrá autorizar la imposición, en el plazo de caducidad de los diez días siguientes a notificación de sentencia firme, de una sanción adecuada a la gravedad de la falta, y la decisión empresarial será revisable a instancia del trabajador, en el plazo igualmente de caducidad de los veinte días siguientes a su notificación, por medio del incidente de ejecución de dicha sentencia previsto en el artículo 238.

d) Declararla nula, si hubiese sido impuesta sin observar los requisitos formales establecidos legal, convencional o contractualmente, o cuando éstos presenten defectos de tal gravedad que no permitan alcanzar la finalidad para la que fueron requeridos, así como cuando tenga como móvil alguna de las causas de discriminación prevista en la Constitución y en la ley, o se produzca con violación de derechos fundamentales y libertades públicas del trabajador, incluidos, en su caso, los demás supuestos que comportan la declaración de nulidad del despido en el apartado 2 del artículo 108. También será nula la sanción cuando consista en alguna de las legalmente prohibidas o no estuviera tipificada en las disposiciones legales o en el convenio colectivo aplicable.

2. A los efectos de lo previsto en el apartado anterior serán nulas las sanciones impuestas a los representantes legales de los trabajadores o a los delegados sindicales por faltas graves o muy graves, sin la previa audiencia de los restantes integrantes de la representación a que el trabajador perteneciera así como a los trabajadores afiliados a un sindicato, sin dar audiencia a los delegados sindicales.

3. Contra las sentencias dictadas en estos procesos no cabrá recurso alguno, salvo en los casos de sanciones por faltas muy graves, apreciadas judicialmente.

Apdo. 2: ver art. 68.a) del ET y 10.3 LOLS

CAPÍTULO III
De la reclamación al Estado del pago de salarios de tramitación en juicios por despido

Ver art. 56.5 ET y RD 418/2014, de 6 de junio (Tramitación de las reclamaciones al Estado por salarios de tramitación en juicios por despido)

ART. 116. Reclamación del pago de salarios de tramitación.

1. Si, desde la fecha en que se tuvo por presentada la demanda por despido, hasta la sentencia del juzgado o tribunal que por primera vez declare su improcedencia, hubiesen transcurrido más de noventa días hábiles, el empresario, una vez firme la sentencia, podrá reclamar al Estado los salarios pagados al trabajador que excedan de dicho plazo.

2. En el supuesto de insolvencia provisional del empresario, el trabajador podrá reclamar directamente al Estado los salarios a los que se refiere el apartado anterior, que no le hubieran sido abonados por aquél.

Apdo. 1: ver art. 119 LJS

ART. 117. Requisito del agotamiento de la vía administrativa previa a la vía judicial.

1. Para demandar al Estado por los salarios de tramitación, será requisito previo haber reclamado en vía administrativa en la forma y plazos establecidos, contra cuya denegación el empresario o, en su caso, el trabajador, podrá promover la oportuna acción ante el juzgado que conoció en la instancia del proceso de despido.

2. A la demanda habrá de acompañarse copia de la resolución administrativa denegatoria o de la instancia de solicitud de pago.

3. El plazo de prescripción de esta acción es el previsto en el apartado 2 del artículo 59 del texto refundido de la Ley del Estatuto de los Trabajadores, iniciándose el cómputo del mismo, en caso de reclamación efectuada por el empresario, desde el momento en que éste sufre la disminución patrimonial ocasionada por el abono de los salarios de tramitación y, en caso de reclamación por el trabajador, desde la fecha de notificación al mismo del auto judicial que haya declarado la insolvencia del empresario.

Modificado por Ley 39/2015, de 1 de octubre, del Procedimiento Administrativo Común de las Administraciones Públicas. (BOE de 02-10-2015).

ART. 118. Celebración del acto de juicio.

1. Admitida la demanda, el secretario judicial señalará día para el juicio en los cinco siguientes, citando al efecto al trabajador, al empresario y al abogado del Estado, sin que se suspenda el procedimiento para que éste pueda elevar consulta a la Dirección General del Servicio Jurídico del Estado.

2. El juicio versará tan sólo sobre la procedencia y cuantía de la reclamación, y no se admitirán pruebas encaminadas a revisar las declaraciones probadas en la sentencia de despido.

ART. 119. Cómputo del tiempo.

1. A efectos del cómputo de tiempo que exceda de los sesenta días hábiles* a que se refiere el artículo 116, serán excluidos del mismo los períodos siguientes:

a) El tiempo invertido en la subsanación de la demanda, por no haber acreditado la celebración de la conciliación, de la mediación o de la reclamación administrativa previa, o por defectos, omisiones o imprecisiones en aquélla.

b) El período en que estuviesen suspendidos los autos, a petición de parte, por suspensión del acto del juicio en los términos previstos en el artículo 83.

c) El tiempo que dure la suspensión para acreditar la presentación de la querella, en los casos en que cualquiera de las partes alegase la falsedad de un documento que pueda ser de notoria influencia en el pleito.

2. En los supuestos enunciados anteriormente el juez, apreciando las pruebas aportadas, decidirá si los salarios correspondientes al tiempo invertido han de correr a cargo del Estado o del empresario. Excepcionalmente, podrá privar al trabajador de su percepción, si apreciase que en su actuación procesal ha incurrido en manifiesto abuso de derecho.

*(Nota: el plazo de sesenta días debe entenderse como de noventa, ya que el texto corresponde a una redacción anterior)

CAPÍTULO IV
De la extinción del contrato por causas objetivas, por despido colectivo y otras causas de extinción.

Ver arts. 52 y 53 ET; 38.3 Ley 10/1997, de 24 de abril (Derechos de información y consulta de los trabajadores en las empresas y grupos de empresas de dimensión comunitaria).

Sección 1.ª Extinción por causas objetivas

ART. 120. Tramitación.

1. Los procesos derivados de la extinción del contrato de trabajo por causas objetivas, se ajustarán a las normas contenidas en el Capítulo relativo a los procesos por despidos y sanciones sin perjuicio de las especialidades que se enuncian en los artículos siguientes.

2. En los supuestos de extinción de contrato de trabajo previsto en el artículo 49.1.n) del Estatuto de los Trabajadores el procedimiento será urgente y se le dará tramitación preferente.

Párrafo primero se numera como apdo. 1 y se añade apdo.2 por Ley 2/2025, de 29 de abril, por la que se modifican el texto refundido de la Ley del Estatuto de los Trabajadores, aprobado por el Real Decreto Legislativo 2/2015, de 23 de octubre, en materia de extinción del contrato de trabajo por incapacidad permanente de las personas trabajadoras, y el texto refundido de la Ley General de la Seguridad Social, aprobado por el Real Decreto Legislativo 8/2015, de 30 de octubre, en materia de incapacidad permanente. (BOE de 30-04-2025). En vigor desde el 1 de mayo de 2025.

ART. 121. Plazo de ejercicio de la acción. Carga de la prueba.

1. El plazo para ejercitar la acción de impugnación de la decisión extintiva será de veinte días, que en todo caso comenzará a contarse a partir del día siguiente a la fecha de extinción del contrato de trabajo. El trabajador podrá anticipar el ejercicio de su acción a partir del momento en que reciba la comunicación empresarial de preaviso.

2. La percepción por el trabajador de la indemnización ofrecida por el empresario o el uso del permiso para buscar nuevo puesto de trabajo no enervan el ejercicio de la acción ni suponen conformidad con la decisión empresarial.

3. Cuando el trabajador vinculado por la empresa con un contrato de fomento de la contratación indefinida alegue que la utilización por la empresa del procedimiento de despido objetivo no se ajusta a derecho porque la causa real del despido es disciplinaria, corresponderá al mismo la carga de la prueba sobre esta cuestión.

Apdo. 1: ver arts. 53.1.c) y 59.3 ET; 103.1 LJS

ART. 122. Calificación de la extinción del contrato.

1. Se declarará procedente la decisión extintiva cuando el empresario, habiendo cumplido los requisitos formales exigibles, acredite la concurrencia de la causa legal indicada en la comunicación escrita. Si no la acreditase, se calificará de improcedente.

2. La decisión extintiva será nula en los supuestos señalados en el artículo 53.4 del Estatuto de los Trabajadores, así como cuando se haya efectuado en fraude de ley, eludiendo las normas establecidas para los despidos colectivos, en los casos a que se refiere el último párrafo del artículo 51.1 del Estatuto de los Trabajadores.

3. La decisión extintiva se calificará de improcedente cuando no se hubieren cumplido los requisitos establecidos en el apartado 1 del artículo 53 del Texto Refundido de la Ley del Estatuto de los Trabajadores.

No obstante, la no concesión del preaviso o el error excusable en el cálculo de la indemnización no determinará la improcedencia del despido, sin perjuicio de la obligación del empresario de abonar los salarios correspondientes a dicho período o al pago de la indemnización en la cuantía correcta, con independencia de los demás efectos que procedan.

Apdo. 2 modificado por Real Decreto-ley 5/2023, de 28 de junio, por el que se adoptan y prorrogan determinadas medidas de respuesta a las consecuencias económicas y sociales de la Guerra de Ucrania, de apoyo a la reconstrucción de la isla de La Palma y a otras situaciones de vulnerabilidad; de transposición de Directivas de la Unión Europea en materia de modificaciones estructurales de sociedades mercantiles y conciliación de la vida familiar y la vida profesional de los progenitores y los cuidadores; y de ejecución y cumplimiento del Derecho de la Unión Europea. (BOE de 29-06-2023). En vigor desde el 30 de junio de 2023.

ART. 123. Efectos de la sentencia.

1. Si la sentencia estimase procedente la decisión del empresario, se declarará extinguido el contrato de trabajo, condenando al empresario, en su caso, a satisfacer al trabajador las diferencias que pudieran existir, tanto entre la indemnización que ya hubiese percibido y la que legalmente le corresponda, como las relativas a los salarios del período de preaviso, en los supuestos en que éste no se hubiera cumplido.

2. Cuando se declare improcedente o nula la decisión extintiva, se condenará al empresario en los términos previstos para el despido disciplinario, sin que los salarios de tramitación puedan deducirse de los correspondientes al período de preaviso.

3. En los supuestos en que proceda la readmisión, el trabajador habrá de reintegrar la indemnización recibida una vez sea firme la sentencia.

4. El juez acordará, en su caso, la compensación entre la indemnización percibida y la que fije la sentencia.

Sección 2.ª Despidos colectivos por causas económicas, organizativas, técnicas o de producción o derivadas de fuerza mayor

ART. 124. Despidos colectivos por causas económicas, organizativas, técnicas o de producción o derivadas de fuerza mayor.

1. La decisión empresarial podrá impugnarse por los representantes legales de los trabajadores a través del proceso previsto en los apartados siguientes. Cuando la impugnación

sea formulada por los representantes sindicales, éstos deberán tener implantación suficiente en el ámbito del despido colectivo.

2. La demanda podrá fundarse en los siguientes motivos:

a) Que no concurre la causa legal indicada en la comunicación escrita.

b) Que no se ha realizado el período de consultas o entregado la documentación prevista en el artículo 51.2 del Estatuto de los Trabajadores o no se ha respetado el procedimiento establecido en el artículo 51.7 del mismo texto legal.

c) Que la decisión extintiva se ha adoptado con fraude, dolo, coacción o abuso de derecho.

d) Que la decisión extintiva se ha efectuado vulnerando derechos fundamentales y libertades públicas.

En ningún caso podrán ser objeto de este proceso las pretensiones relativas a la inaplicación de las reglas de prioridad de permanencia previstas legal o convencionalmente o establecidas en el acuerdo adoptado en el período de consultas. Tales pretensiones se plantearán a través del procedimiento individual al que se refiere el apartado 11 del presente artículo.

3. Cuando la decisión extintiva no se haya impugnado por los sujetos a los que se refiere el apartado 1 o por la autoridad laboral de acuerdo con el artículo 148.b) de esta ley, una vez transcurrido el plazo de caducidad de veinte días para el ejercicio de la acción por los representantes de los trabajadores, el empresario, en el plazo de veinte días desde la finalización del plazo anterior, podrá interponer demanda con la finalidad de que se declare ajustada a derecho su decisión extintiva. Estarán legitimados pasivamente los representantes legales de los trabajadores, y la sentencia que se dicte tendrá naturaleza declarativa y producirá efectos de cosa juzgada sobre los procesos individuales en los términos del apartado 5 del artículo 160 de esta ley.

La presentación de la demanda por el empresario suspenderá el plazo de caducidad de la acción individual del despido.

4. En caso de que el período de consultas regulado en el artículo 51 del Estatuto de los Trabajadores hubiera finalizado con acuerdo, también deberá demandarse a los firmantes del mismo.

5. Para presentar la demanda no será necesario agotar ninguna de las formas de evitación del proceso contempladas en el Título V del Libro I de la presente Ley.

6. La demanda deberá presentarse en el plazo de caducidad de veinte días desde la fecha del acuerdo alcanzado en el período de consultas o de la notificación a los representantes de los trabajadores de la decisión empresarial de despido colectivo.

7. Si una vez iniciado el proceso por los representantes de los trabajadores se plantease demanda de oficio de conformidad con lo previsto en el artículo 148.b) de esta Ley, se suspenderá ésta hasta la resolución de aquél. En este supuesto, la autoridad laboral estará legitimada para ser parte en el proceso incoado por los representantes de los trabajadores o por el empresario. La sentencia, una vez firme, tendrá eficacia de cosa juzgada sobre el proceso de oficio pendiente de resolución.

8. Este proceso tendrá carácter urgente. La preferencia en el despacho de estos asuntos será absoluta sobre cualesquiera otros, salvo los de tutela de los derechos fundamentales y libertades públicas. Contra las resoluciones de tramitación que se dicten no cabrá recurso, salvo el de declaración inicial de incompetencia.

9. Admitida a trámite la demanda, el secretario judicial dará traslado de la misma al empresario demandado y le requerirá para que en el plazo de cinco días presente, preferiblemente en soporte informático, la documentación y las actas del período de consultas y la comunicación a la autoridad laboral del resultado del mismo.

En ese mismo requerimiento, el secretario judicial ordenará al empresario que, en el plazo de cinco días, notifique a los trabajadores que pudieran resultar afectados por el despido colectivo la existencia del proceso planteado por los representantes de los trabajadores, para que en el plazo de quince días comuniquen al órgano judicial un domicilio a efectos de notificación de la sentencia.

En caso de negativa injustificada del empresario a remitir estos documentos o a informar a los trabajadores que pudieran resultar afectados, el secretario judicial reiterará por la vía urgente su inmediata remisión en el plazo de tres días, con apercibimiento de que de no cumplirse en plazo este segundo requerimiento se impondrán las medidas a las que se refiere el apartado 5 del artículo 75, y se podrán tener por ciertos a los efectos del juicio posterior los hechos que pretende acreditar la parte demandante.

Al admitirse la demanda, el secretario judicial acordará recabar de la Autoridad Laboral copia del expediente administrativo relativo al despido colectivo.

10. En la misma resolución de admisión a trámite, el secretario judicial señalará el día y la hora en que haya de tener lugar la celebración del acto del juicio, que deberá tener lugar en única convocatoria dentro de los quince días siguientes a la admisión a trámite de la demanda. En la citación se acordará de oficio el previo traslado entre las partes o la aportación anticipada, en soporte preferiblemente informático, con cinco días de antelación al acto de juicio, de la prueba documental o pericial que, por su volumen o complejidad, sea conveniente posibilitar su examen previo al momento de la práctica de la prueba.

11. La sentencia se dictará dentro de los cinco días siguientes a la celebración del juicio y será recurrible en casación ordinaria.

Se declarará ajustada a derecho la decisión extintiva cuando el empresario, habiendo cumplido lo previsto en los artículos 51.2 o 51.7 del Estatuto de los Trabajadores, acredite la concurrencia de la causa legal esgrimida.

La sentencia declarará no ajustada a Derecho la decisión extintiva cuando el empresario no haya acreditado la concurrencia de la causa legal indicada en la comunicación extintiva.

La sentencia declarará nula la decisión extintiva únicamente cuando el empresario no haya realizado el período de consultas o entregado la documentación prevista en el artículo 51.2 del Estatuto de los Trabajadores o no haya respetado el procedimiento establecido en el artículo 51.7 del mismo texto legal u obtenido la autorización judicial del juez del concurso en los supuestos en que esté legalmente prevista, así como cuando la medida empresarial se haya efectuado en vulneración de derechos fundamentales y libertades públicas. En este supuesto la sentencia declarará el derecho de los trabajadores afectados a la reincorporación a su puesto de trabajo, de conformidad con lo previsto en los apartados 2 y 3 del artículo 123 de esta ley.

12. Una vez firme la sentencia, se notificará a quienes hubieran sido parte y a los trabajadores que pudieran resultar afectados por el despido colectivo que hubiesen puesto en conocimiento del órgano judicial un domicilio a efectos de notificaciones, a los efectos previstos en la letra b) del apartado 13 de este artículo.

La sentencia firme se notificará para su conocimiento a la autoridad laboral, la entidad gestora de la prestación por desempleo y la Administración de la Seguridad Social cuando no hubieran sido parte en el proceso.

13. El trabajador individualmente afectado por el despido podrá impugnar el mismo a través del procedimiento previsto en los artículos 120 a 123 de esta ley, con las especialidades que a continuación se señalan.

a) Cuando el despido colectivo no haya sido impugnado a través del procedimiento regulado en los apartados anteriores, serán de aplicación al proceso individual de despido las siguientes reglas específicas:

1.ª El plazo para la impugnación individual dará comienzo una vez transcurrido el plazo de caducidad de veinte días para el ejercicio de la acción por los representantes de los trabajadores.

2.ª Cuando el objeto del debate verse sobre preferencias atribuidas a determinados trabajadores, éstos también deberán ser demandados.

3.ª El despido será nulo, además de por los motivos recogidos en el artículo 122.2 de esta ley, únicamente cuando el empresario no haya realizado el periodo de consultas o entregado la documentación prevista en el artículo 51.2 del Estatuto de los Trabajadores o no haya respetado el procedimiento establecido en el artículo 51.7 del mismo texto legal, o cuando no se hubiese obtenido la autorización judicial del juez del concurso, en los supuestos en que esté legalmente prevista.

4.ª También será nula la extinción del contrato acordada por el empresario sin respetar las prioridades de permanencia que pudieran estar establecidas en las leyes, los convenios colectivos o en el acuerdo alcanzado durante el periodo de consultas. Esta nulidad no afectará a las extinciones que dentro del mismo despido colectivo hayan respetado las prioridades de permanencia.

b) Cuando el despido colectivo haya sido impugnado a través del procedimiento regulado en los apartados anteriores de este artículo, serán de aplicación las siguientes reglas:

1.ª El plazo de caducidad para la impugnación individual comenzará a computar desde la firmeza de la sentencia dictada en el proceso colectivo, o, en su caso, desde la conciliación judicial.

2.ª La sentencia firme o el acuerdo de conciliación judicial tendrán eficacia de cosa juzgada sobre los procesos individuales, por lo que el objeto de dichos procesos quedará limitado a aquellas cuestiones de carácter individual que no hayan sido objeto de la demanda formulada a través del proceso regulado en los apartados anteriores.

3.ª Será nula la extinción del contrato acordada por el empresario sin respetar las prioridades de permanencia que pudieran estar establecidas en las leyes, los convenios colectivos o en el acuerdo alcanzado durante el periodo de consultas. Esta nulidad no afectará a las extinciones que dentro del mismo despido colectivo hayan respetado las prioridades de permanencia.

Ver art. 51 del ET.

CAPÍTULO V
Vacaciones, materia electoral, movilidad geográfica, modificaciones sustanciales de condiciones de trabajo y derechos de conciliación de la vida personal, familiar y laboral reconocidos legal o convencionalmente

Sección 1.ª Vacaciones

Ver art. 38 ET.

ART. 125. Fijación de vacaciones.

El procedimiento para la fijación individual o plural de la fecha de disfrute de las vacaciones se regirá por las reglas siguientes:

a) Cuando la fecha esté precisada en convenio colectivo, o por acuerdo entre el empresario y los representantes de los trabajadores, o hubiera sido fijada unilateralmente por aquél, el trabajador dispondrá de un plazo de veinte días, a partir de aquel en que tuviera conocimiento de dicha fecha, para presentar la demanda en el Juzgado de lo Social.

b) Cuando no estuviera señalada la fecha de disfrute de las vacaciones, la demanda deberá presentarse, al menos, con dos meses de antelación a la fecha de disfrute pretendida por el trabajador.

c) Si una vez iniciado el proceso se produjera la fijación de las fechas de disfrute de conformidad con lo previsto en el artículo 38 del Texto Refundido de la Ley del Estatuto de los Trabajadores, no se interrumpirá la continuación del procedimiento.

d) Cuando el objeto del debate verse sobre preferencias atribuidas a determinados trabajadores, éstos también deberán ser demandados.

ART. 126. Urgencia del procedimiento.

El procedimiento será urgente y se le dará tramitación preferente. El acto de la vista habrá de señalarse por el secretario judicial dentro de los cinco días siguientes al de la admisión de la demanda. La sentencia, que no tendrá recurso, deberá ser dictada en el plazo de tres días.

Sección 2.ª Materia electoral

Ver art. 76 ET y 42 del RD 1844/1994, de 9 de septiembre (Reglamento de elecciones a órganos de representación de los trabajadores en la empresa)

Subsección 1.ª Impugnación de los laudos

ART. 127. Supuestos, legitimación y plazo.

1. Los laudos arbitrales previstos en el artículo 76 del Texto Refundido de la Ley del Estatuto de los Trabajadores, podrán ser impugnados a través del proceso previsto en los artículos siguientes.

2. Se someterán a dicho arbitraje todas las impugnaciones relativas al proceso electoral desde la promoción de las elecciones, incluida la validez de la comunicación a la oficina pública del propósito de celebrar las mismas, así como todas las actuaciones electorales previas y posteriores a la constitución de la Mesa Electoral y las decisiones de ésta, y la atribución de los resultados, hasta la entrada de las actas en la oficina pública dependiente de la autoridad administrativa o laboral.

3. La impugnación podrá plantearse por quienes tengan interés legítimo, incluida la empresa cuando en ella concurra dicho interés, en el plazo de tres días, contados desde que tuvieron conocimiento del mismo.

ART. 128. Fundamento de la demanda.

La demanda sólo podrá fundarse en:

a) Indebida apreciación o no apreciación de cualquiera de las causas contempladas en el apartado 2 del artículo 76 del Texto Refundido de la Ley del Estatuto de los Trabajadores, siempre que la misma haya sido alegada por el promotor en el curso del arbitraje.

b) Haber resuelto el laudo aspectos no sometidos al arbitraje o que, de haberlo sido, no puedan ser objeto del mismo. En estos casos la anulación afectará sólo a los aspectos no sometidos a decisión o no susceptibles de arbitraje, siempre que los mismos tengan sustantividad propia y no aparezcan indisolublemente unidos a la cuestión principal.

c) Promover el arbitraje fuera de los plazos estipulados en el artículo 76 del Texto Refundido de la Ley del Estatuto de los Trabajadores.

d) No haber concedido el árbitro a las partes la oportunidad de ser oídas o de presentar pruebas.

ART. 129. Legitimación pasiva.

1. La demanda deberá dirigirse contra las personas y sindicatos que fueron partes en el procedimiento arbitral, así como frente a cualesquiera otros afectados por el laudo objeto de impugnación.

2. En ningún caso tendrán la consideración de demandados los comités de empresa, los delegados de personal, o la mesa electoral.

ART. 130. Litisconsorcio pasivo necesario.

Si examinada la demanda el secretario judicial estima que puede no haber sido dirigida contra todos los afectados, citará a las partes para que comparezcan ante el órgano judicial, dentro del día siguiente, a una audiencia preliminar en la que éste, oyendo a las partes sobre la posible situación de litisconsorcio pasivo necesario, resolverá sobre la misma en el acto.

ART. 131. Legitimación de sindicatos y empresario.

En estos procesos podrán comparecer como parte, cuando tengan interés legítimo, los sindicatos, el empresario y los componentes de candidaturas no presentadas por sindicatos.

ART. 132. Especialidades del proceso.

1. Este proceso se tramitará con urgencia y tendrá las siguientes especialidades:

a) Al admitir la demanda, se acordará recabar de la oficina pública texto del laudo arbitral, así como copia del expediente administrativo relativo al proceso electoral. La documentación referida deberá ser enviada por el requerido dentro del día siguiente.

b) El acto del juicio habrá de celebrarse dentro de los cinco días siguientes a la admisión de la demanda. La sentencia, contra la que no cabe recurso, habrá de dictarse en el plazo de tres días, debiendo ser comunicada a las partes y a la oficina pública.

c) La sustanciación de este proceso no suspenderá el desarrollo del procedimiento electoral, salvo que se acuerde motivadamente por el juez, a petición de parte, caso de concurrir causa justificativa y en la forma establecida en el artículo 180.

2. Cuando el demandante hubiera sido la empresa y el juez apreciase que la demanda tenía por objeto obstaculizar o retrasar el proceso electoral, la sentencia que resuelva la pretensión impugnatoria impondrá la sanción prevista en el apartado 4 del artículo 75 y en el apartado 3 del artículo 97.

Subsección 2.ª Impugnación de la resolución administrativa que deniegue el registro y de la certificación de la representatividad sindical

Ver art. 75.7 ET.

ART. 133. Denegación del registro de actas. Competencia territorial y legitimación.

1. Ante el Juzgado de lo Social en cuya circunscripción se encuentre la oficina pública se podrá impugnar la denegación por ésta del registro de las actas relativas a elecciones de delegados de personal y miembros de comités de empresa. Podrán ser demandantes quienes hubiesen obtenido algún representante en el acta de elecciones.

2. La Administración a la que esté adscrita la oficina pública será siempre parte, dirigiéndose la demanda también contra quienes hayan presentado candidatos a las elecciones objeto de la resolución administrativa.

ART. 134. Plazo.

El plazo de ejercicio de la acción de impugnación será de diez días, contados a partir de aquel en que se reciba la notificación.

ART. 135. Especialidades del proceso.

1. Este proceso se tramitará con urgencia. En la resolución por la que se admita la demanda se requerirá a la oficina pública competente el envío del expediente administrativo, que habrá de ser remitido en el plazo de dos días.

2. El acto del juicio habrá de celebrarse dentro de los cinco días siguientes a la recepción del expediente.

3. La sentencia, contra la que no cabe recurso, habrá de dictarse en el plazo de tres días, debiendo ser comunicada a las partes y a la oficina pública. De estimar la demanda, la sentencia ordenará de inmediato el registro del acta electoral.

ART. 136. Certificación de capacidad representativa sindical.

1. Las resoluciones de la oficina pública dependiente de la autoridad administrativa o laboral relativas a la expedición de certificaciones de la capacidad representativa de los sindicatos o de los resultados electorales podrán ser impugnadas por el sindicato o sindicatos interesados, ante el Juzgado de lo Social en cuya circunscripción se encuentre la oficina pública correspondiente, dentro del plazo de diez días siguientes a la expedición o denegación de la certificación, dirigiéndose en su caso la demanda contra los demás sindicatos a los que afecte la declaración pretendida.

2. La resolución que admita a trámite la demanda señalará el juicio con carácter urgente dentro del plazo de los diez días siguientes y dispondrá la reclamación del expediente administrativo de la oficina pública para su remisión al juzgado dentro de los dos días siguientes.

3. La sentencia habrá de dictarse en el plazo de tres días y resolverá sobre los términos de la certificación emitida en función de las pretensiones oportunamente deducidas por las partes. Contra dicha resolución, que se notificará a la oficina pública y a las partes, cabrá recurso de suplicación.

Sección 3.ª Clasificación profesional

Ver arts. 22 y ss ET.

ART. 137. Reclamación de categoría o grupo profesional.

1. La demanda que inicie este proceso será acompañada de informe emitido por el comité de empresa o, en su caso, por los delegados de personal sobre las funciones superiores alegadas y la correspondencia de las mismas dentro del sistema de clasificación aplicable. En el caso de que estos órganos no hubieran emitido el informe en el plazo de quince días, al demandante le bastará acreditar que lo ha solicitado.

2. En la resolución por la que se admita la demanda, se recabará informe de la Inspección de Trabajo y Seguridad Social, remitiéndole copia de la demanda y documentos que la acompañen. El informe versará sobre los hechos invocados, en relación con el sistema de clasificación aplicable, y demás circunstancias concurrentes relativas a la actividad del actor, y deberá emitirse en el plazo de quince días.

3. A la acción de reclamación de la categoría o grupo profesional será acumulable la reclamación de las diferencias salariales correspondientes. Contra la sentencia que recaiga no se dará recurso alguno, salvo que las diferencias salariales reclamadas alcancen la cuantía requerida para el recurso de suplicación.

Ver art. 39 del ET.

Sección 4.ª Movilidad geográfica, modificaciones sustanciales de condiciones de trabajo, trabajo a distancia, suspensión del contrato y reducción de jornada por causas económicas, técnicas, organizativas o de producción o derivadas de fuerza mayor.

Rúbrica modificada por Ley 10/2021, de 9 de julio, de trabajo a distancia (BOE de 10-07-2021). Anteriormente modificada por Real Decreto-ley 28/2020, de 22 de septiembre, de trabajo a distancia. (BOE de 23-09-2020).

ART. 138. Tramitación.

1. El proceso se iniciará por demanda de los trabajadores afectados por la decisión empresarial, aunque no se haya seguido el procedimiento de los artículos 40, 41 y 47 del Estatuto

de los Trabajadores. La demanda deberá presentarse en el plazo de caducidad de los veinte días hábiles siguientes a la notificación por escrito de la decisión a los trabajadores o a sus representantes, conforme a lo dispuesto en el apartado 4 del artículo 59 del Estatuto de los Trabajadores, plazo que no comenzará a computarse hasta que tenga lugar dicha notificación, sin perjuicio de la prescripción en todo caso de las acciones derivadas por el transcurso del plazo previsto en el apartado 2 del artículo 59 del Estatuto de los Trabajadores.

2. Cuando el objeto del debate verse sobre preferencias atribuidas a determinados trabajadores, éstos también deberán ser demandados. Igualmente deberán ser demandados los representantes de los trabajadores cuando, tratándose de traslados, modificaciones, suspensiones o reducciones de carácter colectivo, la medida cuente con la conformidad de aquéllos.

3. El órgano jurisdiccional podrá recabar informe urgente de la Inspección de Trabajo y Seguridad Social, remitiéndole copia de la demanda y documentos que la acompañen. El informe versará sobre los hechos invocados como justificativos de la decisión empresarial en relación con la modificación acordada y demás circunstancias concurrentes.

4. Si una vez iniciado el proceso se plantease demanda de conflicto colectivo contra la decisión empresarial, aquel proceso se suspenderá hasta la resolución de la demanda de conflicto colectivo, que una vez firme tendrá eficacia de cosa juzgada sobre el proceso individual en los términos del apartado 3 del artículo 160.

No obstante, el acuerdo entre el empresario y los representantes legales de los trabajadores que pudiera recaer una vez iniciado el proceso no interrumpirá la continuación del procedimiento.

5. El procedimiento será urgente y se le dará tramitación preferente. El acto de la vista habrá de señalarse dentro de los cinco días siguientes al de la admisión de la demanda, de no haberse recabado el informe previsto en el apartado 3 de este artículo.

6. La sentencia deberá ser dictada en el plazo de cinco días y será inmediatamente ejecutiva. Contra la misma no procederá ulterior recurso, salvo en los supuestos de movilidad geográfica previstos en el apartado 2 del artículo 40 del Estatuto de los Trabajadores, en los de modificaciones sustanciales de condiciones de trabajo cuando tengan carácter colectivo de conformidad con el apartado 4 del artículo 41 del referido Estatuto, y en las suspensiones y reducciones de jornada previstas en el artículo 47 del Estatuto de los Trabajadores que afecten a un número de trabajadores igual o superior a los umbrales previstos en el apartado 1 del artículo 51 del Estatuto de los Trabajadores.

7. La sentencia declarará justificada o injustificada la decisión empresarial, según hayan quedado acreditadas o no, respecto de los trabajadores afectados, las razones invocadas por la empresa.

La sentencia que declare justificada la decisión empresarial reconocerá el derecho del trabajador a extinguir el contrato de trabajo en los supuestos previstos en el apartado 1 del artículo 40 y en el apartado 3 del artículo 41 del Estatuto de los Trabajadores, concediéndole al efecto el plazo de quince días.

La sentencia que declare injustificada la medida reconocerá el derecho del trabajador a ser repuesto en sus anteriores condiciones de trabajo, así como al abono de los daños y perjuicios que la decisión empresarial hubiera podido ocasionar durante el tiempo en que ha producido efectos.

Se declarará nula la decisión adoptada en fraude de Ley, eludiendo las normas relativas al periodo de consultas establecido en los artículos 40.2, 41.4 y 47 del Estatuto de los Trabajadores, así como cuando tenga como móvil alguna de las causas de discriminación previstas en la Constitución y en la Ley, o se produzca con violación de derechos fundamentales y libertades públicas del trabajador, incluidos, en su caso, los demás supuestos que comportan la declaración de nulidad del despido en el apartado 2 del artículo 108.

8. Cuando el empresario no procediere a reintegrar al trabajador en sus anteriores condiciones de trabajo o lo hiciere de modo irregular, el trabajador podrá solicitar la ejecución del fallo ante el Juzgado de lo Social y la extinción del contrato por causa de lo previsto en la letra c) del apartado 1 del artículo 50 del Estatuto de los Trabajadores, conforme a lo establecido en los artículos 279, 280 y 281.

9. Si la sentencia declarara la nulidad de la medida empresarial, su ejecución se efectuará en sus propios términos, salvo que el trabajador inste la ejecución prevista en el apartado anterior. En todo caso serán de aplicación los plazos establecidos en el mismo.

Ver arts. 40.1, 41.3, 50.1.c) y 59.4 del ET.

ART. 138 bis. Tramitación en reclamaciones sobre acceso, reversión y modificación del trabajo a distancia.

1. El procedimiento para las reclamaciones sobre acceso, reversión y modificación del trabajo a distancia se regirá por las siguientes reglas:

a) La persona trabajadora dispondrá de un plazo de veinte días hábiles, a partir de que la empresa le comunique su negativa o su disconformidad con la propuesta realizada por la persona trabajadora, para presentar demanda ante el Juzgado de lo Social.

b) El órgano jurisdiccional podrá recabar informe urgente de la Inspección de Trabajo y Seguridad Social, remitiéndole copia de la demanda y documentos que la acompañen. El informe versará sobre la negativa o la disconformidad comunicada por la empresa respecto de la propuesta realizada por la persona trabajadora y demás circunstancias concurrentes.

c) El procedimiento será urgente y se le dará tramitación preferente. El acto de la vista habrá de señalarse dentro de los cinco días siguientes al de la admisión de la demanda. La sentencia se dictará en el plazo de tres días. Contra la misma no procederá recurso, salvo cuando se haya acumulado pretensión de resarcimiento de perjuicios que por su cuantía pudiera dar lugar a recurso de suplicación, en cuyo caso el pronunciamiento será ejecutivo desde que se dicte la sentencia.

2. Cuando la causa de la reclamación en materia de trabajo a distancia esté relacionada con el ejercicio de los derechos de conciliación de la vida personal, familiar y laboral, reconocidos legal o convencionalmente, se regirá por el procedimiento establecido en el artículo 139.

Artículo añadido por Ley 10/2021, de 9 de julio, de trabajo a distancia (BOE de 10-07-2021). Anteriormente añadido por Real Decreto-ley 28/2020, de 22 de septiembre, de trabajo a distancia. (BOE de 23-09-2020).

Sección 5.ª Derechos de conciliación de la vida personal, familiar y laboral reconocidos legal o convencionalmente

ART. 139. Tramitación.

1. El procedimiento para el ejercicio de los derechos de conciliación de la vida personal, familiar y laboral, reconocidos legal o convencionalmente, se regirá por las siguientes reglas:

a) El trabajador dispondrá de un plazo de veinte días, a partir de que el empresario le comunique su negativa o su disconformidad con la propuesta realizada por el trabajador, para presentar demanda ante el Juzgado de lo Social.

En la demanda del derecho a la medida de conciliación podrá acumularse la acción de daños y perjuicios causados al trabajador, exclusivamente por los derivados de la negativa del derecho o de la demora en la efectividad de la medida, de los que el empresario podrá exonerarse si hubiere dado cumplimiento, al menos provisional, a la medida propuesta por el trabajador.

El empresario y el trabajador deberán llevar sus respectivas propuestas y alternativas de concreción a los actos de conciliación previa al juicio y al propio acto de juicio, que podrán acompañar, en su caso, de informe de los órganos paritarios o de seguimiento de los planes de igualdad de la empresa para su consideración en la sentencia.

b) El procedimiento será urgente y se le dará tramitación preferente. El acto de la vista habrá de señalarse dentro de los cinco días siguientes al de la admisión de la demanda. La sentencia se dictará en el plazo de tres días. Contra la misma no procederá recurso, salvo cuando se haya acumulado pretensión de resarcimiento de perjuicios que por su cuantía pudiera dar lugar a recurso de suplicación, en cuyo caso el pronunciamiento sobre las medidas de conciliación será ejecutivo desde que se dicte la sentencia.

2. El procedimiento anterior será aplicable igualmente al ejercicio de los derechos de la trabajadora víctima de violencia de género establecidos en la ley, a la reducción de la jornada de trabajo con disminución proporcional del salario y a la reordenación del tiempo de trabajo, a través de la adaptación del horario, de la aplicación del horario flexible o de otras formas de ordenación del tiempo de trabajo que se utilicen en la empresa. Podrá acumularse a la referida demanda la acción de daños y perjuicios directamente causados a la trabajadora por la negativa o demora del derecho. Podrá instarse, en su caso, la adopción de las medidas cautelares reguladas en el apartado 4 del artículo 180.

Ver arts. 34 y 37 del ET.

CAPÍTULO VI
De las prestaciones de la Seguridad Social

ART. 140. Tramitación. Impugnación de altas médicas.

1. En las demandas formuladas en materia de prestaciones de Seguridad Social contra organismos gestores y entidades colaboradoras en la gestión se acreditará haber agotado la vía administrativa correspondiente, incluidas aquellas en las que se haya acumulado la alegación de la lesión de un derecho fundamental o libertad pública y salvo que se opte por ejercitar exclusivamente esta última mediante la modalidad procesal de tutela. No será exigible el previo agotamiento de la vía administrativa, en los procesos de impugnación de altas médicas emitidas por los órganos competentes de las Entidades gestoras de la Seguridad Social al agotarse el plazo de duración de trescientos sesenta y cinco días de la prestación de incapacidad temporal.

2. En caso de omitirse, el secretario judicial dispondrá que se subsane el defecto en el plazo de cuatro días. Realizada la subsanación, se admitirá la demanda. En otro caso, dará cuenta al Tribunal para que por el mismo se resuelva sobre la admisión de la demanda.

3. El proceso de impugnación de alta médica tendrá las siguientes especialidades:

a) La demanda se dirigirá exclusivamente contra la Entidad gestora y, en su caso, contra la colaboradora en la gestión. No existirá necesidad de demandar al servicio público de salud, salvo cuando se impugne el alta emitida por los servicios médicos del mismo, ni a la empresa salvo cuando se cuestione la contingencia.

b) Será urgente y se le dará tramitación preferente.

c) El acto de la vista habrá de señalarse dentro de los cinco días siguientes a la admisión de la demanda, y la sentencia, que no tendrá recurso, se dictará en el plazo de tres días y sus efectos se limitarán al alta médica impugnada, sin condicionar otros procesos diversos, sea en lo relativo a la contingencia, a la base reguladora, a las prestaciones derivadas o a cualquier otro extremo.

d) No podrán acumularse otras acciones, ni siquiera la reclamación de diferencias de prestación económica por incapacidad temporal, si bien la sentencia que estime indebida el alta dispondrá la reposición del beneficiario en la prestación que hubiera venido percibiendo, en tanto no concurra causa de extinción de la misma, por el transcurso del tiempo por el que hubiere sido reconocida o por otra causa legal de extinción.

Apdo. 3: ver art. 191.2.g) LJS

ART. 141. Legitimación de las Entidades gestoras y Tesorería General de la Seguridad Social.

1. Las entidades u organismos gestores y la Tesorería General de la Seguridad Social, podrán personarse y ser tenidas por parte, con plenitud de posibilidades de alegación y defensa, incluida la de interponer el recurso o remedio procesal que pudiera proceder, en los pleitos en materia de prestaciones de Seguridad Social y, en general, en los procedimientos en los que tengan interés por razón del ejercicio de sus competencias, sin que tal intervención haga retroceder ni detener el curso de las actuaciones.

A tal efecto el secretario judicial deberá efectuar las actuaciones precisas para constatar la posible existencia de las situaciones anteriores y acordar, en su caso, que les sean notificadas las resoluciones de admisión a trámite, señalamiento de la vista o incidente y demás resoluciones, incluida la que ponga fin al trámite correspondiente.

2. El órgano jurisdiccional podrá solicitar de dichas entidades y organismos los antecedentes de que dispongan en relación con los hechos objeto del procedimiento y los mismos podrán igualmente aportar dichos antecedentes, estén o no personados en las actuaciones, en cuanto pudieran afectar a las prestaciones que gestionen, a los fines de completar los elementos de conocimiento del órgano jurisdiccional en la resolución del asunto.

ART. 142. Documentación en procesos por accidente de trabajo o enfermedad profesional.

1. Si en las demandas por accidente de trabajo o enfermedad profesional no se consignara el nombre de la Entidad gestora o, en su caso, de la Mutua de accidentes de trabajo y enfermedades profesionales de la Seguridad Social, el secretario judicial, antes del señalamiento del juicio, requerirá al empresario demandado para que en plazo de cuatro días

presente el documento acreditativo de la cobertura de riesgo. Si transcurrido este plazo no lo presentara, vistas las circunstancias que concurran y oyendo a la Tesorería General de la Seguridad Social, el juez acordará el embargo de bienes del empresario en cantidad suficiente para asegurar el resultado del juicio y cuantas medidas cautelares se consideren necesarias.

Iguales medidas se adoptarán, en el procedimiento correspondiente, en relación con el aseguramiento del riesgo y el documento de cobertura de las mejoras voluntarias o complementarias de seguridad social y de otras posibles responsabilidades del empresario o de terceros por accidente de trabajo y enfermedad profesional, a cuyo efecto el empresario o el tercero deberán aportar en el plazo antes indicado y previo requerimiento al efecto, el documento de aseguramiento y los datos de la entidad aseguradora que cubra el mismo, con apercibimiento de adoptarse la medida de embargo preventivo prevista anteriormente u otras medidas cautelares idóneas.

2. En los procesos para la determinación de contingencia o de la falta de medidas de seguridad en accidentes de trabajo y enfermedad profesional, y en los demás supuestos en que lo estime necesario, la resolución en la que se admita la demanda a trámite deberá interesar de la Inspección Provincial de Trabajo y Seguridad Social, si no figurase ya en el expediente o en los autos, informe relativo a las circunstancias en que sobrevino el accidente o enfermedad, trabajo que realizaba el accidentado o enfermo, salario que percibía y base de cotización, que será expedido necesariamente en el plazo máximo de diez días. Con antelación de al menos cinco días a la celebración del juicio, el secretario judicial deberá reiterar la remisión de dicho informe si éste no hubiere tenido todavía entrada en los autos.

ART. 143. Remisión del expediente administrativo.

1. Al admitirse a trámite la demanda se reclamará a la Entidad gestora o al organismo gestor o colaborador la remisión del expediente o de las actuaciones administrativas practicadas en relación con el objeto de la misma, en original o copia, en soporte escrito o preferentemente informático, y, en su caso, informe de los antecedentes que posea en relación con el contenido de la demanda, en plazo de diez días. El expediente se enviará completo, foliado y, en su caso, autentificado y acompañado de un índice de los documentos que contenga. Si se remitiera el expediente original, el letrado o letrada de la Administración de Justicia lo devolverá a la entidad de procedencia, firme que sea la sentencia, dejando en los autos nota de ello.

La remisión del expediente podrá tener lugar en forma electrónica, facilitándose la puesta a disposición en los términos previstos en el artículo 63 del Reglamento de actuación y funcionamiento del sector público por medios electrónicos, aprobado por el Real Decreto 203/2021, de 30 de marzo.

2. Al solicitarse la referida remisión de expediente o actuaciones se requerirá igualmente al correspondiente organismo y éste, en su caso, deberá poner de oficio en conocimiento del juzgado o tribunal, informe de si tiene conocimiento de la existencia de otras demandas en las que se deduzcan pretensiones en relación con el mismo acto o actuación, a los efectos de posibilitar, en su caso, la acumulación de oficio o a instancia de parte.

3. A la vista del expediente, el Tribunal dispondrá el emplazamiento de las personas que pudieran ostentar un interés legítimo en el proceso o resultar afectadas por el mismo, para que puedan comparecer en el acto de juicio y ser tenidas por parte en el proceso y formular sus pretensiones, procurando que tal emplazamiento se entienda con los interesados con al menos cinco días hábiles de antelación al señalamiento a juicio y sin necesidad de que, en este caso, se cumplan los plazos generales previstos para la citación de las partes demandadas en el artículo 82.

4. En el proceso no podrán aducirse por ninguna de las partes hechos distintos de los alegados en el expediente administrativo, salvo en cuanto a los hechos nuevos o que no hubieran podido conocerse con anterioridad.

Apdo. 1 modificado por Real Decreto-ley 6/2023, de 19 de diciembre, por el que se aprueban medidas urgentes para la ejecución del Plan de Recuperación, Transformación y Resiliencia en materia de servicio público de justicia, función pública, régimen local y mecenazgo. (BOE de 20-12-2023). Modificación vigente desde el 20/3/2024.

ART. 144. Efectos de la falta de remisión del expediente administrativo.

1. Cumplido el plazo de remisión del expediente sin que se hubiera recibido el mismo, el secretario judicial reiterará por la vía urgente su inmediata remisión. El juicio se celebrará

en el día señalado, aunque la entidad correspondiente no hubiera remitido el expediente o su copia, salvo que justificara suficientemente la omisión.

2. Si al demandante le conviniera la aportación del expediente a sus propios fines, podrá solicitar la suspensión del juicio, para que se reitere la orden de remisión del expediente en un nuevo plazo de diez días con apercibimiento de imposición de las medidas a las que se refiere el apartado 5 del artículo 75.

Dicho plazo será de cinco días en los procesos de impugnación de altas médicas a los que se refiere el apartado 3 del artículo 140.

3. Si llegada la fecha del nuevo señalamiento no se hubiera remitido el expediente, podrán tenerse por probados aquellos hechos alegados por el demandante cuya prueba fuera imposible o de difícil demostración por medios distintos de aquél.

ART. 145. Responsabilidad disciplinaria por la falta de remisión del expediente administrativo.

La falta de remisión del expediente y cualquier otro incumplimiento de las obligaciones de colaboración con el proceso se notificará por el secretario judicial al director de la entidad gestora u organismo gestor, a los efectos de la posible exigencia de responsabilidades disciplinarias, sin perjuicio de demás medidas que puedan ser procedentes.

ART. 146. Revisión de actos declarativos de derechos.

1. Las Entidades, órganos u Organismos gestores, o el Fondo de Garantía Salarial no podrán revisar por sí mismos sus actos declarativos de derechos en perjuicio de sus beneficiarios, debiendo, en su caso, solicitar la revisión ante el Juzgado de lo Social competente, mediante la oportuna demanda que se dirigirá contra el beneficiario del derecho reconocido.

2. Se exceptúan de lo dispuesto en el apartado anterior:

a) La rectificación de errores materiales o de hecho y los aritméticos, así como las revisiones motivadas por la constatación de omisiones o inexactitudes en las declaraciones del beneficiario, así como la reclamación de las cantidades que, en su caso, se hubieran percibido indebidamente por tal motivo.

b) Las revisiones de los actos en materia de protección por desempleo, y por cese de actividad de los trabajadores autónomos, siempre que se efectúen dentro del plazo máximo de un año desde la resolución administrativa o del órgano gestor que no hubiere sido impugnada, sin perjuicio de lo dispuesto en el artículo 147.

c) La revisión de los actos de reconocimiento del derecho a una prestación de muerte y supervivencia, motivada por la condena al beneficiario, mediante sentencia firme, por la comisión de un delito doloso de homicidio en cualquiera de sus formas, cuando la víctima fuera el sujeto causante de la prestación, que podrá efectuarse en cualquier momento, así como la reclamación de las cantidades que, en su caso, hubiera percibido por tal concepto.

3. La acción de revisión a la que se refiere el apartado uno prescribirá a los cuatro años.

4. La sentencia que declare la revisión del acto impugnado será inmediatamente ejecutiva.

Modificado por Ley 26/2015, de 28 de julio, de modificación del sistema de protección a la infancia y a la adolescencia. (BOE de 29-07-2015).

ART. 147. Impugnación de prestaciones por desempleo.

1. Cuando la Entidad u Organismo Gestor de las prestaciones por desempleo constate que, en los cuatro años inmediatamente anteriores a una solicitud de prestaciones, el trabajador hubiera percibido prestaciones por finalización de varios contratos temporales con una misma empresa, podrá dirigirse de oficio a la autoridad judicial demandando que el empresario sea declarado responsable del abono de las mismas, salvo de la prestación correspondiente al último contrato temporal, si la reiterada contratación temporal fuera abusiva o fraudulenta, así como la condena al empresario a la devolución a la Entidad Gestora de aquellas prestaciones junto con las cotizaciones correspondientes.

A la comunicación, que tendrá la consideración de demanda, deberá acompañarse copia del expediente o expedientes administrativos en que se fundamente, y en la misma se consignarán los requisitos generales exigidos por la presente Ley para las demandas de los procesos ordinarios.

La comunicación podrá dirigirse a la autoridad judicial en el plazo de los seis meses siguientes a la fecha en que se hubiera formulado la última solicitud de prestaciones en tiempo y forma.

Lo dispuesto en este apartado no conllevará la revisión de las resoluciones que hubieran reconocido el derecho a las prestaciones por desempleo derivadas de la finalización de los reiterados contratos temporales, que se considerarán debidas al trabajador.

2. El secretario judicial examinará la demanda, al efecto de comprobar si reúne todos los requisitos exigidos, advirtiendo a la entidad gestora, en su caso, de los defectos u omisiones de carácter formal de que adolezca, a fin de que sean subsanados en el término de diez días. Realizada la subsanación, se admitirá la demanda. En otro caso, dará cuenta al Tribunal para que por el mismo se resuelva sobre la admisión de la demanda.

3. Admitida a trámite la demanda, continuará el procedimiento con arreglo a las normas generales, con las especialidades siguientes:

a) El empresario y el trabajador que hubieran celebrado los reiterados contratos temporales tendrán la consideración de parte en el proceso, si bien no podrán solicitar su suspensión. Aun sin su asistencia, el procedimiento se seguirá de oficio.

b) Las afirmaciones de hechos que se contengan en la comunicación base del proceso harán fe, salvo prueba en contrario, incumbiendo la carga de la prueba al empresario demandado.

4. La sentencia que estime la demanda de la Entidad Gestora será inmediatamente ejecutiva.

5. Cuando la sentencia adquiera firmeza se comunicará a la Inspección de Trabajo y Seguridad Social.

CAPÍTULO VII
Del procedimiento de oficio y del de impugnación de actos administrativos en materia laboral y de Seguridad Social no prestacionales

Sección 1.ª Del procedimiento de oficio

ART. 148. Ámbito de aplicación.

El proceso podrá iniciarse de oficio como consecuencia:

a) De las certificaciones de las resoluciones firmes que dicte la autoridad laboral derivadas de las actas de infracción de la Inspección de Trabajo y Seguridad Social en las que se aprecien perjuicios económicos para los trabajadores afectados.

b) De los acuerdos de la autoridad laboral competente, cuando ésta apreciara fraude, dolo, coacción o abuso de derecho en la conclusión de los acuerdos de suspensión, reducción de la jornada o extinción a que se refieren el artículo 47 y el apartado 6 del artículo 51 del Texto Refundido de la Ley del Estatuto de los Trabajadores, y los remitiera a la autoridad judicial a efectos de su posible declaración de nulidad. Del mismo modo actuará la autoridad laboral cuando la entidad gestora de la prestación por desempleo hubiese informado que la decisión extintiva de la empresa pudiera tener por objeto la obtención indebida de las prestaciones por parte de los trabajadores afectados, por inexistencia de la causa motivadora de la situación legal de desempleo.

c) De las actas de infracción o comunicaciones de la Inspección de Trabajo y Seguridad Social acerca de la constatación de una discriminación por razón de sexo y en las que se recojan las bases de los perjuicios estimados para el trabajador, a los efectos de la determinación de la indemnización correspondiente.

Igualmente se iniciará el procedimiento como consecuencia de las correspondientes comunicaciones y a los mismos efectos en los supuestos de discriminación por razón de origen racial o étnico, religión y convicciones, discapacidad, edad u orientación sexual u otros legalmente previstos.

d) (Suprimido).

Apdo. d) se suprime por Ley 3/2023, de 28 de febrero, de Empleo. (BOE de 01-03-2023). El procedimiento de oficio previsto en ese apdo d) seguirá siendo de aplicación respecto de aquellas demandas cuya admisión a trámite se haya producido con anterioridad a la entrada en vigor de la Ley 3/2023, de 28 de febrero.

Letra a): ver art. 6 RD 928/1998, de 14 de mayo (Reglamento general sobre procedimientos para la imposición de sanciones por infracciones de Orden social y para los expedientes liquidatorios de cuotas de la Seguridad Social)

Letra d): ver art. 19.d) RD 928/1998, de 14 de mayo (Reglamento general sobre procedimientos para la imposición de sanciones por infracciones de Orden social y para los expedientes liquidatorios de cuotas de la Seguridad Social)

ART. 149. Requisitos de la demanda.

1. En la demanda de oficio se consignarán los requisitos generales exigidos por la presente Ley para las demandas de los procesos ordinarios, expresando las personas contra las que se dirige y la concreta condena que se pida frente a ellas según el contenido de la pretensión, los hechos que resulten imprescindibles para resolver las cuestiones planteadas y, en concreto, aquéllos que se estiman constitutivos de discriminación o de otro incumplimiento laboral. Asimismo se consignará, en su caso, el acuerdo de suspensión, reducción de jornada o extinción impugnado y la causa invocada, junto con la identificación de las partes que intervinieron en el mismo, precisando la concreta pretensión declarativa o de condena que se pide del órgano jurisdiccional, con expresión, de proceder, de los perjuicios estimados o de las bases para la determinación de la indemnización correspondiente, así como de los datos identificativos de los trabajadores afectados y sus domicilios.

2. Siempre que las expresadas demandas afecten a más de diez trabajadores, el secretario judicial les requerirá para que designen representantes en la forma prevista en el artículo 19.

ART. 150. Admisión de la demanda y tramitación.

1. El secretario judicial examinará la demanda, al efecto de comprobar si reúne todos los requisitos exigidos, advirtiendo a la autoridad laboral, en su caso, los defectos u omisiones de que adolezca a fin de que sean subsanados en el término de diez días. Realizada la subsanación, admitirá la demanda. En otro caso, dará cuenta al tribunal para que por el mismo se resuelva sobre la admisión de la demanda.

2. Admitida a trámite la demanda, continuará el procedimiento con arreglo a las normas generales del presente texto, con las especialidades siguientes:

a) El procedimiento se seguirá de oficio, aun sin asistencia de los trabajadores perjudicados, a los que se emplazará al efecto y una vez comparecidos tendrán la consideración de parte, si bien no podrán desistir ni solicitar la suspensión del proceso.

b) La conciliación tan sólo podrá autorizarse por el secretario judicial o en su caso por el juez o tribunal, cuando fuera cumplidamente satisfecha la totalidad de los perjuicios causados por la infracción.

c) Los pactos entre trabajadores y empresarios posteriores al acta de infracción tan sólo tendrán eficacia en el supuesto de que hayan sido celebrados en presencia del inspector de trabajo que levantó el acta o de la autoridad laboral.

d) Las afirmaciones de hechos que se contengan en la resolución o comunicación base del proceso harán fe salvo prueba en contrario, incumbiendo toda la carga de la prueba a la parte demandada.

e) Las sentencias que se dicten en estos procesos habrán de ejecutarse siempre de oficio.

Sección 2.ª Del procedimiento de impugnación de actos administrativos en materia laboral y de Seguridad Social excluidos los prestacionales

ART. 151. Tramitación.

1. De no existir regulación especial, el procedimiento iniciado por demanda en impugnación de los actos administrativos en materia laboral dirigida contra el Estado, Comunidades Autónomas, Entidades Locales u otras Administraciones u Organismos públicos se regirá por los principios y reglas del proceso ordinario laboral, con las especialidades contenidas en esta Sección. En lo no expresamente previsto serán de aplicación las normas reguladoras de la jurisdicción contencioso-administrativa, en cuanto sean compatibles con los principios del proceso social.

2. Con la demanda deberá acreditarse, en su caso, el agotamiento de la vía administrativa en la forma y plazos que correspondan según la normativa aplicable a la Administración autora del acto, en la forma establecida en el artículo 69 de esta Ley, salvo lo dispuesto en el apartado 2 del artículo 70 de la misma y en el artículo 44 de la Ley 29/1998, de 13 de julio, reguladora de la Jurisdicción Contencioso-Administrativa, que será de aplicación a los litigios entre Administraciones públicas ante el orden jurisdiccional social.

3. En la demanda se identificará con precisión el acto o resolución objeto de impugnación y la Administración pública o Entidad de derecho público contra cuya actividad se dirija el recurso y se hará indicación, en su caso, de las personas o entidades cuyos derechos o intereses legítimos pudieran quedar afectados por la estimación de las pretensiones del demandante.

4. En caso de omitirse los requisitos anteriores, el secretario judicial dispondrá que se subsane el defecto en el plazo de cuatro días. Realizada la subsanación, se admitirá la demanda. En otro caso, dará cuenta al tribunal para que por el mismo se resuelva sobre su admisión.

5. Estarán legitimados para promover el proceso, los destinatarios del acto o resolución impugnada o quienes ostenten derechos o intereses legítimos en su revocación o anulación. La legitimación pasiva corresponde a la Administración o Entidad pública autora del acto.

Los empresarios y los trabajadores afectados o los causahabientes de ambos, así como aquellos terceros a los que pudieran alcanzar las responsabilidades derivadas de los hechos considerados por el acto objeto de impugnación y quienes pudieran haber resultado perjudicados por los mismos, podrán comparecer como parte en el procedimiento y serán emplazados al efecto, en especial cuando se trate de enjuiciar hechos que pudieran ser constitutivos de accidente de trabajo o enfermedad profesional.

En los litigios sobre sanciones administrativas en materia de acoso laboral sexual o por razón de sexo, la víctima estará legitimada para comparecer en el procedimiento según su libre decisión y no podrá ser demandada o emplazada de comparecencia contra su voluntad. Si se requiriese el testimonio de la víctima el órgano jurisdiccional velará por las condiciones de su práctica en términos compatibles con su situación personal y con las restricciones de publicidad e intervención de las partes y de sus representantes que sean necesarias.

6. Los sindicatos y asociaciones empresariales más representativos, así como aquellos con implantación en el ámbito de efectos del litigio, y el empresario y la representación unitaria de los trabajadores en el ámbito de la empresa, podrán personarse y ser tenidos como parte en los procesos en los que tengan interés en defensa de los intereses económicos y sociales que les son propios o en su función de velar por el cumplimiento de las normas vigentes, sin que tal intervención haga detener o retroceder el curso de las actuaciones.

7. El plazo de interposición de la demanda será el previsto en los artículos 69 y 70 o el expresamente señalado, en su caso, según la modalidad procesal aplicable, siendo de aplicación a este respecto, lo previsto en el artículo 73 de esta Ley.

8. En orden al señalamiento del juicio, reclamación del expediente administrativo, emplazamiento de los posibles interesados, congruencia con el expediente administrativo y demás aspectos relacionados se estará a lo dispuesto en los artículos 143 a 145.

Los hechos constatados por los inspectores de Trabajo y Seguridad Social o por los Subinspectores de Empleo y Seguridad Social actuantes que se formalicen en las actas de infracción observando los requisitos legales pertinentes, tendrán presunción de certeza, sin perjuicio de las pruebas que en defensa de los respectivos derechos e intereses puedan aportar los interesados. El mismo valor probatorio tendrán los hechos constatados por los funcionarios a los que se reconoce la condición de autoridad, y que se formalicen en documento público observando los requisitos legales pertinentes.

9. La sentencia efectuará los pronunciamientos que correspondan según las pretensiones oportunamente formuladas por las partes y, en concreto:

a) Declarará la inadmisibilidad de la demanda por carencia de jurisdicción, por no ser susceptible de impugnación el acto recurrido, haberse formulado aquélla fuera del plazo establecido o cuando se aprecie la falta de cualquier otro presupuesto procesal, así como cuando se impugnen actos que sean reproducción de otros anteriores definitivos y firmes y los confirmatorios de actos consentidos por no haber sido recurridos en tiempo y forma.

b) Desestimará la demanda cuando se ajuste a derecho el acto impugnado.

c) Estimará la demanda si se aprecia infracción del ordenamiento jurídico, incluida la desviación de poder por haberse utilizado las potestades administrativas para fines distintos de los legalmente previstos. En este caso, la sentencia declarará no conforme a derecho el acto impugnado y lo anulará total o parcialmente y, cuando así proceda, ordenará el cese o la modificación de la actuación impugnada o impondrá el reconocimiento de una determinada situación jurídica individualizada.

d) En caso de declaración de nulidad del acto o resolución por omisión de requisitos de forma subsanables de carácter esencial que hayan ocasionado indefensión, podrá disponerse la nulidad del procedimiento seguido a los solos efectos de retrotraerlo al momento de producción. La declaración de la caducidad del expediente, no impedirá la nueva iniciación de la actuación administrativa si por su naturaleza no estuviera sujeta a un plazo extintivo de cualquier clase, sin que el procedimiento caducado tenga eficacia interruptiva de dicho plazo.

10. La Administración autora de un acto administrativo declarativo de derechos cuyo conocimiento corresponda a este orden jurisdiccional, está legitimada para impugnarlo ante este mismo orden, previa su declaración de lesividad para el interés público en los términos legalmente establecidos y en el plazo de dos meses a contar desde el día siguiente a la fecha de declaración de lesividad. La revisión de actos declarativos de derechos de sus beneficiarios por las entidades u organismos gestores y servicios comunes en materia de Seguridad Social y desempleo se regirá por lo dispuesto en los artículos 146 y 147.

11. La sentencia que deje sin efecto una resolución administrativa en virtud de la cual se hubieren producido extinciones de la relación de trabajo derivadas de fuerza mayor declarará el derecho de los trabajadores afectados a reincorporarse en su puesto de trabajo.

Salvo que el empresario dentro de los cinco días siguientes a la firmeza de la sentencia opte, por escrito ante el órgano judicial, por indemnizar a los trabajadores con la indemnización establecida para el despido improcedente, deberá comunicar por escrito a dichos trabajadores la fecha de su reincorporación al trabajo dentro de los quince días siguientes a la referida firmeza. El trabajador, en su caso y de conformidad con lo dispuesto en el artículo 110.1 de esta Ley, tendrá derecho a los salarios dejados de percibir, con deducción de los que hubiere recibido desde la extinción y con devolución o deducción de las cantidades percibidas como indemnización, según lo dispuesto en los apartados 3 y 4 del artículo 123 de esta Ley. De no readmitir el empresario al trabajador o de efectuarse la readmisión de modo irregular, éste podrá instar la ejecución de la sentencia en los veinte días siguientes conforme, en lo demás, a lo establecido en los artículos 279 a 281 de esta Ley.

De dejarse sin efecto la resolución administrativa por apreciarse vulneración de derechos fundamentales o libertades públicas, los trabajadores tendrán derecho a la inmediata readmisión y al abono de los salarios dejados de percibir y podrán, en su caso, instar la ejecución conforme a los artículos 282 y siguientes de esta Ley.

De haber percibido el trabajador prestaciones por desempleo, se aplicarán las disposiciones del apartado 5 del artículo 209* del Texto Refundido de la Ley General de la Seguridad Social, aprobado por el Real Decreto Legislativo 1/1994, de 20 de junio, en función de que haya tenido lugar o no la readmisión del trabajador.

(Nota: Se corresponde con el arts. 268.5 del nuevo TRLGSS, RDLeg. 8/2015)

Apdo. 5: ver art. 12.3 LO 3/2007, de 22 de marzo (Igualdad efectiva de mujeres y hombres)

Apdo. 8: ver arts. 53 LISOS y 23 Ley 23/2015, de 21 de julio (Ordenadora del Sistema de Inspección de Trabajo y Seguridad Social)

ART. 152. Adopción de medidas cautelares.

1. Los interesados podrán solicitar, en cualquier estado del proceso, la suspensión del acto o resolución administrativos recurridos y en general cuantas medidas aseguren la efectividad de la sentencia, cuando la ejecución del acto impugnado pudiera hacer perder su finalidad legítima a la demanda. El juez o tribunal dictará seguidamente auto, resolviendo sobre la suspensión, una vez oídas las partes por tres días, salvo que concurran razones de especial urgencia, en cuyo caso se podrá anticipar la medida sin perjuicio de la posterior audiencia de las partes. La medida cautelar podrá denegarse cuando de ésta pudiera seguirse perturbación grave de los intereses generales o de terceros que el juez o tribunal ponderará en forma circunstanciada.

2. En procedimientos de impugnación de resoluciones de la autoridad laboral sobre paralización de trabajos por riesgo grave e inminente para la seguridad y la salud, el trabajador o trabajadores afectados, su representación unitaria o sindical y el empresario interesado podrán solicitar el alzamiento, mantenimiento o adopción de la medida en los términos del apartado anterior. A tal efecto se citará al empresario y a los trabajadores afectados o a sus representantes a una audiencia preliminar en el día y hora que se señale dentro de las cuarenta y ocho horas siguientes, debiendo el juez o tribunal requerir de la Inspección de Trabajo y Seguridad Social la aportación dentro del mismo plazo de las actuaciones que hubiera practicado al respecto y, en caso de considerarlo necesario, la presencia en la audiencia del funcionario que hubiera ordenado la paralización, así como de los técnicos que le hubieren asistido. En el procedimiento podrán personarse las entidades gestoras, colaboradoras y servicios públicos de salud, en relación con las responsabilidades empresariales conforme al

artículo 195 del Texto Refundido de la Ley General de Seguridad Social, aprobado por Real Decreto Legislativo 1/1994, de 20 de junio, en caso de incumplimiento de la paralización de los trabajos acordada por la autoridad laboral y solicitar las medidas cautelares que procedan en orden al aseguramiento de las prestaciones que deban dispensar o anticipar las citadas entidades. Los trabajadores y su representación unitaria o sindical podrán igualmente solicitar la adopción de las mismas medidas cautelares en relación con el referido aseguramiento.

Ver art. 44 LPRL

*(Nota: Se corresponde con el arts. 242 del nuevo TRLGSS, RDLeg. 8/2015)

CAPÍTULO VIII
Del proceso de conflictos colectivos

Ver Título II del RD-ley 17/1977, de 4 de marzo, sobre relaciones de trabajo y 38 de la Ley 10/1997, de 24 de abril (derechos de información y consulta de los trabajadores en las empresas y grupos de empresas de dimensión comunitaria)

ART. 153. Ámbito de aplicación.

1. Se tramitarán a través del presente proceso las demandas que afecten a intereses generales de un grupo genérico de trabajadores o a un colectivo genérico susceptible de determinación individual y que versen sobre la aplicación e interpretación de una norma estatal, convenio colectivo, cualquiera que sea su eficacia, pactos o acuerdos de empresa, o de una decisión empresarial de carácter colectivo, incluidas las que regulan el apartado 2 del artículo 40, el apartado 2 del artículo 41, y las suspensiones y reducciones de jornada previstas en el artículo 47 del Estatuto de los Trabajadores que afecten a un número de trabajadores igual o superior a los umbrales previstos en el apartado 1 del artículo 51 del Estatuto de los Trabajadores, o de una práctica de empresa y de los acuerdos de interés profesional de los trabajadores autónomos económicamente dependientes, así como la impugnación directa de los convenios o pactos colectivos no comprendidos en el artículo 163 de esta Ley. Las decisiones empresariales de despidos colectivos se tramitarán de conformidad con lo previsto en el artículo 124 de esta Ley.

2. También se tramitará en este proceso la impugnación de convenios colectivos y de los laudos arbitrales sustitutivos de éstos, de conformidad con lo dispuesto en el Capítulo IX del presente Título.

3. Asimismo, se tramitará conforme a este proceso la impugnación de las decisiones de la empresa de atribuir carácter reservado o de no comunicar determinadas informaciones a los representantes de los trabajadores, así como los litigios relativos al cumplimiento por los representantes de los trabajadores y los expertos que les asistan de su obligación de sigilo.

El juez o Sala deberá adoptar las medidas necesarias para salvaguardar el carácter reservado o secreto de la información de que se trate.

Apdo. 3. ver art. 65 ET.

ART. 154. Legitimación activa.

Estarán legitimados para promover procesos sobre conflictos colectivos:

a) Los sindicatos cuyo ámbito de actuación se corresponda o sea más amplio que el del conflicto.

b) Las asociaciones empresariales cuyo ámbito de actuación se corresponda o sea más amplio que el del conflicto, siempre que se trate de conflictos de ámbito superior a la empresa.

c) Los empresarios y los órganos de representación legal o sindical de los trabajadores, cuando se trate de conflictos de empresa o de ámbito inferior.

d) Las Administraciones públicas empleadoras incluidas en el ámbito del conflicto y los órganos de representación del personal laboral al servicio de las anteriores.

e) Las asociaciones representativas de los trabajadores autónomos económicamente dependientes y los sindicatos representativos de estos, para el ejercicio de las acciones colectivas relativas a su régimen profesional, siempre que reúnan el requisito de la letra a) anterior, así como las empresas para las que ejecuten su actividad y las asociaciones empresariales de éstas siempre que su ámbito de actuación sea al menos igual al del conflicto.

ART. 155. Intervención de sindicatos, asociaciones empresariales y órganos de representación.

En todo caso, los sindicatos representativos, de conformidad con los artículos 6 y 7 de la Ley Orgánica 11/1985, de 2 de agosto, de Libertad Sindical, las asociaciones empresariales representativas en los términos del artículo 87 del Texto Refundido de la Ley del Estatuto de los Trabajadores y los órganos de representación legal o sindical podrán personarse como partes en el proceso, aun cuando no lo hayan promovido, siempre que su ámbito de actuación se corresponda o sea más amplio que el del conflicto.

ART. 156. Intento de conciliación o de mediación.

1. Será requisito necesario para la tramitación del proceso el intento de conciliación o de mediación en los términos previstos en el artículo 63.

2. Lo acordado en conciliación o mediación tendrá, según su naturaleza, la misma eficacia atribuida a los convenios colectivos por el artículo 82 del Texto Refundido de la Ley del Estatuto de los Trabajadores, siempre que las partes que concilien, ostenten la legitimación y adopten el acuerdo conforme a los requisitos exigidos por las citadas normas. En tal caso se enviará copia de la misma a la autoridad laboral. En el caso de los trabajadores autónomos económicamente dependientes, el acuerdo alcanzado tendrá la eficacia correspondiente a los acuerdos de interés profesional regulados en el artículo 13 de la Ley del Estatuto del trabajo autónomo.

ART. 157. Contenido de la demanda.

1. El proceso se iniciará mediante demanda dirigida al juzgado o tribunal competente que, además de los requisitos generales, contendrá:

a) La designación general de los trabajadores y empresas afectados por el conflicto y, cuando se formulen pretensiones de condena que aunque referidas a un colectivo genérico, sean susceptibles de determinación individual ulterior sin necesidad de nuevo litigio, habrán de consignarse los datos, características y requisitos precisos para una posterior individualización de los afectados por el objeto del conflicto y el cumplimiento de la sentencia respecto de ellas.

b) La designación concreta del demandado o demandados, con expresión del empresario, asociación empresarial, sindicato o representación unitaria a quienes afecten las pretensiones ejercitadas.

c) Una referencia sucinta a los fundamentos jurídicos de la pretensión formulada.

d) Las pretensiones interpretativas, declarativas, de condena o de otra naturaleza concretamente ejercitadas según el objeto del conflicto.

2. A la demanda deberá acompañarse certificación de haberse intentado la conciliación o mediación previa a la que se refiere el artículo anterior o alegación de no ser necesaria ésta.

ART. 158. Iniciación por la autoridad laboral.

El proceso podrá iniciarse también mediante comunicación de la autoridad laboral, a instancia de las representaciones referidas en el artículo 154. En dicha comunicación se contendrán idénticos requisitos a los exigidos para la demanda en el artículo anterior. El secretario judicial advertirá a la autoridad laboral de los defectos u omisiones que pudiera contener la comunicación, a fin de que se subsanen en el plazo de diez días.

ART. 159. Urgencia y preferencia del proceso.

Este proceso tendrá carácter urgente. La preferencia en el despacho de estos asuntos será absoluta sobre cualesquiera otros, salvo los de tutela de los derechos fundamentales y libertades públicas.

ART. 160. Celebración del juicio y sentencia.

1. Una vez admitida la demanda o la comunicación de la autoridad laboral, el secretario judicial citará a las partes para la celebración del acto del juicio, que deberá tener lugar, en única convocatoria, dentro de los cinco días siguientes a la admisión a trámite de la demanda.

2. La sentencia se dictará dentro de los tres días siguientes, notificándose, en su caso, a la autoridad laboral competente.

3. De ser estimatoria de una pretensión de condena susceptible de ejecución individual, deberá contener, en su caso, la concreción de los datos, características y requisitos precisos para una posterior individualización de los afectados por el objeto del conflicto y beneficiados por la condena y especificar la repercusión directa sobre los mismos del pronunciamiento dictado. Asimismo deberá contener, en su caso, la declaración de que la condena ha de surtir efectos procesales no limitados a quienes hayan sido partes en el proceso correspondiente.

4. La sentencia será ejecutiva desde el momento en que se dicte, no obstante el recurso que contra la misma pueda interponerse.

5. La sentencia firme producirá efectos de cosa juzgada sobre los procesos individuales pendientes de resolución o que puedan plantearse, que versen sobre idéntico objeto o en relación de directa conexidad con aquél, tanto en el orden social como en el contencioso-administrativo, que quedarán en suspenso durante la tramitación del conflicto colectivo. La suspensión se acordará aunque hubiere recaído sentencia de instancia y estuviere pendiente el recurso de suplicación y de casación, vinculando al tribunal correspondiente la sentencia firme recaída en el proceso de conflicto colectivo, incluso aunque en el recurso de casación unificadora no se hubiere invocado aquélla como sentencia contradictoria.

6. La iniciación del proceso de conflicto colectivo interrumpirá la prescripción de las acciones individuales en igual relación con el objeto del referido conflicto.

ART. 161. Inimpugnabilidad de las resoluciones de tramitación.

Contra las resoluciones que se dicten en su tramitación no cabrá recurso, salvo el de declaración inicial de incompetencia.

ART. 162. Archivo de actuaciones.

De recibirse en el juzgado o tribunal comunicación de las partes de haber quedado solventado el conflicto, se procederá por el secretario judicial sin más al archivo de las actuaciones, cualquiera que sea el estado de su tramitación anterior a la sentencia.

CAPÍTULO IX
De la impugnación de convenios colectivos

Ver arts. 90.5 y 91.2 (segundo párrafo) ET; 38.2 Ley 10/1997, de 24 de abril (Derechos de información y consulta de los trabajadores en las empresas y grupos de empresas de dimensión comunitaria)

ART. 163. Iniciación.

1. La impugnación de un convenio colectivo de los regulados en el Título III del Texto Refundido de la Ley del Estatuto de los Trabajadores o de los laudos arbitrales sustitutivos de éstos, por considerar que conculca la legalidad vigente o lesiona gravemente el interés de terceros, podrá promoverse de oficio ante el juzgado o Sala competente, mediante comunicación remitida por la autoridad correspondiente.

2. Si el convenio colectivo no hubiera sido aún registrado ante la oficina pública correspondiente conforme a lo dispuesto en el apartado 2 del artículo 90 del Texto Refundido de la Ley del Estatuto de los Trabajadores, los representantes legales o sindicales de los trabajadores o los empresarios que sostuvieran la ilegalidad del convenio o los terceros lesionados que la invocaran, deberán solicitar previamente de la autoridad laboral que curse al juzgado o Sala su comunicación de oficio.

3. Si la autoridad laboral no contestara la solicitud a la que se refiere el apartado anterior en el plazo de quince días, la desestimara o el convenio colectivo ya hubiere sido registrado, la impugnación de éstos podrá instarse directamente por los legitimados para ello por los trámites del proceso de conflicto colectivo, mientras subsista la vigencia de la correspondiente norma convencional.

4. La falta de impugnación directa de un convenio colectivo de los mencionados en el apartado 1 de este artículo no impide la impugnación de los actos que se produzcan en su aplicación, a través de los conflictos colectivos o individuales posteriores que pudieran promoverse por los legitimados para ello, fundada en que las disposiciones contenidas en los mismos no son conformes a Derecho. El juez o tribunal que en dichos procedimientos apreciara la ilegalidad de alguna de las referidas disposiciones lo pondrá en conocimiento

del Ministerio Fiscal para que, en su caso, pueda plantear su ilegalidad a través de la modalidad procesal de impugnación de convenios colectivos.

ART. 164. Requisitos de la comunicación de oficio.

1. La comunicación de oficio que sostenga la ilegalidad del convenio, pacto o acuerdo habrá de contener los requisitos siguientes:

a) La concreción de la legislación y los extremos de ella que se consideren conculcados por el convenio.

b) Una referencia sucinta a los fundamentos jurídicos de la ilegalidad.

c) La relación de las representaciones integrantes de la comisión o mesa negociadora del convenio impugnado.

2. La comunicación de oficio que sostenga la lesividad del convenio habrá de contener, además del requisito mencionado en la letra c) del apartado anterior, relación de los terceros reclamantes, presuntamente lesionados, e indicación del interés de los mismos que se trata de proteger.

3. El secretario judicial advertirá a la autoridad remitente de los defectos u omisiones que pudiera contener la comunicación, a fin de que se subsanen en el plazo de diez días.

4. El proceso se seguirá, además de con las representaciones integrantes de la Comisión o Mesa negociadora del convenio, con los denunciantes o terceros presuntamente lesionados.

5. Cuando la impugnación procediera de la autoridad laboral y no hubiera denunciantes, también será citada la representación legal de dicha autoridad.

6. El Ministerio Fiscal será parte siempre en estos procesos.

7. A la comunicación de oficio se acompañará el convenio impugnado y copias del mismo para cuantos sean parte en el proceso.

ART. 165. Legitimación.

1. La legitimación activa para impugnar un convenio colectivo, por los trámites del proceso de conflicto colectivo corresponde:

a) Si la impugnación se fundamenta en la ilegalidad, a los órganos de representación legal o sindical de los trabajadores, sindicatos y asociaciones empresariales interesadas, así como al Ministerio Fiscal, a la Administración General del Estado y a la Administración de las Comunidades Autónomas su respectivo ámbito. A los efectos de impugnar las cláusulas que pudieran contener discriminaciones directas o indirectas por razón de sexo, están también legitimados el Instituto de la Mujer y los organismos correspondientes de las Comunidades Autónomas.

b) Si el motivo de la impugnación fuera la lesividad, a los terceros cuyo interés haya resultado gravemente lesionado. No se tendrá por terceros a los trabajadores y empresarios incluidos en el ámbito de aplicación del convenio.

2. Estarán pasivamente legitimadas todas las representaciones integrantes de la comisión o mesa negociadora del convenio.

3. La demanda contendrá, además de los requisitos generales, los particulares que para la comunicación de oficio se prevén en el artículo anterior, debiendo, asimismo, acompañarse el convenio y sus copias.

4. El Ministerio Fiscal será siempre parte en estos procesos.

Apdo. 1.a): ver art. 90.6 ET.

ART. 166. Celebración del juicio y sentencia.

1. Admitida a trámite la comunicación de oficio o la demanda, el secretario judicial señalará para juicio, con citación del Ministerio Fiscal y, en su caso, de las partes a las que se refiere el apartado 4 del artículo 164. En su comparecencia a juicio, dichas partes alegarán en primer término la postura procesal que adopten, de conformidad u oposición, respecto de la pretensión interpuesta.

2. La sentencia, que se dictará dentro de los tres días siguientes, se comunicará a la autoridad laboral, y será ejecutiva desde el momento en que se dicte, no obstante el recurso que contra ella pudiera interponerse. Una vez firme producirá efectos de cosa juzgada sobre los procesos individuales pendientes de resolución o que puedan plantearse en todos los ámbitos de la jurisdicción sobre los preceptos convalidados, anulados o interpretados objeto del proceso.

3. Cuando la sentencia sea anulatoria, en todo o en parte, del convenio colectivo impugnado y éste hubiera sido publicado, también se publicará en el Boletín Oficial en que aquél se hubiere insertado.

CAPÍTULO X
De las impugnaciones relativas a los estatutos de los sindicatos y de las asociaciones empresariales o a su modificación

Ver art. 4 LOLS

Sección 1.ª Impugnación de la resolución administrativa que deniegue el depósito

ART. 167. Legitimación.

1. Los promotores de los sindicatos de trabajadores en fase de constitución, y los firmantes del acta de constitución de los mismos, podrán impugnar las resoluciones de las oficinas públicas que rechacen el depósito de los estatutos presentados para su publicidad.
2. La Administración pública a la que esté adscrita la oficina de depósito de estatutos autora de la resolución impugnada, así como el Ministerio Fiscal, serán siempre parte en estos procesos.

ART. 168. Plazo.

El plazo para el ejercicio de la acción de impugnación será de diez días hábiles, contados a partir de aquél en que sea recibida la notificación de la resolución denegatoria expresa o transcurra un mes desde la presentación de los estatutos sin que hubieren notificado a los promotores defectos a subsanar.

ART. 169. Contenido de la demanda.

A la demanda deberán acompañarse copias de los estatutos y de la resolución denegatoria, de haber ésta recaído expresamente, o bien copia acreditativa de la presentación de dichos estatutos.

ART. 170. Remisión del expediente.

Dentro del siguiente día hábil a la admisión de la demanda, el secretario judicial requerirá de la oficina pública competente el envío del expediente, que habrá de ser remitido en el plazo de cinco días.

ART. 171. Efectos de la sentencia estimatoria.

La sentencia, de estimar la demanda, ordenará de inmediato el depósito del estatuto sindical en la correspondiente oficina pública.

ART. 172. Impugnación de la resolución administrativa denegatoria del depósito de la modificación de estatutos.

1. Las reglas establecidas en la presente Sección serán de aplicación a los procesos de impugnación de la resolución denegatoria del depósito de los estatutos de los sindicatos, en los casos de modificación de los mismos, así como respecto de las modificaciones de los estatutos de los sindicatos que ya tuvieran personalidad jurídica.
2. Estarán legitimados para impugnar la resolución administrativa los representantes del sindicato, pudiendo comparecer como coadyuvantes sus afiliados.

Sección 2.ª Impugnación de los estatutos de los sindicatos

ART. 173. Legitimación.

1. El Ministerio Fiscal y quienes acrediten un interés directo, personal y legítimo podrán solicitar la declaración judicial de no ser conformes a Derecho los estatutos de los sindicatos, o sus modificaciones, que hayan sido objeto de depósito y publicación, tanto en el caso de que estén en fase de constitución como en el de que hayan adquirido personalidad jurídica.

2. Estarán pasivamente legitimados los promotores del sindicato y los firmantes del acta de constitución, así como quienes legalmente representen al sindicato, caso de haber ya adquirido éste personalidad jurídica.

3. El Ministerio Fiscal será siempre parte en estos procesos.

ART. 174. Remisión del expediente.

Admitida la demanda, el secretario judicial requerirá a la oficina pública correspondiente la remisión de la copia autorizada del expediente, debiendo dicha oficina enviarla en el plazo de cinco días.

ART. 175. Efectos de la sentencia.

1. Caso de ser estimatoria, la sentencia declarará la nulidad de las cláusulas estatutarias que no sean conformes a Derecho o de los estatutos en su integridad.

2. La sentencia deberá ser comunicada a la oficina pública correspondiente.

Sección 3.ª Estatutos de las asociaciones empresariales

ART. 176. Tramitación.

Los procesos de impugnación de las resoluciones administrativas que denieguen el depósito de los estatutos de las asociaciones empresariales, o de sus modificaciones, así como las de declaración de no ser conforme a Derecho dichos estatutos, o sus modificaciones, se sustanciarán, respectivamente, por los trámites de las modalidades procesales reguladas en las secciones anteriores. El Ministerio Fiscal será siempre parte en dichos procesos, con independencia de su legitimación activa para promover los mismos.

CAPÍTULO XI
De la tutela de los derechos fundamentales y libertades públicas

Ver art. 28.1 y 53.2 CE; 4.1.b) y 17 ET; 12 LOI; LOLS; 38.4 Ley 10/1997 (Derechos de información y consulta de los trabajadores en las empresas y grupos de empresas de dimensión comunitaria)

ART. 177. Legitimación.

1. Cualquier trabajador o sindicato que, invocando un derecho o interés legítimo, considere lesionados los derechos de libertad sindical, huelga u otros derechos fundamentales y libertades públicas, incluida la prohibición de tratamiento discriminatorio y del acoso, podrá recabar su tutela a través de este procedimiento cuando la pretensión se suscite en el ámbito de las relaciones jurídicas atribuidas al conocimiento del orden jurisdiccional social o en conexión directa con las mismas, incluidas las que se formulen contra terceros vinculados al empresario por cualquier título, cuando la vulneración alegada tenga conexión directa con la prestación de servicios.

2. En aquellos casos en los que corresponda al trabajador, como sujeto lesionado, la legitimación activa como parte principal, podrán personarse como coadyuvantes el sindicato al que éste pertenezca, cualquier otro sindicato que ostente la condición de más representativo, así como, en supuestos de discriminación, las entidades públicas o privadas entre cuyos fines se encuentre la promoción y defensa de los intereses legítimos afectados, si bien no podrán personarse, recurrir ni continuar el proceso contra la voluntad del trabajador perjudicado.

3. El Ministerio Fiscal será siempre parte en estos procesos en defensa de los derechos fundamentales y de las libertades públicas, velando especialmente por la integridad de la reparación de las víctimas e interesando la adopción, en su caso, de las medidas necesarias para la depuración de las conductas delictivas.

4. La víctima del acoso o de la lesión de derechos fundamentales y libertades públicas con motivo u ocasión de las relaciones jurídicas atribuidas al conocimiento del orden jurisdiccional social o en conexión directa con las mismas, podrá dirigir pretensiones, tanto contra el empresario como contra cualquier otro sujeto que resulte responsable, con independencia del tipo de vínculo que le una al empresario. Corresponderá a la víctima, que será la única legitimada en esta modalidad procesal, elegir la clase de tutela que pretende dentro de las previstas en la ley, sin que deba ser demandado necesariamente con el empresario el posible causante directo de la lesión, salvo cuando la víctima pretenda la condena de

este último o pudiera resultar directamente afectado por la resolución que se dictare; y si se requiriese su testimonio el órgano jurisdiccional velará por las condiciones de su práctica en términos compatibles con su situación personal y con las restricciones de publicidad e intervención de las partes y de sus representantes que sean necesarias.

ART. 178. No acumulación con acciones de otra naturaleza.

1. El objeto del presente proceso queda limitado al conocimiento de la lesión del derecho fundamental o libertad pública, sin posibilidad de acumulación con acciones de otra naturaleza o con idéntica pretensión basada en fundamentos diversos a la tutela del citado derecho o libertad.

2. Cuando la tutela del derecho deba necesariamente realizarse a través de las modalidades procesales a que se refiere el artículo 184, se aplicarán en cuanto a las pretensiones de tutela de derechos fundamentales y libertades públicas las reglas y garantías previstas en este Capítulo, incluida la citación como parte al Ministerio Fiscal.

ART. 179. Tramitación.

1. La tramitación de estos procesos tendrá carácter urgente a todos los efectos, siendo preferente respecto de todos los que se sigan en el juzgado o tribunal. Los recursos que se interpongan se resolverán por el Tribunal con igual preferencia.

2. La demanda habrá de interponerse dentro del plazo general de prescripción o caducidad de la acción previsto para las conductas o actos sobre los que se concrete la lesión del derecho fundamental o libertad pública.

3. La demanda, además de los requisitos generales establecidos en la presente Ley, deberá expresar con claridad los hechos constitutivos de la vulneración, el derecho o libertad infringidos y la cuantía de la indemnización pretendida, en su caso, con la adecuada especificación de los diversos daños y perjuicios, a los efectos de lo dispuesto en los artículos 182 y 183, y que, salvo en el caso de los daños morales unidos a la vulneración del derecho fundamental cuando resulte difícil su estimación detallada, deberá establecer las circunstancias relevantes para la determinación de la indemnización solicitada, incluyendo la gravedad, duración y consecuencias del daño, o las bases de cálculo de los perjuicios estimados para el trabajador.

4. Sin perjuicio de lo dispuesto en el artículo 81, el juez o tribunal rechazará de plano las demandas que no deban tramitarse con arreglo a las disposiciones de este Capítulo y no sean susceptibles de subsanación, advirtiendo al demandante del derecho que le asiste a promover la acción por el cauce procesal correspondiente. No obstante, el juez o la Sala dará a la demanda la tramitación ordinaria o especial si para el procedimiento adecuado fuese competente y la demanda reuniese los requisitos exigidos por la ley para tal clase de procedimiento.

ART. 180. Medidas cautelares.

1. En el mismo escrito de interposición de la demanda el actor podrá solicitar la suspensión de los efectos del acto impugnado, así como las demás medidas necesarias para asegurar la efectividad de la tutela judicial que pudiera acordarse en sentencia.

2. El juez o tribunal podrá acordar la suspensión de los efectos del acto impugnado cuando su ejecución produzca al demandante perjuicios que pudieran hacer perder a la pretensión de tutela su finalidad, siempre y cuando la suspensión no ocasione perturbación grave y desproporcionada a otros derechos y libertades o intereses superiores constitucionalmente protegidos.

No obstante lo anterior, en el caso de que se invoque vulneración de la libertad sindical, sólo se podrá deducir la suspensión de los efectos del acto impugnado cuando las presuntas lesiones impidan la participación de candidatos en el proceso electoral o el ejercicio de la función representativa o sindical respecto de la negociación colectiva, reestructuración de plantillas u otras cuestiones de importancia trascendental que afecten al interés general de los trabajadores y que puedan causar daños de imposible reparación.

3. Podrá solicitarse la adopción de medidas cautelares cuando, en caso de huelga, se impugnen exclusivamente los actos de determinación del personal laboral adscrito a los mínimos necesarios para garantizar los servicios esenciales de la comunidad, así como cuando se impugnen los actos de designación del personal laboral adscrito a los servicios de seguridad y mantenimiento precisos para la reanudación ulterior de las tareas. El órgano jurisdiccio-

nal resolverá manteniendo, modificando o revocando la designación de personal adscrito a dichos servicios conforme a las propuestas que, en su caso, formulen al respecto las partes.

4. Cuando la demanda se refiera a protección frente al acoso, así como en los procesos seguidos a instancia de la trabajadora víctima de la violencia de género para el ejercicio de los derechos que le sean reconocidos en tal situación, podrán solicitarse, además, la suspensión de la relación o la exoneración de prestación de servicios, el traslado de puesto o de centro de trabajo, la reordenación o reducción del tiempo de trabajo y cuantas otras tiendan a preservar la efectividad de la sentencia que pudiera dictarse, incluidas, en su caso, aquéllas que pudieran afectar al presunto acosador o vulnerador de los derechos o libertades objeto de la tutela pretendida, en cuyo supuesto deberá ser oído éste.

5. De haberse solicitado medidas cautelares, dentro del día siguiente a la admisión de la demanda o a la solicitud, el secretario judicial citará a las partes y al Ministerio Fiscal para que, en el día y hora que se señale dentro de las cuarenta y ocho horas siguientes, comparezcan a una audiencia preliminar, en la que sólo se admitirán alegaciones y pruebas sobre la justificación y proporcionalidad de las medidas, en relación con el derecho fundamental y el riesgo para la efectividad de la resolución que deba recaer, debiendo aportar la parte solicitante el necesario principio de prueba al respecto. En supuestos de urgencia excepcional, la adopción de las medidas cautelares podrá efectuarse por el juez o Sala al admitirse a trámite la demanda, sin perjuicio de que se celebre ulteriormente la comparecencia prevista en este número.

6. El órgano judicial resolverá al término de la audiencia sobre las medidas cautelares solicitadas mediante auto dictado de viva voz, adoptando, en su caso, las medidas oportunas para reparar la situación.

ART. 181. Conciliación y juicio.

1. Admitida a trámite la demanda, el secretario judicial citará a las partes para los actos de conciliación y juicio conforme a los criterios establecidos en el apartado 1 del artículo 82, que habrán de tener lugar dentro del plazo improrrogable de los cinco días siguientes al de la admisión de la demanda. En todo caso, habrá de mediar un mínimo de dos días entre la citación y la efectiva celebración de aquellos actos.

2. En el acto del juicio, una vez justificada la concurrencia de indicios de que se ha producido violación del derecho fundamental o libertad pública, corresponderá al demandado la aportación de una justificación objetiva y razonable, suficientemente probada, de las medidas adoptadas y de su proporcionalidad.

3. El juez o la Sala dictará sentencia en el plazo de tres días desde la celebración del acto del juicio publicándose y notificándose inmediatamente a las partes o a sus representantes.

Apdo. 2: ver arts. 95 y 96 LJS y 13 LOI

ART. 182. Sentencia.

1. La sentencia declarará haber lugar o no al amparo judicial solicitado y, en caso de estimación de la demanda, según las pretensiones concretamente ejercitadas:

a) Declarará la existencia o no de vulneración de derechos fundamentales y libertades públicas, así como el derecho o libertad infringidos, según su contenido constitucionalmente declarado, dentro de los límites del debate procesal y conforme a las normas y doctrina constitucionales aplicables al caso, hayan sido o no acertadamente invocadas por los litigantes.

b) Declarará la nulidad radical de la actuación del empleador, asociación patronal, Administración pública o cualquier otra persona, entidad o corporación pública o privada.

c) Ordenará el cese inmediato de la actuación contraria a derechos fundamentales o a libertades públicas, o en su caso, la prohibición de interrumpir una conducta o la obligación de realizar una actividad omitida, cuando una u otra resulten exigibles según la naturaleza del derecho o libertad vulnerados.

d) Dispondrá el restablecimiento del demandante en la integridad de su derecho y la reposición de la situación al momento anterior a producirse la lesión del derecho fundamental, así como la reparación de las consecuencias derivadas de la acción u omisión del sujeto responsable, incluida la indemnización que procediera en los términos señalados en el artículo 183.

2. En la sentencia se dispondrá lo procedente sobre las medidas cautelares que se hubieran adoptado previamente.

ART. 183. Indemnizaciones.

1. Cuando la sentencia declare la existencia de vulneración, el juez deberá pronunciarse sobre la cuantía de la indemnización que, en su caso, le corresponda a la parte demandante por haber sufrido discriminación u otra lesión de sus derechos fundamentales y libertades públicas, en función tanto del daño moral unido a la vulneración del derecho fundamental, como de los daños y perjuicios adicionales derivados.

2. El tribunal se pronunciará sobre la cuantía del daño, determinándolo prudencialmente cuando la prueba de su importe exacto resulte demasiado difícil o costosa, para resarcir suficientemente a la víctima y restablecer a ésta, en la medida de lo posible, en la integridad de su situación anterior a la lesión, así como para contribuir a la finalidad de prevenir el daño.

3. Esta indemnización será compatible, en su caso, con la que pudiera corresponder al trabajador por la modificación o extinción del contrato de trabajo o en otros supuestos establecidos en el Estatuto de los Trabajadores y demás normas laborales.

4. Cuando se haya ejercitado la acción de daños y perjuicios derivada de delito o falta en un procedimiento penal no podrá reiterarse la petición indemnizatoria ante el orden jurisdiccional social, mientras no se desista del ejercicio de aquélla o quede sin resolverse por sobreseimiento o absolución en resolución penal firme, quedando mientras tanto interrumpido el plazo de prescripción de la acción en vía social.

ART. 184. Demandas de ejercicio necesario a través de la modalidad procesal correspondiente.

No obstante lo dispuesto en los artículos anteriores y sin perjuicio de lo dispuesto en el apartado 2 del artículo 178, las demandas por despido y por las demás causas de extinción del contrato de trabajo, las de modificaciones sustanciales de condiciones de trabajo, las de suspensión del contrato y reducción de jornada por causas económicas, técnicas, organizativas o de producción o derivadas de fuerza mayor, las de disfrute de vacaciones, las de materia electoral, las de impugnación de estatutos de los sindicatos o de su modificación, las de movilidad geográfica, las de derechos de conciliación de la vida personal, familiar y laboral a las que se refiere el artículo 139, las de impugnación de convenios colectivos y las de sanciones impuestas por los empresarios a los trabajadores en que se invoque lesión de derechos fundamentales y libertades públicas se tramitarán inexcusablemente, con arreglo a la modalidad procesal correspondiente a cada una de ellas, dando carácter preferente a dichos procesos y acumulando en ellos, según lo dispuesto en el apartado 2 del artículo 26, las pretensiones de tutela de derechos fundamentales y libertades públicas con las propias de la modalidad procesal respectiva.

TÍTULO III
De la audiencia al demandado rebelde

ART. 185. Especialidades.

A los procesos seguidos sin que haya comparecido el demandado, les serán de aplicación las normas contenidas en el Título V del Libro II de la Ley de Enjuiciamiento Civil, con las especialidades siguientes:

1. No será necesaria la declaración de rebeldía del demandado que, citado en forma, no comparezca al juicio.

2. A petición del demandante se podrá decretar el embargo de bienes muebles e inmuebles u otras medidas cautelares en lo necesario para asegurar el suplico.

3. El plazo para solicitar la audiencia será de veinte días desde la notificación personal de la sentencia o desde que conste el conocimiento procesal o extraprocesal de la misma y en todo caso de cuatro meses desde la notificación de la sentencia en el Boletín Oficial correspondiente, en los supuestos y condiciones previstos en el artículo 501 de la Ley de Enjuiciamiento Civil.

4. La petición de audiencia se formulará ante el órgano judicial que hubiere dictado la sentencia firme que se pretende rescindir.

5. La audiencia al demandado se sustanciará ante el órgano que conoció del litigio en instancia.

6. En ambos supuestos se seguirán los trámites del proceso ordinario regulado en esta Ley, con aplicación de lo previsto en el apartado 2 del artículo 504 y regla 3.ª, del apartado 1 del artículo 507 de la Ley de Enjuiciamiento Civil, con exclusión de los trámites de las reglas 1.ª y 2.ª del apartado 1 del artículo 507 de la referida Ley.

7. La pretensión de nulidad de la sentencia o resolución firme por defectos de forma que hayan causado indefensión deberá plantearse, de concurrir los presupuestos para ello, por la vía del incidente de nulidad de actuaciones regulado en el artículo 241 de la Ley Orgánica del Poder Judicial.

LIBRO TERCERO
DE LOS MEDIOS DE IMPUGNACIÓN

TÍTULO I
De los recursos contra providencias, autos, diligencias de ordenación y decretos

ART. 186. Recurso de reposición.

1. Contra las diligencias de ordenación y decretos no definitivos cabrá recurso de reposición ante el secretario judicial que dictó la resolución recurrida, excepto en los casos en que la ley prevea recurso directo de revisión.

2. Contra todas las providencias y autos cabrá recurso de reposición ante el mismo juez o tribunal que dictó la resolución recurrida.

3. La interposición del recurso de reposición no tendrá efectos suspensivos respecto de la resolución recurrida.

4. No habrá lugar al recurso de reposición contra providencias, autos, diligencias de ordenación y decretos que se dicten en los procesos de conflictos colectivos, en los procesos en materia electoral, cuando versen sobre el ejercicio de conciliación de la vida personal familiar y laboral, y en los procesos de impugnación de convenios colectivos, sin perjuicio, en su caso, de poder efectuar la alegación correspondiente en el acto de la vista.

ART. 187. Tramitación.

1. El recurso de reposición deberá interponerse en el plazo de tres días contra las resoluciones dictadas en procedimientos seguidos ante un órgano unipersonal y de cinco días contra las resoluciones dictadas en procedimientos seguidos ante un órgano colegiado, expresándose la infracción en que la resolución hubiera incurrido a juicio del recurrente.

2. Si no se cumplieran los requisitos establecidos en el apartado anterior, se inadmitirá, mediante providencia no susceptible de recurso, la reposición interpuesta frente a providencias y autos, y mediante decreto, directamente recurrible en revisión, la formulada contra diligencias de ordenación y decretos no definitivos.

3. Admitido a trámite el recurso de reposición, por el secretario judicial se concederá a las demás partes personadas un plazo común de tres o cinco días, según el carácter unipersonal o colegiado del órgano en el que se haya dictado la resolución recurrida, para impugnarlo, si lo estiman conveniente.

4. Transcurrido el plazo de impugnación, háyanse o no presentado escritos, el juez o tribunal, si se tratara de reposición interpuesta frente a providencias o autos, o el secretario judicial si hubiera sido formulada frente a diligencias de ordenación o decretos, resolverán sin más trámites mediante auto o decreto, respectivamente, en un plazo de tres o de cinco días, según el carácter unipersonal o colegiado del órgano.

5. Contra el auto resolutorio del recurso de reposición no se dará nuevo recurso, salvo en los supuestos expresamente establecidos en la presente Ley*, sin perjuicio de poder efectuar la alegación correspondiente en el acto de la vista, en su caso, o de la responsabilidad civil que en otro caso proceda.

Ver arts. 189, 191.4, 206.3 LJS

Ver D.A. 15 LOPJ, sobre el depósito para recurrir

ART. 188. Impugnación de la resolución del recurso de reposición.

1. Contra el decreto resolutivo de la reposición cabrá recurso de revisión. También cabrá recurso directo de revisión contra los decretos que pongan fin al procedimiento o impi-

dan su continuación. Dichos recursos carecerán de efectos suspensivos sin que, en ningún caso, proceda actuar en sentido contrario a lo que se hubiese resuelto.

Cabrá interponer igualmente recurso directo de revisión contra los decretos en aquellos casos en que expresamente se prevea.

2. El recurso directo de revisión deberá interponerse en el plazo de tres o cinco días, según el carácter unipersonal o colegiado del órgano en el que se haya dictado la resolución recurrida, mediante escrito en el que deberá fundamentarse la infracción en que la resolución hubiera incurrido.

Cumplidos los anteriores requisitos, el secretario judicial, mediante diligencia de ordenación, admitirá el recurso, concediendo a las demás partes personadas un plazo común de tres o cinco días, según el carácter unipersonal o colegiado del órgano en el que se haya dictado la resolución recurrida, para impugnarlo si lo estiman conveniente.

Si no se cumplieran los requisitos de admisibilidad del recurso, el juez o tribunal lo inadmitirá mediante providencia.

Transcurrido el plazo para impugnación, háyanse presentado o no escritos, el juez o tribunal resolverá sin más trámites, mediante auto, en un plazo de tres o de cinco días, según el carácter unipersonal o colegiado del órgano.

Contra las resoluciones sobre admisión o inadmisión no cabrá recurso alguno.

3. Contra el auto dictado resolviendo el recurso de revisión, únicamente cabrá recurso de suplicación o de casación cuando así expresamente se prevea en esta Ley.

Apdo. 1 modificado por Real Decreto-ley 6/2023, de 19 de diciembre, por el que se aprueban medidas urgentes para la ejecución del Plan de Recuperación, Transformación y Resiliencia en materia de servicio público de justicia, función pública, régimen local y mecenazgo. (BOE de 20-12-2023). Modificación vigente desde el 20/3/2024.

El anterior primer párrafo del apdo. 1 había sido declarado inconstitucional y nulo por Sentencia del Tribunal Constitucional núm. 72/2018, de 21/6. Cuestión interna de inconstitucionalidad núm. 1393-2018. Planteada por la Sala Segunda del Tribunal Constitucional en relación con el articulo 188 apartado primero, párrafo primero, de la Ley 36/2011, de 10 de octubre, reguladora de la jurisdicción social. Derecho a la tutela judicial efectiva: nulidad del precepto legal en cuanto que no contempla la intervención judicial en la revisión de resoluciones de los letrados de la Administración de Justicia (STC núm. 58/2016). (BOE de 25-7-2018).

Apdo. 2: ver D.A. 15 LOPJ, sobre el depósito para recurrir.

ART. 189. Recurso de queja.

Los recursos de queja de que conozcan las Salas de lo Social de los Tribunales Superiores de Justicia o la Sala de lo Social del Tribunal Supremo, según los casos, se tramitarán de conformidad con lo dispuesto en la Ley de Enjuiciamiento Civil para recurrir en queja.

Ver arts. 494 y 495 LECiv (tramitación del recurso) y D.A. 15 LOPJ (depósito para recurrir).

TÍTULO II
Del recurso de suplicación

ART. 190. Competencia.

1. Las Salas de lo Social de los Tribunales Superiores de Justicia conocerán de los recursos de suplicación que se interpongan contra las resoluciones dictadas por los Juzgados de lo Social de su circunscripción, así como contra los autos y sentencias que puedan dictar los Jueces de lo Mercantil que se encuentren en su circunscripción y que afecten al derecho laboral.

2. Procederá dicho recurso contra las resoluciones que se determinan en esta Ley y por los motivos que en ella se establecen.

ART. 191. Ámbito de aplicación.

1. Son recurribles en suplicación las sentencias que dicten los Juzgados de lo Social en los procesos que ante ellos se tramiten, cualquiera que sea la naturaleza del asunto, salvo cuando la presente Ley disponga lo contrario.

2. No procederá recurso de suplicación en los procesos relativos a las siguientes materias:

a) Impugnación de sanción por falta que no sea muy grave, así como por falta muy grave no confirmada judicialmente.

b) Procesos relativos a la fecha de disfrute de las vacaciones.

c) Materia electoral, salvo en el caso del artículo 136.

d) Procesos de clasificación profesional, salvo en el caso previsto en el apartado 3 del artículo 137.

e) Procesos de movilidad geográfica distintos de los previstos en el apartado 2 del artículo 40 del Estatuto de los Trabajadores; en los de modificaciones sustanciales de condiciones de trabajo, salvo cuando tengan carácter colectivo de conformidad con el apartado 2 del artículo 41 del referido Estatuto; y en los de cambio de puesto o movilidad funcional, salvo cuando fuera posible acumular a estos otra acción susceptible de recurso de suplicación; y en las suspensiones y reducciones de jornada previstas en el artículo 47 del Estatuto de los Trabajadores que afecten a un número de trabajadores inferior a los umbrales previstos en el apartado 1 del artículo 51 del Estatuto de los Trabajadores.

f) Procedimientos relativos a los derechos de conciliación de la vida personal, familiar y laboral previstos en el artículo 139, salvo cuando se haya acumulado pretensión de resarcimiento de daños y perjuicios que por su cuantía pudiera dar lugar a recurso de suplicación.

g) Reclamaciones cuya cuantía litigiosa no exceda de 3.000 euros. Tampoco procederá recurso en procesos de impugnación de alta médica cualquiera que sea la cuantía de las prestaciones de incapacidad temporal que viniere percibiendo el trabajador.

3. Procederá en todo caso la suplicación:

a) En procesos por despido o extinción del contrato, salvo en los procesos por despido colectivo impugnados por los representantes de los trabajadores.

b) En reclamaciones, acumuladas o no, cuando la cuestión debatida afecte a todos o a un gran número de trabajadores o de beneficiarios de la Seguridad Social, siempre que tal circunstancia de afectación general fuera notoria o haya sido alegada y probada en juicio o posea claramente un contenido de generalidad no puesto en duda por ninguna de las partes; así como cuando la sentencia de instancia fuera susceptible de extensión de efectos.

c) En los procesos que versen sobre reconocimiento o denegación del derecho a obtener prestaciones de Seguridad Social, así como sobre el grado de incapacidad permanente aplicable.

d) Cuando el recurso tenga por objeto subsanar una falta esencial del procedimiento o la omisión del intento de conciliación o de mediación obligatoria previa, siempre que se haya formulado la protesta en tiempo y forma y hayan producido indefensión. Si el fondo del asunto no estuviera comprendido dentro de los límites de la suplicación, la sentencia resolverá sólo sobre el defecto procesal invocado.

e) Contra las sentencias que decidan sobre la falta de jurisdicción por razón de la materia o de competencia territorial o funcional. Si el fondo del asunto no estuviera comprendido dentro de los límites de la suplicación la sentencia, resolverá sólo sobre la jurisdicción o competencia.

f) Contra las sentencias dictadas en materias de conflictos colectivos, impugnación de convenios colectivos, impugnación de los estatutos de los sindicatos, procedimientos de oficio y tutela de derechos fundamentales y libertades públicas.

g) Contra las sentencias dictadas en procesos de impugnación de actos administrativos en materia laboral no comprendidos en los apartados anteriores, cuando no sean susceptibles de valoración económica o cuando la cuantía litigiosa exceda de dieciocho mil euros.

4. Podrá interponerse recurso de suplicación contra las siguientes resoluciones:

a) Los autos que resuelvan el recurso de reposición interpuesto contra la resolución en que el órgano jurisdiccional, antes del acto del juicio, declare la falta de jurisdicción o de competencia por razón de la materia, de la función o del territorio.

b) Los autos y sentencias que se dicten por los Juzgados de lo Mercantil en el proceso concursal en cuestiones de carácter laboral. En dichas resoluciones deberán consignarse expresamente y por separado, los hechos que se estimen probados.

c) Los autos que resuelvan el recurso de reposición, o en su caso de revisión, interpuesto contra la resolución que disponga la terminación anticipada del proceso en los siguientes supuestos:

1.º Satisfacción extraprocesal o pérdida sobrevenida de objeto.

2.º Falta de subsanación de los defectos advertidos en la demanda no imputable a la parte o a su representación procesal o incomparecencia injustificada a los actos de conciliación y juicio, siempre que, por caducidad de la acción o de la instancia o por otra causa legal, no fuera jurídicamente posible su reproducción ulterior.

d) Los autos que decidan el recurso de reposición interpuesto contra los que dicten los Juzgados de lo Social y los autos que decidan el recurso de revisión interpuesto contra los decretos del secretario judicial, dictados unos y otros en ejecución definitiva de sentencia u otros títulos, siempre que la sentencia hubiere sido recurrible en suplicación o que, de tratarse de ejecución derivada de otro título, haya recaído en asunto en el que, de haber dado lugar a sentencia, la misma hubiere sido recurrible en suplicación, en los siguientes supuestos:

1.º Cuando denieguen el despacho de ejecución.

2.º Cuando resuelvan puntos sustanciales no controvertidos en el pleito, no decididos en la sentencia o que contradigan lo ejecutoriado.

3.º Cuando pongan fin al procedimiento incidental en la ejecución decidiendo cuestiones sustanciales no resueltas o no contenidas en el título ejecutivo.

4.º En los mismos casos, procederá también recurso de suplicación en ejecución provisional si se hubieran excedido materialmente los límites de la misma o se hubiera declarado la falta de jurisdicción o competencia del orden social.

> *Apdo. 3.b) modificado por Real Decreto-ley 6/2023, de 19 de diciembre, por el que se aprueban medidas urgentes para la ejecución del Plan de Recuperación, Transformación y Resiliencia en materia de servicio público de justicia, función pública, régimen local y mecenazgo. (BOE de 20-12-2023). Modificación vigente desde el 20/3/2024.*
>
> *Apdos. 2.e) y 3.a) modificados por Ley 3/2012, de 6 de julio, de medidas urgentes para la reforma del mercado laboral.*
>
> *Apdo. 2.a): ver art. 115.3 LJS.*
>
> *Apdo. 2.b): ver arts. 125 y 126 LJS.*
>
> *Apdo. 2.c): ver art. 127 y ss. LJS.*
>
> *Apdo. 2.d): ver art. 137.1 y 2 LJS.*
>
> *Apdo. 2.e): ver art. 138 LJS.*
>
> *Apdo. 2.g): ver arts. 140.3 y 192 LJS.*
>
> *Apdo. 3.a): ver arts. 111, 112 y 113 LJS.*
>
> *Apdo. 3.f): ver arts. 153 y ss (conflictos colectivos), 163 y ss (impugnación de convenios colectivos), 167 y ss (impugnación de estatutos sindicales), 148 y ss (procedimientos de oficio) y 177 y ss (tutela de derechos fundamentales y libertades) LJS.*
>
> *Apdo. 3.g): ver arts. 151 y ss y 192 LJS.*
>
> *Apdo. 4.b): ver LC.*

ART. 192. Determinación de la cuantía del proceso.

1. Si fuesen varios los demandantes o algún demandado reconviniese, la cuantía litigiosa a efectos de la procedencia o no del recurso, la determinará la reclamación cuantitativa mayor sin intereses ni recargos por mora.

2. Si el actor formulase varias pretensiones y reclamare cantidad por cada una de ellas, se sumarán todas para establecer la cuantía.

Cuando en un mismo proceso se ejerciten una o más acciones acumuladas de las que solamente alguna sea recurrible en suplicación, procederá igualmente dicho recurso, salvo expresa disposición en contrario.

3. Cuando la reclamación verse sobre prestaciones económicas periódicas de cualquier naturaleza o diferencias sobre ellas, la cuantía litigiosa a efectos de recurso vendrá determinada por el importe de la prestación básica o de las diferencias reclamadas, ambas en cómputo anual, sin tener en cuenta las actualizaciones o mejoras que pudieran serle aplicables, ni los intereses o recargos por mora. La misma regla se aplicará a las reclamaciones de reconocimiento de derechos, siempre que tengan traducción económica.

4. En impugnación de actos administrativos en materia laboral y de Seguridad Social se atenderá, a efectos de recurso, al contenido económico de la pretensión o del acto objeto del proceso cuando sea susceptible de tal valoración y, en su caso, en cómputo anual. Cuando se pretenda el reconocimiento de un derecho o situación jurídica individualizada, la cuantía vendrá determinada por el valor económico de lo reclamado o, en su caso, por la diferencia respecto de lo previamente reconocido en vía administrativa. Cuando se pretenda la anulación de un acto, incluidos los de carácter sancionador, se atenderá al contenido económico del mismo. En ambos casos no se tendrán en cuenta los intereses o recargos por mora. En mate-

ria de prestaciones de Seguridad Social igualmente valorables económicamente, se estará a la regla del apartado 3 de este mismo artículo, computándose exclusivamente a estos fines las diferencias reclamadas sobre el importe reconocido previamente en vía administrativa.

ART. 193. Objeto del recurso de suplicación.

El recurso de suplicación tendrá por objeto:
a) Reponer los autos al estado en el que se encontraban en el momento de cometerse una infracción de normas o garantías del procedimiento que haya producido indefensión.
b) Revisar los hechos declarados probados, a la vista de las pruebas documentales y periciales practicadas.
c) Examinar las infracciones de normas sustantivas o de la jurisprudencia.

ART. 194. Anuncio del recurso.

El recurso de suplicación deberá anunciarse dentro de los cinco días siguientes a la notificación de la sentencia, bastando para ello la mera manifestación de la parte o de su abogado, graduado social colegiado o de su representante, al hacerle la notificación de aquélla, de su propósito de entablarlo. También podrá anunciarse por comparecencia o por escrito de las partes o de su abogado o graduado social colegiado, o representante ante el juzgado que dictó la resolución impugnada, dentro del indicado plazo.

Ver arts. 229 a 235 LJS, a tener en cuenta en los recursos de suplicación y casación.

ART. 195. Interposición del recurso.

1. Si la resolución fuera recurrible en suplicación y la parte hubiera anunciado el recurso en tiempo y forma y cumplido las demás prevenciones establecidas en esta Ley, el secretario judicial tendrá por anunciado el recurso y acordará poner los autos a disposición del letrado o graduado social colegiado designado por la parte recurrente, por el orden de anuncio, en la forma dispuesta en el apartado 1 del artículo 48, para que interponga el recurso, dentro de los diez días siguientes a que se notifique la puesta a disposición, debiendo sustituirse el traslado material de las actuaciones por la entrega de soporte informático o mediante acceso telemático, si se dispusiera de los medios necesarios para ello. Este plazo correrá cualquiera que sea el momento en que el letrado o el graduado social colegiado examinara o recogiera los autos.

Si el órgano jurisdiccional dispusiera de los medios para dar simultáneo traslado o acceso a las actuaciones a todas las partes recurrentes, se dispondrá que tanto la puesta a disposición de las actuaciones, como la interposición del recurso, se efectúen dentro de un plazo común a todos los recurrentes.

2. Si la resolución impugnada no fuera recurrible en suplicación, si el recurso no se hubiera anunciado en tiempo o si el recurrente hubiera incumplido los requisitos necesarios para el anuncio del recurso de modo insubsanable o no hubiera subsanado dichos requisitos dentro del término conferido al efecto, según lo dispuesto en el apartado 5 del artículo 230, el órgano judicial declarará, mediante auto, tener por no anunciado el recurso, quedando firme en su caso la sentencia impugnada. Contra este auto podrá recurrirse en queja ante la Sala de lo Social del Tribunal Superior de Justicia.

ART. 196. Escrito de interposición.

1. El escrito interponiendo el recurso de suplicación se presentará ante el juzgado que dictó la resolución impugnada.
2. En el escrito de interposición del recurso, junto con las alegaciones sobre su procedencia y sobre el cumplimiento de los requisitos exigidos, se expresarán, con suficiente precisión y claridad, el motivo o los motivos en que se ampare, citándose las normas del ordenamiento jurídico o la jurisprudencia que se consideren infringidas. En todo caso se razonará la pertinencia y fundamentación de los motivos.
3. También habrán de señalarse de manera suficiente para que sean identificados, el concreto documento o pericia en que se base cada motivo de revisión de los hechos probados que se aduzca e indicando la formulación alternativa que se pretende.

Apdo. 1 modificado por Ley Orgánica 1/2025, de 2 de enero, de medidas en materia de eficiencia del Servicio Público de Justicia. (BOE 03-01-2025). Modificación en vigor desde el 03/04/2025.

Ver STC 140/2016, de 21 de julio (Declara inconstitucionales tasas judiciales en ámbito laboral, recogidas en la Ley 10/2012, de 20 de noviembre)

ART. 197. Traslado a las otras partes.

1. Interpuesto el recurso en tiempo y forma, el secretario judicial proveerá en el plazo de dos días dando traslado del mismo para su impugnación, a la parte o partes recurridas por un plazo común de cinco días para todas ellas. En los escritos de impugnación, que se presentarán acompañados de tantas copias como sean las demás partes para su traslado a las mismas, podrán alegarse motivos de inadmisibilidad del recurso, así como eventuales rectificaciones de hecho o causas de oposición subsidiarias aunque no hubieran sido estimadas en la sentencia, con análogos requisitos a los indicados en el artículo anterior.

2. Del escrito o escritos de impugnación se dará traslado a las partes. De haberse formulado en dichos escritos alegaciones sobre inadmisibilidad del recurso o los motivos a que se refiere el apartado anterior, las demás partes podrán presentar directamente sus alegaciones al respecto, junto con las correspondientes copias para su traslado a las demás partes, dentro de los dos días siguientes a recibir el traslado del escrito de impugnación.

3. Transcurrido el plazo de impugnación y en su caso el de alegaciones del apartado anterior, háyanse presentado o no escritos en tal sentido y previo traslado de las alegaciones si se hubieran presentado, se elevarán los autos a la Sala de lo Social del Tribunal Superior de Justicia, junto con el recurso y escritos presentados, dentro de los dos días siguientes.

ART. 198. Determinación de domicilio.

Las partes recurrentes y recurridas deberán hacer constar, en los escritos de interposición del recurso y de impugnación del mismo, un domicilio en la sede de la Sala de lo Social del Tribunal Superior de Justicia a efectos de notificaciones, de no haberlo consignado previamente, con los efectos del apartado 2 del artículo 53.

ART. 199. Subsanación.

Recibidos los autos en la Sala de lo Social del Tribunal Superior de Justicia, si el secretario judicial apreciara defectos u omisiones subsanables en el recurso, concederá a la parte el plazo de cinco días para que se aporten los documentos omitidos o se subsanen los defectos apreciados. De no efectuarse, la Sala dictará auto declarando la inadmisión del recurso y la firmeza de la resolución recurrida, con devolución del depósito constituido y la remisión de las actuaciones al juzgado de procedencia. Contra dicho auto sólo cabe recurso de reposición.

ART. 200. Inadmisión del recurso.

1. Instruido de los autos por tres días el Magistrado ponente, dará cuenta a la Sala del recurso interpuesto y ésta, identificando de forma sucinta las circunstancias justificativas, podrá oír al recurrente por tres días sobre la inadmisión del recurso por haberse incumplido de manera manifiesta e insubsanable los requisitos para recurrir o por existir doctrina jurisprudencial unificada del Tribunal Supremo en el mismo sentido que la sentencia recurrida.

2. Si la Sala estimara que concurre alguna de las causas de inadmisión referidas dictará, en el plazo de tres días, auto, contra el que no cabrá recurso, declarando la inadmisión del recurso y la firmeza de la resolución recurrida con imposición de las costas al recurrente y con pérdida del depósito necesario para recurrir, dándose a las consignaciones y aseguramientos prestados el destino que corresponda y notificando la resolución a las partes y al Ministerio Fiscal.

Cuando la inadmisión se refiera solamente a alguno de los motivos aducidos o a alguno de los recursos interpuestos, mediante auto, no susceptible de recurso, se dispondrá la continuación del trámite de los restantes recursos o motivos no afectados por el auto de inadmisión parcial.

ART. 201. Sentencia.

1. De no haberse acordado la inadmisión por el trámite del artículo anterior, previo señalamiento para deliberación, votación y fallo, la Sala dictará sentencia dentro del plazo de diez días, que se notificará a las partes y a la Fiscalía de la Comunidad Autónoma, resolviendo sobre la estimación o desestimación del recurso, así como, en su caso, sobre las cuestiones oportunamente suscitadas en impugnación, o apreciando su inadmisibilidad y desestimándolo en consecuencia. La estimación del recurso dará lugar a la anulación o

revocación de la sentencia recurrida en los términos establecidos en el artículo siguiente y la desestimación del mismo determinará la confirmación de la resolución recurrida.

2. Firme la sentencia, el secretario judicial acordará la devolución de los autos, junto con la certificación de aquélla, al juzgado de procedencia.

ART. 202. Efectos de la estimación del recurso.

1. Cuando la revocación de la resolución de instancia se funde en la infracción de normas o garantías del procedimiento que haya producido indefensión, de acuerdo con lo dispuesto en la letra a) del artículo 193, la Sala, sin entrar en el fondo de la cuestión, mandará reponer los autos al estado en que se encontraban en el momento de cometerse la infracción, y si ésta se hubiera producido en el acto del juicio, al momento de su señalamiento.

2. Si la infracción cometida versara sobre las normas reguladoras de la sentencia, la estimación del motivo obligará a la Sala a resolver lo que corresponda, dentro de los términos en que aparezca planteado el debate. Pero si no pudiera hacerlo, por ser insuficiente el relato de hechos probados de la resolución recurrida y por no poderse completar por el cauce procesal correspondiente, acordará la nulidad en todo o en parte de dicha resolución y de las siguientes actuaciones procesales, concretando en caso de nulidad parcial los extremos de la resolución impugnada que conservan su firmeza, y mandará reponer lo actuado al momento de dictar sentencia, para que se salven las deficiencias advertidas y sigan los autos su curso legal.

3. De estimarse alguno de los restantes motivos comprendidos en el artículo 193, la Sala resolverá lo que corresponda, con preferencia de la resolución de fondo del litigio, dentro de los términos en que aparezca planteado el debate, incluso sobre extremos no resueltos en su momento en la sentencia recurrida por haber apreciado alguna circunstancia obstativa, así como, en su caso, sobre las alegaciones deducidas en los escritos de impugnación, siempre y cuando el relato de hechos probados y demás antecedentes no cuestionados obrantes en autos resultaran suficientes.

ART. 203. Estimación total y parcial del recurso.

1. Cuando la Sala revoque totalmente la sentencia de instancia y el recurrente haya consignado en metálico la cantidad importe de la condena o asegurado la misma conforme a lo prevenido en esta Ley, así como constituido el depósito para recurrir, el fallo dispondrá la devolución de todas las consignaciones y del depósito y la cancelación de los aseguramientos prestados, una vez firme la sentencia.

2. Si estimado el recurso de suplicación se condenara a una cantidad inferior a la reconocida por la resolución recurrida, el fallo dispondrá la devolución parcial de las consignaciones, en la cuantía que corresponda a la diferencia de las dos condenas, y la cancelación también parcial de los aseguramientos prestados, una vez firme la sentencia.

3. En todos los supuestos de estimación parcial del recurso de suplicación, el fallo dispondrá la devolución de la totalidad del depósito.

ART. 204. Pérdida de cantidades consignadas.

1. Cuando la Sala confirme la sentencia y el recurrente haya consignado las cantidades a las que se refiere la presente Ley, el fallo condenará a la pérdida de las consignaciones, a las que se dará el destino que corresponda cuando la sentencia sea firme.

2. En el caso de que el juez haya impuesto a la parte que obró con mala fe o temeridad la multa que señalan el apartado 4 del artículo 75 y el apartado 3 del artículo 97, la sentencia de la Sala confirmará o no, en todo o en parte, dicha multa, pronunciándose asimismo, cuando el condenado fuere el empresario, sobre los honorarios de los abogados o de los graduados sociales impuestos en la sentencia recurrida. La Sala podrá imponer dichas sanciones y medidas a los recurrentes de apreciarse temeridad o mala fe en la actuación de las partes o su representación procesal durante el recurso.

3. Si el recurrente hubiera asegurado el importe de la condena conforme a lo prevenido en esta Ley mandará la Sala en su fallo confirmatorio que se mantengan los aseguramientos prestados, hasta que el condenado cumpla la sentencia o hasta que en cumplimiento de la sentencia resuelva la realización de dichos aseguramientos.

4. Si el recurrente hubiera constituido el depósito necesario para recurrir, la sentencia confirmatoria dispondrá su pérdida, lo que se realizará cuando la sentencia sea firme.

TÍTULO III
Del recurso de casación y demás procesos atribuidos al conocimiento del Tribunal Supremo

ART. 205. Competencia y tramitación.

1. La Sala de lo Social del Tribunal Supremo conocerá, en los supuestos y por los motivos establecidos en esta Ley, de los recursos de casación interpuestos contra las sentencias y otras resoluciones dictadas en única instancia por las Salas de lo Social de los Tribunales Superiores de Justicia y por la Sala de lo Social de la Audiencia Nacional.

2. También conocerá de los procesos de impugnación de actos administrativos en los supuestos de la letra a) del artículo 9. Se iniciará mediante escrito que deberá presentarse, en el plazo de dos meses siguientes a la notificación del acto impugnado o de los dos meses siguientes a la desestimación expresa o presunta del recurso de reposición potestativo, en su caso, solicitando se tenga por anunciada la impugnación jurisdiccional, acompañando copia del acto impugnado. En su tramitación se observarán las reglas siguientes:

a) De no concurrir causa de inadmisión y una vez subsanados en el plazo de diez días los defectos apreciados, se procederá a la reclamación del expediente administrativo de la Administración autora del acto y una vez recibido, con simultáneo emplazamiento de los interesados que resulten del expediente, se pondrá a disposición del recurrente o recurrentes en la oficina judicial, mediante acceso informático o soporte electrónico de disponerse de tales medios, para que en el plazo común de quince días procedan a la formalización de la demanda, con expresión de las infracciones formales y sustantivas en que hubiera incurrido el acuerdo recurrido.

b) Del escrito o escritos de demanda presentados se dará traslado a la representación de la Administración del Estado y demás partes personadas para contestación a la demanda en plazo común de quince días. La prueba documental distinta de la que obre en el expediente administrativo se aportará con los escritos de demanda y contestación, pudiendo solicitarse la práctica de otras diligencias de prueba cuando exista disconformidad en los hechos y lo estime necesario el Tribunal, que señalará a tal efecto una vista única para la práctica de la prueba, pudiendo delegar en uno de sus Magistrados o en una Sala o juzgado a estos fines, en función de las circunstancias concurrentes.

c) De haberse practicado prueba, el Tribunal resolverá dar traslado para conclusiones por un plazo común de diez días a todas las partes, salvo que estime necesaria la celebración de vista.

d) Los autos se señalarán para votación y fallo en el plazo de los diez días siguientes a la presentación de la contestación de la demanda o, en su caso, de la presentación de conclusiones o de la celebración de la vista.

e) La sentencia se dictará en el plazo de los diez días siguientes a la votación y fallo, y en ella se efectuarán los pronunciamientos que correspondan en los términos establecidos en el apartado 9 del artículo 151, y contra ella no cabrá ulterior recurso.

Apdo. 1: ver art. 59 LOPJ.

ART. 206. Resoluciones procesales recurribles en casación.

Son recurribles en casación:

1. Son recurribles en casación las sentencias dictadas en única instancia por las Salas a las que se refiere el apartado 1 del artículo anterior, excepto las sentencias dictadas en procesos de impugnación de actos de las Administraciones públicas atribuidos al orden social en las letras n) y s) del artículo 2 que sean susceptibles de valoración económica cuando la cuantía litigiosa no exceda de ciento cincuenta mil euros.

En todo caso serán recurribles en casación las sentencias dictadas en procesos de impugnación de la resolución administrativa recaída en los procedimientos previstos en el apartado 7 del artículo 51 del Texto Refundido de la Ley del Estatuto de los Trabajadores, aprobado por Real Decreto Legislativo 1/1995, de 24 de marzo.

2. Los autos que resuelvan el recurso de reposición interpuesto contra la resolución en que la Sala, antes del acto de juicio, declare la falta de jurisdicción o competencia.

3. Los autos dictados por dichas Salas que resuelvan el recurso de reposición, o de revisión, en su caso, interpuesto contra la resolución que disponga la terminación anticipada del proceso:

a) Por satisfacción extraprocesal o pérdida sobrevenida de objeto.

b) Por falta de subsanación de los defectos advertidos en la demanda no imputable a la parte o a su representación procesal o por incomparecencia injustificada a los actos de conciliación y juicio, siempre que por caducidad de la acción o de la instancia u otra causa legal no fuera jurídicamente posible su reproducción ulterior.

4. Los autos que decidan el recurso de reposición interpuesto contra los que dicten dichas Salas y los autos que decidan el recurso de revisión interpuesto contra los decretos del secretario judicial, dictados unos y otros en ejecución definitiva de sentencia, en los siguientes casos:

a) Cuando denieguen el despacho de ejecución.

b) Cuando resuelvan puntos sustanciales no controvertidos en el pleito, no decididos en la sentencia o que contradigan lo ejecutoriado.

c) Cuando pongan fin al procedimiento incidental en la ejecución decidiendo cuestiones sustanciales no resueltas o no contenidas en el título ejecutivo. En los mismos casos, procederá también recurso de casación en ejecución provisional cuando excedan materialmente de los límites de la misma o declaren la falta de jurisdicción o competencia del orden social.

ART. 207. Motivos del recurso de casación.

El recurso de casación habrá de fundarse en alguno de los siguientes motivos:

a) Abuso, exceso o defecto en el ejercicio de la jurisdicción.

b) Incompetencia o inadecuación de procedimiento.

c) Quebrantamiento de las formas esenciales del juicio por infracción de las normas reguladoras de la sentencia o de las que rigen los actos y garantías procesales, siempre que, en este último caso, se haya producido indefensión para la parte.

d) Error en la apreciación de la prueba basado en documentos que obren en autos que demuestren la equivocación del juzgador, sin resultar contradichos por otros elementos probatorios.

e) Infracción de las normas del ordenamiento jurídico o de la jurisprudencia que fueren aplicables para resolver las cuestiones objeto de debate.

ART. 208. Preparación del recurso.

1. El recurso de casación deberá prepararse en el plazo de los cinco días siguientes a la notificación de la sentencia, bastando para considerarlo preparado la mera manifestación de las partes o de su abogado, graduado social colegiado o representante, al hacerle la notificación de aquélla, de su propósito de entablarlo.

2. También podrá prepararse por comparecencia o por escrito de las partes o de su abogado, graduado social colegiado o representante, dentro del mismo plazo señalado en el número anterior, ante la Sala que dictó la resolución que se impugna.

Ver arts. 229 a 235 LJS, a tener en cuenta en los recursos de suplicación y casación.

ART. 209. Resolución sobre la preparación del recurso.

1. Cumplidos los requisitos establecidos para recurrir, el secretario judicial tendrá por preparado el recurso de casación. Contra esta resolución la parte recurrida no podrá interponer recurso alguno, pero podrá oponerse a la admisión del recurso de casación en el trámite previsto en el apartado 1 del artículo 211 de esta Ley.

Si el secretario judicial apreciara la existencia de defectos subsanables, requerirá su subsanación conforme al apartado 5 del artículo 230, dando cuenta a la Sala si ésta no se produjera para que resuelva lo que proceda.

2. Si la resolución impugnada no fuera recurrible en casación, si el recurso no se hubiera preparado dentro de plazo, o si el recurrente hubiera incumplido los requisitos necesarios para la preparación del recurso de modo insubsanable o no hubiera subsanado dichos requisitos dentro del término conferido al efecto, en la forma dispuesta en el apartado 5 del artículo 230, la Sala de instancia declarará, mediante auto, tener por no preparado el recurso, quedando firme, en su caso, la resolución impugnada. Contra este auto podrá recurrirse en queja ante la Sala de lo Social del Tribunal Supremo.

3. Preparado el recurso, el secretario judicial concederá a la parte o partes recurrentes, por el orden de preparación, el plazo de quince días para formalizar el recurso, durante cuyo plazo, a partir de la notificación de la resolución al letrado designado, los autos se encontrarán a su disposición en la oficina judicial de la Sala para su entrega o su examen,

en la forma dispuesta en el apartado 1 del artículo 48, en soporte convencional o mediante acceso informático o soporte electrónico de disponerse de tales medios. Este plazo correrá cualquiera que sea el momento en que el letrado recogiera o examinara los autos puestos a su disposición. Si la Sala dispusiera de medios para dar simultáneo traslado o acceso a las actuaciones a todas las partes recurrentes, dispondrá que tanto la puesta a disposición de las mismas, como la formalización del recurso, se efectúen dentro de un plazo común a todos los recurrentes.

ART. 210. Interposición del recurso.

1. El escrito de formalización se presentará ante la Sala que dictó la resolución impugnada, por el abogado designado al efecto quien, de no indicarse otra cosa, asumirá desde ese momento la representación de la parte en el recurso, designando un domicilio a efectos de notificaciones, con todos los datos necesarios para su práctica, con los efectos del apartado 2 del artículo 53.

2. En el escrito se expresarán por separado, con el necesario rigor y claridad, cada uno de los motivos de casación, por el orden señalado en el artículo 207, razonando la pertinencia y fundamentación de los mismos y el contenido concreto de la infracción o vulneración cometidas, haciendo mención precisa de las normas sustantivas o procesales infringidas, así como, en el caso de invocación de quebranto de doctrina jurisprudencial, de las concretas resoluciones que establezcan la doctrina invocada y, en particular, los siguientes extremos:

a) En los motivos basados en infracción de las normas y garantías procesales, deberá consignarse la protesta, solicitud de subsanación o recurso destinados a subsanar la falta o trasgresión en la instancia, de haber existido momento procesal oportuno para ello y el efecto de indefensión producido.

b) En los motivos basados en error de hecho en la apreciación de la prueba deberán señalarse de modo preciso cada uno de los documentos en que se fundamente y el concreto extremo a que se refiere, ofreciendo la formulación alternativa de los hechos probados que se propugna.

3. **La Sala de Gobierno del Tribunal Supremo podrá determinar, mediante acuerdo que se publicará en el "Boletín Oficial del Estado", la extensión máxima y otras condiciones extrínsecas, incluidas las relativas al formato en el que deban ser presentados, de los escritos de formalización y de impugnación de los recursos de casación**.

4. Si el recurso no se hubiera formalizado dentro del plazo conferido al efecto o si en el escrito se hubiesen omitido de modo manifiesto los requisitos exigidos, la Sala dictará auto poniendo fin al trámite del recurso quedando firme, en cuanto a dicha parte recurrente, la sentencia o resolución impugnada. Contra dicho auto, previa reposición ante la Sala, procederá recurso de queja ante la Sala de lo Social del Tribunal Supremo.

Apdos. 1 y 3 modificados y anterior apdo. 3 pasa a ser el 4 por Ley Orgánica 1/2025, de 2 de enero, de medidas en materia de eficiencia del Servicio Público de Justicia. (BOE 03-01-2025). Modificación en vigor desde el 03/04/2025.

Ver STC 140/2016, de 21 de julio (Declara inconstitucionales tasas judiciales en ámbito laboral, recogidas en la Ley 10/2012, de 20 de noviembre)

ART. 211. Traslado a las otras partes.

1. Una vez formalizado el recurso o recursos dentro del plazo concedido y con los requisitos exigidos, el secretario judicial proveerá en el plazo de dos días dando traslado del mismo a las demás partes por término común de diez días para su impugnación.

El escrito de impugnación deberá presentarse acompañado de tantas copias como sean las demás partes para su traslado a las mismas. En el mismo se desarrollarán por separado los distintos motivos de impugnación, correlativos a los de casación formulados de contrario y las causas de inadmisión que estime concurrentes, así como, en su caso, otros motivos subsidiarios de fundamentación del fallo de la sentencia recurrida o eventuales rectificaciones de hechos que, con independencia de los fundamentos aplicados por ésta, pudieran igualmente sustentar la estimación de las pretensiones de la parte impugnante, observando análogos requisitos que los exigidos para la formalización del recurso.

El escrito deberá estar suscrito por letrado, quien de no indicarse otra cosa asumirá desde ese momento la representación de la parte en el recurso, designando domicilio con todos los datos necesarios para notificaciones en la sede de la Sala de lo Social del Tribunal Supremo.

2. Durante el plazo de impugnación los autos se encontrarán a disposición de la parte o del letrado que designe a tal fin, en la oficina judicial de la Sala para su entrega o examen. En el caso de que la Sala disponga de los autos en soporte electrónico o pueda accederse a ellos por medios telemáticos, podrá sustituir el traslado material de las actuaciones por tales medios, conforme dispone el apartado 1 del artículo 48.

3. Del escrito o escritos de impugnación se dará traslado a las partes. De haberse formulado en dichos escritos alegaciones sobre inadmisibilidad del recurso o los motivos subsidiarios de fundamentación de la sentencia recurrida a que se refiere el artículo anterior, las demás partes, si lo estiman oportuno, podrán presentar directamente sus alegaciones al respecto, junto con las correspondientes copias para su traslado a las demás partes, dentro de los cinco días siguientes a recibir el escrito de impugnación.

ART. 212. Remisión de los autos.

Transcurrido el plazo de impugnación y, en su caso, el de alegaciones del apartado 3 del artículo anterior, háyanse presentado o no escritos en tal sentido, y previo traslado de las alegaciones si se hubieran presentado, se elevarán los autos a la Sala de lo Social del Tribunal Supremo dentro de los cinco días siguientes.

ART. 213. Decisión sobre la admisión del recurso.

1. Recibidos los autos en la Sala de lo Social del Tribunal Supremo, si el secretario judicial apreciara defectos subsanables en el recurso, concederá a la parte un plazo de cinco días a tal efecto para la aportación de los documentos omitidos o subsanación de los defectos apreciados. De no efectuarse la subsanación en el tiempo y forma establecidos la Sala dictará auto de inadmisión del recurso declarando la firmeza en su caso de la resolución recurrida, con pérdida del depósito constituido y remisión de las actuaciones a la Sala de procedencia. Contra dicho auto sólo procederá recurso de reposición.

2. Si el secretario apreciare defectos insubsanables dará cuenta a la Sala para que ésta adopte la resolución que proceda.

3. De no haber apreciado defectos el secretario, o una vez subsanados los advertidos, dará cuenta al Magistrado ponente para instrucción de los autos por tres días. El Magistrado ponente dará cuenta a la Sala del recurso interpuesto y ésta, si estima que concurre causa de inadmisión, previo informe del Ministerio Fiscal por cinco días, dictará auto inadmitiendo el recurso. De no haberse alegado la causa de inadmisibilidad en la impugnación, con carácter previo oirá al recurrente sobre dicho extremo por cinco días.

4. Son causas de inadmisión, el incumplimiento de manera manifiesta e insubsanable de los requisitos para recurrir, la carencia sobrevenida del objeto del recurso, la falta de contenido casacional de la pretensión y el haberse desestimado en el fondo otros recursos en supuestos sustancialmente iguales.

5. Si la Sala estimare que concurre alguna de las causas de inadmisión referidas, dictará en el plazo de tres días auto declarando la firmeza de la resolución recurrida con imposición de costas al recurrente en los términos establecidos en esta Ley y con pérdida del depósito necesario para recurrir, dándose a las consignaciones y aseguramientos prestados el destino que corresponda, notificando la resolución a las partes y al Ministerio Fiscal, sin que quepa recurso contra dicha resolución.

Cuando la inadmisión se refiera solamente a alguno de los motivos aducidos o a alguno de los recursos interpuestos, mediante auto, no susceptible de recurso, se dispondrá la continuación del trámite de los restantes recursos o motivos no afectados por el auto de inadmisión parcial.

ART. 214. Traslado al Ministerio Fiscal.

1. De haberse admitido parcial o totalmente el recurso o recursos, el secretario pasará seguidamente los autos a la Fiscalía de lo Social del Tribunal Supremo, en soporte convencional o electrónico, para que en el plazo de diez días, informe sobre la procedencia o improcedencia de la casación pretendida. El referido traslado se efectuará igualmente, a los estrictos fines de defensa de la legalidad, cuando el Ministerio Fiscal sea parte en el proceso.

2. Devueltos los autos por el Ministerio Fiscal junto con su informe, si la Sala lo estima necesario el secretario judicial señalará día y hora para la celebración de la vista. En otro caso, el Tribunal señalará día y hora para deliberación, votación y fallo, debiendo celebrarse una u otros dentro de los diez días siguientes.

3. La Sala dictará sentencia en el plazo de diez días, contados desde el siguiente al de la terminación de la vista o al de la celebración de la votación.

ART. 215. Efectos de la sentencia.

La sentencia, si se estimare el recurso por todos o algunos de sus motivos, casando la resolución recurrida, resolverá conforme a Derecho, teniendo en cuenta lo siguiente:

a) De estimarse la falta de jurisdicción, la incompetencia o la inadecuación del procedimiento, se anulará la sentencia y se dejará a salvo el derecho de ejercitar las pretensiones ante quien corresponda o por el procedimiento adecuado.

b) De estimarse las infracciones procesales previstas en la letra c) del artículo 207, se mandarán reponer las actuaciones al estado y momento en que se hubiera incurrido en la falta, salvo que la infracción se hubiera producido durante la celebración del juicio, en cuyo caso se mandarán reponer al momento de su señalamiento.

Si la infracción cometida versara sobre las normas reguladoras de la sentencia, la estimación del motivo obligará a la Sala a resolver lo que corresponda, dentro de los términos en que aparezca planteado el debate. Pero si no pudiera hacerlo, por ser insuficiente el relato de hechos probados de la resolución recurrida y no poderse completar por el cauce procesal correspondiente, acordará la nulidad en todo o en parte de dicha resolución y de las siguientes actuaciones procesales, concretando en caso de nulidad parcial los extremos de la resolución impugnada que conservan su firmeza, y mandará reponer lo actuado al momento de dictar sentencia, para que se salven las deficiencias advertidas y sigan los autos su curso legal.

c) De estimarse alguno de los restantes motivos comprendidos en el artículo 207, la Sala resolverá lo que corresponda dentro de los términos en que aparezca planteado el debate, con preferencia de la resolución de fondo del litigio, incluso sobre extremos no resueltos en su momento en la sentencia recurrida por haber apreciado alguna circunstancia obstativa, así como, en su caso, sobre las alegaciones deducidas en los escritos de impugnación, siempre y cuando el relato de hechos probados y demás antecedentes no cuestionados obrantes en autos resultaran suficientes.

ART. 216. Devolución de cantidades consignadas.

1. Siempre que el recurso de casación sea estimado, si el recurrente hubiera consignado en metálico la cantidad importe de la condena o asegurado ésta conforme a lo prevenido en esta Ley, así como constituido el depósito necesario para recurrir, el fallo dispondrá la devolución de todas las consignaciones y del depósito y la cancelación de los aseguramientos prestados.

2. Si estimado el recurso de casación se condenara a una cantidad inferior a la fijada en la resolución recurrida, el fallo dispondrá la devolución parcial de las consignaciones, en la cuantía que corresponda a la diferencia de las dos condenas, y la cancelación también parcial de los aseguramientos realizados.

3. En todos los supuestos de estimación parcial del recurso de casación, el fallo dispondrá la devolución de la totalidad del depósito.

ART. 217. Pérdida de las cantidades consignadas.

1. Si el recurso fuese desestimado y el recurrente hubiese tenido que consignar en metálico la cantidad importe de la condena o asegurar la misma y constituir el depósito, el fallo dispondrá la pérdida de las consignaciones a las que se dará el destino que corresponda o el mantenimiento de los aseguramientos prestados hasta que se cumpla la sentencia o se resuelva, en su caso, la realización de los mismos y la pérdida del citado depósito.

2. En el caso de que la Sala de instancia haya impuesto a la parte que obró con mala fe o temeridad la multa que señalan el apartado 4 del artículo 75 y el apartado 3 del artículo 97, la sentencia de la Sala se pronunciará sobre dichos extremos, así como sobre los honorarios de los abogados si hubieran sido impuestos en la sentencia recurrida. La Sala podrá imponer dichas sanciones y medidas a los recurrentes de apreciarse temeridad o mala fe en la actuación de las partes o su representación procesal durante el recurso.

TÍTULO IV
Del recurso de casación para la unificación de doctrina

ART. 218. Sentencias recurribles.

Son recurribles en casación para la unificación de doctrina, las sentencias dictadas en suplicación por las Salas de lo Social de los Tribunales Superiores de Justicia.

ART. 219. Finalidad del recurso. Legitimación del Ministerio Fiscal.

1. El recurso tendrá por objeto la unificación de doctrina con ocasión de sentencias dictadas en suplicación por las Salas de lo Social de los Tribunales Superiores de Justicia, que fueran contradictorias entre sí, con la de otra u otras Salas de los referidos Tribunales Superiores o con sentencias del Tribunal Supremo, respecto de los mismos litigantes u otros diferentes en idéntica situación donde, en mérito a hechos, fundamentos y pretensiones sustancialmente iguales, se hubiere llegado a pronunciamientos distintos, **siempre que la Sala Social del Tribunal Supremo aprecie que el recurso presenta interés casacional objetivo. Existe interés casacional objetivo cuando se de alguno de los siguientes supuestos:**
   a) Si concurren circunstancias que aconsejen un nuevo pronunciamiento de la Sala.
   b) Si la cuestión posee una trascendencia o proyección significativa.
   c) Si el debate suscitado presenta relevancia para la formación de la jurisprudencia.
2. Podrá alegarse como doctrina de contradicción la establecida en las sentencias dictadas por el Tribunal Constitucional y los órganos jurisdiccionales instituidos en los Tratados y Acuerdos internacionales en materia de derechos humanos y libertades fundamentales ratificados por España, siempre que se cumplan los presupuestos del número anterior referidos a la pretensión de tutela de tales derechos y libertades. La sentencia que resuelva el recurso se limitará, en dicho punto de contradicción, a conceder o denegar la tutela del derecho o libertad invocados, en función de la aplicabilidad de dicha doctrina al supuesto planteado.
   Con iguales requisitos y alcance sobre su aplicabilidad, podrá invocarse la doctrina establecida en las sentencias del Tribunal de Justicia de la Unión Europea en interpretación del derecho comunitario.
3. El Ministerio Fiscal, en su función de defensa de la legalidad, de oficio o a instancia de los sindicatos, organizaciones empresariales, asociaciones representativas de los trabajadores autónomos económicamente dependientes o entidades públicas que, por las competencias que tengan atribuidas, ostenten interés legítimo en la unidad jurisprudencial sobre la cuestión litigiosa, y con independencia de la facultad que ordinariamente tiene atribuida conforme al artículo siguiente de esta Ley, podrá interponer recurso de casación para unificación de doctrina. Dicho recurso podrá interponerse en los siguientes casos:
   a) Cuando, sin existir doctrina unificada en la materia de que se trate, se hayan dictado pronunciamientos distintos por los Tribunales Superiores de Justicia, en interpretación de unas mismas normas sustantivas o procesales y en circunstancias sustancialmente iguales.
   b) Cuando se constate la dificultad de que la cuestión pueda acceder a unificación de doctrina según los requisitos ordinariamente exigidos.
   c) Cuando las normas cuestionadas por parte de los tribunales del orden social sean de reciente vigencia o aplicación, por llevar menos de cinco años en vigor en el momento de haberse iniciado el proceso en la instancia.
   d) Cuando no existieran aún resoluciones suficientes e idóneas sobre todas las cuestiones discutidas que cumplieran los requisitos exigidos en el apartado 1 de este artículo.
   e) Cuando la cuestión debatida presente interés casacional objetivo.

Apdos. 1 y 3 modificados por Ley Orgánica 1/2025, de 2 de enero, de medidas en materia de eficiencia del Servicio Público de Justicia. (BOE 03-01-2025). Modificación en vigor desde el 03/04/2025.

ART. 220. Preparación del recurso.

1. El recurso podrá prepararlo cualquiera de las partes o el Ministerio Fiscal dentro de los diez días siguientes a la notificación de la sentencia impugnada.
2. Durante el plazo referido en el apartado anterior, las partes, el Ministerio Fiscal o el letrado designado a tal fin, tendrán a su disposición en la oficina judicial del Tribunal Superior de Justicia los autos para su examen, debiendo acceder a los mismos por los medios electrónicos o telemáticos, en caso de disponerse de ellos.

ART. 221. Forma y contenido del escrito de preparación del recurso.

1. El recurso se preparará mediante escrito dirigido a la Sala de lo Social del Tribunal Superior de Justicia que dictó la sentencia de suplicación, y designando un domicilio en la sede de la Sala de lo Social del Tribunal Supremo a efectos de notificaciones, con todos los datos necesarios para su práctica y con los efectos del apartado 2 del artículo 53.

2. El escrito de preparación deberá estar firmado por abogado, acreditando la representación de la parte de no constar previamente en las actuaciones, y expresará el propósito de la parte de formalizar el recurso, con exposición sucinta de la concurrencia de los requisitos exigidos. El escrito deberá:

a) Exponer cada uno de los extremos del núcleo de la contradicción, determinando el sentido y alcance de la divergencia existente entre las resoluciones comparadas, en atención a la identidad de la situación, a la igualdad sustancial de hechos, fundamentos y pretensiones y a la diferencia de pronunciamientos.

b) Hacer referencia detallada y precisa a los datos identificativos de la sentencia o sentencias que la parte pretenda utilizar para fundamentar cada uno de los puntos de contradicción.

c) Exponer, de manera sucinta, las razones por las que la cuestión suscitada posee interés casacional objetivo.

3. Las sentencias invocadas como doctrina de contradicción deberán haber ganado firmeza a la fecha de finalización del plazo de interposición del recurso.

4. Las sentencias que no hayan sido objeto de expresa mención en el escrito de preparación no podrán ser posteriormente invocadas en el escrito de interposición.

Apdo. 1 modificado y añadida letra c al apdo. 2 por Ley Orgánica 1/2025, de 2 de enero, de medidas en materia de eficiencia del Servicio Público de Justicia. (BOE 03-01-2025). Modificación en vigor desde el 03/04/2025.

ART. 222. Resolución sobre la preparación del recurso.

1. Cumplidos los requisitos establecidos para recurrir, el secretario judicial tendrá por preparado el recurso de casación. Contra esta resolución la parte recurrida no podrá interponer recurso alguno, pero podrá oponerse a la admisión del recurso de casación al personarse ante la Sala de lo Social del Tribunal Supremo.

Si el secretario judicial apreciara la existencia de defectos subsanables, requerirá su subsanación conforme al apartado 5 del artículo 230, dando cuenta a la Sala si ésta no se produjera para que resuelva lo que proceda.

2. Si la resolución impugnada no fuera recurrible en casación, si el recurso no se hubiera preparado dentro de plazo, si el escrito de preparación no contuviera las menciones exigidas para la fundamentación del recurso, o si el recurrente hubiera incumplido los requisitos necesarios para la preparación del recurso de modo insubsanable o no hubiera subsanado dichos requisitos dentro del término conferido al efecto, en la forma dispuesta en el apartado 5 del artículo 230, la Sala de suplicación declarará, mediante auto, tener por no preparado el recurso, quedando firme, en su caso, la resolución impugnada. Contra este auto podrá recurrirse en queja ante la Sala de lo Social del Tribunal Supremo.

ART. 223. Interposición del recurso.

1. Preparado en tiempo y forma el recurso, el secretario judicial, dentro de los dos días siguientes, concederá a la parte o partes recurrentes el plazo común de quince días para interponer el recurso ante la misma Sala de suplicación, a partir de la notificación de la resolución al letrado o letrados designados, durante cuyo plazo los autos se encontrarán a su disposición en la oficina judicial de la Sala para su entrega o examen, si lo estiman necesario. En el caso de que la Sala disponga de los autos en soporte electrónico o pueda accederse a ellos por medios telemáticos, podrá sustituir el traslado material de las actuaciones por tales medios, conforme dispone el apartado 1 del artículo 48.

2. El escrito de interposición del recurso deberá ir firmado por abogado y reunir los requisitos del artículo 224.

3. De no efectuarse la interposición o si se hubiera efectuado fuera de plazo, quedará desierto el recurso y firme la sentencia, con las consecuencias establecidas en el apartado 5 del artículo 225. Contra el auto que así lo establezca, previa reposición, podrá recurrirse en queja ante la Sala de lo Social del Tribunal Supremo.

4. Presentado en tiempo el escrito de interposición, junto, en su caso, con las oportunas certificaciones de sentencias en la forma que posibilita el apartado 3 del artículo 224, el secretario judicial emplazará a las demás partes para su personación por escrito por medio de letrado ante la Sala de lo Social del Tribunal Supremo dentro del plazo de los diez días siguientes, con las menciones del apartado 1 del artículo 221 y debiendo acreditar la representación de la parte de no constar previamente en las actuaciones. La parte recurrente se entenderá personada de derecho con la remisión de los autos.

5. Los autos se remitirán por el secretario judicial dentro de los cinco días siguientes al emplazamiento.

6. La preparación e interposición del recurso se efectuarán por el letrado que hubiera asistido a la parte hasta ese momento, incluso en virtud de designación de oficio, salvo que se efectúe nueva designación de letrado.

Apdo. 2 modificado por Ley Orgánica 1/2025, de 2 de enero, de medidas en materia de eficiencia del Servicio Público de Justicia. (BOE 03-01-2025). Modificación en vigor desde el 03/04/2025.

ART. 224. Contenido del escrito de interposición del recurso.

1. El escrito de interposición del recurso deberá contener:

a) Una relación precisa y circunstanciada de la contradicción alegada en los términos de la letra a) del apartado 2 del artículo 221, evidenciando que concurre la sustancial contradicción de sentencias y argumentando sobre la concurrencia de las identidades del artículo 219.

b) La fundamentación de la infracción legal cometida en la sentencia impugnada y, en su caso, del quebranto producido en la unificación de la interpretación del derecho y la formación de la jurisprudencia.

c) **La exposición argumentada de la concurrencia del interés casacional objetivo**.

2. Para dar cumplimiento a las exigencias del apartado b) del número anterior, en el escrito se expresará separadamente, con la necesaria precisión y claridad, la pertinencia de cada uno de los motivos de casación, en relación con los puntos de contradicción a que se refiere el apartado a) precedente, por el orden señalado en el artículo 207, excepto el apartado d), que no será de aplicación, razonando la pertinencia y fundamentación de cada motivo y el contenido concreto de la infracción o vulneración cometidas, haciendo mención precisa de las normas sustantivas o procesales infringidas, así como, en el caso de que se invoque la unificación de la interpretación del derecho, haciendo referencia sucinta a los particulares aplicables de las resoluciones que establezcan la doctrina jurisprudencial invocada.

3. Sólo podrá invocarse una sentencia por cada punto de contradicción, que deberá elegirse necesariamente de entre las designadas en el escrito de preparación y ser firme en el momento de la finalización del plazo de interposición.

4. Con el escrito de interposición, de no haberse aportado con anterioridad, podrá hacerse aportación certificada de la sentencia o sentencias contrarias, acreditando su firmeza en la fecha de expiración del plazo de interposición, o con certificación posterior de que ganó firmeza dentro de dicho plazo la sentencia anteriormente aportada. Si la parte recurrente no aporta la certificación de la sentencia y de su firmeza en tiempo oportuno se reclamará de oficio por la secretaría de la Sala.

5. **Será de aplicación a los escritos de interposición y de impugnación del recurso de casación para la unificación de doctrina lo preceptuado en el artículo 210.3 de esta ley**.

Añadidos apdo. 1.c) y apdo. 5 por Ley Orgánica 1/2025, de 2 de enero, de medidas en materia de eficiencia del Servicio Público de Justicia. (BOE 03-01-2025). Modificación en vigor desde el 03/04/2025.

ART. 225. Decisión sobre la admisión del recurso.

1. Recibidos los autos en la Sala de lo Social del Tribunal Supremo, si el letrado o letrada de la Administración de Justicia apreciara el defecto insubsanable de haberse preparado o interpuesto fuera de plazo dictará decreto poniendo fin al trámite del recurso, contra el que sólo procederá recurso de revisión.

De apreciar defectos subsanables en la tramitación del recurso, o en su preparación e interposición, concederá a la parte un plazo de diez días para la aportación de los documentos omitidos o la subsanación de los defectos apreciados.

De no efectuarse la subsanación en el tiempo y forma establecidos, dará cuenta a la Sala para que resuelva lo que proceda y, de dictarse providencia sucintamente motivada poniendo fin al trámite del recurso, declarará la firmeza en su caso de la resolución recurrida, con pérdida del depósito constituido y remisión de las actuaciones a la Sala de procedencia. **Contra dicha providencia no cabrá interponer recurso alguno**.

2. De no haber apreciado defectos el letrado o letrada de la Administración de Justicia, o una vez subsanados los advertidos, o si apreciare defectos insubsanables, sea en la preparación o en la interposición, distintos de los de su preparación o interposición fuera de plazo, dará cuenta al magistrado ponente para instrucción de los autos por tres días.

3. El magistrado ponente, dará cuenta a la Sala del recurso interpuesto y de las causas de inadmisión que apreciare, en su caso.

Si la Sala acordare la admisión total del recurso dictará providencia poniéndolo de manifiesto, sin que frente a la misma quepa recurso alguno.

Si la Sala estimare que concurre alguna de las causas de inadmisión referidas en las letras a), b) y c) del apartado siguiente, pasará los autos al Ministerio Fiscal, de no haber interpuesto el recurso, para que, en el plazo de cinco días, informe sobre la admisión o inadmisión del mismo. Si la Sala estimare que concurre la causa de inadmisión referida en las letras d), e) **y f)** del apartado siguiente acordará oír al recurrente sobre las mismas por un plazo de cinco días, con ulterior informe del Ministerio Fiscal por otros cinco días, de no haber interpuesto el recurso.

4. Son causas de inadmisión:

a) el incumplimiento de manera manifiesta e insubsanable de los requisitos procesales para preparar o interponer el recurso,

b) la carencia sobrevenida del objeto del recurso,

c) la falta de contradicción entre las sentencias comparadas,

d) la falta de contenido casacional de la pretensión,

e) el haberse desestimado en el fondo otros recursos en supuestos sustancialmente iguales,

f) la falta de interés casacional objetivo.

5. Si la Sala estimara que concurre alguna de las causas de inadmisión referidas dictará, en el plazo de tres días, providencia sucintamente motivada declarando la inadmisión y la firmeza de la resolución recurrida, con imposición al recurrente de las costas causadas, de haber comparecido en el recurso las partes recurridas, en los términos establecidos en esta Ley y sin que quepa recurso contra dicha resolución. La inadmisión comportará, en su caso, la pérdida del depósito constituido, dándose a las consignaciones y aseguramientos prestados el destino que corresponda, de acuerdo con la sentencia de suplicación.

Cuando la inadmisión se refiera solamente a alguno de los motivos aducidos o a alguno de los recursos interpuestos, se dispondrá la continuación del trámite de los restantes recursos o motivos no afectados por la providencia de inadmisión parcial, sin que la resolución dictada al efecto sea recurrible.

6. Si por la Sección de admisiones se apreciare la falta de competencia funcional para el conocimiento del litigio, se concederá audiencia a las partes y al Ministerio Fiscal por un plazo común de tres días. Finalizado el plazo, se señalará dentro de los diez días siguientes para deliberación, votación y fallo, debiendo dictarse sentencia dentro de los diez días siguientes a la celebración de la votación.

7. Para el despacho ordinario y resolución de la inadmisión de este recurso la Sala se constituirá con tres Magistrados.

Apdos. 1, 3, 4, y 5 modificados por Ley Orgánica 1/2025, de 2 de enero, de medidas en materia de eficiencia del Servicio Público de Justicia. (BOE 03-01-2025). Modificación en vigor desde el 03/04/2025.

Anteriormente modificado por Real Decreto-ley 5/2023, de 28 de junio, por el que se adoptan y prorrogan determinadas medidas de respuesta a las consecuencias económicas y sociales de la Guerra de Ucrania, de apoyo a la reconstrucción de la isla de La Palma y a otras situaciones de vulnerabilidad; de transposición de Directivas de la Unión Europea en materia de modificaciones estructurales de sociedades mercantiles y conciliación de la vida familiar y la vida profesional de los progenitores y los cuidadores; y de ejecución y cumplimiento del Derecho de la Unión Europea. (BOE de 29-06-2023). En vigor desde el 29 de julio de 2023.

ART. 225 bis. Suspensión de recursos de casación pendientes de tramitación en caso de identidad jurídica sustancial.

1. Cuando por la Sección de admisión de la Sala de lo Social del Tribunal Supremo se constate la existencia de un gran número de recursos que susciten una cuestión jurídica sustancialmente igual, podrá acordar la admisión de uno o varios de ellos, cuando cumplan las exigencias impuestas en los artículos 221 y 224 y presenten contenido casacional, para su tramitación y resolución preferente, suspendiendo el trámite de admisión de los demás hasta que se dicte sentencia en el primero o primeros.

2. Una vez dictada sentencia de fondo se llevará testimonio de esta a los recursos suspendidos y se notificará a los interesados afectados por la suspensión, dándoles un plazo de alegaciones de diez días a fin de que puedan interesar la continuación del trámite de su recurso de casación, o bien desistir del mismo. Caso de que interesen la continuación valorarán la incidencia que la sentencia de fondo dictada por el Tribunal Supremo tiene sobre su recurso.

3. Efectuadas dichas alegaciones y cuando no se hubiera producido el desistimiento, si la sentencia impugnada en casación resulta coincidente, en su fallo y razón de decidir, con lo resuelto por la sentencia o sentencias del Tribunal Supremo, se inadmitirán por providencia los recursos de casación pendientes.

Por el contrario, si la sentencia impugnada en casación no resulta coincidente, en su fallo y razón de decidir, con lo resuelto por la sentencia o sentencias del Tribunal Supremo, se dictará auto de admisión y se remitirá el conocimiento del asunto a la Sección correspondiente, siempre que se cumplan las exigencias impuestas en los artículos 221 y 224 y presente contenido casacional.

4. Remitidas las actuaciones, la Sección resolverá si continúa con la tramitación prevista en los artículos 226 y 227 o si dicta sentencia sin más trámite, remitiéndose a lo acordado en la sentencia de referencia y adoptando los demás pronunciamientos que considere necesarios.

Añadido por Real Decreto-ley 5/2023, de 28 de junio, por el que se adoptan y prorrogan determinadas medidas de respuesta a las consecuencias económicas y sociales de la Guerra de Ucrania, de apoyo a la reconstrucción de la isla de La Palma y a otras situaciones de vulnerabilidad; de transposición de Directivas de la Unión Europea en materia de modificaciones estructurales de sociedades mercantiles y conciliación de la vida familiar y la vida profesional de los progenitores y los cuidadores; y de ejecución y cumplimiento del Derecho de la Unión Europea. (BOE de 29-06-2023). En vigor desde el 29 de julio de 2023.

ART. 226. Tramitación.

1. Si la parte o partes recurridas no se hubieran personado, el trámite del recurso seguirá adelante sin su intervención.

2. De no haberse apreciado causa de inadmisión en el recurso, el secretario judicial dará traslado del escrito de interposición a la parte o partes personadas para que formalicen su impugnación dentro del plazo común de quince días, durante el cual, a partir de la notificación de la resolución al letrado designado, los autos se encontrarán a su disposición en la oficina judicial del Tribunal para su examen. En el caso de que la Sala disponga de los autos en soporte electrónico o pueda accederse a ellos por medios telemáticos en la misma Sala, se entenderán puestos a disposición de la representación procesal desde el momento de la entrega de la copia o soporte o de la puesta a disposición por dichos medios de las actuaciones.

3. El secretario judicial dará traslado seguidamente de los autos a la Fiscalía de lo Social del Tribunal Supremo, en soporte convencional o electrónico, háyanse presentado o no escritos de impugnación, para que en el plazo de diez días informe sobre la procedencia o improcedencia de la casación pretendida. El referido traslado se efectuará igualmente, a los estrictos fines de defensa de la legalidad, aunque el Ministerio Fiscal sea parte en el proceso. Cuando el recurso se hubiere interpuesto directamente por el Ministerio Fiscal en defensa de la legalidad conforme al apartado 3 del artículo 219 no se efectuará dicho traslado.

ART. 227. Deliberación, votación y fallo.

1. Devueltos los autos por el Ministerio Fiscal, junto con su informe, la Sala acordará señalar, dentro de los diez días siguientes, para deliberación, votación y fallo. La sentencia deberá dictarse en el plazo de diez días, contados desde el siguiente al de la celebración de la votación.

2. Si la trascendencia o complejidad del asunto lo aconsejara, el presidente, por sí mismo, o a propuesta de la mayoría de los Magistrados de la Sala, podrá acordar que ésta se constituya con cinco Magistrados, o, motivadamente, en Pleno.

ART. 228. Sentencia.

1. Los pronunciamientos de la Sala de lo Social del Tribunal Supremo al resolver estos recursos, en ningún caso alcanzarán a las situaciones jurídicas creadas por las resoluciones precedentes a la impugnada.

2. Si la sentencia del Tribunal Supremo declarara que la recurrida quebranta la unidad de doctrina, casará y anulará esta sentencia y resolverá el debate planteado en suplicación con pronunciamientos ajustados a dicha unidad de doctrina, alcanzando a las situaciones jurídicas particulares creadas por la sentencia impugnada. En la sentencia de la Sala de lo Social del Tribunal Supremo se resolverá lo que proceda sobre consignaciones, aseguramientos, costas, honorarios y multas, en su caso, derivados del recurso de suplicación de acuerdo con lo prevenido en esta Ley. Si se hubiere constituido depósito para recurrir, se acordará la devolución de su importe.

3. La sentencia desestimatoria por considerar que la sentencia recurrida contiene la doctrina ajustada acarreará la pérdida del depósito para recurrir. El fallo dispondrá la cancelación o el mantenimiento total o parcial, en su caso, de las consignaciones o aseguramientos prestados, de acuerdo con sus pronunciamientos.

TÍTULO V
De las disposiciones comunes a los recursos de suplicación y casación

Ver STC 140/2016, de 21 de julio (Declara inconstitucionales tasas judiciales en ámbito laboral, recogidas en la Ley 10/2012, de 20 de noviembre)

ART. 229. Depósito para recurrir.

1. Todo el que, sin tener la condición de trabajador, causahabiente suyo o beneficiario del régimen público de la Seguridad Social, anuncie recurso de suplicación o prepare recurso de casación, consignará como depósito:

a) Trescientos euros, si se trata de recurso de suplicación.

b) Seiscientos euros, si el recurso fuera el de casación incluido el de casación para la unificación de doctrina.

2. Los depósitos se constituirán en la cuenta de depósitos y consignaciones correspondiente al órgano que hubiere dictado la resolución recurrida. El secretario judicial verificará en la cuenta la realización del ingreso, debiendo quedar constancia de dicha actuación en el procedimiento.

3. Los depósitos cuya pérdida hubiere sido acordada por sentencia se ingresarán en el Tesoro Público.

4. El Estado, las Comunidades Autónomas, las entidades locales y las entidades de derecho público con personalidad jurídica propia vinculadas o dependientes de los mismos, así como las entidades de derecho público reguladas por su normativa específica y los órganos constitucionales, estarán exentos de la obligación de constituir los depósitos, cauciones, consignaciones o cualquier otro tipo de garantía previsto en las leyes. Los sindicatos y quienes tuvieren reconocido el beneficio de justicia gratuita quedarán exentos de constituir el depósito referido y las consignaciones que para recurrir vienen exigidas en esta Ley.

Ver D.A. 15ª LOPJ.

ART. 230. Consignación de cantidad.

1. Cuando la sentencia impugnada hubiere condenado al pago de cantidad, será indispensable que el recurrente que no gozare del derecho de asistencia jurídica gratuita acredite, al anunciar el recurso de suplicación o al preparar el recurso de casación, haber consignado en la oportuna entidad de crédito y en la cuenta de depósitos y consignaciones abierta a nombre del órgano jurisdiccional, la cantidad objeto de la condena, pudiendo sustituirse la consignación en metálico por el aseguramiento mediante aval solidario de duración indefinida y pagadero a primer requerimiento emitido por entidad de crédito. En este último caso, el documento de aseguramiento quedará registrado y depositado en la oficina judicial. El

secretario expedirá testimonio del mismo para su unión a autos, facilitando el oportuno recibo.

En el caso de condena solidaria, la obligación de consignación o aseguramiento alcanzará a todos los condenados con tal carácter, salvo que la consignación o el aseguramiento, aunque efectuado solamente por alguno de los condenados, tuviera expresamente carácter solidario respecto de todos ellos para responder íntegramente de la condena que pudiera finalmente recaer frente a cualquiera de los mismos.

Cuando la condena se haya efectuado por primera vez en la sentencia de suplicación, o se haya incrementado en la misma la cuantía previamente reconocida en la sentencia de instancia, la consignación o aseguramiento regulados en el presente artículo se efectuarán por primera vez, o se complementarán en la medida correspondiente, al preparar el recurso de casación.

2. En materia de Seguridad Social se aplicarán las siguientes reglas:

a) Cuando en la sentencia se reconozca al beneficiario el derecho a percibir prestaciones, para que pueda recurrir el condenado al pago de dicha prestación será necesario que haya ingresado en la Tesorería General de la Seguridad Social el capital coste de la pensión o el importe de la prestación a la que haya sido condenado en el fallo, con objeto de abonarla a los beneficiarios durante la sustanciación del recurso, presentando en la oficina judicial el oportuno resguardo, que se testimoniará en autos, quedando bajo la custodia del secretario.

El mismo ingreso deberá efectuar el declarado responsable del recargo por falta de medidas de seguridad, en cuanto al porcentaje que haya sido reconocido por primera vez en vía judicial y respecto de las pensiones causadas hasta ese momento, previa fijación por la Tesorería General de la Seguridad Social del capital coste o importe del recargo correspondiente.

En los casos en los que no proceda el ingreso del capital coste o del importe de la prestación se estará a las reglas generales del apartado 1 de este artículo.

b) Cuando proceda efectuar el ingreso del capital coste de la pensión o del importe de la prestación conforme al apartado a) anterior, una vez anunciado o preparado el recurso, el secretario judicial dictará diligencia ordenando que se dé traslado a la Tesorería General de la Seguridad Social para que se fije el capital coste o importe de la prestación a percibir. Recibida esta comunicación, la notificará al recurrente para que en el plazo de cinco días efectúe la consignación requerida en la Tesorería General de la Seguridad Social, bajo apercibimiento de que de no hacerlo así se pondrá fin al trámite del recurso.

c) Si en la sentencia se condenara a la Entidad Gestora de la Seguridad Social, ésta quedará exenta del ingreso prevenido en los apartados a) y b) anteriores, pero deberá presentar ante la oficina judicial, al anunciar o preparar su recurso, certificación acreditativa de que comienza el abono de la prestación y que lo proseguirá puntualmente durante la tramitación del recurso, hasta el límite de su responsabilidad, salvo en prestaciones de pago único o correspondientes a un período ya agotado en el momento del anuncio. De no cumplirse efectivamente este abono se pondrá fin al trámite del recurso.

d) Cuando la condena se refiera a mejoras voluntarias de la acción protectora de la Seguridad Social, el condenado o declarado responsable vendrá obligado a efectuar la consignación o aseguramiento de la condena ante el juzgado en la forma establecida en el apartado 1 de este mismo artículo.

3. Los anteriores requisitos de consignación y aseguramiento de la condena deben justificarse, junto con la constitución del depósito necesario para recurrir, en su caso, en el momento del anuncio del recurso de suplicación o de la preparación del recurso de casación. Si el anuncio o la preparación del recurso se hubiere efectuado por medio de mera manifestación en el momento de la notificación de la sentencia, el depósito y la consignación o aseguramiento podrá efectuarse hasta la expiración del plazo establecido para el anuncio o preparación del recurso, debiendo en este último caso acreditar dichos extremos dentro del mismo plazo ante la oficina judicial mediante los justificantes correspondientes.

4. Si el recurrente no hubiere efectuado la consignación o aseguramiento de la cantidad objeto de condena en la forma prevenida en los apartados anteriores, incluidas las especialidades en materia de Seguridad Social, el juzgado o la Sala tendrán por no anunciado o por no preparado el recurso de suplicación o de casación, según proceda, y declararán la firmeza de la resolución mediante auto contra el que podrá recurrirse en queja ante la Sala que hubiera debido conocer del recurso.

5. El secretario judicial concederá a la parte recurrente, con carácter previo a que se resuelva sobre el anuncio o preparación, un plazo de cinco días para la subsanación de los defectos advertidos, si el recurrente hubiera incurrido en defectos consistentes en:

a) Insuficiencia de la consignación o del aseguramiento efectuados, incluidas las especialidades en materia de Seguridad Social.

b) Falta de aportación, en el momento del anuncio o preparación del recurso, de los justificantes de la consignación o del aseguramiento, siempre que el requisito se hubiera cumplimentado dentro del plazo de anuncio o preparación.

c) Defecto, omisión o error en la constitución del depósito o en la justificación documental del mismo.

d) Falta de acreditación o acreditación insuficiente de la representación necesaria o de cualquier requisito formal de carácter subsanable necesario para el anuncio o preparación.

6. De no efectuarse la subsanación en tiempo y forma se dictará auto poniendo fin al trámite del recurso, quedando firme la resolución. Contra dicho auto podrá recurrirse en queja ante la Sala que hubiera debido conocer del recurso.

Ver RD 467/2006, de 21 de abril, por el que se regulan los depósitos y consignaciones judiciales en metálico, de efectos o valores

ART. 231. Nombramiento de letrado o graduado social colegiado.

1. Si el recurso que se entabla es el de suplicación, el nombramiento de letrado o de graduado social colegiado se efectuará ante el juzgado en el momento de anunciar el recurso, entendiéndose que asume la representación y dirección técnica del recurrente el mismo que hubiera actuado con tal carácter en la instancia, salvo que se efectúe expresamente nueva designación.

2. En el recurso de casación ordinario, el nombramiento de letrado se realizará por las partes ante la Sala de lo Social de procedencia dentro del plazo señalado para su preparación o impugnación, según proceda. En el recurso de casación para unificación de doctrina, el nombramiento se efectuará por la parte recurrente al prepararlo ante la Sala de procedencia, y por las demás partes ante la Sala de lo Social del Tribunal Supremo dentro del término del emplazamiento para su personación. Se entenderá, en ambos casos, que asume la representación del recurrente el mismo letrado que hubiera actuado con tal carácter ante la Sala de instancia o de suplicación, salvo que se efectúe expresamente nueva designación.

3. La designación se podrá hacer por comparecencia o por escrito. En este último caso, aunque no se acompañe poder notarial, no habrá necesidad de ratificarse. Si no hubiere designación expresa de representante, se entenderá que el letrado o el graduado social colegiado llevan también la representación. En todo caso deberán facilitarse todos los datos del domicilio profesional, así como la dirección de correo electrónico, teléfono y fax del profesional designado que haya de ostentar la representación de la parte durante el recurso, con las demás cargas del apartado 2 del artículo 53.

4. Cuando el recurrente no hiciere designación expresa de letrado o de graduado social colegiado, si es un trabajador, beneficiario o un empresario que goce del derecho de asistencia jurídica gratuita, salvo que tuviere efectuada previamente designación de oficio, se le nombrará letrado de dicho turno por el juzgado en el día siguiente a aquél en que concluya el plazo para anunciar el recurso de suplicación.

5. La designación de letrado de oficio efectuada para alguno de los litigantes mencionados en el número anterior en la instancia comprende los trámites de anuncio, preparación, formalización, interposición o impugnación del respectivo recurso, sin necesidad de nueva designación de oficio, salvo en el caso del recurso de casación para unificación de doctrina, en el que el nombramiento de letrado de oficio de la parte recurrida, en los mismos casos, se efectuará en el momento de la personación ante el Tribunal Supremo. En la casación ordinaria, en su caso, se efectuará la oportuna designación de letrado de oficio para las actuaciones ulteriores de las partes que resulten necesarias durante la sustanciación del recurso ante dicho tribunal.

Cuando la competencia para el conocimiento de los recursos de suplicación o de casación corresponda a un órgano jurisdiccional cuya sede se encuentre en la misma localidad que el juzgado o tribunal que hubiere dictado la resolución impugnada no será preciso el nombramiento de nuevo abogado de oficio para las actuaciones ante el tribunal que deba decidir el recurso.

ART. 232. Designación de letrado de oficio.

1. Si el letrado hubiera sido designado de oficio por primera vez para el correspondiente trámite del recurso, los plazos de interposición, formalización o impugnación empezarán a correr desde la fecha en que se le notifique que están los autos a su disposición en la oficina judicial del tribunal para su examen, puesta a disposición o entrega, según proceda. En el caso de que la Sala disponga de los autos en soporte electrónico o pueda accederse a ellos por medios telemáticos en la misma Sala, se entenderán puestos a disposición de la representación procesal desde el momento de la entrega de la copia o soporte o de la puesta a disposición por dichos medios de las actuaciones.

2. Si el letrado designado de oficio estimase inviable la pretensión, lo expondrá a la Sala por escrito sin razonar su opinión en el plazo de cinco días, sin perjuicio de que aquél proceda conforme al procedimiento previsto en los artículos 32 a 35 de la Ley 1/1996, de 10 de enero, de Asistencia Jurídica Gratuita. El cómputo del plazo para la interposición del recurso quedará suspendido hasta tanto se resuelva materialmente la viabilidad de la pretensión por la Comisión de Asistencia Jurídica Gratuita. La parte comunicará la designación de abogado al juzgado o a la Sala dentro del plazo de cinco días, acordando éstos la puesta a disposición de los autos al designado en la forma que se dispone en el apartado anterior. En otro caso, se pondrá fin al trámite del recurso. Si el recurso que se entabla es el de suplicación, la parte también podrá valerse para su representación técnica de graduado social colegiado de su libre designación.

3. Si el letrado o letrados designados de oficio no efectuaran dentro del plazo antes indicado manifestación de ser improcedente la actuación de referencia, quedarán obligados a su realización en el plazo legalmente establecido.

ART. 233. Admisión de documentos nuevos.

1. La Sala no admitirá a las partes documento alguno ni alegaciones de hechos que no resulten de los autos. No obstante, si alguna de las partes presentara alguna sentencia o resolución judicial o administrativa firmes o documentos decisivos para la resolución del recurso que no hubiera podido aportar anteriormente al proceso por causas que no le fueran imputables, y en general cuando en todo caso pudiera darse lugar a posterior recurso de revisión por tal motivo o fuera necesario para evitar la vulneración de un derecho fundamental, la Sala, oída la parte contraria dentro del plazo de tres días, dispondrá en los dos días siguientes lo que proceda, mediante auto contra el que no cabrá recurso de reposición, con devolución en su caso a la parte proponente de dichos documentos, de no acordarse su toma en consideración. De admitirse el documento, se dará traslado a la parte proponente para que, en el plazo de cinco días, complemente su recurso o su impugnación y por otros cinco días a la parte contraria a los fines correlativos.

2. El trámite al que se refiere el apartado anterior interrumpirá el que, en su caso, acuerde la Sala sobre la inadmisión del propio recurso.

ART. 234. Acumulación.

1. La Sala acordará en resolución motivada y sin ulterior recurso, de oficio o a instancia de parte, antes del señalamiento para votación y fallo o para vista, en su caso, la acumulación de los recursos en trámite en los que exista identidad de objeto y de alguna de las partes. La acumulación podrá acordarse directamente de oficio, previo traslado a las partes para que manifiesten lo que a su derecho convenga en un plazo de cinco días. Acordada la acumulación de recursos, no podrá ésta dejarse sin efecto por el tribunal, salvo que no se hayan cumplido las prescripciones legales sobre acumulación o cuando la Sala justifique, de forma motivada, que la acumulación efectuada podría ocasionar perjuicios desproporcionados a la tutela judicial efectiva del resto de intervinientes.

2. Se designará Magistrado ponente de los recursos acumulados al que, de ellos, hubiera sido primeramente nombrado, y en igualdad de fechas, al más moderno.

3. En los recursos sobre pretensiones derivadas de un mismo accidente de trabajo o enfermedad profesional, cuando exista más de una Sección, conocerá de ellos la Sección que esté conociendo del primero de dichos recursos, siempre que conste dicha circunstancia de las actuaciones o se ponga de manifiesto al Tribunal por alguna de las partes.

4. La acumulación producirá el efecto de discutirse y resolverse conjuntamente todas las cuestiones planteadas.

5. El secretario judicial velará por el cumplimiento de lo dispuesto en este artículo, poniendo en conocimiento del Tribunal los recursos en los que se cumplan dichos requisitos, a fin de que se resuelva sobre la acumulación.

> *Apdo. 1 modificado por Real Decreto-ley 6/2023, de 19 de diciembre, por el que se aprueban medidas urgentes para la ejecución del Plan de Recuperación, Transformación y Resiliencia en materia de servicio público de justicia, función pública, régimen local y mecenazgo. (BOE de 20-12-2023). Modificación vigente desde el 20/3/2024.*

ART. 235. Imposición de costas y convenio transaccional.

1. La sentencia impondrá las costas a la parte vencida en el recurso, excepto cuando goce del beneficio de justicia gratuita o cuando se trate de sindicatos, o de funcionarios públicos o personal estatutario que deban ejercitar sus derechos como empleados públicos ante el orden social.

Las costas comprenderán los honorarios del abogado o del graduado social colegiado de la parte contraria que hubiera actuado en el recurso en defensa o en representación técnica de la parte, sin que la atribución en las costas de dichos honorarios puedan superar la cantidad de mil doscientos euros en recurso de suplicación y de mil ochocientos euros en recurso de casación.

2. La regla general del vencimiento establecida en el apartado anterior, no se aplicará cuando se trate de proceso sobre conflicto colectivo, en el que cada parte se hará cargo de las costas causadas a su instancia. Ello no obstante, la Sala podrá imponer el pago de las costas a cualquiera de las partes que en dicho proceso o en el recurso hubiera actuado con temeridad o mala fe.

3. La Sala que resuelva el recurso de suplicación o casación o declare su inadmisibilidad podrá imponer a la parte recurrente que haya obrado con mala fe o temeridad la multa que señalan el apartado 4 del artículo 75 y el apartado 3 del artículo 97, así como cuando entienda que el recurso se interpuso con propósito dilatorio. Igualmente en tales casos, impondrá a dicho litigante, excepto cuando sea trabajador, funcionario, personal estatutario o beneficiario de la Seguridad Social, los honorarios de los abogados y, en su caso, de los graduados sociales colegiados actuantes en el recurso dentro de los límites fijados en el párrafo primero de este artículo. Cuando la Sala pretenda de oficio imponer las anteriores medidas, oirá previamente a las partes personadas en la forma que establezca.

4. Las partes podrán alcanzar, en cualquier momento durante la tramitación del recurso, convenio transaccional que, de no apreciarse lesión grave para alguna de las partes, fraude de ley o abuso de derecho, será homologado por el órgano jurisdiccional que se encuentre tramitando el recurso, mediante auto, poniendo así fin al litigio y asumiendo cada parte las costas causadas a su instancia, con devolución del depósito constituido. El convenio transaccional, una vez homologado, sustituye el contenido de lo resuelto en la sentencia o sentencias anteriormente dictadas en el proceso y la resolución que homologue el mismo constituye título ejecutivo. La impugnación de la transacción judicial así alcanzada se efectuará ante el órgano jurisdiccional que haya acordado la homologación, mediante el ejercicio por las partes de la acción de nulidad por las causas que invalidan los contratos o por los posibles perjudicados con fundamento en su ilegalidad o lesividad, siguiendo los trámites establecidos para la impugnación de la conciliación judicial, sin que contra la sentencia dictada quepa recurso.

TÍTULO VI
De la revisión de sentencias y laudos arbitrales firmes, y del proceso de error judicial

ART. 236. Revisión y error judicial, competencia y tramitación.

1. Contra cualquier sentencia firme dictada por los órganos del orden jurisdiccional social y contra los laudos arbitrales firmes sobre materias objeto de conocimiento del orden social, procederá la revisión prevista en la Ley 1/2000, de 7 de enero, por los motivos de su artículo 510 y por el regulado en el apartado 3 del artículo 86 de la presente ley. La revisión se solicitará ante la Sala de lo Social del Tribunal Supremo.

En la revisión no se celebrará vista, salvo que así lo acuerde el tribunal o cuando deba practicarse prueba. En caso de condena en costas se estará a lo previsto en el artículo anterior y el depósito para recurrir tendrá la cuantía que en la presente ley se señala para los recursos de casación.

La revisión se inadmitirá de no concurrir los requisitos y presupuestos procesales exigibles o de no haberse agotado previamente los recursos jurisdiccionales que la ley prevé para que la sentencia pueda considerarse firme; así como, si se formula por los mismos motivos que hubieran podido plantearse, de concurrir los presupuestos para ello, en el incidente de nulidad de actuaciones regulado en el artículo 241 de la Ley Orgánica del Poder Judicial o mediante la audiencia al demandado rebelde establecida en el artículo 185 de la presente ley, o cuando, planteados aquéllos, los referidos motivos hubieren sido desestimados por resolución firme.

Si la Sala apreciara la concurrencia de cualquiera de tales causas de inadmisión dictará auto, contra el cual no cabe recurso.

En los supuestos del apartado 2 del artículo 510 de la Ley 1/2000, de 7 de enero, salvo en aquellos procedimientos en que alguna de las partes esté representada y defendida por el Abogado del Estado, el letrado o letrada de la Administración de Justicia dará traslado a la Abogacía General del Estado de la presentación de la demanda de revisión, así como de la decisión sobre su admisión. La Abogacía del Estado podrá intervenir, sin tener la condición de parte, por propia iniciativa o a instancia del órgano judicial, mediante la aportación de información o presentación de observaciones escritas sobre cuestiones relativas a la ejecución de la Sentencia del Tribunal Europeo de Derechos Humanos. El letrado o letrada de la Administración de Justicia notificará igualmente la decisión de la revisión a la Abogacía General del Estado. Del mismo modo, en caso de estimarse la revisión, los letrados y las letradas de la Administración de Justicia de los tribunales correspondientes informarán a la Abogacía General del Estado de las principales actuaciones que se lleven a cabo como consecuencia de la revisión.

2. El proceso de error judicial, destinado a reparar el daño producido por una resolución firme errónea que carece de posibilidad de rectificación por la vía normal de los recursos, cuando sea competencia de la Sala de lo Social del Tribunal Supremo, se seguirá por los trámites y requisitos establecidos para la declaración de error judicial en los artículos 292 y concordantes de la Ley Orgánica del Poder Judicial, con las especialidades sobre depósitos, vista y costas establecidas para la revisión y sin que la apreciación del error pueda fundamentarse en pruebas distintas de las practicadas en las actuaciones procesales origen del mismo presunto error.

Si la Sala apreciara la concurrencia de cualquiera de tales causas de inadmisión dictará auto, contra el cual no cabe recurso.

Apdo. 1 párrafo cuarto se añade, pasando el anterior párrafo cuarto a ser el quinto y apdo. 2, párrafo segundo, se añade por Ley Orgánica 1/2025, de 2 de enero, de medidas en materia de eficiencia del Servicio Público de Justicia. (BOE 03-01-2025). Modificación en vigor desde el 03/04/2025.

Apdo. 1 anteriormente modificado por Real Decreto-ley 6/2023, de 19 de diciembre, por el que se aprueban medidas urgentes para la ejecución del Plan de Recuperación, Transformación y Resiliencia en materia de servicio público de justicia, función pública, régimen local y mecenazgo. (BOE de 20-12-2023). Modificación vigente desde el 20/3/2024.

Ver arts. 509 y ss. LECiv.

LIBRO CUARTO
DE LA EJECUCIÓN DE SENTENCIAS

TÍTULO I
De la ejecución de sentencias y demás títulos ejecutivos

CAPÍTULO I
Disposiciones de carácter general

Sección 1.ª Normas generales

ART. 237. Competencia.

1. Las sentencias firmes y demás títulos, judiciales o extrajudiciales, a los que la presente Ley otorga eficacia para iniciar directamente un proceso de ejecución, se llevarán a efecto en la forma establecida en la Ley de Enjuiciamiento Civil para la ejecución de sentencias y títulos constituidos con intervención judicial, con las especialidades previstas en esta Ley.

2. La ejecución se llevará a efecto por el órgano judicial que hubiere conocido del asunto en instancia, incluido el supuesto de resoluciones que aprueben u homologuen transacciones judiciales, acuerdos de mediación y acuerdos logrados en el proceso. Cuando en la constitución del título no hubiere mediado intervención judicial, será competente el juzgado en cuya circunscripción se hubiere constituido.

3. En los supuestos de acumulación de ejecuciones y en los de atribución en exclusiva del conocimiento de la ejecución a determinados Juzgados de lo Social en el ámbito de una misma circunscripción, se estará a su regulación específica.

4. Donde hubiere varios Juzgados de lo Social podrá establecerse, en los términos previstos en la Ley Orgánica del Poder Judicial, que el conocimiento de las ejecuciones se asuma en exclusiva por determinados juzgados de la misma circunscripción, con exclusión total o parcial del reparto de otros asuntos.

5. En caso de concurso, se estará a lo establecido en la Ley Concursal.

> *Apdo. 1: ver arts. 573 y ss LECiv (Libro III, títulos I a IV)*
>
> *Apdo. 4: ver art. 98 LOPJ.*

ART. 238. Cuestiones incidentales.

Las cuestiones incidentales que se promuevan en ejecución se sustanciarán citando de comparecencia, en el plazo de cinco días, a las partes, que podrán alegar y probar cuanto a su derecho convenga, concluyendo por auto o, en su caso, por decreto que habrán de dictarse en el plazo de tres días. El auto resolutorio del incidente, de ser impugnable en suplicación o casación, atendido el carácter de las cuestiones decididas, deberá expresar los hechos que estime probados.

Cuando la comparecencia se celebre ante el Magistrado, se registrará en soporte apto para la grabación y reproducción del sonido y de la imagen conforme a lo previsto en el artículo 89.

ART. 239. Solicitud de ejecución.

1. La ejecución de las sentencias firmes se iniciará a instancia de parte, salvo las que recaigan en los procedimientos de oficio, cuya ejecución se iniciará de este modo.

2. La ejecución podrá solicitarse tan pronto la sentencia o resolución judicial ejecutable haya ganado firmeza o desde que el título haya quedado constituido o, en su caso, desde

que la obligación declarada en el título ejecutivo fuese exigible, mediante escrito del interesado, en el que, además de los datos identificativos de las partes, expresará:

a) Con carácter general, la clase de tutela ejecutiva que se pretende en relación con el título ejecutivo aducido.

b) Tratándose de ejecuciones dinerarias, la cantidad líquida reclamada como principal, así como la que se estime para intereses de demora y costas conforme al artículo 251.

c) Los bienes del ejecutado susceptibles de embargo de los que tuviere conocimiento y, en su caso, si los considera suficientes para el fin de la ejecución.

d) Las medidas que proponga para llevar a debido efecto la ejecución.

En el caso de títulos extrajudiciales o de resoluciones dictadas por otro órgano jurisdiccional deberá acompañarse el testimonio de la resolución, con expresión de su firmeza, o la certificación del organismo administrativo, conciliador, mediador o arbitral correspondiente.

3. Iniciada la ejecución, la misma se tramitará de oficio, dictándose al efecto las resoluciones necesarias. No será de aplicación el plazo de espera previsto en el artículo 548 de la Ley de Enjuiciamiento Civil. No obstante, si la parte ejecutada cumpliera en su integridad la obligación exigida contenida en el título, incluido en el caso de ejecución dineraria el abono de los intereses procesales si procedieran, dentro del plazo de los veinte días siguientes a la fecha de firmeza de la sentencia o resolución judicial ejecutable o desde que el título haya quedado constituido o, en su caso, desde que la obligación declarada en el título ejecutivo fuese exigible, no se le impondrán las costas de la ejecución que se hubiere instado.

4. El órgano jurisdiccional despachará ejecución siempre que concurran los presupuestos y requisitos procesales, el título ejecutivo no adolezca de ninguna irregularidad formal y los actos de ejecución que se solicitan sean conformes con la naturaleza y contenido del título. Contra el auto que resuelva la solicitud de ejecución podrá interponerse recurso de reposición, en el que, además de alegar las posibles infracciones en que hubiera de incurrir la resolución y el cumplimiento o incumplimiento de los presupuestos y requisitos procesales exigidos, podrá deducirse la oposición a la ejecución despachada aduciendo pago o cumplimiento documentalmente justificado, prescripción de la acción ejecutiva u otros hechos impeditivos, extintivos o excluyentes de la responsabilidad que se pretenda ejecutar siempre que hubieren acaecido con posterioridad a su constitución del título, no siendo la compensación de deudas admisible como causa de oposición a la ejecución.

Del escrito de reposición presentado se dará traslado para impugnación a la parte contraria, salvo que el órgano jurisdiccional, en atención a las cuestiones planteadas o por afectar a hechos necesitados de prueba, acuerde seguir el trámite incidental del artículo 238.

5. Solamente puede decretarse la inejecución de una sentencia u otro título ejecutivo si, decidiéndose expresamente en resolución motivada, se fundamenta en una causa prevista en una norma legal y no interpretada restrictivamente. Contra el auto resolutorio del recurso de reposición interpuesto contra el auto en que se deniegue el despacho de la ejecución procederá recurso de suplicación o de casación ordinario, en su caso.

ART. 240. Partes y sujetos de la ejecución.

1. Quienes, sin figurar como acreedores o deudores en el título ejecutivo o sin haber sido declarados sucesores de unos u otros, aleguen un derecho o interés legítimo y personal que pudiera resultar afectado por la ejecución que se trate de llevar a cabo, tendrán derecho a intervenir en condiciones de igualdad con las partes en los actos que les afecten.

2. La modificación o cambio de partes en la ejecución debe efectuarse, de mediar oposición y ser necesaria prueba, a través del trámite incidental previsto en el artículo 238. Para que pueda declararse, es requisito indispensable que el cambio sustantivo en que se funde, basado en hechos o circunstancias jurídicas sobrevenidos, se hubiere producido con posterioridad a la constitución del título objeto de ejecución.

3. En el caso de títulos ejecutivos frente a entidades sin personalidad jurídica que actúen en el tráfico como sujetos diferenciados, podrá despacharse ejecución frente a los socios, partícipes, miembros o gestores que hayan actuado en el tráfico jurídico o frente a los trabajadores en nombre de la entidad, siempre que se acredite cumplidamente a juicio del juez o tribunal, por medio del incidente de ejecución previsto en el artículo 238, la condición de socio, partícipe, miembro o gestor y la actuación ante terceros o ante los trabajadores en nombre de la entidad. Lo dispuesto en el párrafo anterior no será de aplicación a las comunidades de propietarios de inmuebles en régimen de propiedad horizontal.

4. El Ministerio Fiscal será siempre parte en los procesos de ejecución derivados de títulos ejecutivos en que se haya declarado la vulneración de derechos fundamentales y de libertades públicas, velando especialmente por la integridad de la reparación de las víctimas.

ART. 241. Tutela ejecutiva.

1. La ejecución se llevará a efecto en los propios términos establecidos en el título que se ejecuta.

2. Frente a la parte que, requerida al efecto, dejare transcurrir injustificadamente el plazo concedido sin efectuar lo ordenado, y mientras no cumpla o no acredite la imposibilidad de su cumplimiento específico, el secretario judicial, con el fin de obtener y asegurar el cumplimiento de la obligación que ejecute, podrá, tras audiencia de las partes, imponer apremios pecuniarios cuando ejecute obligaciones de dar, hacer o no hacer o para obtener el cumplimiento de las obligaciones legales impuestas en una resolución judicial. Para fijar la cuantía de dichos apremios se tendrá en cuenta su finalidad, la resistencia al cumplimiento y la capacidad económica del requerido, pudiendo modificarse o dejarse sin efecto, atendidas la ulterior conducta y la justificación que sobre aquellos extremos pudiera efectuar el apremiado. La cantidad fijada, que se ingresará en el Tesoro Público, no podrá exceder, por cada día de atraso en el cumplimiento, de la suma de trescientos euros.

3. De la misma forma y con idénticos trámites, el órgano judicial podrá imponer multas coercitivas a quienes, no siendo parte en la ejecución, incumplan injustificadamente sus requerimientos tendentes a lograr la debida y completa ejecución de lo resuelto o para obtener el cumplimiento de las obligaciones legales impuestas en una resolución judicial. Todo ello sin perjuicio de la posible responsabilidad derivada de lo dispuesto en el apartado 3 del artículo 75.

ART. 242. Ejecución parcial.

1. Podrá ejecutarse parcialmente la sentencia, aunque se hubiere interpuesto recurso contra ella, respecto de los pronunciamientos de la misma que no hubieren sido impugnados.

2. Para ello será necesario que, por la naturaleza de las pretensiones, sea posible un pronunciamiento separado que no prejuzgue las restantes cuestiones impugnadas.

3. Contra el auto resolutorio del recurso de reposición interpuesto contra el auto en que se deniegue el despacho de la ejecución definitiva parcial procederá recurso de suplicación o de casación ordinario, en su caso.

ART. 243. Plazo para solicitar la ejecución.

1. Sin perjuicio de lo dispuesto en el artículo 279, el plazo para instar la ejecución será igual al fijado en las leyes sustantivas para el ejercicio de la acción tendente al reconocimiento del derecho cuya ejecución se pretenda. Dicho plazo será de prescripción a todos los efectos.

2. En todo caso, el plazo para reclamar el cumplimiento de las obligaciones de entregar sumas de dinero será de un año. No obstante, cuando se trate del pago de prestaciones periódicas de la Seguridad Social, el plazo para instar la ejecución será el mismo que el fijado en las leyes sustantivas para el ejercicio de la acción para el reconocimiento del derecho a la prestación de que se trate o será imprescriptible si dicho derecho tuviese este carácter en tales leyes.

Si la Entidad gestora o colaboradora de la Seguridad Social hubiese procedido por aplicación del artículo 126* del Texto Refundido de la Ley General de la Seguridad Social, aprobado por el Real Decreto Legislativo 1/1994, de 20 junio, al pago de las prestaciones económicas de las que haya sido declarada responsable de la empresa, podrá instar la ejecución de la sentencia en los plazos establecidos en el párrafo anterior a contar a partir de la fecha de pago por parte de la Entidad que hubiera anticipado la prestación.

3. Iniciada la ejecución, podrá reiniciarse en cualquier momento mientras no esté cumplida en su integridad la obligación que se ejecute, incluso si las actuaciones hubieren sido archivadas por declaración de insolvencia provisional del ejecutado.

(Nota: Se corresponde con el art. 167 del nuevo TRLGSS, RDLeg. 8/2015)

ART. 244. Supuestos de suspensión y aplazamiento de la ejecución.

1. La ejecución únicamente podrá ser suspendida en los siguientes casos:
a) Cuando así lo establezca la ley.

b) A petición del ejecutante o de ambas partes por un máximo de tres meses, salvo que la ejecución derive de un procedimiento de oficio.

2. Las partes podrán solicitar de mutuo acuerdo la suspensión de la ejecución, por un tiempo que no podrá exceder de quince días, para someter las discrepancias que se susciten en el ámbito de la ejecución a los procedimientos de mediación que pudieran estar constituidos de acuerdo con lo dispuesto en el artículo 63. De alcanzarse un acuerdo deberá someterse a homologación judicial en la forma y con los efectos establecidos para la transacción en el artículo 246. En caso contrario, se levantará la suspensión y se continuará con la tramitación.

3. Suspendido o paralizado el proceso a petición del ejecutante o por causa a él imputable y transcurrido un mes sin que haya instado su continuación o llegado el plazo a que se refiere la letra b) del apartado 1, el letrado o letrada de la Administración de Justicia requerirá a aquél a fin de que manifieste, en el término de cinco días, si la ejecución ha de seguir adelante y solicite lo que a su derecho convenga, con la advertencia de que transcurrido este último plazo se archivarán las actuaciones.

4. Si el cumplimiento inmediato de la obligación que se ejecuta pudiera ocasionar a trabajadores dependientes del ejecutado perjuicios desproporcionados en relación a los que al ejecutante se derivarían del no cumplimiento exacto, por poner en peligro cierto la continuidad de las relaciones laborales subsistentes en la empresa deudora, el letrado o letrada de la Administración de Justicia, mediante decreto recurrible directamente en revisión, podrá, previa audiencia de los interesados y en las condiciones que establezca, conceder un aplazamiento por el tiempo imprescindible.

5. El incumplimiento de las condiciones que se establezcan comportará, sin necesidad de declaración expresa ni de previo requerimiento, la pérdida del beneficio concedido.

Modificado por Real Decreto-ley 6/2023, de 19 de diciembre, por el que se aprueban medidas urgentes para la ejecución del Plan de Recuperación, Transformación y Resiliencia en materia de servicio público de justicia, función pública, régimen local y mecenazgo. (BOE de 20-12-2023). Modificación vigente desde el 20/3/2024.

ART. 245. Reglas para la suspensión de la ejecución.

1. Salvo en los casos expresamente establecidos en la ley, las resoluciones dictadas en ejecución se llevarán a efecto, no obstante su impugnación, no siendo necesario efectuar consignaciones para recurrirlas en suplicación o casación, excepto para recurrir el auto resolutorio del incidente de no readmisión, de no existir en la ejecución en el momento del anuncio o de la preparación, embargo actual y suficiente de bienes y derechos realizables en el acto o ingreso de cantidades en la cuenta del juzgado para atender al importe objeto de la ejecución. La entrega de cantidades podrá demorarse, en todo o en parte, motivadamente hasta la firmeza de la resolución impugnada.

2. No obstante, el órgano ejecutor podrá durante un mes, excepcionalmente prorrogable por otro, suspender cautelarmente, con o sin exigencia de fianza, la realización de los actos ejecutivos que pudieran producir un perjuicio de imposible o difícil reparación. Igual facultad tendrá la Sala que conozca del recurso interpuesto contra las resoluciones del órgano ejecutor y por el tiempo de tramitación del recurso.

3. La suspensión o su denegación podrá ser modificada en virtud de circunstancias sobrevenidas o que no pudieron conocerse al tiempo de haberse resuelto sobre la suspensión.

ART. 246. Transacción en la ejecución.

1. Se prohíbe la renuncia de los derechos reconocidos por sentencias favorables al trabajador, sin perjuicio de la posibilidad de transacción dentro de los límites legalmente establecidos.

2. La transacción en el proceso de ejecución deberá formalizarse mediante convenio, suscrito por todas las partes afectadas en la ejecución y sometido a homologación judicial para su validez, debiendo ser notificado, en su caso, al Fondo de Garantía Salarial.

3. El convenio podrá consistir en el aplazamiento o en la reducción de la deuda, o en ambas cosas a la vez, entendiéndose en tales casos que el incumplimiento de alguno de los plazos o de las obligaciones parciales acordadas, determina el fin del aplazamiento o el vencimiento de la totalidad de la obligación; podrá consistir, igualmente, en la especificación, en la novación objetiva o subjetiva o en la sustitución por otra equivalente de la obligación contenida en el título, en la determinación del modo de cumplimiento, en especial del pago

efectivo de las deudas dinerarias, en la constitución de las garantías adicionales que procedan y, en general, en cuantos pactos lícitos puedan establecer las partes.

4. El órgano jurisdiccional homologará el convenio mediante auto, velando por el necesario equilibrio de las prestaciones y la igualdad entre las partes, salvo que el acuerdo sea constitutivo de lesión grave para alguna de las partes o para terceros, de fraude de ley o de abuso de derecho, o contrario al interés público, o afecte a materias que se encuentren fuera del poder de disposición de las partes. La ejecución continuará hasta que no se constate el total cumplimiento del convenio, siendo título ejecutivo la resolución de homologación del acuerdo en sustitución del título ejecutivo inicial.

5. La impugnación del auto por el que se apruebe la transacción en la ejecución, se efectuará ante el órgano jurisdiccional que hubiera homologado la misma y se regirá por lo dispuesto para la impugnación de la conciliación judicial.

Apdo.1: ver art. 3.5 ET.

Sección 2.ª *Normas sobre ejecuciones colectivas*

ART. 247. Ejecución en conflictos colectivos.

1. Las sentencias recaídas en procesos de conflictos colectivos estimatorios de pretensión de condena y susceptibles de ejecución individual en los términos del apartado 3 del artículo 160 podrán ser objeto de ejecución definitiva conforme a las reglas generales de ésta con las especialidades siguientes:

a) El proceso de ejecución se iniciará mediante escrito por los sujetos legitimados. Están legitimados, en nombre propio o en el de los afectados por el título ejecutivo en los conflictos de empresa o de ámbito inferior, el empresario y los representantes legales o sindicales de los trabajadores, y en los conflictos de ámbito superior a la empresa, las asociaciones patronales y los sindicatos afectados. Los órganos unitarios de la empresa contra la que se interponga la ejecución, así como la empresa frente a la que se inste la misma, estarán legitimados en este proceso de ejecución aunque no hayan sido parte en el procedimiento previo de constitución del título ejecutivo. En todo caso, los sindicatos más representativos y los representativos, de conformidad con los artículos 6 y 7 de la Ley Orgánica 11/1985, de 2 de agosto, de Libertad Sindical, las asociaciones empresariales representativas en los términos del artículo 87 del Estatuto de los Trabajadores y los órganos de representación legal o sindical de los trabajadores podrán personarse como partes en la ejecución, aunque no hayan sido parte en el procedimiento previo de constitución del título ejecutivo, siempre que su ámbito de actuación se corresponda o sea más amplio que el del conflicto. El Fondo de Garantía Salarial será siempre parte en estos procesos.

b) El sindicato acreditará la autorización para instar o adherirse al proceso de ejecución respecto a sus afiliados en la forma establecida en el artículo 20 de esta Ley. Con relación a los no afiliados, lo acreditará mediante autorización documentada ante cualquier órgano judicial o de mediación o conciliación social o ante la persona expresamente autorizada por el propio sindicato haciendo constar ésta bajo su responsabilidad la autenticidad de la firma del trabajador en la autorización efectuada en su presencia y acompañando los documentos de acreditación oportunos. Este último sistema de acreditación se aplicará en caso de que, quien inste la ejecución, sea un órgano de representación unitaria de los trabajadores.

c) El secretario judicial, comprobada la legitimación activa de los ejecutantes y que el título ejecutivo es susceptible de ejecución individual en los términos establecidos en el apartado 3 del artículo 160 de esta Ley, requerirá a la parte ejecutada para que, tratándose de ejecución pecuniaria, en el plazo de un mes, que podrá prorrogarse por otro mes cuando la complejidad del asunto lo exija, en relación a cada uno de los trabajadores en cuya representación se inste la ejecución, cuantifique individualizadamente la deuda y proponga, en su caso, una fórmula de pago.

d) De cumplir el ejecutado el requerimiento, el secretario judicial instará a la parte ejecutante para que manifieste su conformidad o disconformidad con los datos proporcionados, así como sobre la propuesta de pago, en el plazo de un mes, que podrá prorrogarse por otro mes cuando lo requiera la complejidad del asunto.

e) Si la parte ejecutante acepta, en todo o en parte, los datos suministrados de contrario sobre la cuantificación y la propuesta de pago, el secretario judicial documentará, en su caso, la avenencia en los extremos sobre los que exista conformidad, incluyéndose el abono de los intereses si procedieran, pero sin imposición de costas.

f) Si el ejecutado no cumple el requerimiento oponiéndose formalmente a la ejecución, en todo o en parte, en el término concedido, o de no aceptarse por la parte ejecutante, en todo o en parte, los datos proporcionados por aquél o su propuesta de pago, se seguirá el trámite incidental previsto en el artículo 238.

g) Para concretar, en su caso, si los solicitantes están afectados por el título y las cantidades líquidas individualizadas objeto de condena las partes deberán aportar prueba pericial o de expertos, o la proposición de una prueba conjunta de dicha clase o encomendarle al órgano judicial el nombramiento de un perito o de un experto a tal fin. El juez o tribunal dictará auto en el que, previa resolución de las causas de oposición que hubiere formulado la parte ejecutada, resolverá si, según los datos, características y requisitos establecidos en el título ejecutivo, reconoce a los solicitantes como comprendidos en la condena y, en el caso de condena de cantidad, el importe líquido individualmente reconocido a su favor, dictándose, a continuación, la orden general de ejecución en los términos establecidos en esta Ley.

h) Contra las resoluciones que se dicten conforme a lo dispuesto en los apartados anteriores cabrá interponer recurso de reposición, que no suspenderá su ejecución y no tendrá ulterior recurso.

i) Los títulos ejecutivos de ámbito superior a la empresa se ejecutarán colectivamente empresa por empresa.

j) Los sujetos que, pudiendo resultar beneficiados por el título ejecutivo, no quieran ejercitar su acción en el proceso de ejecución colectivo, podrán, en su caso, formularla individualmente a través del proceso declarativo que corresponda.

2. La modalidad de ejecución de sentencias firmes regulada en este artículo será aplicable a los restantes títulos ejecutivos, judiciales o extrajudiciales, de naturaleza social, estimatorios de pretensión de condena y susceptibles de ejecución individual en los términos del apartado 3 del artículo 160, así como a las sentencias firmes u otros títulos ejecutivos sobre movilidad geográfica, modificaciones sustanciales de condiciones de trabajo, suspensión del contrato o reducción de jornada por causas económicas, técnicas, organizativas o de producción, de carácter colectivo, y en los supuestos de despido colectivo en los que la decisión empresarial colectiva haya sido declarada nula.

Ver art. 153 y ss LJS

ART. 247 BIS. Extensión de efectos.

1. Los efectos de una sentencia firme que hubiera reconocido una situación jurídica individualizada a favor de una o varias personas podrán extenderse a otras, en ejecución de la sentencia, cuando concurran las siguientes circunstancias:

a) Que los interesados se encuentren en idéntica situación jurídica que los favorecidos por el fallo.

b) Que el juez, la jueza o el tribunal sentenciador fuera también competente, por razón del territorio, para conocer de sus pretensiones de reconocimiento de dicha situación individualizada.

c) Que los interesados soliciten la extensión de los efectos de la sentencia en el plazo de un año desde la última notificación de ésta a quienes fueron parte en el proceso.

2. La solicitud deberá dirigirse al órgano jurisdiccional competente que hubiera dictado la resolución cuyos efectos se pretende que se extiendan.

3. La petición al órgano jurisdiccional se formulará en escrito razonado al que deberá acompañarse el documento o documentos que acrediten la identidad de situaciones o la no concurrencia de alguna de las circunstancias del apartado 5.

4. Antes de resolver, se dará traslado a la parte condenada en la sentencia y a los posibles responsables subsidiarios para que en el plazo máximo de quince días puedan efectuar alegaciones y aportar los antecedentes que estimen oportunos y, de tratarse de una entidad del sector público, para que aporte, en su caso, a través de su representante procesal, un informe detallado sobre la viabilidad de la extensión solicitada.

De no aceptarse, en todo o en parte, la extensión solicitada, se pondrá de manifiesto el resultado de esas actuaciones a las partes para que aleguen por plazo común de cinco días, con emplazamiento en su caso de los interesados directamente afectados por los efectos de la extensión, salvo que el órgano jurisdiccional, en atención a las cuestiones planteadas o por afectar a hechos necesitados de prueba, acuerde seguir el trámite incidental del artículo 238.

El juez, jueza o tribunal dictará auto en el que resolverá si estima la extensión de efectos solicitada, sin que pueda reconocerse una situación jurídica distinta a la definida en la sentencia firme de que se trate. Con testimonio de este auto, los sujetos reconocidos podrán instar la ejecución.

5. El incidente se desestimará, en todo caso, cuando concurra alguna de las siguientes circunstancias:

a) Si existiera cosa juzgada.

b) Cuando la doctrina determinante del fallo cuya extensión se postule fuere contraria a la jurisprudencia del Tribunal Supremo o, en su defecto, a la doctrina reiterada de la Sala de lo Social del Tribunal Superior de Justicia territorialmente competente.

c) Si para el interesado se hubiere dictado resolución que, habiendo causado estado en vía administrativa, fuere consentida y firme por no haberla impugnado jurisdiccionalmente.

6. Si la sentencia firme cuya extensión se pretende se encuentra pendiente de un recurso de revisión o de un incidente de nulidad, quedará en suspenso la decisión del incidente de extensión de efectos hasta la resolución de aquellos.

Igualmente, quedará en suspenso hasta su resolución cuando se encuentre pendiente un recurso de casación para unificación de doctrina cuya resolución pueda resultar contraria a la doctrina determinante de la sentencia firme cuya extensión se pretende.

7. El régimen de recurso del auto dictado se ajustará a las reglas generales previstas para los autos dictados en ejecución de sentencia contenidas en los artículos 191.4.d) y 206.4. En todo caso procederá recurso de suplicación, atendiendo a la pretensión instada en el incidente de extensión de efectos, cuando la misma sea susceptible de recurso conforme a lo previsto en el artículo 191.1, 2 y 3.

Añadido por Real Decreto-ley 6/2023, de 19 de diciembre, por el que se aprueban medidas urgentes para la ejecución del Plan de Recuperación, Transformación y Resiliencia en materia de servicio público de justicia, función pública, régimen local y mecenazgo. (BOE de 20-12-2023). Modificación vigente desde el 20/3/2024.

ART. 247 TER. Extensión de efectos en caso de procedimiento testigo.

Cuando se hubiera acordado suspender la tramitación de uno o más procesos, con arreglo a lo previsto en el artículo 86 bis, una vez declarada la firmeza de la sentencia dictada en el procedimiento que se hubiera tramitado con carácter preferente, el letrado o letrada de la Administración de Justicia requerirá a los demandantes afectados por la suspensión para que, en el plazo de cinco días, interesen la extensión de los efectos de la sentencia o la continuación del pleito suspendido, o bien manifiesten si desisten del proceso.

Si se solicitase la extensión de efectos de aquella sentencia, el juez, la jueza o el tribunal la acordará, salvo que concurran las circunstancias previstas en el artículo 247 bis 5, o alguna causa de inadmisibilidad propia del proceso suspendido que impida el reconocimiento de la situación jurídica individualizada.

Igualmente quedará en suspenso hasta su resolución cuando se encuentre pendiente un recurso de casación para la unificación de doctrina cuya resolución pueda resultar contraria a la doctrina determinante de la sentencia firme cuya extensión se pretenda.

Añadido por Real Decreto-ley 6/2023, de 19 de diciembre, por el que se aprueban medidas urgentes para la ejecución del Plan de Recuperación, Transformación y Resiliencia en materia de servicio público de justicia, función pública, régimen local y mecenazgo. (BOE de 20-12-2023). Modificación vigente desde el 20/3/2024.

CAPÍTULO II
De la ejecución dineraria

Ver arts. 571 y ss LECiv.

Sección 1.ª Normas generales

ART. 248. Concurrencia de embargos.

1. En caso de concurrencia de embargos decretados por órganos judiciales del orden jurisdiccional social sobre unos mismos bienes, la preferencia para seguir la vía de apremio contra ellos corresponde, sin perjuicio de lo establecido en esta Ley en los supuestos de acumulación de ejecuciones, al órgano que con prioridad trabó dichos bienes.

No obstante, el embargante posterior podrá continuar la vía de apremio si quedan garantizados los derechos de los embargantes anteriores.

2. La regla anterior no afectará a la prelación de créditos entre diversos acreedores.

3. En caso de concurso, las acciones de ejecución que puedan ejercitar los trabajadores para el cobro de los salarios e indemnizaciones por despido que les puedan ser adeudados quedan sometidas a lo establecido en la Ley Concursal.

ART. 249. Manifestación de bienes para la ejecución.

1. El ejecutado está obligado a efectuar, a requerimiento del secretario judicial, manifestación sobre sus bienes o derechos, con la precisión necesaria para garantizar sus responsabilidades. Deberá, asimismo, indicar las personas que ostenten derechos de cualquier naturaleza sobre sus bienes y, de estar sujetos a otro proceso, concretar los extremos de éste que puedan interesar a la ejecución.

2. Esta obligación incumbirá, cuando se trate de personas jurídicas, a sus administradores o a las personas que legalmente las representen y cuando se trate de comunidades de bienes o grupos sin personalidad, a quienes aparezcan como sus organizadores, directores o gestores.

3. En el caso de que los bienes estuvieran gravados con cargas reales, el ejecutado estará obligado a manifestar el importe del crédito garantizado y, en su caso, la parte pendiente de pago en esa fecha.

Esta información podrá reclamarse al titular del crédito garantizado, de oficio o a instancia de parte o de tercero interesado.

ART. 250. Investigación judicial del patrimonio del ejecutado.

1. Si no se tuviere conocimiento de la existencia de bienes suficientes, el secretario judicial deberá dirigirse a los pertinentes organismos y registros públicos a fin de que faciliten la relación de todos los bienes o derechos del deudor de los que tengan constancia, tras la realización por éstos, si fuere preciso, de las averiguaciones legalmente posibles.

2. También podrá el secretario judicial, dentro de los límites del derecho a la intimidad personal, dirigirse o recabar la información precisa para lograr la efectividad de la obligación pecuniaria que ejecute, de entidades financieras o depositarias o de otras personas privadas que por el objeto de su normal actividad o por sus relaciones jurídicas con el ejecutado deban tener constancia de los bienes o derechos de éste o pudieran resultar deudoras del mismo.

ART. 251. Intereses de demora y costas.

1. Salvo que motivadamente se disponga otra cosa, la cantidad por la que se despache ejecución en concepto provisional de intereses de demora y costas no excederá, para los primeros, del importe de los que se devengarían durante un año y, para las costas, del diez por ciento de la cantidad objeto de apremio en concepto de principal.

2. En cuanto a los intereses de la mora procesal se estará a lo dispuesto en el artículo 576 de la Ley de Enjuiciamiento Civil. No obstante, transcurridos tres meses del despacho de la ejecución sin que el ejecutado cumpliere en su integridad la obligación, si se apreciase falta de diligencia en el cumplimiento de la ejecutoria, se hubiere incumplido la obligación de manifestar bienes o se hubieren ocultado elementos patrimoniales trascendentes en dicha manifestación, podrá incrementarse el interés legal a abonar en dos puntos.

ART. 252. Notificación a los representantes de los trabajadores de la empresa deudora.

Atendida la cantidad objeto de apremio, los autos en que se despache la ejecución y las resoluciones en que se decreten embargos se notificarán a los representantes unitarios y sindicales de los trabajadores de la empresa deudora, a efectos de que puedan comparecer en el proceso.

ART. 253. Intervención en la ejecución del Fondo de Garantía Salarial y las Entidades Gestoras o Servicios Comunes de la Seguridad Social.

1. El Fondo de Garantía Salarial y las Entidades Gestoras o Servicios Comunes de la Seguridad Social, cuando estén legitimados para intervenir en el proceso, quedan obligados a asumir el depósito, la administración, intervención o peritación de los bienes embargados,

designando a tal fin persona idónea, desde que se les requiera por el secretario judicial mediante decreto. De tal obligación podrán liberarse si justifican ante el secretario la imposibilidad de cumplirla o su desproporcionada gravosidad.

2. Igual obligación y con los mismos límites puede, motivadamente, imponerse a cualquier persona o entidad que por su actividad y medios pueda hacerse cargo de la misma, sin perjuicio del resarcimiento de gastos y abono de las remuneraciones procedentes conforme a la ley.

3. Las actuaciones materiales relativas al depósito, conservación, transporte, administración y publicidad para su venta de los bienes judicialmente embargados podrá encomendarse a entidades autorizadas administrativamente con tal fin o a las entidades previstas a este fin en la Ley de Enjuiciamiento Civil, si así lo acordara el secretario judicial.

Ver D.A. 2ª LJS

Sección 2.ª El embargo

ART. 254. Orden en los embargos. Bienes embargables.

1. De constar la existencia de bienes suficientes, el embargo que se decrete se ajustará al orden legalmente establecido. En caso contrario y al objeto de asegurar la efectividad de la resolución judicial cuya ejecución se insta, se efectuará la adecuación a dicho orden una vez conocidos tales bienes.

2. Será nulo el embargo sobre bienes y derechos cuya efectiva existencia no conste. No obstante podrán embargarse saldos favorables de cuentas y depósitos obrantes en bancos, cajas o cualquier otra persona o entidad pública o privada de depósito, crédito, ahorro y financiación, tanto los existentes en el momento del embargo, como los que se produzcan posteriormente, así como disponerse la retención y puesta a disposición del juzgado de cualesquiera bienes o cantidades que se devengaren en el futuro a favor del ejecutado como consecuencia de las relaciones de éste con la entidad depositaria, siempre que, en razón del título ejecutivo, se hubiere determinado por el secretario judicial una cantidad como límite máximo a tales efectos.

Los referidos saldos, depósitos u otros bienes, y en general cualquier otro bien embargable, son susceptibles de embargo con independencia de la naturaleza de los ingresos o rentas que hubieran podido contribuir a su generación. A estos efectos, las limitaciones absolutas o relativas de inembargabilidad que puedan afectar a ingresos o rentas de carácter periódico conforme al artículo 607 de la Ley de Enjuiciamiento Civil se aplicarán a partir del embargo en el momento de la generación o devengo de cada una de las mensualidades o vencimientos de tales rentas.

También podrá acordarse la administración judicial, en los términos establecidos en el artículo 256, cuando se comprobare que la entidad pagadora o perceptora no cumple la orden de retención o ingreso, sin perjuicio de las demás responsabilidades que procedieran según lo dispuesto en el apartado 3 del artículo 241 por falta de colaboración con la ejecución y efectividad de lo resuelto.

ART. 255. Embargo de bienes inmuebles.

1. Si los bienes embargados fueren inmuebles u otros inscribibles en registros públicos, el secretario judicial ordenará de oficio que se libre y remita directamente al registrador mandamiento para que practique el asiento que corresponda relativo al embargo trabado, expida certificación de haberlo hecho, de la titularidad de los bienes y, en su caso, de sus cargas y gravámenes.

2. El registrador deberá comunicar a la oficina judicial la existencia de ulteriores asientos que pudieren afectar al embargo anotado.

ART. 256. Administración judicial de los bienes embargados.

1. Podrá constituirse una administración o una intervención judicial cuando por la naturaleza de los bienes o derechos embargados fuera preciso.

2. Con tal fin, el secretario judicial citará de comparecencia ante sí mismo a las partes para que lleguen a un acuerdo y, una vez alcanzado en su caso, establecerá mediante decreto los términos de la administración judicial en consonancia con el acuerdo.

3. Para el supuesto que no se alcance acuerdo, el secretario les convocará a comparecencia ante el juez o Magistrado que dictó la orden general de ejecución, a fin de que efectúen las alegaciones y pruebas que estimen oportunas sobre la necesidad o no de nombramiento de administrador o interventor, persona que deba desempeñar tal cargo, exigencia o no de fianza, forma de actuación, rendición de cuentas y retribución procedente, resolviéndose mediante auto lo que proceda.

4. El administrador o, en su caso, el interventor nombrado deberá rendir cuenta final de su gestión.

Ver arts. 630 y ss LECiv.

ART. 257. Designación de depositario.

Puede ser designado depositario el ejecutante o el ejecutado, salvo oposición justificada de la parte contraria. También podrá el secretario judicial aprobar la designación como depositario de un tercero, de existir común acuerdo de las partes o a propuesta de una de ellas, sin oposición justificada de la contraria.

Ver arts. 626 a 628 LECiv.

ART. 258. Reembargo.

1. De estar previamente embargados los bienes, el secretario judicial que haya acordado el reembargo adoptará las medidas oportunas para su efectividad.

2. La oficina judicial o administrativa a la que se comunique el reembargo acordará lo procedente para garantizarlo y, en el plazo máximo de diez días, informará al reembargante sobre las circunstancias y valor de los bienes, cantidad objeto de apremio de la que respondan y estado de sus actuaciones.

3. Deberá, asimismo, comunicar al órgano que decretó el reembargo las ulteriores resoluciones que pudieren afectar a los acreedores reembargantes.

ART. 259. Adopción de la traba.

1. El secretario judicial, tras la dación de cuenta por el gestor procesal y administrativo de la diligencia de embargo positiva, ratificará o modificará lo efectuado por la comisión ejecutiva, acordando, en su caso, la adopción de las garantías necesarias para asegurar la traba según la naturaleza de los bienes embargados.

2. Podrá también, en cualquier momento, atendida la suficiencia de los bienes embargados, acordar la mejora, reducción o alzamiento de los embargos trabados.

ART. 260. Tercería de dominio.

1. El tercero que invoque el dominio sobre los bienes embargados, adquirido con anterioridad a su traba, podrá pedir el levantamiento del embargo ante el órgano del orden jurisdiccional social que conozca de la ejecución y que a los meros efectos prejudiciales resolverá sobre el derecho alegado, alzando en su caso el embargo.

2. El tribunal, mediante auto, rechazará de plano y sin sustanciación alguna la demanda de tercería de dominio a la que no se acompañe un principio de prueba por escrito del fundamento de la pretensión del tercerista, así como la que se interponga con posterioridad al momento en que, de acuerdo con lo dispuesto en la legislación civil, se produzca la transmisión del bien al acreedor o al tercero que le adquiera en pública subasta.

3. Admitida la solicitud, se seguirá el trámite incidental regulado en esta Ley. El secretario judicial suspenderá las actuaciones relativas a la liquidación de los bienes discutidos hasta la resolución del incidente.

Apdo. 2 modificado por Ley Orgánica 1/2025, de 2 de enero, de medidas en materia de eficiencia del Servicio Público de Justicia. (BOE 03-01-2025). Modificación en vigor desde el 03/04/2025.

Ver arts. 595 y ss. LECiv.

Sección 3.ª Realización de los bienes embargados

ART. 261. Tasación de los bienes embargados.

1. Cuando fuere necesario tasar los bienes embargados previamente a su realización, el secretario judicial designará el perito tasador que corresponda de entre los que presten servicio en la Administración de Justicia, y además o en su defecto podrá requerir la designación de persona idónea a las entidades obligadas legalmente a asumir la peritación.

2. El nombramiento efectuado se pondrá en conocimiento de las partes o terceros que conste tengan derechos sobre los bienes a tasar para que, dentro del segundo día, puedan designar otros por su parte, con la prevención de que, si no lo hicieran, se les tendrá por conformes.

ART. 262. Deducción de cargas.

Si los bienes o derechos embargados estuvieren afectos con cargas o gravámenes que debieran quedar subsistentes tras la venta o adjudicación judicial, el secretario, con la colaboración pericial y recabando los datos que estime oportunos, practicará la valoración de aquéllos y deducirá su importe del valor real de los bienes, con el fin de determinar el justiprecio.

ART. 263. Procedimientos para la liquidación de los bienes.

1. Para la liquidación de los bienes embargados, podrán emplearse estos procedimientos:
   a) Por venta en entidad autorizada administrativamente o en las entidades previstas en la Ley de Enjuiciamiento Civil con tal fin, si así lo acordara el secretario judicial, cualquiera que fuere el valor de los bienes.
   b) Por subasta ante fedatario público, en los términos que se establezcan reglamentariamente.
   c) Mediante subasta judicial, en los casos en que no se empleen los procedimientos anteriores.
   d) Por los demás procedimientos establecidos en la legislación procesal civil.
2. Si lo embargado fueren valores, se venderán en la forma establecida para ellos en la Ley de Enjuiciamiento Civil.
3. A fin de dotarla de mayor efectividad, la venta de los bienes podrá realizarse por lotes o por unidades.

   Apdo. 2: ver art. 635 LECiv.

ART. 264. Realización de los bienes.

La realización de los bienes embargados se ajustará a lo dispuesto en la legislación procesal civil.

Modificado por Ley Orgánica 1/2025, de 2 de enero, de medidas en materia de eficiencia del Servicio Público de Justicia. (BOE 03-01-2025). Modificación en vigor desde el 03/04/2025.

ART. 265. Reparto entre los ejecutantes.

Si la adquisición en subasta o la adjudicación en pago se realiza en favor de una parte de los ejecutantes y el precio de adjudicación no es suficiente para cubrir todos los créditos de los restantes acreedores, los créditos de los adjudicatarios sólo se extinguirán hasta la concurrencia de la suma que sobre el precio de adjudicación debería serles atribuida en el reparto proporcional. De ser inferior al precio deberán los acreedores adjudicatarios abonar el exceso en metálico.

ART. 266. Calidad de la adquisición a favor de los ejecutantes o sus representantes.

Sólo la adquisición o adjudicación practicada en favor de los ejecutantes o de los responsables legales solidarios o subsidiarios podrá efectuarse en calidad de ceder a tercero.

ART. 267. Formalización de la adjudicación de bienes.

1. No será preceptivo documentar en escritura pública el decreto de adjudicación.
2. Será título bastante para la inscripción, el testimonio del decreto de adjudicación, expedido por el secretario judicial.

Sección 4.ª Pago a los acreedores

ART. 268. Orden de los pagos.

1. Las cantidades que se obtengan en favor de los ejecutantes se aplicarán, por su orden, al pago del principal, intereses y costas una vez liquidados aquéllos y tasadas éstas.
2. Si lo hubiere aprobado previamente el juez, el secretario judicial podrá anticipar al pago del principal el abono de los gastos que necesariamente hubiere requerido la propia ejecución y el de los acreditados por terceros obligados a prestar la colaboración judicialmente requerida.

ART. 269. Liquidación de intereses y costas.

1. Cubierta la cantidad objeto de apremio en concepto de principal, el secretario practicará diligencia de liquidación de los intereses devengados.

2. La liquidación de intereses podrá formularse al tiempo que se realice la tasación de costas y en la propia diligencia. Si se impugnaran ambas operaciones, su tramitación podrá acumularse.

3. Los honorarios o derechos de abogados, incluidos los de las Administraciones públicas, procuradores y graduados sociales colegiados, devengados en la ejecución podrán incluirse en la tasación de costas.

Apdo. 1: ver art. 576 LECiv.

ART. 270. Insuficiencia de bienes en ejecuciones acumuladas.

De estar acumuladas las ejecuciones seguidas contra un mismo deudor y ser insuficientes los bienes embargados para satisfacer la totalidad de los créditos laborales, se aplicarán soluciones de proporcionalidad, con respeto, en todo caso, a las preferencias de crédito establecidas en las leyes.

ART. 271. Reglas de reparto entre los ejecutantes en caso de insuficiencia de bienes del deudor. Propuesta común de distribución.

1. Entre los créditos concurrentes de igual grado, se repartirán proporcionalmente las cantidades obtenidas, sin tener en cuenta ningún tipo de prioridad temporal.

2. Si las cantidades obtenidas no son suficientes para cubrir la totalidad de los créditos, se procederá del siguiente modo:

a) Si ninguno de los acreedores concurrentes alegare preferencia para el cobro, el secretario judicial dispondrá la distribución proporcional de cantidades conforme se vayan obteniendo.

b) Si alguno de ellos alega preferencia, podrán presentar los acreedores o requerírseles por el secretario judicial para que lo hagan, en el plazo que se les fije, una propuesta común de distribución.

3. No presentándose o no coincidiendo las propuestas formuladas, el secretario judicial, en el plazo de cinco días, dictará decreto estableciendo provisionalmente los criterios de distribución y concretando las cantidades correspondientes a cada acreedor conforme a aquéllos.

Apdo. 2: ver art. 32 ET.

ART. 272. Traslado de la propuesta de distribución.

1. De la propuesta común o de la formulada por el secretario judicial, se dará traslado en su caso, a los acreedores no proponentes, al ejecutado y al Fondo de Garantía Salarial, para que manifiesten su conformidad o disconformidad en el plazo de tres días.

2. Si no se formulara oposición, el secretario judicial deberá aprobar la propuesta común presentada o se entenderá definitiva la distribución por él practicada. De formularse aquélla, se convocará a todos los interesados a una comparecencia, dándose traslado de los escritos presentados.

ART. 273. Comparecencia para la aprobación de la propuesta de distribución.

1. Si en la comparecencia se lograre un acuerdo de distribución, podrá aprobarse en el mismo acto por el secretario judicial. A los interesados que no comparezcan injustificadamente se les tendrá por conformes con lo acordado por los comparecientes.

2. De no lograrse acuerdo, el secretario citará a los interesados a una comparecencia ante el juez o tribunal, quien continuará el incidente, efectuándose las alegaciones y pruebas relativas, en su caso, a la existencia o subsistencia de las preferencias invocadas. Se resolverán, mediante auto, las cuestiones planteadas y se establecerá la forma de distribución.

ART. 274. Participación en la distribución proporcional.

Podrán participar en la distribución proporcional los que, hasta el momento de obtenerse las cantidades a repartir, ostenten la condición de ejecutantes de los procesos acumulados, con auto firme despachando ejecución a su favor.

ART. 275. Tramitación de las tercerías de mejor derecho.

1. Las tercerías fundadas en el derecho del tercero, sea o no acreedor laboral del ejecutado, a ser reintegrado de su crédito con preferencia al acreedor ejecutante, deberán deducirse ante el órgano judicial del orden social que esté conociendo de la ejecución, sustanciándose por el trámite incidental regulado en esta Ley.

2. La tercería así promovida no suspenderá la ejecución tramitada, continuándose la misma hasta realizar la venta de los bienes embargados y su importe se depositará en la entidad de crédito correspondiente.

Ver arts. 614 a 616 LECiv.

Sección 5.ª Insolvencia empresarial

ART. 276. Intervención del Fondo de Garantía Salarial. Declaración de insolvencia de la empresa.

1. Previamente a la declaración de insolvencia, si el Fondo de Garantía Salarial no hubiere sido llamado con anterioridad, el secretario judicial le dará audiencia, por un plazo máximo de quince días, para que pueda instar la práctica de las diligencias que a su derecho convenga y designe bienes del deudor principal que le consten.

2. Dentro de los treinta días siguientes a la práctica de las diligencias instadas por el Fondo de Garantía Salarial, el secretario judicial dictará decreto declarando, cuando proceda, la insolvencia total o parcial del ejecutado, fijando en este caso el valor pericial dado a los bienes embargados. La insolvencia se entenderá a todos los efectos como provisional hasta que se conozcan bienes al ejecutado o se realicen los bienes embargados.

3. Declarada la insolvencia de una empresa, ello constituirá base suficiente para estimar su pervivencia en otras ejecuciones, pudiéndose dictar el decreto de insolvencia sin necesidad de reiterar los trámites de averiguación de bienes establecidos en el artículo 250, si bien en todo caso se deberá dar audiencia previa a la parte actora y al Fondo de Garantía Salarial para que puedan señalar la existencia de nuevos bienes.

4. De estar determinadas en la sentencia que se ejecute las cantidades legalmente a cargo del Fondo de Garantía Salarial, firme la declaración de insolvencia, el secretario judicial le requerirá en su caso de abono, en el plazo de diez días y, de no efectuarlo, continuará la ejecución contra el mismo.

5. La declaración firme de insolvencia del ejecutado se hará constar en el registro correspondiente según la naturaleza de la entidad.

Ver art. 33 ET y RD 505/1985, de 6 de marzo (organización y funcionamiento del FOGASA)

ART. 277. Embargo de bienes afectados al proceso productivo.

1. Cuando los bienes susceptibles de embargo se encuentren afectos al proceso productivo de la empresa deudora y ésta continúe su actividad, el Fondo de Garantía Salarial podrá solicitar la suspensión de la ejecución, por el plazo de treinta días, a fin de valorar la imposibilidad de satisfacción de los créditos laborales, así como los efectos de la enajenación judicial de los bienes embargados sobre la continuidad de las relaciones laborales subsistentes en la empresa deudora.

2. Constatada por el Fondo de Garantía Salarial la imposibilidad de satisfacer los créditos laborales por determinar ello la extinción de las relaciones laborales subsistentes, lo pondrá de manifiesto motivadamente, solicitando la declaración de insolvencia a los solos efectos de reconocimiento de prestaciones de garantía salarial.

Ver art. 33.6 ET.

CAPÍTULO III
De la ejecución de las sentencias firmes de despido

ART. 278. Readmisión del trabajador.

Cuando el empresario haya optado por la readmisión deberá comunicar por escrito al trabajador, dentro de los diez días siguientes a aquel en que se le notifique la sentencia, la fecha de su reincorporación al trabajo, para efectuarla en un plazo no inferior a los tres días siguientes al de la recepción del escrito. En este caso, serán de cuenta del empresario los salarios devengados desde la fecha de notificación de la sentencia que por primera vez declare la improcedencia hasta aquella en la que tenga lugar la readmisión, salvo que, por causa imputable al trabajador, no se hubiera podido realizar en el plazo señalado.

Ver arts. 55 y 56 ET; 110 LJS

ART. 279. Plazos para solicitar la readmisión por el trabajador.

1. Cuando el empresario no procediere a la readmisión del trabajador, podrá éste solicitar la ejecución del fallo ante el Juzgado de lo Social:

a) Dentro de los veinte días siguientes a la fecha señalada para proceder a la readmisión, cuando ésta no se hubiere efectuado.

b) Dentro de los veinte días siguientes a aquel en el que expire el de los diez días a que se refiere el artículo anterior, cuando no se hubiera señalado fecha para reanudar la prestación laboral.

c) Dentro de los veinte días siguientes a la fecha en la que la readmisión tuvo lugar, cuando ésta se considerase irregular.

2. No obstante, y sin perjuicio de que no se devenguen los salarios correspondientes a los días transcurridos entre el último de cada uno de los plazos señalados en las letras a), b) y c) del apartado anterior y aquél en el que se solicite la ejecución del fallo, la acción para instar esta última habrá de ejercitarse dentro de los tres meses siguientes a la firmeza de la sentencia.

3. Todos los plazos establecidos en este artículo son de prescripción.

ART. 280. Incidente de no readmisión.

Instada la ejecución del fallo en cuanto a la condena a readmisión, por el juez competente se dictará auto despachando la ejecución por la vía de incidente de no readmisión y seguidamente, el secretario señalará la vista del incidente dentro de los cinco días siguientes, citando de comparecencia a los interesados. La ejecución de otros pronunciamientos distintos de la condena a readmisión se someterá a las reglas generales aplicables según su naturaleza.

El día de la comparecencia, si los interesados hubieran sido citados en forma y no asistiese el trabajador o persona que lo represente, se le tendrá por desistido de su solicitud; si no compareciese el empresario o su representante, se celebrará el acto sin su presencia.

ART. 281. Auto de resolución del incidente.

1. En la comparecencia, la parte o partes que concurran serán examinadas por el juez sobre los hechos de la no readmisión o de la readmisión irregular alegada, aportándose únicamente aquellas pruebas que, pudiéndose practicar en el momento, el juez estime pertinentes. De lo actuado se extenderá la correspondiente acta.

2. Dentro de los tres días siguientes, el juez dictará auto en el que, salvo en los casos donde no resulte acreditada ninguna de las dos circunstancias alegadas por el ejecutante:

a) Declarará extinguida la relación laboral en la fecha de dicha resolución.

b) Acordará se abone al trabajador las percepciones económicas previstas en los apartados 1 y 2 del artículo 56 del Estatuto de los Trabajadores. En atención a las circunstancias concurrentes y a los perjuicios ocasionados por la no readmisión o por la readmisión irregular, podrá fijar una indemnización adicional de hasta quince días de salario por año de servicio y un máximo de doce mensualidades. En ambos casos, se prorratearán los periodos de tiempo inferiores a un año y se computará, como tiempo de servicio el transcurrido hasta la fecha del auto.

c) Condenará al empresario al abono de los salarios dejados de percibir desde la fecha de la notificación de la sentencia que por primera vez declare la improcedencia hasta la de la mencionada solución.

ART. 282. Ejecución del fallo de la sentencia.

1. La sentencia será ejecutada en sus propios términos cuando:

a) El trabajador despedido fuera delegado de personal, miembro del comité de empresa o delegado sindical y, declarada la improcedencia del despido, optare por la readmisión.

b) Declare la nulidad del despido.

2. A tal fin, en cualquiera de los supuestos mencionados en el número anterior, una vez solicitada la readmisión, el juez competente dictará auto conteniendo la orden general de ejecución y despachando la misma, y acordará requerir al empresario para que reponga al trabajador en su puesto en el plazo de tres días, sin perjuicio de que adopte, a instancia de parte, las medidas que dispone el artículo 284.

Ver arts. 110 y 111 LJS

ART. 283. Incumplimiento de la sentencia de readmisión por el empresario.

1. En los supuestos a que se refiere el artículo anterior, si el empresario no procediera a la readmisión o lo hiciera en condiciones distintas a las que regían antes de producirse el despido, el trabajador podrá acudir ante el Juzgado de lo Social, solicitando la ejecución regular del fallo, dentro de los veinte días siguientes al tercero que, como plazo máximo para la reincorporación, dispone el artículo precedente.

2. El juez oirá a las partes en comparecencia, que se ajustará a lo dispuesto en el artículo 280 y en el apartado 1 del artículo 281, y dictará auto sobre si la readmisión se ha efectuado o no y, en su caso, si lo fue en debida forma. En el supuesto de que se estimara que la readmisión no tuvo lugar o no lo fue en forma regular, ordenará reponer al trabajador a su puesto dentro de los cinco días siguientes a la fecha de dicha resolución, apercibiendo al empresario que, de no proceder a la reposición o de no hacerlo en debida forma, se adoptarán las medidas que establece el artículo siguiente.

ART. 284. Consecuencias del incumplimiento del empresario.

Cuando el empresario no diese cumplimiento a la orden de reposición a que se refiere el artículo anterior, el secretario judicial acordará las medidas siguientes:

a) Que el trabajador continúe percibiendo su salario con la misma periodicidad y cuantía que la declarada en la sentencia, con los incrementos que por vía de convenio colectivo o mediante norma estatal se produzcan hasta la fecha de la readmisión en debida forma. A tal fin, cumplimentará la autorización contenida en el auto despachando ejecución en tantas ocasiones como fuese necesario, por una cantidad equivalente a seis meses de salario, haciéndose efectivas al trabajador con cargo a la misma las retribuciones que fueran venciendo, hasta que, una vez efectuada la readmisión en forma regular, acuerde la devolución al empresario del saldo existente en esa fecha.

b) Que el trabajador continúe en alta y con cotización en la Seguridad Social, lo que pondrá en conocimiento de la entidad gestora o servicio común a los efectos procedentes.

c) Que el delegado de personal, miembro del comité de empresa o delegado sindical continúe desarrollando, en el seno de la empresa, las funciones y actividades propias de su cargo, advirtiendo al empresario que, de impedir u oponer algún obstáculo a dicho ejercicio, se pondrán los hechos en conocimiento de la autoridad laboral a los efectos de sancionar su conducta de acuerdo con lo que dispone el Texto Refundido de la Ley sobre infracciones y sanciones en el orden social, aprobada por el Real Decreto Legislativo 5/2000, de 4 de agosto.

ART. 285. Lanzamiento del trabajador de la vivienda por razón de trabajo.

1. Cuando recaiga resolución firme en que se declare la extinción del contrato de trabajo, si el trabajador ocupare vivienda por razón del mismo deberá abandonarla en el plazo de un mes. El secretario judicial, si existe motivo fundado, podrá prorrogar dicho plazo por dos meses más.

2. Una vez transcurridos los plazos del apartado anterior, el empresario podrá solicitar del juzgado la ejecución mediante el oportuno lanzamiento, que se practicará seguidamente observando las normas previstas en la Ley de Enjuiciamiento Civil.

Ver art. 704 LECiv; 10 L. 40/2003, de 18 de noviembre (Protección a las Familias Numerosas)

ART. 286. Imposibilidad de readmisión del trabajador.

1. Sin perjuicio de lo dispuesto en los artículos anteriores, cuando se acreditase la imposibilidad de readmitir al trabajador por cese o cierre de la empresa obligada o cualquier otra causa de imposibilidad material o legal, el juez dictará auto en el que declarará extinguida la relación laboral en la fecha de dicha resolución y acordará se abonen al trabajador las indemnizaciones y los salarios dejados de percibir que señala el apartado 2 del artículo 281.

2. En los supuestos de declaración de nulidad del despido por acoso laboral, sexual o por razón de sexo o de violencia de género en el trabajo, la víctima del acoso podrá optar por extinguir la relación laboral con el correspondiente abono de la indemnización procedente y de los salarios de tramitación, en su caso, conforme al apartado 2 del artículo 281.

CAPÍTULO IV
De la ejecución de sentencias frente a entes públicos

ART. 287. Cumplimiento de la sentencia por Entes públicos.

1. Las sentencias dictadas frente al Estado, Entidades Gestoras o Servicios Comunes de la Seguridad Social y demás entes públicos deberán llevarse a efecto por la Administración o Entidad dentro del plazo de dos meses a partir de su firmeza, justificando el cumplimiento ante el órgano jurisdiccional dentro de dicho plazo. Atendiendo a la naturaleza de lo reclamado y a la efectividad de la sentencia, ésta podrá fijar un plazo inferior para el cumplimiento cuando el de dos meses pueda hacer ineficaz el pronunciamiento o causar grave perjuicio.

2. Trascurrido el plazo a que se refiere el número anterior, la parte interesada podrá solicitar la ejecución.

3. Mientras no conste la total ejecución de la sentencia, el órgano judicial, de oficio o a instancia de parte, adoptará cuantas medidas sean adecuadas para promoverla y activarla, siendo con tal fin de aplicación supletoria lo dispuesto para la ejecución de sentencias en la Ley 29/1998, de 13 de julio, reguladora de la Jurisdicción Contencioso-administrativa.

4. El órgano jurisdiccional, previo requerimiento de la Administración condenada por un nuevo plazo de un mes y citando, en su caso, de comparecencia a las partes, podrá decidir cuantas cuestiones se planteen en la ejecución, y especialmente las siguientes:

a) Órgano administrativo y funcionarios que han de responsabilizarse de realizar las actuaciones, pudiendo requerir a la Administración a tal efecto para que facilite la identidad de la autoridad o funcionario responsable del cumplimiento de la ejecutoria, al objeto de individualizar oportunamente las responsabilidades derivadas, incluidas las responsabilidades patrimoniales a que hubiere lugar, sin perjuicio de las comprobaciones de oficio que deban llevarse a cabo al respecto.

b) Plazo máximo para su cumplimiento, en atención a las circunstancias que concurran.

c) Medios con que ha de llevarse a efecto y procedimiento a seguir.

d) Medidas necesarias para lograr la efectividad de lo mandado, en los términos establecidos en esta Ley, salvo lo previsto en el artículo 241, que no será de aplicación excepto en caso de incumplimiento de lo resuelto por el órgano jurisdiccional en la comparecencia a que se refiere el presente apartado.

e) Cuando la Administración pública fuera condenada al pago de cantidad líquida, el devengo de intereses procederá conforme a lo dispuesto en la legislación presupuestaria, si bien en el supuesto de que hubiera sido necesario el ulterior requerimiento establecido en este apartado, la autoridad judicial, apreciando falta de diligencia en el incumplimiento, podrá incrementar en dos puntos el interés legal a devengar.

ART. 288. Liquidación e ingreso de cantidades correspondientes a prestaciones de pago periódico de la Seguridad Social.

1. En los procesos seguidos por prestaciones de pago periódico de la Seguridad Social, una vez sea firme la sentencia condenatoria a la constitución de un capital coste de pensión o al pago de una prestación no capitalizable, se remitirá por el secretario judicial copia certificada a la entidad gestora o servicio común competente.

2. El indicado organismo deberá, en el plazo máximo de diez días, comunicar a la oficina judicial el importe del capital coste de la pensión o el importe de la prestación a ingresar, lo que se notificará a las partes, requiriendo el secretario a la condenada para que lo ingrese en el plazo de diez días.

TÍTULO II
De la ejecución provisional

Ver arts. 524 a 527 LECiv.

CAPÍTULO I
De las sentencias condenatorias al pago de cantidades

ART. 289. Abono de anticipos.

1. Cuando el trabajador tuviere a su favor una sentencia en la que se hubiere condenado al empresario al pago de una cantidad y se interpusiere recurso contra ella, tendrá derecho a obtener anticipos a cuenta de aquélla, garantizando el Estado su reintegro y realizando, en su caso, su abono, en los términos establecidos en esta Ley.

2. El anticipo alcanzará, como máximo total, hasta el 50 por ciento del importe de la cantidad reconocida en la sentencia, pudiendo abonarse en períodos temporales durante la tramitación del recurso, desde la fecha de la solicitud y hasta que recaiga sentencia definitiva o por cualquier causa quede firme la sentencia recurrida.

3. La cantidad no podrá exceder anualmente del doble del salario mínimo interprofesional fijado para trabajadores mayores de dieciocho años, incluida la parte proporcional de gratificaciones extraordinarias, vigente durante su devengo.

ART. 290. Ejecución provisional con cargo a cantidades consignadas.

1. La ejecución provisional podrá instarse por la parte interesada ante el órgano judicial que dictó la sentencia. El solicitante asumirá, solidariamente con el Estado, la obligación de reintegro, cuando proceda, de las cantidades percibidas.

2. Si para recurrir la sentencia que provisionalmente se ejecute se hubiere efectuado consignación en metálico, mediante aval o por cualquier otro medio admitido, el secretario judicial dispondrá el anticipo con cargo a aquélla, garantizándose por el Estado la devolución al empresario, en su caso, de las cantidades que se abonen al trabajador.

Si el importe de la condena se hubiera garantizado mediante aval o por cualquier otro medio admitido, el secretario judicial, antes de disponer el anticipo prevenido en el párrafo anterior, requerirá a la empresa para que, en el plazo de cuatro días, proceda a consignar en metálico la cantidad a anticipar, disponiendo, luego de acreditada la consignación, la devolución del aval o del correspondiente medio de garantía inicialmente constituido, contra entrega simultánea del nuevo aval o medio de garantía por la menor cuantía relicta. En este supuesto regirá igualmente la garantía por el Estado en los términos establecidos en el párrafo anterior.

3. De no haber sido preceptivo consignar para recurrir, el anticipo se abonará al trabajador directamente por el Estado. En este supuesto, el secretario judicial notificará a la Abogacía del Estado testimonio suficiente de lo actuado y le requerirá para que el organismo gestor efectúe el abono al trabajador en el plazo de diez días.

ART. 291. Confirmación de la sentencia recurrida.

1. Si la sentencia impugnada queda firme, el trabajador tendrá derecho al percibo de la diferencia entre el importe de la condena y la cantidad anticipada, haciéndose efectiva con cargo a la consignación, si de ella se hubiera detraído el anticipo.

2. De haberse efectuado el anticipo por el Estado, el trabajador podrá reclamar la diferencia al empresario, y el Estado se subrogará en los derechos de aquél frente al empresario por el importe de la cantidad anticipada.

ART. 292. Revocación de la sentencia recurrida.

1. Si la sentencia impugnada fuera revocada por el tribunal superior y el trabajador resultare deudor en todo o en parte de la cantidad anticipada, habrá de reintegrar esta cantidad al empresario si se hubiera detraído el anticipo de la consignación, quedando en este caso el Estado responsable solidario con el trabajador respecto del empresario.

2. Cuando el Estado hubiera abonado directamente el anticipo o, en virtud de la responsabilidad solidaria contraída, hubiera respondido frente al empresario, aquél podrá reclamar al trabajador el reintegro de la cantidad anticipada.

ART. 293. Incumplimiento de la obligación de reintegro por el trabajador.

1. Si se incumple la obligación de reintegro, será título bastante para iniciar la ejecución destinada a hacerla efectiva la resolución firme en que se acordaba la ejecución provisional junto con la certificación, librada por el secretario judicial o por el organismo gestor, en la que se determinaran las cantidades abonadas.

2. Cuando la realización forzosa inmediata de la cantidad adeudada pudiera causar perjuicio grave al trabajador, el juez podrá conceder aplazamiento hasta por un año de la obligación de pago, adoptando las medidas de aseguramiento oportunas para garantizar la efectividad de la ejecución.

CAPÍTULO II
De las sentencias condenatorias en materia de Seguridad Social

ART. 294. Ejecución provisional de la sentencia condenatoria al pago de prestaciones de pago periódico de Seguridad Social.

1. Las sentencias recurridas, condenatorias al pago de prestaciones de pago periódico de Seguridad Social, serán ejecutivas, quedando el condenado obligado a abonar la prestación, hasta el límite de su responsabilidad, durante la tramitación del recurso.

2. Si la sentencia favorable al beneficiario fuere revocada, en todo o en parte, no estará obligado al reintegro de las cantidades percibidas durante el período de ejecución provisional y conservará el derecho a que se le abonen las prestaciones devengadas durante la tramitación del recurso y que no hubiere aún percibido en la fecha de firmeza de la sentencia, sin perjuicio de lo dispuesto en las letras c) y d) del apartado 2 del artículo 230.

ART. 295. Ejecución de sentencias condenatorias al pago de prestaciones de pago único.

El beneficiario de prestaciones del régimen público de la Seguridad Social que tuviera a su favor una sentencia recurrida en la que se hubiere condenado al demandado al pago de una prestación de pago único, tendrá derecho a solicitar su ejecución provisional y obtener anticipos a cuenta de aquélla, en los términos establecidos en el Capítulo anterior.

ART. 296. Ejecución provisional de sentencias condenatorias a obligaciones de hacer o no hacer en materia de Seguridad Social.

A petición del beneficiario favorecido por ellas, el juez o la Sala, ponderando las circunstancias concurrentes, podrá acordar también la ejecución provisional, sin exigencia de fianza, de las sentencias condenatorias a obligaciones de hacer o no hacer en materia de Seguridad Social.

CAPÍTULO III
De las sentencias de despido

ART. 297. Ejecución provisional de la sentencia que declare la improcedencia o nulidad del despido.

1. Cuando en los procesos donde se ejerciten acciones derivadas de despido o de decisión extintiva de la relación de trabajo la sentencia declare su improcedencia y el empresario que hubiera optado por la readmisión interpusiera alguno de los recursos autorizados por la Ley, éste vendrá obligado, mientras dure la tramitación del recurso, a satisfacer al recurrido la misma retribución que venía percibiendo con anterioridad a producirse aquellos hechos y continuará el trabajador prestando servicios, a menos que el empresario prefiera hacer el abono aludido sin compensación alguna.

Lo anteriormente dispuesto también será aplicable cuando, habiendo optado el empresario por la readmisión, el recurso lo interpusiera el trabajador.

2. La misma obligación tendrá el empresario si la sentencia hubiera declarado la nulidad del despido o de la decisión extintiva de la relación de trabajo; sin perjuicio de las medidas cautelares que pudieran adoptarse, en especial para la protección frente al acoso, en los términos del apartado 4 del artículo 180.

3. Si el despido fuera declarado improcedente y la opción, correspondiente al trabajador, se hubiera producido en favor de la readmisión, se estará a lo dispuesto por el apartado 1 de este artículo.

4. En los supuestos a que se refieren los apartados anteriores se suspenderá el derecho a la prestación por desempleo en los términos previstos en el Texto Refundido de la Ley General de la Seguridad Social, aprobado por el Real Decreto Legislativo 1/1994, de 20 de junio.

Ver art. 55 ET.

ART. 298. Petición de ejecución provisional por parte del trabajador.

Si en virtud de lo dispuesto en el artículo anterior se presentase petición del trabajador, por escrito o por comparecencia, con el fin de exigir del empresario el cumplimiento de aquella obligación o solicitud de éste para que aquél reanude la prestación de servicios, el juez o Sala, oídas las partes, resolverá lo que proceda.

ART. 299. Incumplimiento del trabajador del requerimiento empresarial de readmisión.

El incumplimiento injustificado por parte del trabajador del requerimiento empresarial de reanudación de la prestación de servicios acarreará la pérdida definitiva de los salarios a que se refieren los artículos anteriores.

ART. 300. Revocación de la sentencia favorable al trabajador.

Si la sentencia favorable al trabajador fuere revocada en todo o en parte, éste no vendrá obligado al reintegro de los salarios percibidos durante el período de ejecución provisional y conservará el derecho a que se le abonen los devengados durante la tramitación del recurso y que no hubiere aún percibido en la fecha de la firmeza de la sentencia.

ART. 301. Anticipos reintegrables.

En los casos en que no proceda la aplicación de las normas de ejecución provisional establecidas en este Capítulo, si concurren los presupuestos necesarios, podrán concederse anticipos reintegrables, en los términos establecidos en esta Ley, cuando la sentencia recurrida declare la nulidad o improcedencia del despido o de las decisiones extintivas de las relaciones de trabajo.

ART. 302. Despido de representante de los trabajadores.

Cuando el despido o la decisión extintiva hubiera afectado a un representante legal de los trabajadores o a un representante sindical y la sentencia declarara la nulidad o improcedencia del despido, con opción, en este último caso por la readmisión, el órgano judicial deberá adoptar, en los términos previstos en el párrafo c) del artículo 284 las medidas oportunas a fin de garantizar el ejercicio de sus funciones representativas durante la sustanciación del correspondiente recurso

CAPÍTULO IV
De las sentencias condenatorias recaídas en otros procesos

ART. 303. Ejecución provisional de sentencias dictadas en otras modalidades procesales.

1. Las sentencias que recaigan en los procesos de conflictos colectivos, en los de impugnación de los convenios colectivos y en los de tutela de la libertad sindical y demás derechos fundamentales y libertades públicas, serán ejecutivas desde que se dicten, según la naturaleza de la pretensión reconocida, no obstante el recurso que contra ellas pudiera interponerse y sin perjuicio de las limitaciones que pudieran acordarse para evitar o paliar perjuicios de imposible o difícil reparación.

2. En las sentencias recaídas en procesos seguidos en impugnación de actos administrativos en materia laboral, sindical y seguridad social podrá acordarse la ejecución provisional, salvo que la misma sea susceptible de producir situaciones irreversibles o perjuicios de difícil reparación. En materia de prestaciones de Seguridad Social se estará a su normativa específica.

3. De ser recurrida por el empresario la sentencia que acuerde la extinción del contrato de trabajo a instancia del trabajador con fundamento en el artículo 50 del Estatuto de los Trabajadores, el trabajador podrá optar entre continuar prestando servicios o cesar en la prestación en cumplimiento de la sentencia, quedando en este último caso en situación de desempleo involuntario desde ese momento, sin perjuicio de las medidas cautelares que pudieran adoptarse. La opción deberá ejercitarse mediante escrito o comparecencia ante la oficina judicial, dentro del plazo de cinco días desde la notificación de que la empresa ha recurrido. Si la sentencia fuera revocada, el empresario deberá comunicar al trabajador, dentro del plazo de diez días a partir de su notificación, la fecha de reincorporación, para efectuarla en un plazo no inferior a los tres días siguientes a la recepción del escrito. Si el trabajador no se reincorporase quedará extinguido definitivamente el contrato, siguiéndose en otro caso los trámites de los artículos 278 y siguientes, si la sentencia hubiese ganado firmeza.

En este caso y a efectos del reconocimiento de un futuro derecho a la protección por desempleo, el período al que se refiere el párrafo anterior se considerará de ocupación cotizada.

CAPÍTULO V
Normas comunes a la ejecución provisional

ART. 304. Competencia, medidas cautelares e impugnación de la ejecución provisional.

1. La ejecución provisional de resoluciones judiciales se despachará y llevará a cabo por el juzgado o tribunal que haya dictado, en su caso, la resolución a ejecutar y las partes dispondrán de los mismos derechos y facultades procesales que en la ejecución definitiva.

2. No obstante lo dispuesto en el número anterior, el juez o tribunal, en cualquier momento, a instancia de la parte interesada o de oficio, podrá adoptar las medidas cautelares que sean pertinentes para asegurar, en su caso, la ejecución de la sentencia y en garantía y defensa de los derechos afectados atendiendo a los criterios establecidos en el artículo 79.

3. Frente a las resoluciones dictadas por el juez o tribunal en ejecución provisional, sólo procederá el recurso de reposición, salvo cuando en el auto se adopte materialmente una decisión comprendida fuera de los límites de la ejecución provisional o se declare la falta de jurisdicción o competencia del orden jurisdiccional social en que procederá recurso de suplicación o, en su caso, de casación ordinaria, conforme a las normas generales de tales recursos.

4. Frente a las resoluciones dictadas por el secretario judicial en ejecución provisional procederá recurso de reposición, salvo que fueren directamente recurribles en revisión.

ART. 305. Aplicación de las normas de la Ley de Enjuiciamiento Civil.

Las sentencias favorables al trabajador o beneficiario que no puedan ser ejecutadas provisionalmente conforme a esta Ley podrán serlo en la forma y condiciones establecidas en la legislación procesal civil.

DISPOSICIONES ADICIONALES

D.A. 1.ª Especialidades procesales.

Al proceso social le serán de aplicación las especialidades procesales contempladas en la Ley 52/1997, de 27 de noviembre, de Asistencia Jurídica al Estado y otras Instituciones públicas, en los casos y términos previstos por dicha Ley y por la normativa que la complementa y desarrolla.

D.A. 2.ª Autorización de actuaciones a entidades públicas o privadas.

El Gobierno, previo informe del Consejo General del Poder Judicial, podrá autorizar a entidades públicas o privadas, que reúnan las garantías que se establezcan, la realización de las actuaciones materiales relativas al depósito, conservación, transporte, administración, publicidad y venta de los bienes judicialmente embargados.

D.A. 3.ª Aplicación de la Ley 22/2003, de 9 de julio, Concursal.

Las disposiciones de la presente Ley no resultarán de aplicación en las cuestiones litigiosas sociales que se planteen en caso de concurso y cuya resolución corresponda al juez del concurso conforme a la Ley 22/2003, de 9 de julio, Concursal, con las excepciones expresas que se contienen en dicha Ley.

Ver arts. 64, 195, 196 y 197 LC

DISPOSICIONES TRANSITORIAS

D.T. 1.ª Normas aplicables a los procesos en tramitación.

1. Los procesos que se inicien en instancia a partir de la vigencia de la presente Ley se regirán en todas sus fases e incidencias por lo dispuesto en la misma.

2. Los procesos iniciados con anterioridad a la vigencia de esta Ley cuya tramitación en instancia no haya concluido por sentencia o resolución que ponga fin a la misma, continuarán sustanciándose por la normativa procesal anterior hasta que recaiga dicha sentencia o resolución, si bien en cuanto a los recursos contra resoluciones interlocutorias o no definitivas se aplicará lo dispuesto en esta Ley.

D.T. 2.ª Normas aplicables en materia de recursos y ejecución forzosa de sentencias dictadas a partir de la entrada en vigor de la Ley.

1. Las sentencias y demás resoluciones que pongan fin a la instancia o al recurso, dictadas a partir de la vigencia de esta Ley, se regirán por lo dispuesto en ella, en cuanto al régimen de recursos y demás medios de impugnación contra las mismas, así como en cuanto a su ejecución provisional y definitiva.

2. Las sentencias y demás resoluciones que hayan puesto fin a la instancia o al recurso con anterioridad a la vigencia de esta Ley se regirán, en cuanto al régimen de recursos de suplicación, casación y demás medios de impugnación, por lo dispuesto en la legislación procesal anterior, hasta la conclusión del recurso o medio de impugnación correspondiente, rigiéndose no obstante su ejecución provisional por la presente Ley.

3. Los recursos de suplicación y casación que se encuentren en trámite a la entrada en vigor de esta Ley se seguirán sustanciando por la legislación anterior hasta su resolución, aplicándose a la misma en lo sucesivo el régimen de recursos de la nueva legislación.

D.T. 3.ª Ejecución de sentencias y demás títulos ejecutivos. Medidas cautelares.

La presente Ley será de aplicación a la ejecución de las sentencias y demás títulos que lleven aparejada ejecución, incluidas las que se encuentren en trámite, siendo válidas las actuaciones, incluidas las medidas cautelares, realizadas al amparo de la legislación anterior.

D.T. 4.ª Competencia del orden jurisdiccional social.

El orden jurisdiccional social conocerá de los procesos de impugnación de actos administrativos dictados a partir de la vigencia de esta Ley en materia laboral, sindical y de seguridad social, cuyo conocimiento se atribuye por la misma al orden jurisdiccional social.

Apdo. 2 se suprime y se quita la numeración del apdo. 1 por Real Decreto-ley 6/2023, de 19 de diciembre, por el que se aprueban medidas urgentes para la ejecución del Plan de Recuperación, Transformación y Resiliencia en materia de servicio público de justicia, función pública, régimen local y mecenazgo. (BOE de 20-12-2023). Modificación vigente desde el 20/3/2024.

D.T. 5.ª Reclamaciones al Fondo de Garantía Salarial efectuadas al amparo de la disposición transitoria tercera de la Ley 35/2010, de 17 de septiembre, de medidas urgentes para la reforma del mercado de trabajo.

En las reclamaciones al Fondo de Garantía Salarial efectuadas al amparo de la disposición transitoria tercera de la Ley 35/2010, de 17 de septiembre, de medidas urgentes para la reforma del mercado de trabajo, serán de aplicación las previsiones incluidas en el apartado 2 del artículo 23 y en el apartado 1 del artículo 70.

DISPOSICIONES DEROGATORIAS

D.DT. UNICA. Derogación de normas.

Queda derogado el Real Decreto Legislativo 2/1995, de 7 de abril, por el que se aprueba el Texto Refundido de la Ley de Procedimiento Laboral, así como todas las normas de igual o inferior rango en cuanto se opongan a la presente Ley.

DISPOSICIONES FINALES

D.F. 1.ª Modificación de la disposición adicional decimoséptima del Estatuto de los Trabajadores.

Se da nueva redacción a la disposición adicional decimoséptima del Texto Refundido de la Ley del Estatuto de los Trabajadores, aprobado por el Real Decreto Legislativo 1/1995, de 24 de marzo, que queda redactada del modo siguiente:

> *«Disposición adicional decimoséptima. Discrepancias en materia de conciliación.*
>
> *Las discrepancias que surjan entre empresarios y trabajadores en relación con el ejercicio de los derechos de conciliación de la vida personal, familiar y laboral reconocidos legal o convencionalmente se resolverán por la jurisdicción competente a través del procedimiento establecido en el artículo 139 de la Ley Reguladora de la Jurisdicción Social.»*

D.F. 2.ª Modificación de la regulación del trabajo autónomo económicamente dependiente.

Se añaden un artículo 11 bis y una disposición transitoria cuarta y se modifican los artículos 12 y 17 de la Ley 20/2007, de 11 de julio, del Estatuto del trabajo autónomo, en los términos siguientes:

Uno. Se añade un nuevo artículo 11 bis con la siguiente redacción:

> *«Artículo 11 bis. Reconocimiento de la condición de trabajador autónomo económicamente dependiente.*
>
> *El trabajador autónomo que reúna las condiciones establecidas en el artículo anterior podrá solicitar a su cliente la formalización de un contrato de trabajador autónomo económicamente dependiente a través de una comunicación fehaciente. En el caso de que el cliente se niegue a la formalización del contrato o cuando transcurrido un mes desde la comunicación no se haya formalizado dicho contrato, el trabajador autónomo podrá solicitar el reconocimiento de la condición de trabajador autónomo económicamente dependiente ante los órganos jurisdiccionales del orden social. Todo ello sin perjuicio de lo establecido en el apartado 3 del artículo 12 de la presente Ley.*
>
> *En el caso de que el órgano jurisdiccional del orden social reconozca la condición de trabajador autónomo económicamente dependiente al entenderse cumplidas las condiciones recogidas en el artículo 11 apartados 1 y 2, el trabajador solo podrá ser considerado como tal desde el momento en que se hubiere recibido por el cliente la comunicación mencionada en el párrafo anterior. El reconocimiento judicial de la condición de trabajador autónomo económicamente dependiente no tendrá ningún efecto sobre la relación contractual entre las partes anterior al momento de dicha comunicación.»*

Dos. Se modifican los apartados 1 y 4 del artículo 12, que quedan redactados del siguiente modo:

> *«Artículo 12. Contrato.*
>
> *1. El contrato para la realización de la actividad profesional del trabajador autónomo económicamente dependiente celebrado entre éste y su cliente se formalizará siempre por escrito y deberá ser registrado en la oficina pública correspondiente. Dicho registro no tendrá carácter publico.»*
>
> *«4. Cuando el contrato no se formalice por escrito o no se hubiera fijado una duración o un servicio determinado, se presumirá, salvo prueba en contrario, que el contrato ha sido pactado por tiempo indefinido.»*

Tres. Se modifica el apartado 1 del artículo 17, que queda redactado de la siguiente forma:

> *«1. Los órganos jurisdiccionales del orden social serán los competentes para conocer las pretensiones derivadas del contrato celebrado entre un trabajador autónomo económicamente dependiente y su cliente, así como para las solicitudes de reconocimiento de la condición de trabajador autónomo económicamente dependiente.»*

Cuatro. Se añade una disposición transitoria cuarta con la redacción siguiente:

*«**Disposición transitoria cuarta. Régimen transitorio del reconocimiento previsto en el artículo 11 bis.***

El reconocimiento de la condición de trabajador autónomo económicamente dependiente previsto en el artículo 11 bis de esta Ley, sólo podrá producirse para las relaciones contractuales entre clientes y trabajadores autónomos que se formalicen a partir de la entrada en vigor de la Ley reguladora de la jurisdicción social.»

D.F. 3.ª Título competencial.

Esta Ley se dicta al amparo de la competencia exclusiva del Estado en materia de legislación procesal, de acuerdo con lo dispuesto en el artículo 149.1.6.ª de la Constitución.

D.F. 4.ª Normas supletorias.

En lo no previsto en esta Ley regirá como supletoria la Ley de Enjuiciamiento Civil y, en los supuestos de impugnación de los actos administrativos cuya competencia corresponda al orden social, la Ley de la Jurisdicción Contencioso-Administrativa, con la necesaria adaptación a las particularidades del proceso social y en cuanto sean compatibles con sus principios.

D.F. 5.ª Sistema de valoración de daños derivados de accidentes de trabajo y de enfermedades profesionales.

En el plazo de seis meses a partir de la entrada en vigor de esta Ley, el Gobierno adoptará las medidas necesarias para aprobar un sistema de valoración de daños derivados de accidentes de trabajo y de enfermedades profesionales, mediante un sistema específico de baremo de indemnizaciones actualizables anualmente, para la compensación objetiva de dichos daños en tanto las víctimas o sus beneficiarios no acrediten daños superiores.

D.F. 6.ª Habilitación al Gobierno para la modificación de cuantías.

1. El Gobierno, previo informe del Consejo General del Poder Judicial y audiencia del Consejo de Estado, podrá modificar la cuantía que establece esta Ley para la procedencia del recurso de suplicación y, en su caso, de casación ordinaria.

2. Igualmente, y tras los informes mencionados, podrá modificar las cantidades que se establecen en esta Ley respecto de los honorarios de los letrados y graduados sociales colegiados de la parte recurrida en caso de desestimación del recurso, de las sanciones pecuniarias y multas, y de la cuantía de los depósitos para recurrir en suplicación, casación y revisión y, en general, de cualquier importe con trascendencia procesal que pudiere venir establecido en la normativa procesal social, incluido el fijado para el acceso al proceso monitorio.

D.F. 7.ª Entrada en vigor.

La presente Ley entrará en vigor a los dos meses de su publicación en el "Boletín Oficial del Estado".

Apdo. 2 se suprime y se quita la numeración del apdo. 1 por Real Decreto-ley 6/2023, de 19 de diciembre, por el que se aprueban medidas urgentes para la ejecución del Plan de Recuperación, Transformación y Resiliencia en materia de servicio público de justicia, función pública, régimen local y mecenazgo. (BOE de 20-12-2023). Modificación vigente desde el 20/3/2024.

Por tanto,
Mando a todos los españoles, particulares y autoridades, que guarden y hagan guardar esta ley.

Madrid, 10 de octubre de 2011.
JUAN CARLOS R.

El Presidente del Gobierno,
JOSÉ LUIS RODRÍGUEZ ZAPATERO

ÍNDICE ANALÍTICO

A

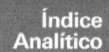

D

L

M

O

P